# 大数据统计技术体系及其应用

朱建平　著

电子工业出版社·

**Publishing House of Electronics Industry**

北京·BEIJING

## 内 容 简 介

我国在大数据"共建、共享、共治"新发展格局的基础上，要求加快数据要素新发展，激发数字经济新动能，促动人工智能新态势。时代赋予了统计学发展壮大的机会，也要求我们深入研究大数据的统计技术方法、开辟大数据的统计应用领域。在此，我们整合了近年来大数据研究中在统计理论和应用方面的核心成果，系统地形成了大数据的统计技术知识体系。本书共6章，内容包括大数据发展的新态势、统计学的未来发展动态、数据准备技术、大数据的统计技术体系，及其在计算社会经济学、计算社会医学、企业数字化转型等方面的应用。

本书内容新颖，体系清晰，案例充实，重点反映统计学对大数据发展的影响，注重学科交叉，并突出六大特点：①树立数据要素地位；②体现学科交叉融合；③思考统计未来发展；④改进统计研究方式；⑤形成统计技术体系；⑥扩展统计应用领域，主要体现统计理论方法的融合、统计技术体系的整合和统计应用领域的拓展。

本书对从事大数据挖掘、机器学习、人工智能和数据分析的科研人员具有重要的参考价值，也可以用作统计学、计算机技术、人工智能、大数据管理及工商管理等专业或研究方向硕士生、博士生的教材。

**图书在版编目(CIP)数据**

大数据统计技术体系及其应用／朱建平著. —北京：电子工业出版社，2022.11
ISBN 978-7-121-44574-3

Ⅰ. ①大… Ⅱ. ①朱… Ⅲ. ①数据处理-应用-统计-中国-教材 Ⅳ. ①C832

中国版本图书馆 CIP 数据核字(2022)第 222265 号

责任编辑：秦淑灵　　文字编辑：刘真平
印　　刷：三河市君旺印务有限公司
装　　订：三河市君旺印务有限公司
出版发行：电子工业出版社
　　　　　北京市海淀区万寿路 173 信箱　邮编：100036
开　　本：700×1000　1/16　印张：22.75　字数：471 千字
版　　次：2022 年 11 月第 1 版
印　　次：2023 年 4 月第 2 次印刷
定　　价：99.00 元

凡所购买电子工业出版社图书有缺损问题，请向购买书店调换。若书店售缺，请与本社发行部联系，联系及邮购电话：(010)88254888，88258888。

质量投诉请发邮件至 zlts@phei.com.cn，盗版侵权举报请发邮件至 dbqq@phei.com.cn。

本书咨询联系方式：qinshl@phei.com.cn。

# 前　言

我国在大数据"共建、共享、共治"新发展格局的基础上，要求加快数据要素新发展，激发数字经济新动能，促动人工智能新态势。时代赋予了统计学发展壮大的机会，也要求我们澄清大数据的概念，明确大数据的统计特征，深入研究大数据的统计技术方法，开辟大数据的统计应用新领域。在此，我们整合了近年来在大数据研究中的统计理论和应用方面的核心成果，系统地形成了大数据的统计技术知识体系，完成了本书。

新的时代不仅会带给人类自然科学技术和人文社会科学的发展变革，还会给人们的生活和工作方式带来焕然一新的变化。统计学是一门古老的学科，已经有三百多年的历史，在自然科学和人文社会科学的发展中起着举足轻重的作用。同时，统计学的发展被赋予新的内涵，机会与挑战并存，这就给本书的撰写提出了更高的要求。为了反映统计学对大数据发展的影响，本书注重学科交叉，并突显六大特点：①树立数据要素地位；②体现学科交叉融合；③思考统计未来发展；④改进统计研究方式；⑤形成统计技术体系；⑥扩展统计应用领域。本书主要体现统计理论方法的融合、统计技术体系的整合和统计应用领域的拓展。

第1章概论，介绍了大数据发展的新格局、大数据概念的创新剖析、数据要素推动大数据发展的新态势、数据要素对社会经济发展的推动作用、怎样发挥统计学在人工智能技术中的新动能、交叉学科对统计学发展的促进和统计学的未来发展动态七部分。第一，回顾了全球大数据的发展历史，尤其是大数据在我国近几年的快速发展历程，并探讨了大数据"共建、共享、共治"的新发展格局。第二，在新时代下，以创新思维，从大数据时代、大数据内涵和大数据技术三个层面深刻认识大数据的概念。第三，大数据相关理论技术的发展日新月异，而数据要素作为一种新型的生产要素，必将推动大数据的发展，在此探讨了当前大数据发展的十个新态势。第四，探究了数据要素对社会经济发展的推动作用，并从宏观、中观、微观三个层面，深入阐述了数据要素激发经济增长新动能、数据要素推动产业结构优化升级、数据要素激发企业商业模式创新。第五，大数据时代和人工智能的迅猛发展，带给传统统计学变革的机遇，同时赋予了统计学新的思想理念，在此探讨了如何发挥统计学在人工智能技术中的新动能。第六，随着越来越多交叉学科的出现，交叉学科在科学领域中的生命力得到了充分的证实，在此回顾了我国交叉学科的发展历史、学科分类、学科设置与建设，并通过论文引用状况研究了"统计学＋"交叉学科对统计学发展的影响。第七，为了更清楚地阐述统计学应用研究及未来发展动态，本书从十个方面展示了统计学研究的重要领域及方向。

第 2 章数据准备，围绕大数据分析的数据准备环境展开，从七个方面介绍数据准备工作的内涵和外延，进一步强化要求源数据的规范性和标准性。第一，数据的准备从定向资料的收集入手，以网络爬虫技术为例介绍定向资料收集的原理、流程及应用。第二，收集的数据受各种客观或主观因素影响，导致不正确属性值出现，需要进行数据去噪处理，在此介绍数据平整、Bin 方法、聚类方法、计算机与人工检查结合的方法、回归分析方法、样条方法在数据去噪过程中的应用。第三，重点介绍缺失值的填充，从基于 MCAR 缺失值替代、时间序列缺失值填充及股价日交易缺失数据填充三个视角深入剖析不同情境下的缺失值填充问题。第四，随着数据源的不断拓宽，数据不平衡问题更加突出，在此从数据、算法和模型三个层面介绍对不平衡数据问题的处理方法，并利用多项指标对数据不平衡情况进行评估，如基于混淆矩阵的单评价指标、ROC 曲线和 PR 曲线等。第五，经数据去噪及缺失值处理过的数据往往还须进行数据变换，这也是数据分析的一项前驱性工作，在此介绍数据标准化、数据维数的消减、时序数据变换等。第六，针对聚类分析而言，由于聚类分析的研究工作已经涉及大型数据库，为澄清聚类分析的方法研究思路，在此介绍对原生数据进行算法加工、计算、聚合，生成新的数据类型，即衍生数据。第七，得到的多样化、结构复杂化、信息冗余化的数据须进一步进行整合，在此从整合分析的模型方法出发，将剖析多源数据整合方法，即基于统计模型的方法、基于矩阵分解的方法和基于机器学习的方法。

第 3 章社会经济统计的大数据技术方法，从交叉学科的角度，主要梳理了大数据的统计技术体系，介绍了指标体系和智能画像、社会网络、粗糙集、文本挖掘、深度神经网络、集成算法、正则化模型、贝叶斯方法与深度学习、函数型数据分析和关联规则的提升十大技术体系的基本理论、方法、应用领域与应用方向。第一，指标体系和智能画像，重点分析了研究对象在不同层面上的优劣，进一步体现了评价的基础在于构建对象分析的指标体系。第二，明确了社会网络的本质是一种由个体或组织之间的社会关系所构成的复杂网络结构，重点介绍用数学分析、图论等定量方法研究网络关系的内容。第三，深入剖析了粗糙集的基本特性，探讨了粗糙集的理论、方法在海量数据挖掘中的作用，进一步强化了粗糙集的应用领域。第四，在文本挖掘技术方面，主要介绍文本分类、文本聚类、主题模型、情感分析与观点挖掘等，并依靠相关文字处理技术，分析大量的非结构化文本数据。第五，深度学习是从机器学习中发展出来的一类方法的总称，在此介绍多层神经网络的深度学习模型，其特点在于对输入模型的特征的多次变换。第六，集成算法的学习器可以预测实数值类标签、概率、排名、聚类或任何其他数值，在此重点介绍基于树模型的集成学习方法。第七，正则化模型是一种为了减少结构风险而常用的大数据技术方法，常用于系数的压缩估计，在此介绍最常用的正则化方法——岭回归、LASSO 及基于 VAR(P) 的 LASSO 方法。第八，贝叶斯分析在后验推断、参数估计、隐概率模型等机器学习方面发挥了重大作用，并成功用于人工智能、自然语言处理等领域，在此介绍贝叶斯网络、贝叶斯分类及回归树、非参数贝叶斯、贝叶斯深度学习等技术，同时探讨贝叶斯模型的估计方法。第九，对函数型数据进行建模和统计推断的关键是对函数变量进行降维，在此介绍函数型数据分析的基本概念以及在函数型主成分、聚类分析等方面的应用技术。第十，关联规则是大数据挖掘中的重要技术之一，在此针对关联性的属性集分类问题，利用独立性检验和相应分析等理论方法，对关联规则技术进行提升研究。

第 4 章计算社会经济学应用研究，体现了社会科学、经济学与计算机科学理念和方法的深度融合。随着智能化技术的飞速发展，人类活动的行为数据、经济社会发展的过程数据，被越来越多的数据采集终端和传感设备记录下来。本章通过新冠肺炎疫情新闻对原油期货价格波动率的预测研究、金融系统性风险分析、新战略背景下城市经济发展状况测度研究、基于公共服务单位分布的均衡化研究、基于粗糙集的游戏核心竞争要素与购买模式挖掘、基于函数型数据分析方法的高频资产价格波动率测度研究六个案例，深入阐述统计学方法在社会、经济发展相关问题中的应用研究。

第 5 章计算社会医学应用研究，重点突出健康医学和生物卫生的大数据应用，其研究方向是社会化医学和个性化医学，即以医疗大数据为基础引导政务、教育、商业等各个领域的变革；以健康大数据为基础为患者量身设计出最佳方案，以期达到治疗效果最大化和副作用最小化的定制医疗模式等，可以把这一领域的研究问题界定为计算社会医学。本章通过健康服务资源均衡指数、器官移植舆情分析、健康中国舆情分析、基于我国医疗卫生应急管理全过程的综合评价、通过可解释的机器学习方法自动鉴别克罗恩病和肠结核、我国医疗卫生服务体系演化路径分析、线上就医行为分析七个案例，深刻剖析统计理论和方法在计算社会医学领域的应用研究。

第 6 章企业数字化转型应用研究，从数字化转型的工作开展角度，涉及战略调整、能力建设、技术创新、管理变革、模式转变等一系列转型创新，是一项复杂的系统工程。每个数字化转型的环节都应围绕价值效益展开战略调整，其根本目的是推动价值体系优化、创新，加强深层次的管理变革，不断创造新价值，打造以数字化为基础的运营模式。在数字化转型过程中，最迫切需要提升的是应对挑战、抢抓机遇的新型能力。因此本章通过信贷风险分析、先进制造业、南方经济及电力景气指数构建与分析、基于深度迁移学习的食材图像识别算法研究、租赁房资源禀赋研究五个案例，进一步说明统计理论和方法在数字化转型中的应用研究。

全书由陈宇晟、陈淑真、冯冲、符羽彤、梁振杰、秦磊、苏萌、孙俊歌、唐鑫寅、王玮玮、王玉莹、翁福添、吴淇、吴小龙、谢邦昌、叶玲珑、于洋、张志远、郑陈璐、朱建平、朱淼、庄穆妮（按照拼音顺序排列）共同撰写。朱建平负责全书框架设计、总纂和定稿。冯冲、翁福添、王玮玮、唐鑫寅、马茂淇、王琳惠、王萃英在总纂和定稿过程中做了大量的辅助工作。

写到这里，我想提及一下厦门大学数据挖掘研究中心，该中心组建于2006年，于2010年7月由厦门大学校长工作会议决议通过并正式成立，经过多年的努力，该团队于2014年获得第五届"中国侨界贡献奖"，2015年荣获第十二届"福建青年五四奖章"集体称号，2015年6月获得福建省高等学校人文社会科学研究基地，2018年与厦门国际银行股份有限公司合作共建"数创金融"联合实验室，2019年7月首批获得厦门大学管理学院"科研创新团队"称号。现在中心已构建起一支专门从事数据挖掘研究，而且具有核心竞争力的学术创新团队，该团队在加强交叉学科建设的基础上，形成了大数据挖掘技术、金融信用风险评估、计算社会医学和计算社会经济学四个研究方向。本书针对这些研究领域大数据的统计技术和应用成果，科学、系统、完整地形成知识体系，其目的是在人工智能技术和大数据挖掘技术中，充分体现统计理论方法的基础性作用。本书的完成，可以说是中心团队在大数据和数据挖掘领域研究的一个阶段性总结，有些思想、理论和方法属于一家之言，希望能起到"抛砖引玉"的作用。

本书在撰写和出版过程中，得到了国家统计局统计科学研究所、厦门大学社会科学研究处、厦门大学管理学院、厦门大学健康医疗大数据国家研究院、湖北经济学院、厦门国际银行股份有限公司、厦门市云众联大数据科技有限公司、厦门大学数据挖掘研究中心和电子工业出版社的支持，秦淑灵、宋文慧等同志为本书的组稿、编辑做了大量的工作，国家统计局统计教育中心韩际平为本书的出版提出了许多建设性的建议。在此一并表示由衷的感谢！

撰写一本好书并不容易，尽管我们努力想奉献出一本让读者满意的书，但仍难免有达不到要求的内容。书中若有疏漏或错误之处，恳请读者多提宝贵意见，以便今后进一步修改与完善。

本书的出版得到了国家社科基金重大项目（20&ZD137）、国家社科基金重点项目（20ATJ005）、国家统计局重大专项（2020ZX20）和厦门大学哲学社会科学繁荣计划建设项目的支持和资助。

朱建平
2022年8月于厦门珍珠湾花园

# 目　　录

第 1 章

# 概　　论

# 1.1 大数据发展的新格局

20 世纪 50 年代，一场波澜壮阔的信息公开运动在美国拉开序幕，各种信息方便了人们的生活和工作，从而信息公开为数据的可获得性提供了依据；20 世纪 60 年代，计算机硬件技术的迅速发展，促使全世界数据处理和存储不仅越来越快、越来越方便，还越来越便宜，为数据积累提供了便利；20 世纪 70 年代，最小数据集的大规模出现，使得各行各业的最小数据集越来越多，为数据结构的多元化提供了条件；20 世纪 80 年代前期，数据在不同信息管理系统之间的共享使数据接口的标准化越来越得到强调，为数据的共享和交流提供了捷径；20 世纪 80 年代后期，互联网概念的兴起、"普适计算"（Ubiquitous Computing）理论的实现，以及传感器对信息自动采集、传递和计算成为现实，为数据爆炸式增长提供了平台；20 世纪 90 年代，由于数据驱动，数据呈指数级增长，美国企业界、学术界不断对此现象及其意义进行探讨，为大数据概念的广泛传播提供了途径。

进入 21 世纪，互联网行业迎来了快速发展的时期，2001 年，美国 Gartner 公司率先开发了大型数据模型。2005 年，Hadoop 技术应运而生，成为数据分析的主要技术。2007 年，数据密集型科学的出现，不仅为科学界提供了一种新的研究范式，而且为大数据的发展提供了科学依据。2008 年，*Science* 杂志推出了一系列大数据专刊，详细讨论了一系列大数据的问题。2010 年，美国信息技术顾问委员会发布了一份题为"规划数字化未来"的报告，详细描述了政府工作中大数据的收集和使用。2011 年之后，大数据的发展可以说进入了全面兴盛的时期，大数据分析和应用的学者及专家发起了关于大数据研究和应用的深入探讨，如 Vikor Mayer - Schönberger 和 Kenneth Cukier 所著的《大数据时代》等，对大数据促进人们生活、工作与思维的变革奠定了基础。同时大数据也渗透到各行各业之中，不断变革原有行业的技术并创造出新的技术，大数据的发展呈现出一片蓬勃之势。

从我国近几年的大数据发展，能清晰地认知我国顶层设计和规划大数据的整体发展进程，2015 年 3 月 5 日十二届全国人大三次会议上，李克强总理在政府工作报告中首次提出"互联网＋"行动计划，这是我国大数据发展的节点之一，在此之前大家都在谈论大数据的概念、大数据的发展历史、大数据的发展特征等，在此之后转变观念，重点转移到探讨大数据"产业"如何发展；2015 年 9 月 5 日，国务院发布《促进大数据发展行动纲要》，这是我国大数据发展的节点之二，在此将大数据产业上升至国家"战略"来实施，随之，2016 年 3 月全国人大通过的"十三五"规划纲要提出，实施国家大数据战略，把大数据作为基础性战略资源，全面实施促进大数据发展行动，实际上就是对我国大数据产业的发展做了战略性的布局；2017 年 7 月 20 日，国务院发布《新一代人工智能发展规划》，这是我国大数据发展的节点之三，也是我国认知和发展大数据产业"理念"的一个重要提升，它抢抓了人工智能发展的重大战略机遇，构筑了我国人工智能发展的先发优势，促进了创新型国家和世界科技强国建设；2018 年 3 月 17 日，国务院办公厅印发《科学数据管理办法》，这是确立大数据国家战略以来，首个国家层面出台发布的类目数据的管理办法，其明确了为公益事业无偿服务的政策导向，加强科学数据全生命周期管理，确保数据安全，充分发挥科学数据的重要作用；2020 年 4 月 9 日，中共中央、国务院印发《关于构建更加完善的要素市场化配置体制机制的意见》，提出了加快培育数据要素市场的建议，明确了推进政府数据开放共享、提升社会数据资源价值、加强数据资源整合和安全保护的实施意见，数据要素是这次建立现代要素市场，特别是新型要素市场的最大突破，这种做法在全世界都领先。目前，我国在大数据"共建、共享、共治"新发展格局的基础上，加快数据要素新发展，激发数字经济新动能，促动人工智能新态势。

　　毫无疑问，新的时代不仅给人类自然科学技术和人文社会科学的发展带来变革，还会给人们的生活和工作方式带来焕然一新的变化。统计学是一门古老的学科，已经有三百多年的历史，在自然科学和人文社会科学的发展中起到了举足轻重的作用；统计学又是一门生命力极其旺盛的学科，海纳百川又博采众长，随着各门具体学科的发展不断壮大自己。毫不例外，时代赋予了统计学发展壮大的机会，同时也使得统计学面临着重大的挑战。怎样深刻地认识和把握这一发展契机？怎样更好地理解和应对这一重大挑战？这就迫使我们澄清大数据的概念。明确大数据的统计特征；重新审视统计的工作过程，提出新的统计思想理念；深入研究统计的技术方法、开辟统计应用的新领域。

## 1.2　大数据概念的创新剖析

　　目前，关于大数据的定义众说纷纭，对大数据的理解取决于定义者的态度和学科背景。比较有代表性的定义主要有以下几种。

　　维基百科给出的定义：大数据指的是所涉及的资料规模巨大到无法通过目前主流软件工具，在合理时间内达到撷取、管理、处理并整理成为可达成帮助企业经营决策等更积极目的的资讯。

　　大数据科学家 John Rauser 提出一个简单的定义：大数据指任何超过了一台计算机处理能力的数据。

　　美国咨询公司麦肯锡的报告中是这样定义的：大数据是指无法在一定时间内用传统数据库软件工具对其进行抓取、管理和处理的数据集合。

　　Gartner 公司的 Merv Adrian（2011）认为：大数据超出了常用硬件环境和软件工具在可接受的时间内为其用户收集、管理和处理数据的能力。

IDC(International Data Corporation，2011)对大数据概念的描述：大数据是一个看起来似乎来路不明的大的动态过程；但是实际上，大数据并不是一个新生事物，虽然它确确实实正在走向主流并引起广泛的注意；大数据并不是一个实体，而是一个横跨很多 IT 边界的动态活动。

还有一些学者，如格雷布林克(Grobelink M)、Forrester 的分析师布赖恩·霍普金斯(Brian Hopkins)、鲍里斯·埃韦尔松(Boris Evelson)和 Oracle(甲骨文)的刘念真等，虽未给出大数据的具体定义，但是他们概括了大数据的特点。格雷布林克(2012)认为大数据具有三个特点，即多样性(Variety)、大量性(Volume)、高速性(Velocity)，又称 3V 特点。布赖恩·霍普金斯、鲍里斯·埃韦尔松(2012)认为，除格雷布林克给出的三个特性外，大数据还具有易变性(Variability)的特点，即 4V 特点。刘念真则认为，大数据除格雷布林克给出的特点外，还具有真实性(Veracity)和价值性(Value)的特点，即五 V 特点。

上述关于大数据概念的表达方式虽然各不相同，但从各种专业的角度描述出了对大数据的理解。我们认为，大数据定义之所以众说纷纭，主要是因为大数据如其名一样，所涉内容太"大"，大家看它的角度不一样，于是出现了"仁者见仁，智者见智"的局面。这里我们应该明确，每一个专家和学者所提出的概念，都是自身对大数据认知的一个提炼，体现着自身的内涵，因此我们有必要对每一个概念的外延所包含的内容，进行深入的了解，例如产生这一概念的背景、支撑这个概念的案例等。关于大数据描述的内容，我们也应该将其看成数据，应该对这些数据进行分析以寻求其规律性。我们知道寻求数据规律性的技术很多，在此我们利用定性聚类分析，标志确定为三个字"大数据"，如果在研读一个概念的内涵和外延的时候，把"大数据"看成形容词，那么它描述的是大数据时代的特点，即什么是"大数据时代"；如果把"大数据"看成名词，那么它体现的是数据科学研究的对象，即什么是"大数据含义"；如果把"大数据"看成动词，那么它体现的是数据分析的功能，即什么是"大数据技术"。因此，这样对大数据的认知，也充分体现了本书重点研究大数据技术方法及应用的特色。

### 1.2.1　大数据时代

格雷布林克在《纽约时报》2012 年 2 月的一篇专栏中称，"大数据时代"已经来临，在商业、经济及其他领域中，管理者决策越来越依靠数据分析，而不是依靠经验和直觉。"大数据"概念之所以被炒得如火如荼，是因为大数据时代已经到来。

如果说 19 世纪以蒸汽机为主导的产业革命时代终结了传统的以手工劳动为主的生产方式，并从而推动了人类社会生产力的变革；那么 20 世纪以计算机为主导的技术革命则方便了人们的生活，并推动人类生活方式发生翻天覆地的变化。

我们认为，随着计算机互联网、移动互联网、物联网、车联网的大众化，以及博客、论坛、微信等网络交流方式的日益红火，数据资料的增长正发生着"秒新分异"的变化，大数据时代已经到来毋庸置疑。据不完全统计，一天之中，互联网产生的全部数据可以刻满 1.68 亿张 DVD。国际数据公司（IDC）的研究结果表明，2008 年全球产生的数据量为 0.49ZB（1024EB＝1ZB，1024PB＝1EB，1024TB＝1PB，1024GB＝1TB），2009 年的数据量为 0.8ZB，2010 年增长到 1.2ZB，2011 年的数据量高达 1.82ZB，相当于全球每人产生 200GB 以上的数据，而到 2012 年为止，人类生产的所有印刷材料的数据量是 200PB，全人类历史上所有语言资料积累的数据量大约是 5EB。当前，全球的数据量仍处在快速增长阶段，根据 Statista 的统计和预测，2020 年的全球数据量将达到 47ZB，而到 2035 年，这一数字将达到 2142ZB。哈佛大学社会学教授加里·金说："大数据是一场革命，庞大的数据资源使得各个领域开始了量化进程，无论学术界、商界还是政府，所有领域都将开始这种进程。"在大数据时代，正因为等同于数据的知识随处可寻，对数据的处理和分析才显得难能可贵。因此，在大数据时代，能从纷繁芜杂的数据中提取有价值的知识才是创造价值的源泉。

我们可以这样来定义大数据时代，大数据时代是建立在通过互联网、物联网等现代网络渠道对广泛、大量的数据资源进行收集基础上的数据存储、价值提炼、智能处理和展示的信息时代。在这个时代，人们几乎能够从任何数据中获得可转换为推动人们生活方式变化的有价值的知识。大数据时代的基本特征主要体现在以下几个方面。

### （1）社会性

在大数据时代，从社会角度看，世界范围的计算机联网使越来越多的领域以数据流通取代产品流通，将生产演变成服务，将工业劳动演变成信息劳动。信息劳动的产品不需要离开它的原始占有者就能够被买卖和交换，这类产品能够通过计算机网络大量复制和分配而不需要额外增加费用，其价值增加是通过知识而不是手工劳动来实现的；实现这一价值的主要工具就是计算机软件。

### （2）广泛性

在大数据时代，随着互联网技术的迅速崛起与普及，计算机技术不仅促进自然科学和人文社会科学各个领域的发展，而且全面融入了人们的社会生活中，人们在不同领域采集到的数据量之大，达到了前所未有的程度。同时，数据的产生、存储和处理方式发生了革命性的变化，人们的工作和生活基本上都可以用数字化表示，这在一定程度上改变了人们的工作和生活方式。

### （3）公开性

大数据时代展示了从信息公开运动到数据技术演化的多维画卷。在大数据时代会有越来越多的数据被开放，被交叉使用。在这个过程中，虽然考虑对于用户隐私的保护，但是大数据必然产生于一个开放的、公共的网络环境之中。这种公开性和公共性的实现取决于若干个网络开放平台或云计算服务及一系列受到法律支持或社会公认的数据标准和规范。

### （4）动态性

人们借助计算机通过互联网进入大数据时代，充分体现了大数据是基于互联网的及时动态数据，而不是历史的或严格控制环境下产生的内容。由于数据资料可以随时随地产生，因此，不仅数据资料的收集具有动态性，而且数据存储技术、数据处理技术也随时更新，即处理数据的工具也具有动态性。

### 1.2.2　大数据内涵

在大数据时代，数据引领人们生活，引导商业变革和技术创新。从大数据的时代背景来看，我们可以把大数据作为研究对象，从数据本身和处理数据的技术两个思路理解大数据，这样理解大数据就有狭义和广义之分：狭义的大数据是指数据的结构形式和规模，是从数据的字面意义理解的；广义的大数据不仅包括数据的结构形式和数据的规模，还包括处理数据的技术。

在此，我们从狭义的角度剖析大数据的概念，是指计量起始单位至少是 PB、EB 或 ZB 的数据规模，其不仅包括结构化数据，还包括半结构化数据和非结构化数据。我们应该从横向和纵向两个维度解读大数据：横向是指数据的规模，从这个角度来讲，大数据等同于海量数据，指大数据包含的数据规模巨大；纵向是指数据结构形式，从这个角度来说，大数据不仅包含结构化数据，更多的是指半结构化数据和非结构化数据，指大数据包含的数据形式多样。大数据时代，由于有90%的信息和知识在"结构化"数据世界之外，因此，人们通常认为大数据的分析对象为半结构化数据和非结构化数据。

应该明确大数据的核心是数据，而数据是统计研究的对象，从大数据中寻找有价值的信息，关键在于对数据进行正确的统计分析。因此，鉴定"大数据"应该引入统计学的思想理念。

从统计学科与计算机科学性质出发，我们可以这样来定义"大数据"：大数据是指那些超过传统数据系统处理能力、超越经典统计思想研究范围、不借用网络无法用主流软件工具及技术进行单机分析的复杂数据的集合。

根据大数据的概念和其时代属性，我们认为大数据的基本特征主要体现在以下四个方面。

### （1）大量性

大量性是指大数据的数据量巨大。在大数据时代，高度发达的网络技术和承载数据资料的个人电脑、手机、平板电脑等网络工具的普及，数据资料的来源范围在不断拓展，人类获得的数据资料在不断更改数据的计量单位。数据的计量单位从 PB 到 EB 再到 ZB，反映了数据量增长质的飞跃。据统计，截至 2012 年年底，全球智能手机用户有 13 亿人，每个月移动数据流量有 1.3EB 之巨。而在 2021 年，全球智能手机用户总数达到 40 亿人。

### （2）多样性

多样性是指数据类型繁多，大数据不仅包括以文本资料为主的结构化数据，还包括网络日志、音频、视频、图片、地理位置等半结构或非结构化的数据资料。多样化的数据产生的原因主要有两个方面：一是由于非结构化数据资料的广泛存在。二是挖掘价值信息的需要，传统的数据处理对象是结构式的，我们从数据的大小多少来感受对象的特征，但这远远不够具体。很多时候，我们希望了解更多信息，除了解对象的数量特征外，我们还希望了解对象的颜色、形状、位置，甚至人物心理活动等，这些是传统数据很难描述的。为了满足人们对数据分析深层次的需要，由于大数据时代对音频、视频或图片等数据资料处理技术不再是难点，于是半结构化数据和非结构化数据也成为数据处理的对象。

### （3）价值性

价值性是指大数据价值巨大，但价值密度低。大数据中存在反映人们生产活动、商业活动和心理活动等各方面极具价值的信息，但由于大数据规模巨大，数据在不断更新变化，这些有价值的信息可能转瞬即逝。一般来讲，价值密度的高低与数据规模的大小成反比。以视频数据为例，一部 1 小时的视频，在连续不间断的监控中，有用数据信息的出现时间可能仅有 1 秒。这就表明，大数据不仅是静止的，更是流动的。因此，在大数据时代，对数据的接收和处理思想都需要转变，如何通过强大的机器算法更迅速地完成数据的价值"提纯"，成为目前大数据背景下亟待解决的难题。

### （4）高速性

高速性是指数据处理时效高，因为大数据中有价值信息存在时间短，要求能迅速有效地提取大量复杂数据中的有价值信息。在海量的数据面前，处理数据的效率关乎智能型企业的生死存亡，这充分体现了数据分析的实效性。

## 1.2.3　大数据技术

我们要系统地认知大数据，必须全面而细致地分解它，前面我们从理论层面剖析了大数据的概念，因为理论是认知事物的必经途径，也是被广泛认同和传播的基线。从大数据时代和大数据的含义中，我们可以理解行业对大数据的整体描绘，可以解析价值对大数据的珍贵所在，可以审视人与大数据之间的长期博弈，可以洞察到大数据带来的发展趋势。然而，这一切的实现都要假于技术，因为技术是体现大数据价值的手段和推进数据要素新动能前进的基石。

我们应该明确，大数据时代的战略意义不仅在于掌握庞大的数据信息，而且在于如何处理数据。这就需要从数据处理技术的角度理解大数据。

在此，我们从广义角度剖析大数据的概念，不仅包含大数据结构形式和规模，还泛指大数据的处理技术。大数据的处理技术是指能够从不断更新增长、有价值信息转瞬即逝的大数据中抓取有价值信息的方法。在大数据时代，传统的针对"小数据"处理的技术可能不再适用。这样，就产生了专门针对大数据的处理技术，大数据的处理技术也衍变为大数据的代名词。这就意味着，广义的大数据不仅包括数据的结构形式和规模，还包括处理数据的技术。此时，大数据不仅指数据本身，还指处理数据的能力。

为了更好地体现大数据实践价值，展示大数据的美好蓝图，这里我们给出大数据技术的定义，大数据技术是针对大数据的复杂集合，在一定的条件下和合理的时间内，通过现代计算机和创新统计思维，有目的地进行设计、获取、管理、分析，揭示隐藏在其中的有价值的模式和知识的技能和方法。该领域已经涌现出大量新的技术，它们成为大数据采集、存储、处理和展现的有力武器，概括起来处理大数据的技术有：① 大数据接入，包括已有数据接入、实时数据接入、文件数据接入、消息记录数据接入、文字数据接入、图片数据接入、视屏数据接入等；② 大数据存储，包括结构化数据存储、半结构化数据存储、非结构化数据存储；③ 大数据分析与挖掘，包括离线分析、准实时分析、实时分析、图片识别、语音识别、机器学习等；④ 大数据共享交换，包括数据接入、数据清洗、转换、脱敏、脱密、数据资产管理、数据导出等；⑤ 大数据可视化，包括图表展示、文字展示等。

这里需要提及的是，从技术看，大数据与云计算有着密切的关系，大数据无法用单台计算机进行处理，必须采用分布式架构，这就必须依托云计算的分布式处理、分布式数据库和云存储、虚拟化技术。因此，大数据的处理离不开云计算技术的应用。

从数据要素的角度看，大数据技术的战略意义不在于掌握庞大的数据信息，而在于对这些有意义的数据进行专业化处理。那么，提高对数据的处理能力，实现数据的增值，大数据的技术应用就显得尤为重要。

目前，各行各业需要大数据技术支撑指数级的数据增量服务，越来越多的企业逐渐进行数据转型，其大数据技术的应用不断深入，呈现出如下特征。

(1) 快

当今在互联网、物联网、云架构的支持下产生了大量的数据集，如果均匀地摊放在一百年的发展历史过程中，这样的数据集就显得很渺小了。全球数据量正以平均年增长率 50% 的速度增长，实际上大数据聚集的背后隐含着社会的快速发展，因此在理解"大量性"的同时，也应该对数据快速处理技术和方法进行深入研究。

（2）繁

当今各种各样的数据铺天盖地而来，我们可以通过网络搜索，从大数据来源、生成、计算和应用等角度对大数据的类型有不同的描述。例如，影随型数据包括视频流、照片、手写意见卡、保安亭的出入数据等，是一种你拥有，但并不容易拿到的数据，这类数据往往融入一个统一体中，在数据处理过程中体现出复杂繁琐的特征。

（3）精

当今大数据对应着海量嘈杂的信息，不可避免地带来大数据困惑，如何从海量的数据资源中提取精良的、高品质的信息来指导人们的生活和工作，这是大数据研究的一个重要领域，叫作数据的"提纯"。实际上，大数据的价值性与大数据挖掘和分析结果的精度密切相关，因此大数据产品的精度分析将是未来大数据研发和应用的一个重要领域。

（4）准

当今数据的产生和处理速度之快已经成为大数据的重要特征之一，然而这一特征遵循着数据分析的一个重要原则，那就是"时效性"。大数据分析的时效性体现在其价值的大小与提供信息的时间密切相关，实际上，信息更大价值的表现是分析结果的准确性。因此准确的大数据分析结果才有可靠、实际的指导意义。

## 1.3 数据要素推动大数据发展的新态势

2020年4月9日，中共中央、国务院印发《关于构建更加完善的要素市场化配置体制机制的意见》，明确提出加快培育数据要素市场，包括推进政府数据开放共享、提升社会数据资源价值、加强数据资源整合和安全保护等内容。数据作为一种新型要素写入文件中，与土地、劳动力、资本、技术等传统要素并列为要素之一。2020年5月18日，中共中央、国务院又颁布《关于新时代加快完善社会主义市场经济体制的意见》，进一步强调要加快培育发展数据要素市场，建立数据资源清单管理机制，完善数据权属界定、开放共享、交易流通等标准和措施，发挥社会数据资源价值。推进数字政府建设，加强数据有序共享，依法保护个人信息。数据作为一种新型生产要素写入中央文件中，标志着数据已成为中国经济高质量发展时期的新重点。加快培育数据要素市场，是推动经济转型升级的重要举措，是解放数字化生产力的必经之路，更是我国抢占未来全球竞争制高点的战略需要。因此构建数据要素市场具有十分重要的意义和必要性，对我国未来经济社会发展将产生深远的影响。与传统生产要素相比，数据这一新型生产要素具有其独特性，要抓住数据要素市场化这个关键，积极培育数据要素市场，释放数据要素红利，发挥数字对经济发展的放大叠加作用。

当前大数据相关理论技术的发展日新月异，而数据要素作为一种新型的生产要素，必将推动大数据发展的新态势。在此，我们从数据要素驱动思维、数据价值、数据融合、数字经济、数据能力、数据应用、数据开放共享程度、数据处理理论技术、数据安全防护、数据跨境交流等方面，探讨大数据发展的十个新态势。

**（1）数据要素驱动的思维将持续深化**

随着当前大数据技术及与其相关的新一代信息技术的快速发展，以及数据正式被纳入生产要素范围中，生产生活中对大数据的使用需求逐渐增加，越来越多的事物逐渐呈现数据化的趋势，这其中体现着数据要素驱动的思维。在未来，数据要素驱动的思维将会更加深入人心。在数据化的基础上，数据要素将与各传统生产方式深入结合，驱动贸易、教育、交通等传统产业进行数字化转型升级，为经济发展带来新的机遇。人们会愈加认识到数据在驱动数字经济发展中的重要性，进而对数据树立起正确的权益理念，主动寻求释放更多数据价值的方法；依靠数据要素驱动经济发展的思维将持续深化。

**（2）数据的价值将进一步释放**

在大数据时代，数据的重要性主要体现在其蕴含的价值上。数据价值的关键在于可以挖掘平常事物表面下的规律，通过对一定规模的数据进行分析，可以聚合、提炼出更有意义的信息和结论。而在未来，数据所包含的巨大价值将会进一步释放出来，究其原因，一方面在于，未来大数据的理论技术将会更加深入、完善，远超过现在，因而数据价值将更加深入、彻底地发挥和释放；另一方面，数据技术与传统产业的深度融合、数据资源权属的界定、数据在更广泛范围内的共享流通、对数据的分类分级整合利用等方面的进步都将促进数据的价值更加充分地释放。

**（3）数据的融合将更加紧密**

目前大数据技术的应用所取得的发展，主要来自对海量、高质量和多源数据的挖掘和分析。一方面，单一组织机构拥有的数据体量有限，难以积累够海量的高质量数据；另一方面，单一来源数据维度单薄，所包含价值较为有限。两方面因素说明，单一组织机构的数据仅包含事物局部的信息，通过局部信息往往很难得到正确全面的分析结论；只有促进多种来源的数据间更加紧密地融合，才能保证数据的质量，才会对事物整体形成更加全面、客观的认知，发挥出多源数据的最大效益。因此可见，未来来自多个组织机构的多源数据融合分析将会更加深入，并发挥更大的价值。

**（4）数据经济将更加繁荣**

当前数据已经深入渗透到我国经济发展的各个方面。以大数据、物联网等新一代技术为支撑，以市场需求为导向，数字经济的发展，特别是数据与传统生产方式的结合，为新技术、新产业、新业态和新模式的产生起到了推动、促进作用。基于数据要素驱动的数字产业化和产业数字化进程方兴未艾，对原有经济发展产生带动效应。目前大数据已经广泛应用于医疗、能源等多个领域，帮助企业缩短生产周期，改进、优化生产流程，大幅降低生产和信息搜集成本，加快企业转型升级。数字经济已经成为我国经济增长的新动能，也是经济转型的重要机遇。可以预见，在数据要素的驱动下，我国数字经济将会更加繁荣。

### (5) 数据能力对国家和企业将更加关键

数据能力为人们提供了一种客观认识和改造世界的手段，并推动了生产力的进步。在未来，数据能力将会成为国家和企业发展的关键。围绕大数据分析需求产生的海量"数据"，云计算、量子计算等"算力"，以及人工智能等"算法"构成的"数据＋算力＋算法"体系，将为数据进行赋能。国家和企业拥有的数据体量越庞大，能够对数据进行处理、分析、挖掘的算法技术越完善、算力越强悍，则获取的信息和价值就越多。国家通过对行业、企业和个人的信息进行整合分析，能够建立起数据搜集处理系统，完善宏观调控的判断机制，提高资源的利用效率，为社会提供更好的公共服务并防范各种潜在风险。企业通过对数据进行深入挖掘，可以捕捉到消费者的需求变化，以便及时为消费者提供更个性化的服务；企业还可以拓宽营销和销售渠道，开辟出更多元化的盈利方式，大幅提高企业自身的价值。

### (6) 数据的应用将更加智能化

数据的应用既包括横向的应用范围，又包括纵向的应用层次。一方面，目前我国数据资源的应用场景还比较有限，特别是传统产业的数据资源尚未得到充分开发利用。而未来数据将会有更加丰富的应用场景，数据要素将会与交通、贸易、制造、农业等诸多行业进行更加深入的融合，数据的应用范围将更加广泛。

另一方面，大数据的应用层次可以分为描述性、预测性和指导性应用。当前我国在大数据领域的应用还以描述性和预测性的应用居多，而在决策指导性方面的应用较少，仍处于应用的初级阶段。一般来说，指导性应用建立在描述性和预测性应用的基础上，分析不同决策的后果并进行指导和优化，如人机博弈中对于机器下一步行为进行分析并给出指导。而在未来，随着大数据理论技术的成熟，以及数据共享融合程度更加完善，大数据的应用层次将更加深入，指导性应用将会更加丰富。从以上两方面可见，未来我国大数据的应用进程将进入应用层次更加深入、融合应用更加广泛的智能化阶段。

### (7) 数据的开放共享程度将不断增强

现阶段可以流通的数据包括政府数据和企业数据。在过去我们构建了许多信息系统，也形成了许多"信息孤岛"，这些"信息孤岛"造成了政府、企业和民众之间的信息壁垒，制约了数据的流通和共享，在一定程度上阻碍了数据要素市场的发展。而在未来，数据开放共享的程度一定会不断增强，因为数据只有高效流通起来，才能与各要素、各行业融合，形成创新。我们一方面要做好顶层设计，在国家层面制定促进数据共享开放的法规和标准，促进政务数据和企业数据的融合应用；另一方面，在新一轮的信息系统建设潮流中，我们更要明确各方责任、权利，从规划、审批、建设各个环节，竭力注意避免新"信息孤岛"的产生；同时，我们还要注意不应该孤立地看待数据共享，而要兼顾数据开放共享与数据隐私之间的平衡。

### (8) 数据处理的理论技术将更加成熟

近年来，大数据在数据获取、分析等方面的技术已经有了一定的进展，但是我国大数据技术体系仍有诸多不完善之处，许多根本性问题仍待解决，特别是在一些领域的技术应用还没有完备的理论基础作为铺垫，其实际应用的结果还需要检验。另外，随着数据体量以指数级的速度不断增长，虽然当前数据处理技术也在不断发展进步，但数据体量仍将远远超过未来的数据处理能力，二者之间的差距也仍将持续较长时间。但与此同时，数据处理能力和数据体量之间的差距也会反过来促进技术的创新，将变相促使大数据核心理论和技术更加成熟完善。

### (9) 数据安全防护热度将持续上升

各组织机构和经营主体积累的数据量不断增长，数据泄露事件也随之增多。在我国数字政府建设过程中，有关公民、政府、企业的有关保险、税务、户籍等数据逐渐整合，这些数据如果泄露，将对企业和个人造成较大的利益损失。伴随着日益严峻的安全风险，数据安全防护的热度也将持续上升。在未来，一方面我国在隐私计算方面的技术将会更加成熟，帮助企业和个人维护信息安全；另一方面，我国有关数据流通安全的法律法规和监管机制也将更加完善。

### (10) 数据跨境交流将更加密切、深入

在当前"人类命运共同体"和大数据时代的背景下，"网络空间命运共同体"的理念随之而生，随着我国在 G20、APEC 等多边合作平台上签订更多的双边和多边贸易合作协议，以及与"一带一路"沿线国家的贸易关系愈加紧密，可以预见，在未来，我国将带动周边国家，以及与美国、欧盟等数据资源大国进行更加密切、深入的数据跨境交流。我国可以利用大数据技术上的优势，积极开展国际合作，推动构建数据跨境流动框架，积极参与全球数字治理，把握数字治理的话语权和主动权。

## 1.4 数据要素对社会经济发展的推动作用

数据要素可以推动社会经济高质量发展，为了探究数据要素对社会经济发展

起推动作用的具体机制，我们从宏观、中观、微观三个层面来分析叙述。在宏观层面，数据要素从驱动激发创新活力、提升全要素生产率和市场经济运行效率、转变社会管理模式等方面，激发经济增长的新动能；在中观层面，数据要素从促进产业融合和优化产业关联等方面，推动产业结构优化升级；在微观层面，数据要素从改进管理模式和商业模式两个方面，推动企业创新发展。

### 1.4.1 宏观层面：数据要素激发经济增长新动能

#### (1) 以数据驱动经济发展，激发创新活力

随着数字经济产业体系规模的不断扩大，基于大数据和人工智能技术的数据要素驱动经济增长代替了原有的依靠大规模投资驱动经济增长的方式。数据为创新提供了新的活力，可以引发产业和技术的持续性交互创新。随着人工智能算法决策的不断优化，数据信息的挖掘更加深入完善，企业可以进行更频繁的创新，继而在其他关联产业引发更广泛的创新，从而真正实现数据驱动的创新和产出。当基于数据创新驱动的产业发展以及传统产业的数字化改造愈加完善时，数据要素将会深入渗透到传统产业中，促进新模式、新业态等快速壮大，加快培育经济增长的新动能，提升经济增长的动态效率，成为中国经济变革和转型的重要推力。

#### (2) 释放倍增乘数效应，提升全要素生产率

与以往我国经济发展主要依赖劳动和资本等传统生产要素及其组合的情况不同，数据要素因其可复制性、可无限供给等属性，以及较强的多要素融合效应，可以与传统生产要素结合，发挥倍增实物生产资料的作用，使生产资料数字化，为数字经济的发展带来新动能，助力经济增长活力释放。当前数据已经渗透到生产、分配等各个环节，参与到具体的生产实践中，充分发挥了对其他生产要素的倍增作用，以数据要素的倍增效应助力经济高质量发展。数据要素只有与其他生产要素结合得更加深入，才能做出更大的贡献，更多地提升全要素生产率，对发展社会经济发挥更大的倍增乘数效应。

#### (3) 降低经济运行成本，提升市场经济运行效率

不同于以往生产要素的特点，数据要素复制的边际成本接近于零，可以在很大程度上降低经济的运行成本。一方面，对于消费者来说，信息不对称会造成较高的信息搜寻成本，而现今数据要素的广泛应用可以为消费者提供更精准和个性化的营销服务，在一定程度上降低了消费者的搜寻成本，提高了供需匹配的耦合率，从而大幅降低交易双方的信息不对称，提高经济的运行效率。另一方面，对于生产者来说，数据要素可以帮助生产者扩增生产资料、大幅减少中间环节并拉近供需双方的距离，以及降低交易成本和运输成本，从而实现了突破地域限制的信息交流，增强了市场运行的有效性。

### （4）转变社会管理模式，实现良好公共治理

数据要素的出现能够帮助政府改进原来的管理模式，提升行政效率，实现良好稳定的公共治理。而良好的公共治理可以大幅度降低经济增长的制度成本和社会管理的行政运行成本，同时可以促进提升社会福利。数据要素可以促进实现良好的公共治理主要体现在以下两个方面：

一是数据会促进政府更好地制定政策并进行宏观调控。数据能使政府更广泛地监测影响社会稳定的各种因素，帮助政府防范风险；各部门间日益密切的数据开放共享可以帮助政府在依靠经验分析因果关系的基础上，获得更全面、更完整的信息，进而做出更精准的调控。

二是数据会提升政务服务的便捷性和行为的透明度。数据的深度流动会促进市场与政府之间、政府各部门之间搭建起数据共享的桥梁，推动政府更好地协调公共资源、优化资源配置、向公民提供更便捷的公共服务、让群众办事少跑腿，同时促进政府和群众的沟通协调更加深入，从而推动群众更加积极地参与社会治理，提高政府的公信力。

### 1.4.2　中观层面：数据要素推动产业结构优化升级

#### （1）促进产业融合与数字化改造，催生新经济业态

当前，数据要素正逐渐向各传统行业渗透融合，大数据、5G等新一代数字技术逐渐应用到更加多元的场景中，这也使得传统的产业边界逐渐模糊，并与数据要素创新融合发展催生出远程服务、大规模个性化定制、网络化协同制造等新的商业模式。这些新的模式可以促进新技术在市场中转化，帮助企业获得超额利润，进一步形成智慧出行、数字会展、低碳经济等新的经济业态。以制造业和服务业的转型为目标，新业态的快速发展又将推动传统产业衍生出新产业，或是激发产业跨界合作衍生出新的产业，如工业互联网、生物医药数字化产业、区域智慧轨道交通产业等。

传统实体经济产业的数字化改造，特别是数字技术与制造业的深度融合，使得传统的产业结构向数字密集型转变，在拓宽产业范围和层次的同时，为激发经济活力提供新动能，从而实现了产业结构的升级改造，释放了数据要素对实体经济的倍增作用，产生巨大的经济增长效应，帮助推动社会经济实现新发展。

#### （2）推动产业集群，提高规模经济效益

在数字产业化和产业数字化的过程中，一方面基于大数据技术（如5G、区块链等技术）间的相互融合产生了更大的效能，另一方面数据要素与实体经济深入跨界融合，实现了原有产业的智能化升级，两方面都推动了数字产业集群的形成和发展。大型企业凭借自身在产业集群方面的优势，与中小企业形成良性互动，

带动产业发展集聚，打造数字产业生态，最终形成完整的、具有国际竞争力的先进数字产业集群。产业集群可以有效降低交易费用，大大降低企业在生产各环节的投入成本，帮助企业获取行业最新市场动态，降低信息的搜寻成本，帮助企业建立更信任、更长久的合作关系，这些都可以促进生产效率的提升，提高规模经济效益。

### （3）优化产业关联，促进产业结构合理化

经济活动中的产业链间在就业、技术、产品供应与需求等方面存在着紧密的关联关系，主要体现在技术供需关联和产品供需关联两个方面。随着云计算、物联网等技术的出现、发展和应用，各产业和平台间的联系愈加紧密，数字化运营平台可以更加准确地计算生产环节中各产品的供需情况，协调各产业之间的产品供需关联，从而帮助产业最大限度地减少不必要的浪费，避免了生产过程中的盲目性。同时，新技术、新方法的广泛应用也将极大提高经济生产效率和管理效率，优化重组生产资源的配置，推动相关产业持续创新，使得产业链不断优化升级，生产结构更加合理，从而提升社会经济效益，带动经济更加高质量发展。

### （4）提升产业投入产出比，提高生产效率

在大数据时代，行业内、企业间或企业内部的不同部门之间的数据开放共享程度愈加提高，这降低了企业的运输成本、管理费用等交易成本，促进了资源配置效率的提升，从而提高了创造价值。与传统的工业技术相比，基于数据要素发展的技术的普及通用程度得到了很大提升，这推动产业与数字技术更加深入地融合，并对生产流程等各方面进行不断的配合调试，在调试的过程中逐渐提高产业的数字化程度和资源的适配程度，最终提高产业的投入产出比，进而改善数字经济发展的生产效率。

## 1.4.3 微观层面：数据要素激发企业商业模式创新

### （1）改进管理模式，促进企业高质量决策

在当前经济全球化的背景下，信息化和数字化进程不断加深，企业将会面临更加严峻的生存挑战和未知的不确定性，这也推动着企业进行管理模式的创新。而在数字经济时代，企业将从依靠经验的传统决策方式逐渐转变为依靠数据的新型决策方式，企业决策将变得更加理性。基于大数据的海量数据采集、筛选及分析将会变成企业决策所依据的主要方法。这种方法可以帮助企业减少不确定性所带来的决策失误，提高决策的精准性，优化企业的生产。基于数据的决策方式还可以帮助预测未来经济活动，帮助企业科学投资，对经济发展提供有效的支持，为企业带来巨大的经济效益。可以看到，今后企业的管理模式将变为提出合适的问题，依据数据分析得到恰当答案的科学化管理方式，基于数据要素的科学决策会进一步提升企业和社会的经济增长效率。

### （2）改进运营模式，挖掘潜在消费者需求

当前数字经济快速发展，企业传统的商业模式因无法适应市场更多元化的需求而面临挑战，而大数据时代的数据更多地展现了信息之间的相关关系，有着更复杂的内在关系，可以为商业模式创新提供新的机遇。企业可以从大数据中挖掘价值，改造原有的盈利模式。通过大数据技术，企业可以更精确地挖掘消费者的潜在需求，预测客户的需求及变化，从而实现更精准的营销，来为企业增添盈利的新附加值，实现商业模式的根本性转型升级。当前大数据已经逐渐与零售业、交通等行业融合，比如，电子商务平台通过算法建立用户画像，分析用户偏好，及时捕捉用户需求和变化，为消费者推送更精准的服务和推介。企业逐渐转变为以客户需求为导向的新型商业模式，这颠覆了传统的 B2C 模式，使得 C2B 的商业模式成为可能，实现了盈利模式的革命和创新。同时，基于数字要素的商业模式的创新为微观市场提供了更多的活力，更加多元化、个性化的产品扩大了消费者的选择范围，也促使消费结构转型升级，为社会经济发展提供了保障。

### （3）改进营销模式，实现客户关系多元化

在大数据时代，消费者对于产品购买体验有着更加多样的需求，而企业传统的销售和营销渠道愈加难以满足消费者的需要。因此，有必要基于互联网大数据技术对原有的营销模式进行改造。大数据基础设施可以帮助企业构建线上线下相融合的营销渠道，实现销售场景的智能化，促使销售渠道更加多元化。而同时，客户关系也在发生改变。原有的营销模式下，企业与消费者之间主要是产品的生产售卖者和购买者之间的关系，而大数据技术的快速发展，使得企业可以与消费者形成更加紧密的联系，消费者不仅是产品的购买者，还拥有了一定的话语权，可以发表对产品的使用评价，具有一定的影响力。可见数据要素引导下的企业营销模式较以往来说更为复杂，企业需改进原有的营销策略，寻求与消费者更加密切、多样的联系，才能帮助企业更长远地发展。

### （4）改进盈利模式，探索业务内容创新

在大数据的影响和渗透下，企业纷纷寻求基于大数据的业务模式的创新和转型升级。第一种是企业围绕大数据进行商业模式的改革，例如，企业将在生产环节产生的冗余数据进行售卖，或者通过技术手段将数据整合成更有价值的信息，开展咨询服务，将数据资源商品化，从而获得额外的盈利。第二种是企业基于大数据探索业务范围的创新，以数据要素为驱动构建行业之外的新业务，进行流程创新。第三种是企业将大数据作为工具对原有的生产流程进行优化和改进，如企业将大数据应用在仓储物流系统，优化原有的物资和人员调配，降低成本，构建更智能化的物流体系。因此可知，数据要素可以驱动企业进行盈利模式的改造和创新，探索更多的业务内容，从而实现企业的转型升级。

# 1.5　发挥统计学在人工智能技术中的新动能

2011 年，诺贝尔经济学奖获得者 Thomas J. Sargent 在由厚益控股和《财经》杂志联合主办主题为"共享全球智慧引领未来科技"的世界科技创新论坛上表示：人工智能其实就是统计学，只不过用了一个华丽的辞藻。很多公式非常旧，但是所有的人工智能技术都是利用统计学来解决问题的。

人工智能（Artificial Intelligence，AI）是研究、开发用于模拟、延伸和扩展人的智能的理论、方法、技术及应用系统的一门新的技术科学。

自然而然地，"统计学与 AI 的关系"议题成为社会讨论的焦点问题，一下子又把统计学推到了风口浪尖。2019 年 3 月我们在《中国统计》刊物上发表了一篇文章《"人工智能其实就是统计学"这个命题并不重要》。重要的是，在大数据时代下，在 AI 迅猛发展的背景下，统计工作者应该清醒地认识到传统统计学的变革，以便更好地"武装"统计学，真正起到长期推进 AI 发展的作用。在此，我们将探讨怎样才能更好地发挥统计学在人工智能技术中的新动能。

## 1.5.1　怎样用新的数据"烹饪"出好的"食品"

时代发生了巨大的变化，火车站、机场、酒店……到处都在"刷脸"，现在人脸识别技术已经很成熟了。比如，首都机场在安检的过程中，新开辟了一条智能化安检线，它会将不满足安检要求的物品自动地分离出来，提高了安检的速度。这些技术的实现及应用中所产生数据的类型发生了巨大的变化，扩展了传统统计的研究对象。

传统数据基本上是结构型数据，即定量数据加上少量专门设计的定性数据，格式化、有标准、可以用常规的统计指标或统计图表加以表现。大数据及 AI 处理的则更多是非结构型数据、半结构型数据或异构数据，包括一切可记录（包括图像和声音等）、可存储的信号，多样化、无标准、难以用传统的统计指标或统计图表加以表现。现在的数据库很多都是非关系型的数据库，不需要预先设定记录结构即可自动兼容大量各种各样的数据。

数据分析好比食品烹饪，数据相当于食材，食材的类型或品种发生了变化，是对烹饪师的一个巨大挑战。对于统计工作者而言，面对的压力可想而知。

## 1.5.2　怎样认识总体意义下的"样本"

有一次，朋友到我们单位访问，朋友问：你们单位的 WIFI 和密码是什么？想用手机上网；我"开玩笑"地和他说："你如果用我们单位的 WIFI 和密码上网，我们单位的网络平台可以把你手机的信息全都扒走。"这就是维克托·迈尔·舍恩伯格在《大数据时代——生活、工作与思维的大变革》中提到的一个重要观念：在一定的条件下，我们现在所获得的数据是总体，而不是样本。在八年或十年前，这项技术还很神秘；当今在 AI 促动下，这项技术是海量数据收集的重要手段之一，它打破了我们对样本概念的认知，使得样本概念更加深化，体现出了一个重要的理念，就是"明确平台，收集数据"，这充分体现了总体意义下的"样本"含义。

我们知道，统计学依赖于样本统计（普查除外），样本是按照一定的概率从总体中抽取并作为总体代表的集合体。大数据时代，特别是 AI 技术的应用，使得样本的概念不再这么简单，此时数据大部分为网络数据，因此可以将其分为两种类型：一是静态数据，呈现"总体即样本"的趋势，这一特点弥补了传统样本统计高成本、高误差的劣势；二是动态数据，比如，在确定的网络平台下，数据是随着时间的推移而变化的，总体表现为历史长河中所有数据的总和，而我们分析的对象为"样本"，这里的"样本"有别于传统的样本，因为这些数据并非局限于随机抽取的，更可以是选定的与分析目的相关的数据。对于统计工作者而言，如何分析此"样本"的代表性等问题，应该提到统计研究的议事日程中。

### 1.5.3　怎样从数据收集实现"资源共享"

从 2012 年到现在，国家统计局和 19 家企业签署了框架性协议，在框架性协议的支撑下，国家统计局可以获得企业的数据，一为社会服务，二为企业服务。例如，可以利用阿里巴巴的数据来修正和完善 CPI；可以利用百度的数据来估计二手房的房价。以此为案例，我们把国家统计局获取数据的外延剔除掉（暂时不考虑和那些企业签署框架性协议），提取获取数据的内涵，可以提炼出一个获取数据的重要手段，就是"框架性协议支撑"。这是因为，现在政府和政府之间、政府内部的职能部门之间、政府和企业之间的数据不能交易，那么要构建智慧城市等，需要构建宏观和微观大数据平台，"框架性协议"就成了获取数据的重要方法之一，其核心为四个字——"资源共享"。这是在共享经济环境下，对传统数据收集概念的巨大扩展。

传统统计中，收集统计数据的思维是先确定统计分析研究的目的，然后根据需要收集数据，所以要精心设计调查方案，严格执行每个流程，往往投入大，而得到的数据量有限。在大数据时代，AI 在推进社会前进过程中，给数据的收集提出了新的挑战，使得收集数据的概念得到扩展，即收集数据就是识别、整理、提炼、汲取、分配和存储元数据的过程，其某个环节的实现，都为对传统统计数据收集研究带来了机遇。我们拥有超大量可选择的数据，同时，在存储能力、分析能力、甄别数据的真伪、选择关联物、提炼和利用数据、确定分析节点等方面，都需要斟酌。然而，并非任何数据都可以从现有的数据中获得，还存在安全性、成本性、针对性的问题。对于统计工作者而言，在采用传统的方式方法收集特定需要的数据基础上，扩展思路，利用现代观念和现代技术来收集、获取一切相关的数据，同时实现资源共享，也是统计工作者要实现的目标之一。

### 1.5.4　怎样打造和利用数据来源的"第二轨"

有一个 MBA 学员从事游戏软件开发，并负责公司的游戏产品营销，他毕业论文的主要研究内容是游戏产业的全球市场营销策略，其中游戏产品的定价研究就显得尤为重要，为了科学地制定游戏产品价格，他针对开发的游戏产品，收集了大量不同竞争产品的同等道具价格，例如：木材、粮食、铁矿、石矿、金币等。在与其讨论文章的过程中，我问："这些收集是通过调查得到的吗？"他说："不是，是通过互联网得到的数据，是开发商和使用者在游戏研发和玩游戏过程中记录下来的数据。"这些数据完全打破了传统统计数据的来源渠道，对数据的考察和验证带来极大的挑战。

传统的数据是带着问题来收集的，具有很强的针对性，因此数据的提供者大多是确定的，其身份特征是可识别的，有的还可以进行事后核对和验证。而随着 AI 技术的深入发展，海量数据的来源已很难追溯，由于这些数据通常来源于互联网、物联网，或者在云架构的支撑下，已经形成了极大的数据库，不是为了特定的数据收集目的而产生的，而是一切人们可记录的信号（当然，任何信号的产生都有其目的，但它们是发散的），并且身份识别十分困难。对于统计工作者而言，在充分利用传统统计数据来源的基础上，针对社会发展的需求和时代发展的特点，要努力打造并利用好数据来源的"第二轨"——云架构、互联网和物联网等。

### 1.5.5　怎样提升和加快统计量化方式的转变

近几年接触了不少企业管理者，他们的管理理念各有千秋。有一个位管理者很苛刻，要求职工上下班按指纹，他说："发现个别职工很淘气，上班按了指纹就出去，到下班的时候回来再按一个指纹，结果搞一个全勤。"

我说："那你怎么办啊？"

他说："我在公司门口安装了一个监视器，可以实时记录职工的进出情况。"

他接着又说："慢慢地发现，监视器获得的数据是连续数据，很难发现异常现象。"

我又问他："那你采取什么方案呀？"

他说："安了一个人脸识别器，这样可以获得时点数据，很容易发现异常现象，以便及时处理。"

从指纹识别、监视器到人脸识别器，管理中所用的设备逐渐升级，就人脸识别而言，识别就是找出每个人的差异性，从统计角度看，分析差异性的一个重要指标就是方差。那么识别结果，即每个人的"脸"产生的数据集，其方差如何计算呢？这打破了传统的统计计算规范。

传统数据为结构化数据，其量化处理已经有一整套较为完整的方式与过程，量化的结果可直接用于各种运算与分析。AI 研发、延伸和扩展，面临着大量的非结构化数据，Franks 说过："几乎没有哪种分析过程能够直接对非结构化数据进行分析，也无法直接从非结构化的数据中得出结论。"目前，计算机学界处理非结构化数据的技术研发逐步推进，也取得了不少阶段性成果。对于统计工作者而言，直接处理非结构化数据或将其量化成结构化数据，是一个重要的研究领域，也势必促进统计学的发展。

AI 的发展离不开统计学，统计理论和方法的深入研究也离不开 AI 的促进。统计工作者应该知道，当今我们对数据的利用，取得了更大的主动权，我们要把这个主动权真正利用好，用于促使统计学迅速发展，让统计学产生的新理论、新方法在历史发展中打上更深刻的烙印。

## 1.6 交叉学科促进统计学的发展

### 1.6.1 交叉学科的发展

人类社会进入 20 世纪，生产力的发展日新月异，技术革新周期越来越短，社会经济活动比以往任何时期都更需要获得科学的支持，不断寻求新的科学突破已不是科学家或科学界自己的事，而已成为社会的要求、国家的行为。但是，当某一学科发展到一定程度时，学科内部的纵向突破往往受挫，在这种情况下，人类强大的科学能力又不能弃置不用，这就迫使人们将智力、物力、财力作横向转移，迂回前进，从而为科学交叉创造了机会与条件。20 世纪下半叶，一股各类交叉学科应用与研究的新风促进着社会的发展，许多科学前沿问题和多年悬而未决的问题在交叉学科的联合攻关中取得了突破性的进展。随着越来越多交叉学科的出现及其在认识世界和改造世界中发挥作用的不争事实，交叉学科在科学领域中的生命力都得到了充分的证明。

1980 年，国际跨学科协会正式成立，以跨学科科研和跨学科管理的研究为中心，迄今为止已经成功地组织了多次跨学科国际学术研讨会。范岱年先生早在1981 年就指出，自然科学、社会科学之间存在着一条鸿沟。1984 年，国务院通过了《关于科学工作的六条方针》，其中特别提到"自然科学中有与社会科学交叉的学科，不要搞批判"，这是政府文件中第一次涉及"交叉学科问题"。1984 年 12 月16～20 日，中国社会科学研究生院和中国科学院研究生院，在北京召开了题为"现代自然科学和社会科学"的联席学术讨论会，探讨的主题之一就是自然科学和社会科学的结合和渗透问题。1985 年 4 月，在钱学森、钱三强、钱伟长等学者的倡导下，中国科学技术培训中心会同中国科学技术协会所属的 17 个学会、研究会，在北京召开了全国首届交叉科学学术讨论会，提出了激动人心的口号："迎接交叉科学的新时代！"。1986 年，在天津创办了《交叉科学》杂志；1987 年，光明日报出版社出版《交叉科学文库》第一辑。此后，有多部专论学科交叉、交叉科学的著作问世。目前对交叉学科进行理论研究的杂志主要有《科学技术与辩证法》《科学学研究》《中国基础科学》《软科学》，各大高校学报的社会科学学报也对交叉科学和交叉学科做了理论和实践上的探讨。

进入 21 世纪，以科研机构为代表的中国科学院，于 2001 年 11 月组建，并于 2003 年 3 月正式批准成立中国科学院上海交叉学科研究中心。从学科建设角度看，交叉学科发展水平有了代表性的标志显现，北京大学于 2006 年 4 月正式成立前沿交叉学科研究院，在全国高等院校中率先开辟了跨学科研究的试验田。清华大学于 2011 年 1 月正式成立交叉信息研究院，是国内首个致力于交叉信息科学研究的教学科研单位，目标为建设世界一流的交叉信息研究机构，培养具有国际竞争力的拔尖创新人才。在此期间，各类科研机构和高等学校有针对性地设立研究交叉学科机构的同时，我国各个省、自治区、直辖市和科研机构与高校联合，根据研究特色纷纷成立交叉学科研究机构，对学科建设、科研发展和人才培养，以及推动社会全面发展具有十分重要的意义。

特别需要提及的是，2020 年 11 月国家自然科学基金委员会成立交叉科学部，设有综合与战略规划处及四个科学处，重点统筹国家自然科学基金交叉科学领域整体资助工作。交叉科学部以重大基础科学问题为导向，以交叉科学研究为特征，统筹和部署面向国家重大战略需求和新兴科学前沿交叉领域的研究，建立健全学科交叉融合资助机制，促进复杂科学技术问题的多学科协同攻关，推动形成新的学科增长点和科技突破口，探索建立交叉科学研究范式，培养交叉科学人才，营造交叉科学文化。

2020 年 12 月 30 日，国务院学位委员会、教育部发布《关于设置"交叉学科"门类、"集成电路科学与工程"和"国家安全学"一级学科的通知》（学位〔2020〕30 号），按照《学位授予和人才培养学科目录设置与管理办法》的规定，经专家论证，国务院学位委员会批准，决定设置"交叉学科"门类（门类代码为"14"）、"集成电路科学与工程"一级学科（学科代码为"1401"）和"国家安全学"一级学科（学科代码为"1402"）。我国原有的 13 大学科门类正式升级为 14 大学科门类，分别为哲学、经济学、法学、教育学、文学、历史学、理学、工学、农学、医学、军事学、管理学、艺术学、交叉学科，其中新设置"交叉学科"门类成为中国第 14 个学科门类。关于交叉学科的设置和建设，我们将在后面详细探讨。

### 1.6.2　交叉学科的分类

纵观现代科学发展的轨迹，我们可以看到，在现代科学研究的复杂背景下，要揭示高难研究对象和复杂运动形式的规律，单科独进的科研模式已难以维系，为此，学科结构出现了从学科分化转移到学科综合的趋势，以及从学科综合深化到学科交叉的趋势。从学科建设和科学研究的角度，交叉学科可以分为：学科门类内部有关学科之间的相互交叉与渗透、学科门类之间有关学科之间的相互交叉与渗透、学科门类与科学技术之间的交叉与渗透、自然科学与社会科学门类之间的交叉与渗透。

#### （1）学科门类内部有关学科之间的相互交叉与渗透

当学科发展到一定程度，学科内部的专业和方向的建设便呈现出一定规模，学科内部的专业和方向的融合交叉可以拓展更多的研究领域，加强和提升整个学科的科学水平。例如，基于数学、物理、化学等基础学科的交叉科学研究，面向国际科学前沿和社会发展重大需求，解决信息、生命、材料、能源、环境等领域的核心基础科学问题，产生了物理与化学、数学与统计学、数学和力学等的交叉。

#### （2）学科门类之间有关学科之间的相互交叉与渗透

在科学研究和繁杂问题探索过程中，人们发现学科门类之间有一种可以相互推理或者互为所用的微妙关系。例如，基于理学、工学、医学等领域的交叉科学研究，面向人民生命健康，揭示了生命现象背后的科学原理，阐明了与生命、健康相关的复杂系统多层次作用机制，应对人类健康与疾病防治中的重大挑战。

#### （3）学科门类与科学技术之间的交叉与渗透

加强学科建设是为了解决理论问题，强化技术是为了更好地解决实际问题，二者既密切联系，又有重要区别。当今基于大数据、人工智能、网络空间、云架构等领域的研究，就是建立在学科门类与技术之间交叉科学研究的重要表现，面向社会发展中的重大需求，解决复杂系统相关的控制工程、精密制造、先进制造等关键科学与技术问题以及工程与制造领域中的重大瓶颈问题。

#### （4）自然科学与社会科学门类之间的交叉与渗透

由于科学研究活动的群体化及社会化程度不断提高，以及数学模型及计算机的普遍应用，自然科学家要学习经济与管理知识，而社会科学家则要学习数学与计算机知识，双方的相互交叉渗透日益增加。例如，基于自然科学与人文、社会、管理等领域的交叉科学研究，围绕宏观复杂系统以及经济发展过程中的资源开发利用、生态文明建设、人居环境提升等问题，探究人类文明演化的自然规律和历史嬗变的科学成因、自然与社会的互馈机制、人地系统的动态结构等，解决人类可持续发展中的重大科学问题。

## 1.6.3 交叉学科的设置与建设

截至 2019 年 5 月 31 日，我国教育部学位管理与研究生教育司共授予了 153 所高校（含 508 个交叉学科）可自设交叉学科。其中，所涉及的一级学科中包含统计学的专业有 16 个，其交叉学科名称分别为数据科学、能源经济与管理、工业与系统工程、经济信息管理、全球价值链、电子商务与信息管理、媒介经营与管理、金融工程、流通经济与管理、流通工程与技术管理、大数据科学与应用、数据科学、数理金融、金融统计与风险管理、大数据金融、经济计算与模拟。

截至 2020 年 6 月 30 日，新增 8 所高校及 53 个交叉学科，涉及的一级学科中包含统计学专业的新增了 1 个，其交叉学科名称为大数据统计。同时，各高校根据实际情况撤销了 5 所高校（含 12 个交叉学科）名单。

截至 2021 年 6 月 30 日，又新增了 24 所高校及 80 个交叉学科。其中，涉及的一级学科中包含统计学专业的新增了 4 个，其交叉学科名称为生物信息学、车辆制造科学与工程、金融科技、大数字经济。同时，撤销了 5 所高校的 13 个交叉学科。

截至 2021 年 6 月 30 日，我国共有 185 所高校（含 616 个交叉学科）备案了交叉学科，其中，涉及的一级学科中包含统计学的专业有 21 个，交叉学科分别为数据科学、能源经济与管理、工业与系统工程、经济信息管理、全球价值链、电子商务与信息管理、媒介经营与管理、金融工程、流通经济与管理、流通工程与技术管理、数据科学、大数据科学与应用、数据科学、数理金融、大数据金融、经济计算与模拟、大数据统计、生物信息学、车辆制造科学与工程、金融科技、大数字经济。

表 1-1 和图 1-1 显示，在 616 个交叉学科中，一级学科所占比例超过 10% 的有计算机科学与技术、管理科学与工程、工商管理、应用经济学、控制科学与工程、材料科学与工程、生物学；一级学科所占比例低于 10% 但高于 5% 的有法学、临床医学、基础医学、机械工程、中国语言文学、信息与通信工程、公共管理、化学、数学、环境科学与工程、化学工程与技术、物理学、中国史、教育学；统计学在交叉学科的发展趋势：自 2019 年教育部授予院校可开设交叉学科以来，统计学涉及了经济学、理学、管理学等学科的交叉领域，到 2021 年，统计学在一级学科中并列排名第 29 位，其在一级学科中所占比例为 3.4%，涉及的学科范围越来越广，逐渐被医学、工学等学科所交叉。

从统计学的发展过程中可以看出，统计学产生于应用，在应用过程中发展壮大。近现代，统计学的应用推动着社会经济的发展，而且不断加深。我们前面谈到，随着数据要素市场配置的不断优化，统计学的研究和应用体现出了新的生命力，也就是说，随着在社会经济等领域的不断加深和创新外，统计学的应用将会开辟出新的领域。伴随大数据时代的迅速发展，统计学将逐渐向自然科学和社会科学领域深度延伸，它将与计算机、互联网、物联网、大数据、智能技术、区块链、自动化、云架构等理论和技术相结合，来解决一些自然界和自然发展过程中的疑难问题。

表 1-1①  截至 2021 年 6 月 30 日我国 185 所高校
（含 616 个交叉学科）所涉及的一级学科分布

| 序号 | 一级学科 | 频次 | 交叉学科比例 | 序号 | 一级学科 | 频次 | 交叉学科比例 | 序号 | 一级学科 | 频次 | 交叉学科比例 | 序号 | 一级学科 | 频次 | 交叉学科比例 |
|---|---|---|---|---|---|---|---|---|---|---|---|---|---|---|---|
| 1 | 计算机科学与技术 | 92 | 0.149 | 25 | 公共卫生与预防医学 | 27 | 0.044 | 49 | 民族学 | 14 | 0.023 | 73 | 中医学 | 5 | 0.008 |
| 2 | 管理科学与工程 | 85 | 0.138 | 26 | 软件工程 | 25 | 0.041 | 50 | 外国语言文学 | 13 | 0.021 | 74 | 园艺学 | 5 | 0.008 |
| 3 | 工商管理 | 82 | 0.133 | 27 | 设计学 | 24 | 0.039 | 51 | 食品科学与工程 | 11 | 0.018 | 75 | 美术学 | 5 | 0.008 |
| 4 | 应用经济学 | 80 | 0.130 | 28 | 社会学 | 23 | 0.037 | 52 | 地质学 | 11 | 0.018 | 76 | 林业工程 | 5 | 0.008 |
| 5 | 控制科学与工程 | 77 | 0.125 | 29 | 地质资源与地质工程 | 23 | 0.037 | 53 | 石油与天然气工程 | 10 | 0.016 | 77 | 地球物理学 | 5 | 0.008 |
| 6 | 材料科学与工程 | 70 | 0.114 | 30 | 安全科学与工程 | 23 | 0.037 | 54 | 农业资源与环境 | 10 | 0.016 | 78 | 测绘科学与技术 | 5 | 0.008 |
| 7 | 生物学 | 65 | 0.106 | 31 | 动力工程及工程热物理 | 22 | 0.036 | 55 | 农业工程 | 10 | 0.016 | 79 | 中药学 | 4 | 0.006 |
| 8 | 法学 | 55 | 0.089 | 32 | 政治学 | 21 | 0.034 | 56 | 冶金工程 | 9 | 0.015 | 80 | 音乐与舞蹈学 | 4 | 0.006 |
| 9 | 临床医学 | 53 | 0.086 | 33 | 统计学 | 21 | 0.034 | 57 | 戏剧与影视学 | 9 | 0.015 | 81 | 网络空间安全 | 4 | 0.006 |
| 10 | 基础医学 | 53 | 0.086 | 34 | 生物医学工程 | 21 | 0.034 | 58 | 世界史 | 9 | 0.015 | 82 | 护理学 | 4 | 0.006 |
| 11 | 机械工程 | 50 | 0.081 | 35 | 马克思主义理论 | 21 | 0.034 | 59 | 考古学 | 9 | 0.015 | 83 | 大气科学 | 4 | 0.006 |
| 12 | 中国语言文学 | 48 | 0.078 | 36 | 新闻传播学 | 20 | 0.032 | 60 | 交通运输工程 | 9 | 0.015 | 84 | 中西医结合 | 3 | 0.005 |
| 13 | 信息与通信工程 | 48 | 0.078 | 37 | 电子科学与技术 | 20 | 0.032 | 61 | 航空宇航科学与技术 | 9 | 0.015 | 85 | 科学技术史 | 3 | 0.005 |
| 14 | 公共管理 | 47 | 0.076 | 38 | 药学 | 18 | 0.029 | 62 | 林学 | 8 | 0.013 | 86 | 经工技术与工程 | 3 | 0.005 |
| 15 | 化学 | 45 | 0.073 | 39 | 心理学 | 18 | 0.029 | 63 | 风景园林学 | 8 | 0.013 | 87 | 植物保护 | 2 | 0.003 |
| 16 | 数学 | 43 | 0.070 | 40 | 矿业工程 | 18 | 0.029 | 64 | 城乡规划学 | 8 | 0.013 | 88 | 系统科学 | 2 | 0.003 |
| 17 | 环境科学与工程 | 40 | 0.065 | 41 | 生态学 | 16 | 0.026 | 65 | 图书情报与档案管理 | 7 | 0.011 | 89 | 兽医学 | 2 | 0.003 |
| 18 | 化学工程与技术 | 39 | 0.063 | 42 | 农林经济管理 | 16 | 0.026 | 66 | 船舶与海洋工程 | 7 | 0.011 | 90 | 草学 | 2 | 0.003 |
| 19 | 物理学 | 37 | 0.060 | 43 | 力学 | 16 | 0.026 | 67 | 轻工技术与工程 | 7 | 0.011 | 91 | 海洋工程 | 2 | 0.003 |
| 20 | 中国史 | 35 | 0.057 | 44 | 电气工程 | 16 | 0.026 | 68 | 建筑学 | 7 | 0.011 | 92 | 兵器科学与工程 | 2 | 0.003 |
| 21 | 教育学 | 31 | 0.050 | 45 | 光学工程 | 15 | 0.024 | 69 | 海洋科学 | 7 | 0.011 | 93 | 水产 | 1 | 0.002 |
| 22 | 土木工程 | 30 | 0.049 | 46 | 地理学 | 15 | 0.024 | 70 | 纺织科学与工程 | 7 | 0.011 | 94 | 口腔医学 | 1 | 0.002 |
| 23 | 哲学 | 29 | 0.047 | 47 | 作物学 | 14 | 0.023 | 71 | 艺术学理论 | 6 | 0.010 | 95 | 军队指挥学 | 1 | 0.002 |
| 24 | 理论经济学 | 28 | 0.045 | 48 | 仪器科学与技术 | 14 | 0.023 | 72 | 畜牧学 | 6 | 0.010 | 96 | 核科学与技术 | 1 | 0.002 |

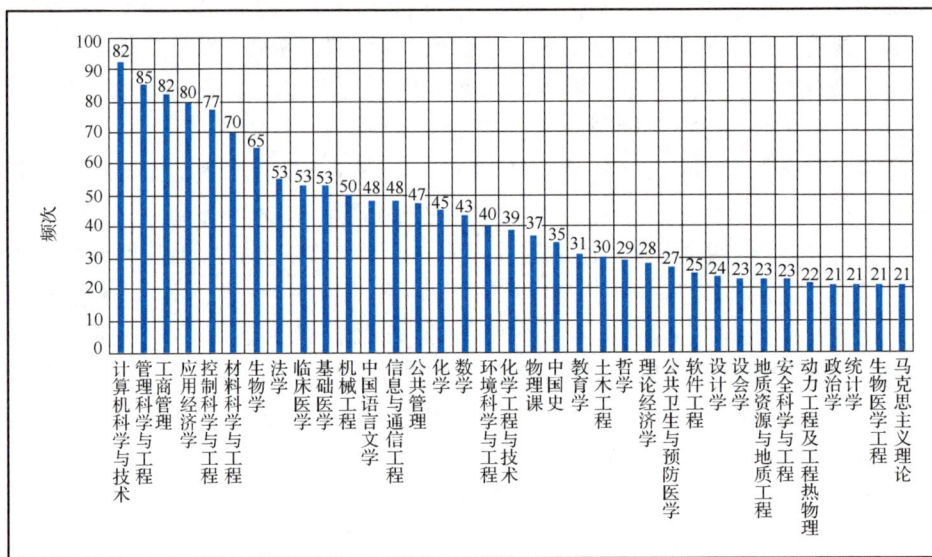

图 1-1②  频次大于 20 的一级学科分布

（纵轴：频次。各一级学科频次依次为：计算机科学与技术 82、管理科学与工程 85、工商管理 82、应用经济学 80、控制科学与工程 77、材料科学与工程 70、生物学 65、法学 53、临床医学 53、基础医学 53、机械工程 50、中国语言文学 48、信息与通信工程 48、公共管理 47、化学 45、数学 43、环境科学与工程 40、化学工程与技术 39、物理学 37、中国史 35、教育学 31、哲学 30、理论经济学 29、公共卫生与预防医学 28、软件工程 27、设计学 25、社会学 24、地质资源与地质工程 23、安全科学与工程 23、动力工程及工程热物理 23、政治学 22、统计学 21、生物医学工程 21、马克思主义理论 21、新闻传播学 21）

目前，统计学的应用研究范围十分广泛，包括物理学和化学、地质学、生物统计学和生物数学、天文学和天体物理学、气象学、医疗统计和流行病统计、体育、

————————

①②数据来源于中华人民共和国教育部官网。

人口统计、生态学和环境统计学、遗传学、优生学、农业统计、经济计量学、指数、金融财政和审计、保险数学、心理计量学、神经网络、人工智能、社会科学、语言学、媒介经营与管理、供应链管理、工程学、可靠性与寿命检验、案例控制研究、数据库、数据搜集、计算机科学和自动化、政治学和表决系统、交通、教育、法律和法医统计学、管理科学、军事经济统计学及其他等多个领域。

### 1.6.4 交叉学科与统计学发展

科学体系的完善是一个螺旋式上升的过程，总体经历由综合至分化再至综合的演化路径。学科分化极大推动了现代科学体系的发展，形成了理学、哲学、经济学和管理学等13大学科门类。然而，值得注意的是，科学体系是一个多层级的系统，其内部的众多学科和理论是相互关联的，每个学科的发展和创新都受其他学科的影响。而不同学科理论之间的非线性作用（学科间理论的交叉和融合）将更易产生新的理论，从而推动学科的发展，这也导致"交叉学科"门类成为中国第14个学科门类。同时，现实世界的复杂特性、社会需要和新技术的应用也要求学科之间的协同和交叉。

针对统计学而言，统计学与其他学科交叉产生的影响是双向的。从学科特性来看，统计学是横断科学的一种，即对不同学科中具有普遍性的问题进行研究的学科。一方面，统计学在其他领域的应用将加强不同学科的联系和知识融合，并通过学科间的协同，应对各领域的复杂社会需求并挖掘研究客体的规律和特征；另一方面，这种交叉也将反过来促进统计学的发展。事实上，许多统计方法都是在解决特定应用问题时提出的，并且其他学科（如数学和计算机学科）的发展也极大促进了统计学的发展速度。

"统计学＋"交叉学科对统计学发展的影响可通过论文引用状况来衡量。现有研究对学科交叉程度与论文影响力二者关系探讨的结果并不一致，总体来看，共呈现三种可能的结果，即学科交叉程度与论文的影响力高度正相关、负相关和呈倒 U 形关系。为了验证"统计学＋"交叉学科是否有助于统计学理论的发展，本文使用 Porter 等（2009）提出的综合性得分（Integration Score）测度统计学期刊论文的学科交叉程度，从而比较具有不同学科交叉程度的论文对统计学发展的作用力。

对学科交叉程度的度量如模型（1.1.1）所示：

$$I = 1 - \sum_{i,j} s_{ij} p_i p_j \tag{1.1.1}$$

式中，$p_i$ 为论文中引用文献属于学科 $i$ 的比例。鉴于本节主要关注我国统计学的发展和学科交叉情况，此处所涉及的引用文献皆限定为中文文献。为了更准确地划分引用文献的学科类别，本节使用中国社会科学引文索引分类体系，将中文社会科学的学术期刊划分为 25 个大类。同时，为了考察"统计学＋"的学科交叉程

度,将模型(1.1.1)改为

$$I = 1 - p\sum_j s_j p_j \tag{1.1.2}$$

式中,$p$ 为论文参考文献来自统计学刊物的比例,$p_j$ 为论文参考文献来自学科 $j$ 的比例。

另外,相对于 Herfindahl 或 Shannon 指数等交叉程度衡量指标,模型(1.1.2)不仅能反映论文引用学科的集中程度,还能够以 $s_j$(统计学与学科 $j$ 的相似系数)反映学科之间的差异。这意味着,当参考文献来源学科相似度很高时,模型(1.1.2)的学科交叉程度接近于 0。其中,

$$s_j = \min\left(\frac{N_j}{N}, 1\right) \tag{1.1.3}$$

式中,$N$ 为统计学刊物中统计学类参考文献的数量,$N_j$ 为统计学刊物中属于学科 $j$ 的参考文献数量。

本节将 2014 年至 2021 年中文社会科学引文索引(CSSCI)和中国科学引文数据库(CSCD)中涉及的统计类期刊发表论文作为研究对象,论文"统计学+"的学科交叉程度分布如图 1-2 所示。本节共收集 12539 篇论文的引文和引证数据,其中参考文献 74743 篇,引证文献 49423 篇。从参考文献涉及学科来看,经济学、自然科学、管理学和地理学等学科文献数量最多,这表明统计学理论已在这些领域得到广泛的传播和转移。从"统计学+"的学科交叉程度分布来看,约 10% 的论文学科交叉程度为 0,说明其参考文献全部来自统计学刊物,而超过 20% 的论文学科交叉程度为 1,即这些论文并未参考来自统计学刊物的论文。总体来看,其他

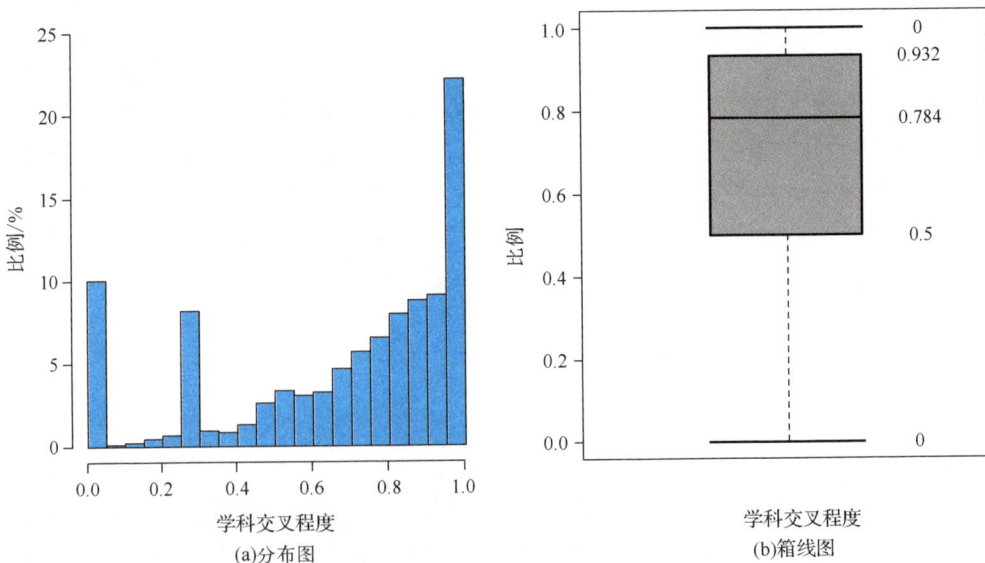

(a)分布图

(b)箱线图

图 1-2 "统计学+"的学科交叉程度分布

论文的学科交叉程度呈阶梯上升状分布。

在对论文"统计学＋"的学科交叉程度测度基础上，本节进一步探讨了具有不同学科交叉程度的论文对统计学发展的作用力。如表1-2所示，本节分年份测算了"统计学＋"的学科交叉程度四分位数。从历年学科交叉程度的下四分位数来看，统计学与其他学科的交叉程度总体呈递增态势，"统计学＋"交叉学科的生命力得到充分证明。为考察不同学科交叉程度对统计学发展的作用力，本节根据"统计学＋"的学科交叉程度上下四分位数将期刊论文分为三组，即高、中、低交叉组。继而，本节将论文在统计学刊物中被引用的次数作为其对统计学发展作用力的度量，并分年份衡量了不同学科交叉程度分组对统计学发展作用力的均值和标准差。

总体来看，"统计学＋"不同的学科交叉程度和交叉方向会对统计学发展产生不同的作用力。表1-2的结果显示，中度交叉组论文对统计学发展具有更强的作用力，其次分别为低度交叉组和高度交叉组。这表明，适度的学科交叉将对统计学的发展产生更强的作用力。另外，各组对统计学发展的作用力均值皆小于其标准差，由于作用力非负，由此可以推断在不同学科交叉程度分组中，少数交叉研究会对统计学发展产生更大的作用力。学科间理论交叉和整合产生的作用力并非是线性的，探索统计学如何与其他学科更有效地结合对统计学的发展意义重大。统计学产生于应用，基于复杂的社会需求和学科发展的内部动力，统计学与其他学科形成统一整体，将成为统计学未来发展的趋势。

**表1-2　"统计学＋"交叉学科研究对统计学的作用力**

| 年份/年 | | 2014 | 2015 | 2016 | 2017 | 2018 | 2019 | 2020 | 2021 |
|---|---|---|---|---|---|---|---|---|---|
| 学科交叉程度 | 下四分位数 | 0.295 | 0.318 | 0.333 | 0.519 | 0.511 | 0.571 | 0.591 | 0.589 |
| | 上四分位数 | 0.949 | 0.943 | 0.946 | 0.933 | 0.936 | 0.939 | 0.92 | 0.916 |
| 统计学发展作用力 | 高度交叉 样本数/份 | 405 | 395 | 381 | 368 | 356 | 345 | 322 | 297 |
| | 均值 | 0.402 | 0.423 | 0.475 | 0.53 | 0.399 | 0.351 | 0.261 | 0.057 |
| | 标准差 | 0.878 | 1.011 | 1.045 | 1.192 | 0.828 | 0.801 | 0.724 | 0.247 |
| | 中度交叉 样本数/份 | 956 | 788 | 764 | 735 | 710 | 689 | 642 | 592 |
| | 均值 | 1.392 | 1.104 | 1.122 | 1.093 | 0.914 | 0.804 | 0.396 | 0.091 |
| | 标准差 | 3.981 | 1.955 | 2.204 | 2.373 | 1.422 | 2.368 | 0.954 | 0.342 |
| | 低度交叉 样本数/份 | 258 | 394 | 376 | 368 | 355 | 345 | 321 | 297 |
| | 均值 | 0.988 | 0.952 | 1.072 | 0.97 | 0.738 | 0.771 | 0.321 | 0.101 |
| | 标准差 | 1.895 | 2.085 | 2.228 | 1.918 | 1.326 | 1.593 | 0.711 | 0.446 |

## 1.7　统计学的未来发展动态

现代科学发展已经出现整体化趋势，各门学科不断融合，形成了一个相互联系的统一整体，一些尖端科学成果大量引入统计学，使统计学与其交互发展成为未来统计学发展的趋势。为了更清楚地介绍统计学应用研究的动态及未来发展，我们将从以下几个方面展示统计学研究的重要领域及方向。

(1)处理社会经济复杂适应系统的统计学理论与方法研究

社会经济动态随机系统是一个以人为核心，包括社会、经济、教育、科学技术及生态环境等领域，涉及人类活动的各个方面和生存环境的诸多复杂因素的巨系统，它是一类重要的、典型的复杂适应系统(CAS)。社会经济复杂适应系统具有若干特殊的情况与性质，使它更难以认识、描述和控制。比如，从个人到国家政府和国际组织，构成了系统的组元，而且因为系统内部耦合度高，各组元之间无穷无尽的相互作用使得社会经济系统成为一个有机的整体，具有较强的层次结构和功能结构，按照横向和纵向可以划分成许多相对独立的子系统。类似的例子还经常在环境、生态问题中遇到，如地球气候状况、温室效应问题、环境污染状况、大范围变化问题等。此外，在这类复杂系统研究过程中，还必须考虑相互作用的"粒子"系统，如市场中的竞争行为、自然界中种群的竞争、物主与寄生物的竞争或捕食系统的研究等。

这类问题的共同特征如下：系统本身非常复杂，描述系统需用成千上万个参数，而且数据的取得往往只能通过观察而不能通过试验；此外，随机化和可重复性难以保证。因而传统统计学方法的适用性受到限制，需要全新的统计理论方法进行处理。这一领域在国内外都处于刚起步阶段，它将是今后相当长时期内统计学发展的重要趋势之一。

(2)数据要素的开发与应用研究

近年来，随着大数据、人工智能、物联网、云计算等新兴技术的发展，数字要素成为经济发展的新引擎。与数据相关的新业态、新模式迅速崛起，它们为传统经济注入新动能的同时，也加速推动国民经济越来越"数字化"，"数据"成为日益重要的生产要素。那么，对数据经济产业进行科学的核算，培育大数据市场，才能提高数据的可交易性，更好地推动数据的开放共享；充分发挥数据要素新动能，开发数据新产品，加强应用服务，才能提升和实现数据资源的价值；进一步探讨统计法律的规范，厘清数据的产权交易，才能更好地实现数据的整合与保护。因此，这些问题的解决，都给统计学带来了理论和应用的研究问题：①"数据"作为"要素"，其概念的理论界定和统计界定，解决统计对象问题，包括数据与自然资源、资本、劳动和技术要素的联系与区别；②数据要素统计框架的构建，数据要素市场统计，数据要素生产收入核算；③数据要素的增长贡献及其对国民经济各部门、国家治理各领域的影响测度等。

(3)数字经济运行机制的计算研究

数字经济是指以数据资源作为关键生产要素、以现代信息网络作为重要载体、以信息通信技术的有效使用作为效率提升和经济结构优化的重要推动力的一系列经济活动。2021 年 5 月 14 日国家统计局常务会议通过《数字经济及其核心产业统计分类（2021）》，其目的是为贯彻落实党中央、国务院关于数字经济和信息化发展战略的重大决策部署，科学界定数字经济及其核心产业统计范围，全面统计数字经济发展规模、速度、结构，满足各级党委、政府和社会各界对数字经济的统计需求。该分类将数字经济产业范围确定为如下 5 个大类：01 数字产品制造业、02 数字产品服务业、03 数字技术应用业、04 数字要素驱动业、05 数字化效率提升业。这样，数字经济的发展给传统的经济统计带来了巨大挑战，其研究的内容和方向凸显出来，比如，评估能否作为宏观调控主要手段，开展数字经济运行机制模拟及运行状况评价研究；数字经济核算的系统理论框架与方法体系研究；数字经济环境下的宏观经济的统计监测及预警研究；数字经济与经济增长和其他产业的联动效应研究等。

### （4）大数据质量提升研究

随着智能产品的大规模普及，某些行业或企业通过互联网和物联网，人为产生大量的"虚数据"和"假数据"，这类数据问题不属于传统的统计数据质量问题，而且在数据类型发生巨大变化的同时，这类数据将以结构化数据、半结构化数据、非结构化数据形式融合在一个研究的统一体中。与传统数据相比，大数据时代下的数据信息系统更容易产生数据质量问题，直接影响到数据在流转环节中的各个方面，给数据存储处理分析性能、数据质量保障都带来了很大的挑战，严重影响数据要素新动能的发挥。

在数据的生命周期中，影响数据质量的因素主要来源于四个方面：信息因素、技术因素、流程因素和管理因素。为了改进和提高数据质量，必须从产生大数据的源头开始抓起，从管理入手，对数据运行的全过程进行监控，密切关注数据质量的发展和变化，深入研究数据质量问题所遵循的客观规律，分析其产生的机理，探索科学有效的控制方法和改进措施；必须强化全面管理数据质量的思想观念，把这一观念渗透到数据生命周期的全过程。进而，凸显出一个挑战性的问题——大数据质量如何保障与界定，这是需要亟待明确的重要研究领域。

### （5）网络产品的质量和生产率统计方法及其应用研究

网络产品是指在网络经济条件下物质产品、信息产品和网络服务等的总称，包括通过网络改造后的机器设备所生产出的各种物质产品、在网络上生产流通的各类信息产品，以及网络上提供的各式服务。近年来，随着数字经济的发展，那些生产率和产品质量得到提高的互联网企业和网络产品获得了生存和繁荣，而那些生产率和产品质量没有提高的互联网企业处境艰难或者已经停业。企业的决策者和管理者要提高网络产品的质量和生产率，分析网络产品生产过程的统计方法是必不可少的工具，这也是一个全新的研究领域，可以从统计角度探讨，即统计过程控制：①网络产品的统计过程控制是一个迫切需要引进新思想的课题，需要打破数据正态分布假定的条件，这些方法将从根本上重新设计；②试验设计是一项重要技术，为达到连续改进一个网络产品工程运行过程的目的，调查该过程的设计实验必须连续进行，对依赖于分离因子的设计和研究将做根本性的探讨；③可靠性方法用来研究部件和系统的寿命，针对网络产品的寿命研究，关于从加速失效时间实验得到数据的模型还需做更多的工作；④接受抽样是一些用来检测大量产品以决定它们是否可以接受的方法。针对网络产品的营销等问题，方法上必须作新的改进，过去的一些工作表明，贝叶斯方法是一条很有成效的途径。

### (6)遥感信息与空间统计学的理论和应用研究

随着遥感技术的发展，遥感数据空间分辨率、时间分辨率、光谱分辨率和辐射分辨率越来越高，数据类型越来越丰富，与此同时，数据量也越来越大，遥感大数据向传统的遥感数据智能处理提出了新的挑战。然而，空间统计学的大量应用在很大程度上激发了人们对该理论和方法的浓厚兴趣。例如，遥感大数据稀疏表征理论和方法的研究，以及基函数的构建和稀疏分解的方法研究；时空数据挖掘技术的研究，典型例子如气象模式的发现、城市或土地利用演变模式的发现、地震或飓风等自然灾害的预测、传染病聚集性的发现、交通行为预测等；遥感大数据内在的结构特征和存在形式的建模问题，针对学习机制或途径的研究，以及对如何有效利用数据和信息的研究，将涉及数据的降维、特征选择、模式分类和知识表达等方面，这些都面临着新的问题。

### (7)社会经济大数据计算研究(计算社会经济学)

随着智能化技术的飞跃发展，人类活动的行为数据、经济社会发展的过程数据，被越来越多的数据采集终端和传感设备记录下来。然而，这些数据往往不是传统社会科学惯常处理的数据，而是通过卫星遥感、移动通信、社交媒体、物联网等产生的新型数据。这些数据的理解和分析，需要前沿的数据挖掘和机器学习方法，这对以统计分析为主要工具的传统社会科学研究者提出了挑战。同时，这些数据规模更大、实效性更强、精度更高，既可以降低小样本数据的稀疏性和偏差度，又可以减少过程中的不可见部分，因此通过分析可以更好地感知社会经济态势，启发和孕育新理论，发现可能的异常，预测未来的趋势等。这些研究基于大规模的真实数据，用定量化的手段研究社会经济发展中的各种现象，特别是与社会过程有关的经济发展问题，以及与经济发展有关的社会问题，可以把这一领域的研究问题界定为计算社会经济学，它充分体现了社会科学和计算机科学理念和方法的深度融合。其应用领域会延伸到司法领域法庭第三方数据证据的分析与认定、利用物联网数据进行科学化决策的应用、利用通信定位数据进行金融风险防控方面的应用，以及统计学方法和计算机结合在史学、社会学、人口学、语言学、政治学以及其他社会科学研究中的应用等。

(8)健康医学和生物卫生中的大数据分析应用研究(计算社会医学)

随着大数据应用范围的不断扩展,促使健康医学、公共卫生和生物科技领域萌生出惠及全民"互联网+大健康"的新兴业态,使得人民群众对美好健康生活的期望值不断提高。那么,在推动数据科学技术与健康医疗、公共卫生和生物科技深度融合的过程中,在该领域开展大数据应用既是机会,同时也面临着巨大的挑战。健康医学和生物卫生大数据应用研究的方向是社会化医学和个性化医学,即以医疗大数据为基础引导政务、教育、商业等各个领域的变革;以大数据为基础为患者量身设计出最佳方案,以期达到治疗效果最大化和副作用最小化的定制医疗模式,可以把这一领域的研究问题界定为计算社会医学。该领域大数据的开发环节,即存储数据、收集数据、挖掘数据、数据转化实用,以及智能化产品的实现,都离不开统计理论和方法的应用,其目的是①通过健康医疗大数据应用促进优质医疗资源下沉到基层群众,努力提高人民群众的获得感;②通过健康医疗大数据支持三医联动、分级诊疗、异地结算和远程服务等,为深化医改注入新动力;③通过健康医疗大数据应用发展,创新健康服务新业态,发展健康科技产品,推进覆盖第一、二、三产业的全健康产业链的发展,促进数字经济为国民经济增添新动能。

(9)统计学方法在企业数字化转型中的应用研究

随着社会经济的不断发展与进步,现代企业逐渐加快了推动国有企业组织创新、技术创新、融合创新、跨界创新,深入推进数字化转型工作,将全面引领企业走向数字化发展和高质量发展的新征程。数字化转型是指开发数字化技术及提高支持能力以新建一个富有活力的数字化商业模式。越来越多的企业开始重视和关注数字化转型中统计学在企业现代管理中的应用,统计学的理论支撑和应用,将直接关系到企业数字化转型的质量和效率,统计学可以为企业提供真实可靠的各项数据信息,帮助企业在数字化转型过程中做出科学的决策,创造出更多的经济效益和社会效益,促进现代企业稳定持续发展。有关研究主要集中在以下几个方面:①运用统计学理论和方法,建立完善的企业数字化转型的评价指标体系;②利用大数据、人工智能、区块链等创新技术,帮助企业搭建管理驾驶舱,获取企业的核心数据,构建企业的动态数据模型;③运用统计学方法,并结合行业大数据,构建预警监测系统,加强企业核心竞争力;④运用统计学方法对现代化企业生产经营过程进行科学的设计和控制等。

(10)计算机软件中的统计理论研究

统计计算方法与计算机软件是统计理论方法得以最终应用的重要限制环节。再好的统计理论方法,不具备可操作性,也只是空中楼阁。该领域的问题主要有两个方面,一是开发计算过程中,如何得到比较有效的统计计算方法理论;二是如何把这些理论方法通过计算机予以实现。前者属于统计学理论工作者的责任，后者则要靠统计学工作者与计算机专家相互配合才能解决。该领域的主要研究方向如下：大数据集合的处理方法、数值分析方法在统计计算理论中的应用、统计计算理论方法比较研究、统计软件设计与开发及相关研究。其中，统计软件设计与开发具体包括如下内容：①数据挖掘技术中的统计学基础理论研究，以及通过统计理论方法的深入研究，提升数据挖掘技术水平；②大数据可视化技术中统计学内在含义的研究，以及实时实现交互图像数据分析；③专题应用方面的统计软件开发研究，主要包括社会学、生态计量学、流行病学、环境科学、语言学、制图学和地理学及其他领域的应用软件。

以上我们对统计学重要应用领域的发展及方向进行了描述。在统计学科《中国特色哲学社会科学发展报告》中，根据"十四五"期间国家、地方和统计学科的重大发展需求，提出了"十四五"期间社科领域统计学重点研究领域和方向：①国家重大改革与发展战略统计监测研究；②当代国际合作与竞争格局和国势研究；③深入开展产业部门和专业统计研究，构建推动高质量发展的统计体系；④数字要素的统计创新研究；⑤数字经济测度问题研究；⑥新经济测度方法和制度研究；⑦统计指数理论、方法与应用研究；⑧国民经济核算体系研究的内容深化和质量提升；⑨国际统计比较的理论、方法和中国实践研究；⑩数字贸易与国际收支动态的统计理论方法研究；⑪社会经济统计与人工智能的融合发展研究；⑫经济测度方法论研究；⑬政府统计改革与提供高质量公共服务研究；⑭市场统计理论、方法论和应用研究；⑮构建现代化统计调查体系研究；⑯完善统计制度、发挥统计监督职能问题研究；⑰国际统计标准改进与中国适当实施研究；⑱基于社会经济统计教学体系培养经济大数据应用人才研究；⑲统计学科发展研究。

统计已经成为现代人类事业不可或缺的组成部分，所以，探讨与思考统计学的未来与广泛观察社会经济生活是紧密联系的，一方面，各个领域（特别是经济领域）在世界范围内的相互影响程度增强，在数字经济的促动下，对统计学的发展也产生了长期而又深刻的影响；另一方面，社会经济与其他领域的相互影响均在增强。由此，统计学未来发展的研究，不是一个局部问题，而是一个全局问题。对这一问题的研究，无疑对世界经济发展和社会进步，特别对促进现代科学技术的飞速发展具有重要意义。

# 第 2 章

# 数 据 准 备

数据准备是模型开发过程中最重要的步骤之一，从简单的分析到复杂的模型，所使用的数据质量是项目成功的关键。在对海量数据进行处理的过程中，数据准备工作往往被人们所忽视，而且做好数据的准备工作，所需要的知识量也比较大，这是一个非常复杂又非常重要的问题，在实际中人们很难把握，好的数据和有效的技术一样，决定着一个模型产生有力结果的能力。在此，我们将较为系统地介绍网页数据获取、缺失值填充、不平衡数据处理和数据变换等内容，以助力更好地完成数据准备工作。

## 2.1　定向资料收集

### 2.1.1　引言

可靠、有效地收集高质量数据，是社会经济统计研究能够顺利进行的基础。传统的数据主要来源于各地的统计年鉴、研究所购买的社会经济数据库等；也有许多学者选择通过问卷调查和田野实验收集最新的一手数据。然而，随着社会的快速发展，社会经济研究的不断深入，以传统手段为主收集数据的方式也开始呈现弊端。例如，年鉴、数据库的数据更新慢，存在较长的滞后期，这无法保证数据的有效性；而问卷调查和田野调查又需要耗费大量的人力物力和财力。因此，在综合各方面的成本后，许多研究者将目光投向了互联网，通过收集互联网上的公开数据进行社会经济的研究。互联网作为容纳大数据的载体，承载了海量的社会公开数据，研究者可以从这些公开数据中找到新的研究点，从而得到与传统研究不一样的见解。作为研究开展的第一步，互联网公开数据的获取对社会经济统计的研究是不可或缺的，但从互联网上获取数据存在一定的困难。因此，为了能够高效、便捷地获得互联网上的公开数据，研究者通常需要采取一定的技术措施，应用最广泛的便是用网络爬虫对互联网公开数据进行统一采集。

这一节主要介绍定向数据收集的方式——通过网络爬虫收集。我们首先会阐述网络爬虫的相关特征，其次简单介绍网络爬虫的工作原理和工作流程，最后讨论网络爬虫在社会经济统计研究中的应用。

### 2.1.2　基本概念

网络爬虫，又被称为网络机器人、网络蜘蛛，是人为编写的用于自动下载网页数据的程序或脚本，其主要目的是将互联网上的公开数据下载至本地计算机。传统的搜索引擎，如百度、谷歌等，就是网络爬虫在信息检索方面的应用，这些搜索引擎使用爬虫将所有的网页连接起来供用户进行查询，成为用户检索网络信息和通向互联网的入口。而对于个体而言，网络爬虫则成为用户获取互联网数据的一种工具,研究者可以通过科学使用爬虫,将互联网公开数据保存至本地,用于接下来的数据分析及研究。

正如其名称含义,网络爬虫就像一只蜘蛛一样,在互联网上沿着 URL(统一资源定位,也就是我们通常所称的网址)所构成的树爬行。每一个 URL 可以看作这颗"互联网大树"的叶子,网络爬虫访问指定的 URL,并下载 URL 指定的网页。通过其他网页解析工具,网络爬虫还能够将网页解析,提取网页中的有效数据和信息,从而使研究者能够获取所需的数据。因此,在这里我们也把它称为定性资料收集技术。

网络爬虫之所以受到广大研究者的喜爱,与其能够高效、便捷地获取互联网数据密不可分。具体说来,网络爬虫的高效性和便捷性体现在以下方面:

首先,网络爬虫的高效性体现在其是人为编写的计算机自动程序。计算机可以按照运行逻辑,自动地沿着 URL 访问网络页面,并能够将网络页面中的数据下载至本地,这种过程不需要人为干预,只需计算机程序自动执行。

其次,网络爬虫的高效性还体现在其大量的并发操作和分布式处理上。并发操作使得爬虫程序可以在极短的时间内多次访问目标网站,而分布式操作使得网络爬虫可以充分利用其他空闲的主机资源,在局域网中调度空闲主机,使其为了同一个爬虫目标而工作。这些操作一方面使得网络爬虫能够充分地利用资源(当然,这需要相关程序与设备的支持),另一方面,也使得网络爬虫在互联网上获取数据的效率大大提高。

最后,由于网络爬虫是人为编写的程序,计算机可以实现快速执行操作,这使得网络爬虫能够快速地获取数据。研究者只要保证所编写的程序逻辑正确,就能正确地获取所需要的数据。之前所说的都要求研究者具有一定的计算机语言编程能力,而对于缺少计算机基础的研究者而言,市面上也存在许多免费或付费的爬虫程序,可以给研究者提供互联网数据获取的服务。甚至在一些开源项目社区(如 Github),还存在许多免费的网络爬虫开源项目,开发者无偿提供自己的项目源码,只要研究者简单研究,便能够获取自己想要的数据。

网络爬虫已经在社会经济统计研究的多个方面,如舆情分析、社交网络等相关研究中,起到十分重要的应用作用。目前,国家仍没有对网络爬虫制定相关的政策,网络爬虫的使用还属于灰色地带,但作为一名守法的公民,我们在使用网络爬虫时也要遵守道德规范,适度使用,以免对服务器造成压力,不能让网络爬虫破坏目标网站的正常运行。

### 2.1.3　定向资料收集工作原理及流程

#### 1. 网络爬虫工作原理

网络爬虫作为一种自动访问网络页面的程序,可以自动爬取网页、抓取目标信息并存储。同时，网络爬虫也是搜索引擎的核心组成部分。通常而言，用户在网页上能看到的信息，网络爬虫都能获取。但实际生活中，考虑到不同的网页维护者、不同的网页归属公司的能力不同，网络爬虫爬取数据的难度也不同。许多公司为了保护自己的数据，会采取一系列的"反爬"措施阻止网络爬虫爬取自己的数据，但也有许多网页几乎没有"反爬"措施，这类网站上面的数据便比较容易爬取。但总的来说，只要用户能在网页上看到的数据，便能够通过技术手段获取。从网页的工作原理来看，网络爬虫爬取数据的方式主要分为两类：静态数据的爬取及动态数据的爬取。

### （1）静态数据的爬取

互联网网站是通过超文本标记语言（我们熟知的 HTML）编写的，这是一种用于创建网站的标准语言。静态数据（爬虫所爬取的数据）一开始被写在网页的 HTML 源码中。这种情况下，网络爬虫通过将这些 HTML 源码下载至本地，并通过相关解析工具（如 Python 提供的 lxml 解析库）对 HTML 源码进行解析，并提取出存在于 HTML 代码中的数据。

### （2）动态数据的爬取

随着网页技术的发展，上述静态网站已经很少存在。目前，许多网页都使用 Ajax（异步 JavaScript 和 XML）技术进行动态加载。动态加载指的是网页程序编写者不需要将数据写在 HTML 源代码中，而是通过 JavaScript 语言，对由网站服务器数据库中发送过来的数据进行处理，并呈现在网页上。爬取动态网页数据的本质即找到服务器和网页之间数据交换的通道。通常情况下，使用浏览器自带的网络工具便可以准确寻找到网页与服务器数据交换的网址（数据包），也有时候可能需要使用专业的网络分析工具（如 Wireshark）对数据交换过程进行截取。一般而言，网页和服务器进行数据通信时是用 JSON 格式传输数据的，使用相关的软件（如 Python 提供的 json 模块包）即可以解析这部分数据。

### 2. 网络爬虫工作流程

一般来说，网络爬虫程序的执行通常从获取一个或若干个初始网页的 URL 开始。网络爬虫通过 URL 定位目标服务器，并通过模拟浏览器的行为向目标服务器发送正常的请求。当服务器响应了网络爬虫的访问请求后，网络爬虫返回在目标服务器上访问到的信息至本地主机。本地主机对返回的网络信息（如 HTML 源码或 JSON 数据）进行解析，并将其中有用的数据保存至本地。如此，一次网络爬虫爬取数据的过程便完成了。一般按照爬取数据的量的不同，上述过程需要循环多次，直至能收集到全部的所需数据。图 2-1 展示了一个典型的网络爬虫爬取数据的过程。

### （1）获取 URL，请求访问

一般来说，网络爬虫所访问的 URL 是人为预先指定的，当需要访问多个 URL

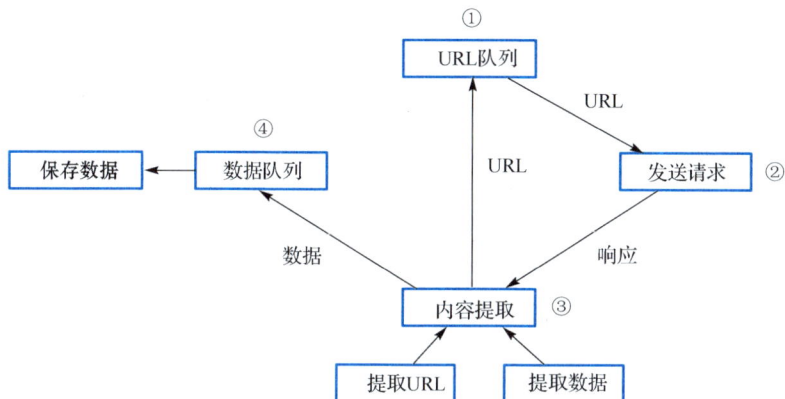

图 2-1　网络数据爬取过程

时，便需要预先制定多个 URL。这看似是一个相当大的工程，但不少网页的 URL 存在一定的规律性(这种规律性一般是由网站开发者的编写习惯所导致的)。例如，大部分网站中，不同用户的个人主页，其 URL 的差别一般体现在最后的用户 ID 不同。在研究清楚这类规律后，便可以批量构造 URL 令网络爬虫进行访问。根据访问协议的区别，网络爬虫的请求分为 http 请求和 https 请求。简单来说，对于前者而言，后者是经过计算机网络加密后的 http 协议，更为安全，目前大多数网站都使用 https 协议。而按照访问方式的不同，网络爬虫访问目标 URL 又分为 get 请求和 post 请求。具体的区别在于，post 请求将请求的参数包装成数据包，这个过程使得访问的参数不容易泄露。使用怎样的访问方式，需要根据所访问的 URL 来决定。

(2)服务器接受请求，网络爬虫获取相应数据

网络爬虫程序通过模拟浏览器的浏览行为，向目标服务器发送访问请求，服务器在接收到访问请求后，通常会进行响应。但有些服务器的"反爬"措施比较完善，能够识别访问请求是真实用户发送的，还是由网络爬虫模拟浏览器发送的。这是一个网站开发者和网络爬虫编写者之间的博弈过程，网络爬虫可以使用诸如 IP 代理池、添加 header 头、使用 cookies 等行为尽可能地模仿真实用户浏览网页的行为，而网站开发者也会通过判断访问频率、加密访问参数等行为阻止网络爬虫爬取网站数据。如果网站的"反爬"措施很严格，数据难以获取，就需要研究者权衡是否需要爬取相关数据。服务器响应后，通常会返回相关信息，这些信息有可能是网站的 HTML 源码，也有可能是网站和服务器之间进行交换的数据。网络爬虫获取这些数据后，将数据返回至本地。通常，返回的数据使用 JSON 格式进行封装，也有些"反爬"措施比较严格的网站，返回的数据是加密后的数据，这就需要研究者自行寻找方式对数据进行解密。

### (3) 解析数据

服务器响应后，网络爬虫返回其响应数据至本地主机，本地主机需要对返回的数据进行解析。如果爬取静态页面的网站，返回的数据通常是网站的 HTML 源码，所需的数据通常保存在这些源码中。因此，可以使用相关方式，如 XPath 对 HTML 进行解析。XPath 将 HTML 以树的结构对 HTML 代码进行解析，可以通过路径访问，很方便地访问到目标数据。而如果访问的是动态页面的网站，返回的数据通常是以 JSON 格式封装的，我们可以使用 Python 自带的 JSON 模块包，对 JSON 进行解析，并提取出所需的数据。

### (4) 保存所需数据

本地解析的数据需要保存在本地。通常为了方便起见，会将需要保存的数据以 CSV 格式进行保存。但如果需要保存的数据量很大，也可以使用数据库（如 MySQL 或 Mongo 数据库等）进行数据的保存。

## 2.1.4  定向资料收集在社会经济统计中的应用

### (1) 作为舆情分析的数据基础

互联网拥有海量的数据，这些数据在社会经济统计研究中有着重要的地位。研究者可以通过网络爬虫爬取感兴趣的相关话题，再在海量数据中提取所需的信息，分析相关话题的情感变化趋势。

### (2) 作为机器学习的原始数据

互联网上的大数据也可以作为机器学习的原始数据，许多平台通过互联网数据训练模型，以期达到更好的效果。

### (3) 作为商业分析的数据来源

商业动态变化频繁，传统的公司数据，如公司财报等，更新时间长，更新速度慢，这不符合快速变化的现代需求。因此，除了利用公司财报等传统数据，现在许多公司也会使用互联网公开数据对竞争企业进行分析。

# 2.2  数 据 去 噪

## 2.2.1  引言

数据去噪是数据分析的重要前提，能否有效地消除数据中的噪声直接影响到相关数据分析算法的有效性。为了能够更加充分地利用数据提供的信息，我们期望在去噪的同时尽可能保留更多的原始信息，这对数据去噪算法提出了更高的要求。噪声（Noise）是一个被测变量中的随机误差或偏差，下面讨论给定一个数值型属性，如何平滑数据，去除噪声。

### 2.2.2　常用数据去噪方法

#### 1. 数据的平整

一个数值型的特征 $y$ 可能包括许多不同的值，这些数据之间的小小差异也许并不重要，却有可能影响到挖掘方法的性能甚至最终结果，实际上我们也可以把这些数据之间的差异看成同一数值的随机变差，因此，有时对这些数据进行平整处理还是很重要的。

有很多通过计算类似测量值的平均值来实现的简单平整算法，例如，对一组有几位小数的数据，可以根据给定的精度对这些值进行平整，就是应用于大量样本的一种简单平整算法。

假定给定特征 $F$ 的一组数值为 $\{2.92, 3.03, 2.009, 5.017, 4.99, 1.988, 5.01, 3.0283\}$，那么平整后的集合应该是 $F_{\text{smoothed}}\{3.0, 3.0, 2.0, 5.0, 5.0, 2.0, 5.0, 3.0\}$，经过这一转换，并没有降低算法的质量，同时却把特征的不同数值降到了 3 个。

有些情况下的平整算法比较复杂，减少不同的数值数目意味着同时减少了数据空间的维度，这对数据挖掘的方法十分有利，这样的平整算法可用于将连续型特征分解成一系列离散二元"真假"值的特征。

#### 2. Bin 方法

Bin 方法也就是分箱方法，即利用相应被平滑数据点的"邻居"（周围的值），对一组排序数据进行平滑，排序后的数据被分配到一些"桶"或箱中。由于 Bin 方法考察的是相邻的值，因此它进行局部平滑，下面给出一些 Bin 的方法技术。

例如，排序后的价格：4，8，15，21，21，25，28，34

划分为等高度 Bins：

    Bin1：4，8，15

    Bin2：21，21，24

    Bin3：25，28，34

根据 Bin 均值进行平滑：

    Bin1：9，9，9

    Bin2：22，22，22

    Bin3：29，29，29

根据 Bin 边界进行平滑：

    Bin1：4，4，15

    Bin2：21，21，24

    Bin3：25，25，34

在这个例子中，首先对价格数据进行排序，并将其划分到若干个等高度的箱中（深度为3），这时可以利用每个 Bin 的均值进行平滑，即对每个 Bin 中所有值均用该箱中的均值进行替换。在这个例子中，以第一个箱为例，该箱中4，8，15 的均值为9，于是各数字均用这个均值替代，箱中的数据就成为9，9，9，这种方法称为 Bin 均值平滑。若按箱边界平滑，则对于给定的 Bin，其最大值和最小值被视为箱边界，用每个 Bin 的边界值，替换该 Bin 中的所有值。一般来说，每个 Bin 的宽度越宽，其平滑效果也就越明显，另外，也可以按照等宽划分 Bin，每个箱中值的区间范围是个常量。这里，分箱也可以作为一种离散化技术使用。

### 3. 聚类方法

通过聚类分析可以检测到异常数据，也就是孤立点。聚类将相似或相邻近的数据聚合到一起形成各个聚类集合，直观地看，落在聚类集合之外的值就被认为是孤立点。孤立点之值作为噪声处理（删除），或用"聚类"中心值代替。

### 4. 回归分析法

可以通过回归关系，根据大量统计数据，找出变量之间在数量变化方面的统计规律，从而消除变量之间的随机关系，以达到拟合函数对数据平滑的目的。例如，可以借助线性回归（Linear Regression），拟合一个变量与其他多个变量之间的关系，这样就可以用这一关系以一组变量值来帮助预测另一个变量，通过回归分析可以消除随机因素，去除噪声。

### 5. 样条方法

样条方法以适当方法控制通过一组给定的数据点的曲线，B 样条（Basic Splines）在非参数估计的理论和应用研究中起着很基本的作用。局部性质是 B 样条曲线最重要的性质之一，在部分参数区域上的一点多与 $k+1$ 个控制点有关，与其他的无关，因此，改变这部分的控制顶点至多影响到这部分的曲线，其余不会受到影响，它在每条曲线段内部是无限次可微的，并且随着次数 $k$ 的升高，曲线会越来越光滑。用 B 样条去拟合数据，可通过调整增加曲线的光滑度去除噪声。

### 6. 计算机与人工检查结合

这也是一种识别孤立点的方法。例如，在实际应用中，使用信息理论度量可以帮助识别手写符号库中的异常模式，度量值反映要判断的字符与已知的符号相比的"差异"程度，孤立点模式可能提供有用的信息（识别有用的数据异常），也可能提供错误的信息。将识别出的孤立点输出到一个列表中，然后使用人工对这一列表中的孤立点进行检查，识别出真正的"垃圾"，这种人机结合的方法要比单纯使用人工搜索整个数据库快得多。在其后的数据挖掘中，这些"垃圾"模式将从数据库中清除。

# 2.3 缺失值填充

## 2.3.1 引言

数据的完整性和准确性是统计分析的基础，在市场预测、气候预报、金融交易等应用领域存在大量的时间序列缺失数据，已经有很多统计模型用于刻画时间序列的演化行为。现实中大量的金融建模使用股市数据，特别是日交易数据。由于重大事项停牌、上市时间不同和人为操作等原因，采集到的日交易数据会出现缺失。这些缺失值会直接影响数据的质量和模型的准确性，不适当的处理会导致结果偏倚和无效推断。目前对缺失数据的分析还没有模型化，常见的处理缺失值的方法主要有两种——删除和填充。最直接的处理方法是删除，将缺失值当作无效数据直接删除，再用"完整数据集"进行分析，但在金融市场中，普遍存在数据缺失和交易数据不平衡问题，该方法不仅会降低数据的利用率，而且会混淆指标含义，如删除连续缺失数据后计算的日收益率，本质上是周收益率，甚至月收益率等，这样粗略地处理会影响分析结果的准确性。另一种处理方法是填充，目前关于金融市场数据缺失值填充的实证分析，普遍存在时间不对齐、均值替代等粗糙填充，分析结果是有偏差的，不能准确反映市场的变动情况。

## 2.3.2 基本概念

### 1. 缺失数据

缺失数据是指数据集中某些记录的属性值丢失或空缺，一般缺失的属性值代表了缺失的信息。例如，"年龄"这个属性的缺失值表明这个数据存在却没有获得；而"工资"属性如果空缺，则有可能表示没有工作或漏填。如果只有小部分记录有缺失的属性值，最简单的方法就是直接去除这些记录，但是这些缺失数据所携带的信息也就被舍弃了。在数据预处理中，要根据不同属性的特点，来制定缺失值的处理方法，以求保留缺失数据的信息。

处理缺失数据，首先要确定缺失数据是否使观测数据产生偏移。如果导致数据缺失的机制与缺失值是独立的，那么缺失数据是随机的。

Little 和 Rubin 给出了更为精确的定义：假设 $y$ 是响应向量，$X$ 是 $n \times p$ 的输入矩阵，其中一些数据缺失。用 $X_{obs}$ 表示 $X$ 中观测到的项值，令 $Z = (y, X)$，$Z_{obs} = (y, X_{obs})$。最后，如果 $R$ 是一个指示子矩阵，则当 $x_{ij}$ 缺失时，其第 $ij$ 个元素的值取 1，其余取 0。

### 2. 缺失特征和机制

在进行缺失值的填充之前，有必要进行缺失分布的整体特征分析。

令 $\boldsymbol{Y} = (y_{ij})_{n \times K}$ 表示一个 $n \times K$ 数据矩阵，第 $i$ 行样本 $\boldsymbol{y}_i = (y_{i1}, y_{i2}, \cdots, y_{iK})$。当存在缺失值时，同样定义一个 $n \times K$ 缺失指标矩阵 $\boldsymbol{M} = (m_{ij})_{n \times K}$，当对应位置的 $y_{ij}$ 缺失时，$m_{ij} = 1$；反之，当 $y_{ij}$ 存在观测值时，$m_{ij} = 0$。由此，缺失指标矩阵 $\boldsymbol{M}$ 反映了数据缺失的特征。

图 2-2 直观表现了各种缺失特征，每一列表示一个变量。其中图(a)表示单变量存在缺失，图(b)表示多个变量存在两种缺失特征，图(c)表示变量单调缺失特征，图(d)表示常见的缺失特征，图(e)表示对应缺失，图(f)表示有两个因子和四个变量的因子分析。

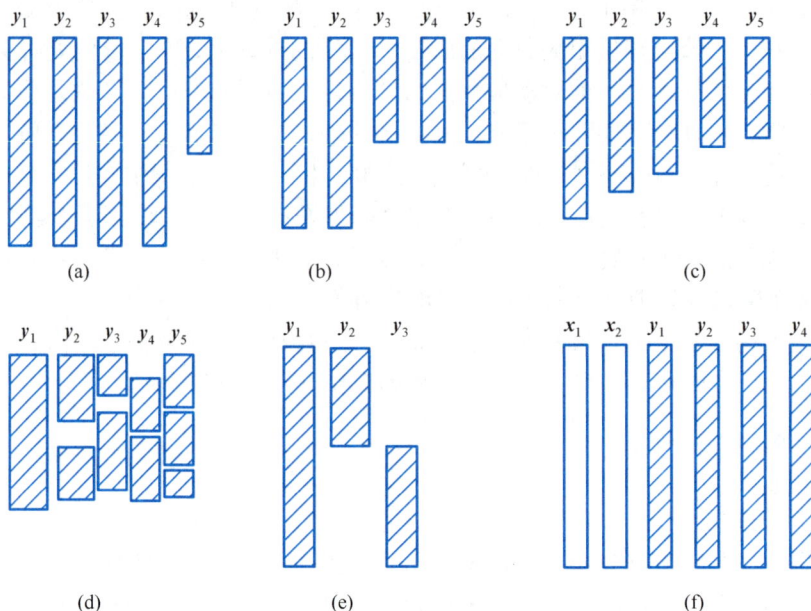

图 2-2　缺失特征的示例

假设 $\boldsymbol{y}_i$ 和 $\boldsymbol{m}_i$ 的样本是独立同分布的，缺失机制使用条件分布 $f_{M|Y}(\boldsymbol{m}_i | \boldsymbol{y}_i, \boldsymbol{\phi})$ 表示，其中 $\boldsymbol{\phi}$ 是未知参数。当缺失与否和 $\boldsymbol{y}_i$ 的大小无关时，即对于任意 $i$ 和任意数值 $\boldsymbol{y}_i, \boldsymbol{y}_i^*$ 都有下式成立：

$$f_{M|Y}(\boldsymbol{m}_i | \boldsymbol{y}_i, \boldsymbol{\phi}) = f_{M|Y}(\boldsymbol{m}_i | \boldsymbol{y}_i^*, \boldsymbol{\phi})$$

则称 $\boldsymbol{Y}$ 是完全随机缺失(Missing Completely At Random，MCAR)的。

令 $y_{(0)i}$ 表示第 $i$ 个样本 $\boldsymbol{y}_i$ 中存在观测值的变量，而 $y_{(1)i}$ 表示缺失的变量。相较于严格的完全随机缺失，当缺失与否与缺失的变量无关时，即对于任意样本和任意的缺失变量 $(y_{(1)i}, y_{(1)i}^*)$，都有下式成立：

$$f_{M|Y}(\boldsymbol{m}_i | y_{(0)i}, y_{(1)i}, \boldsymbol{\phi}) = f_{M|Y}(\boldsymbol{m}_i | y_{(0)i}, y_{(1)i}^*, \boldsymbol{\phi}) \tag{2.3.1}$$

则称 $\boldsymbol{Y}$ 是随机缺失的(Missing At Random，MAR)。

进一步，当式(2.3.1)对于某些样本 $y_i$ 和某些 $(y_{(1)i}, y^*_{(1)i})$ 不成立时，即缺失与否和 $y_i$ 的缺失变量相关，则称 $Y$ 是不随机缺失的（Missing Not At Random，MNAR）。

### 2.3.3 缺失值填充的方法

#### 1. 基于 MCAR 缺失值替代

##### （1）单值替代

使用一个常量代替所有的缺失值，常量的选择由应用的目的而定，可选平均值、最大值、最小值等统计指标或由其他有经验的专家来设定值。由于替代值并不是数据的真实值，故单值替代会造成替代值与实际值偏移，并且均化包含缺失数据的记录，改变数据的分布。

##### （2）类均值替代

把均值替代的思想运用到分类数据集中，用缺失数据记录所在类别的属性平均值（简称类均值）代替缺失数据。这种方法继承了单值替代的缺陷，但是在子类别中使用各类均值分别替代缺失值，一定程度上减少了缺失数据的分布偏移。它要求预先对数据集进行分类，因而应用受到一定的限制。

##### （3）回归替代

应用回归分析技术，对包含缺失属性值的属性（作为被解释变量）和相关的其他属性（解释变量）建立预测模型，并用相应的预测值来代替缺失属性值。显然，预测模型的合理性和可用性是回归替代方法的关键所在。这种方法用包含缺失属性值的属性（被解释变量）的整体趋势来预测缺失值，可以最大程度减轻数据偏移的影响。但是，从另外一个角度看，如果我们建立的模型总是能够准确预测缺失值，即某一个（或多个）含有缺失属性值的属性可以由其他的若干属性准确描述，那就能说明该属性（被解释变量）在数据集中是冗余的。

#### 2. 时间序列缺失值填充

##### （1）前推法和后推法

前推法用缺失之前最近的非缺失值进行填充，后推法则用缺失之后最近一个非缺失的观测值来填充。实证分析中，对于股市日交易收盘价数据，最靠近缺失值的并不是下一个交易日的收盘价，而是下一个交易日的开盘价。因此，前推法不变，而后推法则可以使用下一个交易日的开盘价来填充。

##### （2）插值法

插值法用特定的规则近似缺失值，包括线性插值和样条插值两种类型。线性插值是一次 Newton 插值多项式，是用连接两个已知数据点的直线确定该区间内某一未知量的方法。公式如下：

$$f(t) = f(t_0) + (t - t_0)\frac{f(t_0) - f(t_1)}{t_0 - t_1}$$

样条插值法把相邻两点用一个 $n$ 阶可导函数连接，形成一条光滑的插值曲线。此处使用三次样条插值法（Cubic Spline Interpolation）对缺失值进行填充[①]。在缺失值两边的时间戳分别为 $x_0$，$x_1$，且有 $x_0 < x_1$，样条函数 $S(x)$ 满足 $S(x_i) = y_i, i = 0,1$ 且 $S(x) = a + bx + cx^2 + dx^3, x_0 \leqslant x \leqslant x_1$，其中 $y_i$ 为时间戳 $x_i$ 上对应的时间序列的数值。

### （3）加权移动平均法填充

加权移动平均插值法，当滚动窗口长度为 $k$ 时，在缺失值左右各取 $k$ 个值进行加权平均，得到估计值。加权移动平均填充分为简单平均、线性平均和指数平均三种。简单平均以窗口内的均值来填充缺失值；线性平均则是按照从近到远权重依次线性递减的顺序，窗口内非缺失值的权重为 $\frac{1}{D+1}$，$D$ 为非缺失值与缺失值的距离的绝对值；指数平均则是从近到远权重依指数级别递减，窗口内非缺失值的权重为 $\frac{1}{2^D}$，$D$ 为非缺失值与缺失值的距离的绝对值。缺失值为窗口内非缺失值的权重平均数。

### （4）线性模型填充法

以机构日收益率 $r_{i,t}$ 为被解释变量，解释变量包括自身滞后项 $r_{i,t-1}$ 和上证综指日收益率 $r_{m,t}$ 及其滞后项 $r_{m,t-1}$。具体的线性模型如下：

$$r_{i,t} = \mu + \beta_0 r_{m,t} + \beta_1 r_{m,t-1} + \alpha_1 r_{i,t-1} + \varepsilon_t \qquad (2.3.2)$$

当某个机构的日收益率有连续缺失时，先将第一个缺失值使用式（2.3.2）填充，然后再接着使用式（2.3.2）对第二个缺失值进行填充即可，依次类推。

### （5）卡尔曼滤波填充法

卡尔曼滤波基于当前所有可利用的信息，由预测方程和更新方程递推得到状态向量的最优估计，通过最小化均方误差意义下的预测误差得到观测值的最好估值。时间序列数据通常用 ARIMA 模型刻画，任意的 ARIMA$(p,d,q)$ 模型可以表示为状态空间形式，而卡尔曼滤波是求解状态空间模型的核心算法。卡尔曼滤波填充法即利用现在的观测对过去的状态进行估计，所以当时间序列存在缺失值时可以用此方法进行填充。状态空间模型的一般形式如下：

---

① 使用高阶样条插值法会出现龙格现象（Runge's Phenomenon），即区间边缘处振荡，用三次样条插值法可以避免这个问题。

$$\begin{cases} Y_t = Z_t \boldsymbol{\alpha}_t + G_t \boldsymbol{\varepsilon}_t \\ \boldsymbol{\alpha}_t = T_t \boldsymbol{\alpha}_{t-1} + H_t \boldsymbol{\eta}_t \end{cases} \tag{2.3.3}$$

式中，可观测变量 $Y_t = (y_1, y_2, \cdots, y_T)$ 与 $m \times 1$ 状态向量 $\boldsymbol{\alpha}_t$ 有关，$t = 1, 2, \cdots, T$ 是样本长度，$Z_t$ 是 $k \times m$ 矩阵，$T_t$ 是 $m \times m$ 状态矩阵，扰动项 $\boldsymbol{\varepsilon}_t$、$\boldsymbol{\eta}_t$ 和状态向量 $\boldsymbol{\alpha}_t$ 满足以下假设：

$$E(\boldsymbol{\varepsilon}_t) = \mathbf{0}, \quad \text{var}(\boldsymbol{\varepsilon}_t) = R_t, \quad E(\boldsymbol{\eta}_t) = \mathbf{0}, \quad \text{var}(\boldsymbol{\eta}_t) = Q_t, \quad H_t G_t^{\mathrm{T}} = \mathbf{0}$$

$$E(\boldsymbol{\alpha}_0) = a_0, \quad \text{var}(\boldsymbol{\alpha}_0) = P_0, \quad E(\boldsymbol{\varepsilon}_t \boldsymbol{\eta}_t^{\mathrm{T}}) = \mathbf{0}, \quad E(\boldsymbol{\varepsilon}_t \boldsymbol{\alpha}_0^{\mathrm{T}}) = \mathbf{0}, \quad E(\boldsymbol{\eta}_t \boldsymbol{\alpha}_0^{\mathrm{T}}) = \mathbf{0}$$

由公式(2.3.3)，系统中的矩阵 $Z_t, T_t, R_t, H_t, Q_t, G_t, P_0$ 为超参数，一般用极大似然估计模型中的超参数，单变量时间序列模型中 $k = 1$，$G_t G_t^{\mathrm{T}}$ 是标量。在高斯状态空间模型中，设状态向量 $\boldsymbol{\alpha}_t$ 的条件均值和条件误差协方差矩阵如下：

$$a_t = E(\boldsymbol{\alpha}_t \mid Y_{T-1}), \quad P_t = \text{var}(\boldsymbol{\alpha}_t \mid Y_{T-1})$$

状态向量条件均值 $a_{t-1}$ 是状态向量 $\boldsymbol{\alpha}_{t-1}$ 基于 $Y_{T-1} = (y_1, y_2, \cdots, y_{T-1})$ 的估计量，$P_{T-1} = E[(\boldsymbol{\alpha}_{t-1} - a_{t-1})(\boldsymbol{\alpha}_{t-1} - a_{t-1})^{\mathrm{T}}]$ 表示估计误差的协差阵。给定 $a_t$ 和 $P_T$ 时，$\boldsymbol{\alpha}_{t+1}$ 条件分布的均值 $a_{t+1}$ 是正态分布假定下最小均方误差意义下的最优估计，其与估计误差的协方差矩阵 $P_{t+1}$ 分别为

$$\begin{aligned} a_{t+1} &= T_t a_t + K_t v_t \\ P_{t+1} &= T_t P_t L_t^{\mathrm{T}} + H_t J_t^{\mathrm{T}} \end{aligned} \tag{2.3.4}$$

式中，$v_t$ 是一步向前预测误差向量，公式(2.3.4)中各个变量的计算公式如下：

$$v_t = Y_t - Z_t a_t$$

$$L_t = T_t - K_t Z_t$$

$$J_t = H_t - K_t G_t$$

$$K_t = (T_t P_t Z_t^{\mathrm{T}} + H_t G_t^{\mathrm{T}}) F_t^{-1}$$

$$F_t = Z_t P_t Z_t^{\mathrm{T}} + G_t G_t^{\mathrm{T}}$$

用卡尔曼滤波进行平滑时，需用现在可得的 $Y_T$ 向后递归，得到过去某一时刻的状态，给定初始值 $r_T = 0, N_T = 0$，有

$$u_t = F_t^{-1} v_t - K_t^{\mathrm{T}} r_t, \quad M_t = F_t^{-1} + K_t^{\mathrm{T}} N_t K_t$$

$$r_{t-1} = Z_t^{\mathrm{T}} u_t + T_t^{\mathrm{T}} r_t, \quad N_{t-1} = Z_t^{\mathrm{T}} F_t^{-1} Z_t + L_t^{\mathrm{T}} N_t L_t$$

式中，$\{u_t\}$ 是平滑误差序列。

状态向量的估计使用下式：

$$\hat{\boldsymbol{\alpha}}_{t+1} = T_t \hat{\boldsymbol{\alpha}}_t + H_t \hat{\boldsymbol{\varepsilon}}_t$$

$$\hat{\boldsymbol{\varepsilon}}_t = G_t^{\mathrm{T}} u_t + H_t^{\mathrm{T}} r_t$$

$$\hat{\boldsymbol{\alpha}}_1 = a_0 + P_0 r_0$$

当时间序列在 $t = \tau$ 时刻缺失时，卡尔曼滤波方程不再更新，将观测 $Y_\tau$ 看作具有无

穷方差的随机变量，即 $G_\tau \to \infty$，该时刻的信息增益 $K_\tau = 0$，不存在预测误差，并且 $a_{\tau+1} = T_t a_\tau, P_{\tau+1} = T_\tau P_\tau T_\tau^T + H_t H_t^T$，平滑方程简化为 $r_{\tau-1} = T_\tau^T r_\tau, N_{\tau-1} = T_\tau^T N_t T_\tau$。$Y_\tau$ 的最小均方误差估计为 $\hat{Y}_\tau = Z_\tau \hat{\alpha}_\tau$。据此对日交易数据的缺失值进行填充。

### 3. 股价日交易缺失数据填充

大量金融实证建模的原始数据都是各家上市机构股价的日交易数据，上市机构的原始日交易数据存在两个问题：

① 机构的上市时间不同。以平安银行和华安证券为例，其上市时间分别为 1991 年和 2017 年，在构建金融建模时应充分利用此类"时间不匹配"数据，需要进行合理的时间窗口分隔。

② 机构会停牌，因此每家机构的日交易数据都存在缺失值。但是这些缺失值无法直接删除，因为删除缺失值意味着，若某个交易日中存在某家机构停牌，则该交易日所有机构的数据都会被删除。而在某些时段，如美国次贷危机期间，每个交易日都存在大量的机构停牌。因此，如果直接删除缺失值，则将导致该时段没有任何样本数据可供建模。图 2-3 为美国次贷危机期间上市机构的缺失值可视化图。图中每列小格表示每家机构在 2006—2008 年每个交易日的数据完整情况。小格是白色的，表示该机构在该交易日停牌，也就是存在缺失值；小格是灰色的，则说明该机构正常交易，没有停牌。统计出每个交易日已经上市的机构中停牌机构的数量，画出时序图，如图 2-4 所示。从图 2-4 可知，不存在停牌机构的交易日占比较

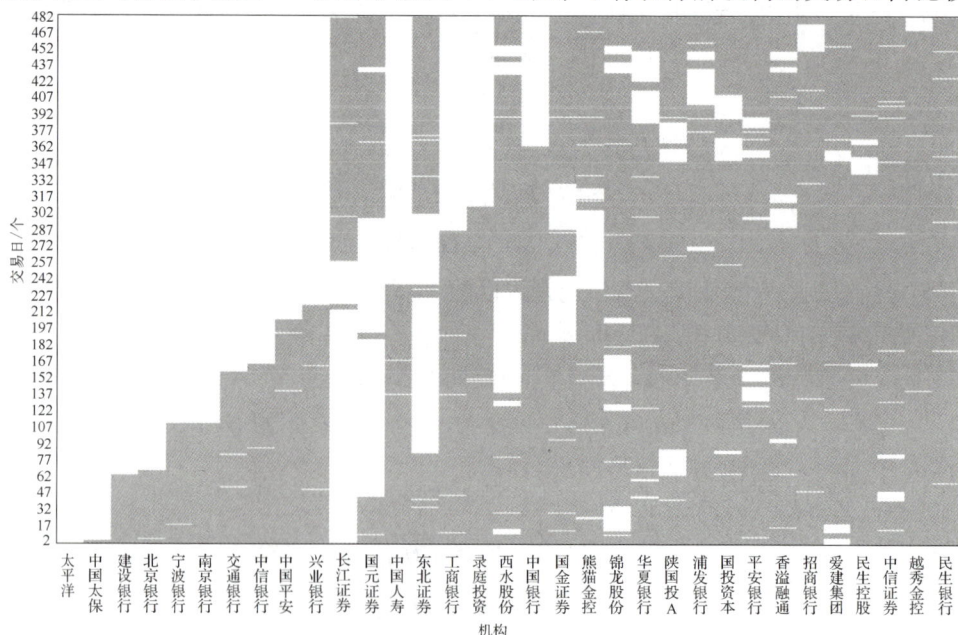

图 2-3　2006－2008 年上市机构的缺失值可视化图

小，而在美国次贷危机期间，某些交易日停牌的机构数量高达 13 家。

从图 2-4 来看，在 1991—2006 年间，大多数交易日中停牌的上市机构数量为 0 ~ 1 家，最多时为 4 家。而在 2007 年全球金融危机爆发后，2007—2008 年间，多个交易日中停牌机构数量迅速攀升到 8 ~ 13 家[①]；2010—2013 年间，每个交易日中的停牌机构数量逐渐回落到 3 ~ 6 家，2014—2015 年间甚至回落到 0 ~ 2 家；2015—2016 年间每日停牌机构数量快速增长，最多时达到一个交易日中停牌 14 家机构的记录[②]；之后再次快速回落，稳定于 0 ~ 4 家的水平。在总共 7061 个交易日中，每个交易日停牌机构数量的最大值为 14，四分位数 $Q_3$ 为 3，均值为 1.835，中位数为 1，四分位数 $Q_1$ 和最小值都是 0。

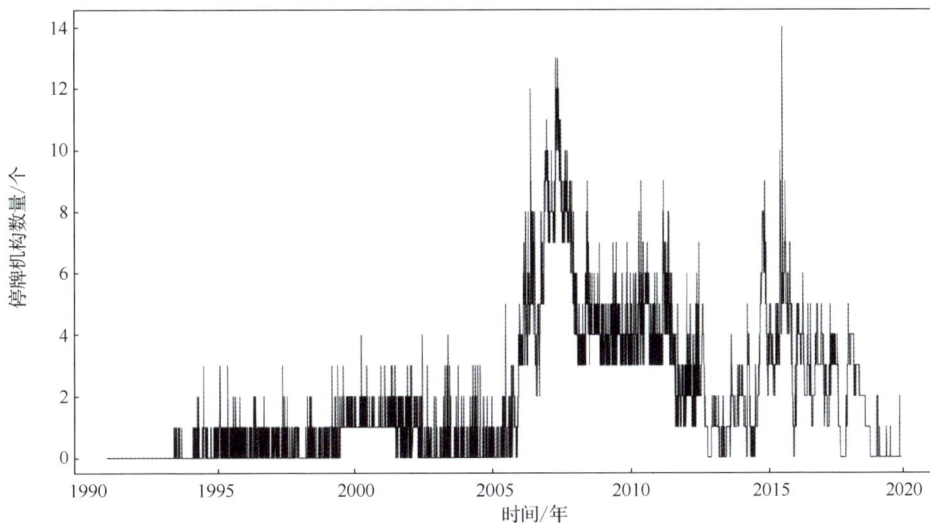

**图 2-4 停牌机构数量时序图**

当一家机构在交易日 A 停牌缺失，则将所有机构在交易日 A 的数据都删除。删除缺失值的办法，显然会造成大量有效数据无法被利用的问题。需要分析的机构个数越多，全部机构都没有停牌的交易日也就越少。因此，除去删除缺失值带来的建模偏差不谈，使用这样的数据处理方法将导致可以分析的机构数量受到严重的限制。因此，需要对各家机构的日交易数据的缺失值进行填充。

对每个机构自上市之日起的时间序列分别使用五类方法[③]进行缺失值填充

---

① 2006 年 11 月 27 日起到 2007 年 12 月 11 日止，几乎每个交易日的停牌机构数量都在 8 家以上，并且停牌机构并非固定的。

② 该交易日为 2015 年 7 月 9 日。

③ LOCF（Last Observation Carried Forward，前推法）和 NOCB（Next Observation Carried Backward，后推法）类有两种填充方法，插值类中有两种，加权移动平均类中有三种，线性模型为第四类，卡尔曼滤波中使用 12 种 ARIMA 模型作为状态空间模型，为第五类填充方法。

后，如何判断不同方法的优劣？需要进行效果评价，最常用的评价标准是计算均方根误差（Root Mean Square Error，RMSE）。

假设已知缺失值的真值，则使用真值与不同填充方法得到的填充值构造各自的均方根误差，$RMSE = \sqrt{\left(\sum_{t=1}^{n}(\hat{y}_t - y_t)^2\right)\big/ n}$，拥有最小均方根误差的填充方法可视为最佳填充方法。根据这一原理，BECK 等（2018）使用完整数据集，设定多个缺失比例，如 5%、10%、15% 和 20%，在每个缺失比例下，通过对缺失值位置的 10 次随机抽样，将 10 次随机抽样并填充之后得到的均方根误差取平均值，记为该缺失比例下的稳健均方根误差（Robust Root Mean Square Error，RRMSE），$RRMSE = \left(\sum_{i=1}^{10} RMSE_i\right)\big/ 10$。比较不同填充方法在不同缺失比例下的稳健均方根误差的大小，在多个缺失比例下，选择具有最小稳健均方根误差的填充方法。

实际计算中，记不同缺失比例下的稳健均方根误差为 $RRMSE_{5\%}^A$，$RRMSE_{10\%}^A$，$RRMSE_{15\%}^A$ 和 $RRMSE_{20\%}^A$。为了避免不同方法下四种稳健均方根误差比较的复杂性，在进行自动化选择最优缺失值填充方法时，只比较两种填充方法的 $RRMSE_{5\%}^A$，选择具有最小 $RRMSE_{5\%}^A$ 的填充方法。具体计算过程参见算法 1。

#### 算法 1　缺失值最优填充方法选择

输入：包含缺失值的时间序列 $S_i$；

输出：最优填充方法 $A_i^*$；使用 $A_i^*$ 填充得到的完整时间序列 $S_i^*$。

1：$A_i^* \leftarrow$ 填充方法 $A$；

2：for 填充方法 $A \in$ 五类填充方法 do

3：　　使用 $A$ 对 $S_i$ 进行填充，得到完整时间序列 $S_i^A$；

4：　　for ratio $\in$ {5%，10%，15%，20%} do

5：　　　$S_i^A$ 随机抽取比例为 ratio 的位置，作为缺失值，再使用 $A$ 填充，由真值和填充值计算出 $RMSE_{ratio}^A$。
　　　　　如此重复 10 次，将 10 次得到的 RMSE 取平均值，得到稳健均方根误差 $RMSE_{ratio}^A$；

6：　　if $RRMSE_{5\%}^A < RRMSE_{5\%}^{A_i^*}$ then

7：　　　$A_i^* \leftarrow A$；

8：　　　$S_i^* \leftarrow S_i^A$；

# 2.4　不平衡数据处理

## 2.4.1　引言

不管在学术界还是工业界，数据不平衡已经吸引了越来越多的关注。不平衡数据的场景也出现在互联网应用的方方面面，如搜索引擎的点击预测（Li H 等，2012）、电子商务领域的商品推荐（Sifa R 等，2015）和客户流失预测（Burez J 等，2009）、信用卡欺诈检测（Wei W 等，2013）、医学诊断（Mena LJ 等，2006）、网络攻击识别（Elbasiony RM 等，2013）、电信欺诈（Olszewski D 等，2012）、计算机视觉（Gao Z 等，2014）、自然语言处理（Sarker A 和 Graciela G，2015）、生物信息领域的基因预测（Wang CY 等，2015）等。以信用卡欺诈检测为例，由于绝大多数交易属于"非欺诈"类别，很少交易属于"欺诈"类别，就导致了数据不平衡问题的出现。又如，在客户流失的数据集中，绝大部分的客户是会继续享受其服务的（非流失对象），只有极少部分的客户不会继续享受其服务（流失对象）。

### 2.4.2 基本概念

对于数据不平衡问题目前并没有统一的定义（He H 等，2009）。从技术的角度来说，只要数据类别的分布不相等，就是不平衡数据。但是学术上，对失衡数据的普遍理解是数据集的类别分布表现出严重失衡（在某些情况下甚至是极端失衡）（Pearson R 等，2003）。以二分类问题为例，假设正类的样本数量远大于负类的样本数量，通常把多数类样本的比例接近 100∶1（甚至 1000∶1）情况下的数据称为不平衡数据。100∶1 的不平衡数据在欺诈检测中很普遍，在其他应用中也有高达 100000∶1 的不平衡数据（Provost F 和 Fawcett T，2001）。不平衡数据的学习即需要在分布不均匀的数据集中学习到有用的信息。

研究数据不平衡问题之所以重要，是因为传统的学习方法以降低总体分类精度为目标，在数据不平衡的情况下，出现了分类精度上的严重不平衡。例如，传统的分类器对多数类的分类准确度接近 100%，而对少数类的分类准确度为 0～10%（K Woods 等，1993）。然而，相对于多数类实例来说，人们对少数类更感兴趣，甚至认为少数类的分类准确性比多数类的更加重要（Farid DM 等，2016）。例如，使用乳腺 CT 数据集预测患者是否患癌时，对少数类（癌症患者）的低准确率意味着大部分的癌症患者被分类或诊断为非癌症患者。在医疗行业中，这种后果比将非癌症患者分类为癌症患者更为严重（R B Rao 等，2006）。

### 2.4.3 数据不平衡问题的处理方法

目前，关于不平衡数据问题的处理方法可大致分为两大类：一类是数据层面的采样处理，另一类是算法或模型层面的代价敏感型学习。

#### 1. 数据层面的采样处理

研究表明，与不平衡的数据集相比，平衡的数据集有利于提高分类器的性能（Weiss GM 和 Provost F，2001），所以可以通过数据采样来提高分类效果。数据采样可以分类三类：欠采样、过采样、基于聚类的采样。

#### （1）欠采样

最基本的欠采样技术是随机欠采样，即从多数类样本中随机选择少量样本，再合并原有少数类样本作为新的训练数据集。随机欠采样有两种类型：有放回和无放回。

随机欠采样的优点是简单易用，当训练数据集很大时，它可以通过减少训练数据样本的数量来帮助改善运行时间和存储问题。但是缺点也很明显：产生信息丢失问题，模型只学到了总体模式的一部分；而且通过随机欠采样选择的样本可能是有偏差的样本，它不会是样本的准确代表，因此导致实际测试数据集的分类结果并不是最优的。

为了解决随机欠采样的信息丢失问题，研究者们提出了一些改进的采样算法，如 Easy Ensemble（简易集成法）、Balance Cascade（平衡级联法）、Near Miss（近领删除法）和 One-Sided Selection（单边选择法）等。Easy Ensemble 算法的思想类似于随机森林的 Bagging 方法，它将数据中多数类样本通过 $n$ 次有放回抽样生成 $n$ 份子集，再分别和少数类样本合并并训练模型，最终的结果是这 $n$ 个模型预测结果的均值。Balance Cascade 算法是一种级联算法，每次迭代时它从多数类中选出同等数量的样本，和少数类合并为新的数据集进行训练，新训练集对每个多数类样本 $x_i$ 进行预测，若预测对，则从多数类样本中去掉 $x_i$。依次迭代，直到满足某一停止条件，最终的模型是多次迭代模型的组合。Near Miss 算法利用 KNN（$k$-means）技术试图挑选那些最具代表性的多数类样本：首先计算出每两个样本点之间的距离，通过一定规则来选取要保留的多数类样本点，因此该方法的计算量通常很大。One-Sided Selection 算法的思想是从多数类中选出有代表性的样本，与少数类合并成新的数据集 $M$，并在后面的迭代过程中不断地更新 $M$。

### （2）过采样

最基本的过采样技术是随机过采样，即从少数类样本中有放回地随机抽样，直到与多数类的数量相同。与随机欠采样不同，此方法不会导致信息丢失，抽样表现优于欠采样（Yap BW 等，2014）。但是在经过多次随机抽样后叠加在一起的数据中可能会有不少重复值，这便会使数据的变异程度减小。训练出来的模型并不能显著提高少数类的识别率，反而会增加过拟合的可能性（Sun Z 等，2015）。

为了解决随机过采样容易发生的模型过拟合问题，Chawla 等（2000）提出了一种基于数据合成的过采样方法 SMOTE。该方法的基本思想是通过 KNN 技术，模拟生成少数类的新样本，并添加到数据集中，其步骤如下：

对训练样本集 $D = \{x_i, y_i\}_1^m, x_i \in \mathbb{R}^d$。

① 采用 KNN 算法，计算每个少数类样本的 $K$ 个近邻。

② 从 $K$ 个近邻中随机挑选 $N$ 个样本，进行随机线性插值，产生新的样本点：

$$X_{new} = x_i + \varepsilon(X_j - X_i)$$

式中，$X_i$ 是少数类样本中的一个样本，$X_j$ 是其近邻的样本，$X_{new}$ 为产生的新样本。

③ 将新样本与原始样本结合，产生新的训练集。

SMOTE 方法摒弃了随机过采样复制样本的做法，可以防止随机过采样容易过拟合的问题，而且在识别少数类的表现上比随机过采样更好（Chawla NV 等，2002）。但是 SMOTE 方法也有局限性：一是它对于高维数据不够有效（Wang BX

等，2004）；二是由于它对每个少数类样本都生成新样本，因此容易发生样本重叠（Overlapping）问题。特别是受数据分布的限制，当生成的样本与现有的多数类样本重叠时，生成的新样本不仅没有提供有益信息，而且会形成"噪声"，干扰分类效果（Rayhan等，2017）。

由于 SMOTE 方法不考虑数据集中少数类的潜在分布和潜在"噪声"，Han H 等（2005）提出了改进版本，即 Borderline-SMOTE 方法。该方法先根据 Tomek Link 概念检测边界样本（TomekI，1976），判断出少数类的边界样本，再用 SMOTE 方法对这些样本生成新样本。类似的还有 ADASYN 方法（He H 等，2008），是一种根据数据分布情况为不同的少数类样本生成不同数量的新样本的自适应数据合成方法。

### （3）基于聚类的采样

传统的采样技术忽略了数据内部失衡的问题，即每个类别可能包含很多子类，需要从子类中选择有代表性的数据（Prati RC 等，2004）。基于聚类的采样方法分两步：先分别对正负类样本进行聚类，在聚类之后再采用上述过采样或欠采样方法。这样不仅可以解决类间不平衡问题，还能解决类别内部的不平衡问题。例如，Santos MS（2015）将 $k$-means 算法和 SMOTE 过采样方法进行了结合，实现了一种基于聚类的过采样方法，其中 SMOTE 方法被用于对少数类过采样。

还有学者提出将聚类采样算法和集成算法（如 AdaBoost）进行结合，以进一步提升模型分类性能，比较有代表性的如 RUSBoost（Seiffert C 等，2010）、EUSBoost（Galar M 等，2013）、CUSBoost（Rayhan 等，2017）等。这类算法的优势在于，相较于随机采样的方法（随机丢弃多数类别数据），它考虑了多数类的所有子空间的样本，能够在多数类中选出差异性更大的数据，其他类似的方法通常无法获得多数类的合适代表。

以 CUSBoost 算法为例，该算法采用 k-means 算法对多数类样本进行聚类，在每个聚类中，随机选择一定比例的数据，与少数类数据组合成平衡数据（Rayhan F 等，2017）。对于每个均衡数据集 $D_k$，在其上构建 C4.5 决策树模型 $M_k$。根据模型的分类准确性，可以计算其预测误差率，并作为单个模型对新样本进行预测时所占的权重。

$$\text{error}(M_k) = \sum_{i=1}^{d} w_i \cdot \text{err}(x_i)$$

式中，$d$ 为样本总量，$\text{err}(x_i)$ 为模型对样本 $x_i$ 分类的正确与否，如果 $x_i$ 被正确分类，$\text{err}(x_i) = 0$，否则取值为 1。$w_i$ 为样本 $x_i$ 的权重，若在当前迭代中 $x_i$ 被正确分类，则在下次迭代中，其权重将乘以可变系数 $\beta_i$：

$$\beta_i = \frac{\text{error}(M_k)}{1 - \text{error}(M_k)}$$

对整个数据集中的样本权重进行标准化后，错误分类的样本权重会增加，正确分类的样本权重会降低。

### 2. 算法层面的代价敏感型学习

与数据层面的采样方法不同，代价敏感型学习通过调整样本权重，对不同类别分错的代价不同，将更多的误分类代价分配给少数类，以达到对少数类更多关注的目的（Elkan C 等，2001）。在实际的应用中，不同类型的误分类情况导致的代价是不一样的，例如，在医疗中，"将病人误诊为健康人"和"将健康人误诊为病人"的代价不同；在信用卡盗用检测中，"将盗用误认为正常使用"与"将正常使用识别为盗用"的代价也不相同。代价敏感型学习的基础就是代价矩阵，代价矩阵中的元素用 $C_{ij}$ 标记，表示将类别 $j$ 误分类为类别 $i$ 的代价。

代价敏感型学习所要优化的目标可以用贝叶斯风险理论来解释，把代价敏感型学习看成分类结果的一种后处理，按照传统方法学习到一个模型，以损失最小为目标对结果进行调整，优化公式如下：

$$\mathcal{H}(x) = \underset{i}{\operatorname{argmin}}\Big(\sum_{j \in \{-, +\}} P(j \mid x) C(i, j)\Big)$$

式中，$C(i, j)$ 为把类别 $j$ 分类为类别 $i$ 的代价，$P(j \mid x)$ 为把样本 $x$ 预测为类别 $j$ 的概率。

在实际应用中，代价敏感型学习的实现方式大致可以分成两种。

一种是从学习模型出发，将代价矩阵引入模型，实现对某一具体学习方法的改造，使之能适应不平衡数据下的学习。研究者们针对不同的学习模型，如支持向量机（Masnadi Shirazi H 等，2012）、决策树（Lomax S 等，2013）、神经网络（Zhou Z H 等，2005）等，分别提出了其代价敏感的版本。以代价敏感的决策树为例，可从三个方面对其进行改进以适应不平衡数据的学习，这三个方面分别是决策阈值的选择、分裂标准的选择和剪枝。而将代价敏感引入到神经网络中，主要有四种方式：在概率估计中引入代价、在神经网络输出中引入代价、在学习率中引入代价和在错误率中引入代价。

另一种是从数据权重的角度出发，基于 AdaBoost 的权重更新策略，将代价用于权重的调整，实现对少数类的关注。AdaBoost（Hastie T 等，2009）的思想是将一些弱分类器结合在一起做出准确预测。在下一次迭代中，新分类器将重点放在那些上一轮分类错误的案例上，或将其放在更重要的位置。代表算法有 AdaCost（Fan W 等，1999）、DataBoost-IM（Guo H 等，2004）、XGBoost（Chen T 等，2016）等。

除了以上在数据层面和算法层面的不平衡处理方式，也可以换一种思路，将少数类样本看成异常，将其转换成一个异常检测的问题，进而把监督学习变为无监督学习（Chawla NV 等，2004）。

### 2.4.4 数据不平衡情况下的估计指标

传统的机器学习算法性能评估指标是预测精度(Accuracy)。但是,当数据不平衡或不同分类错误的成本差异很大时,这是不合适的(Chawla NV 等,2002)。因为当数据集呈现不平衡时,预测精度具有欺骗性。例如,在最简单的情况下,如果给定的数据集包含 5% 的少数类和 95% 的多数类,那么将每个样本分类为多数类就能够有 95% 的准确性。在整个数据上 95% 显得很高,却反映不出少数类的精度为 0 的事实。也就是说,在这种情况下,Accuracy 指标无法提供有关分类器性能的足够信息。那么在不平衡数据集下,使用合适的指标来有效评估分类器的性能就变得至关重要。现有研究通常采用基于混淆矩阵的单评价指标(如 Recision、Recall)等,以及 ROC 曲线和 AUC 等。

#### 1. 基于混淆矩阵的单评价指标

当分类器基于某个固定的阈值 $\theta$ 对样本标签进行预测并与已知的真实类别标签进行对比时,就能得到如表 2-1 所示的混淆矩阵。

表 2-1 混淆矩阵

| 预 测 | 真 实 | |
| :---: | :---: | :---: |
| | 1 | 0 |
| 1 | True Positive(TP) | False Positive(FP) |
| 0 | False Negative(FN) | True Negative(TN) |

在二分类问题中,普遍将少数类定义为正类(Positive),将多数类定义为负类(Negative)。那么在混淆矩阵中,TP(真阳性)表示正类样本仍预测为正类的数量,FN(假阴性)表示正类样本预测为负类的数量,FP(假阳性)表示负类样本预测为正类的数量,TN(真阴性)表示负类样本仍预测为负类的数量。基于混淆矩阵,可以计算出如下单评价指标:

① 准确率(Accuracy):在平衡数据集且样本误差成本相等的情况下,使用准确率衡量分类器性能是合理的。但是当存在样本误差成本不相等的不平衡数据集时,使用灵敏性、特异性等其他评价指标更为合适(Drummond 和 Holte,2000)。

$$Accuracy = \frac{TP + TN}{TP + FP + TN + FN}$$

② 真阴率(TNR):又称为特异性(Specificity),衡量的是所有的负类样本中有多少被正确分类了。

$$Specificity = \frac{TN}{TN + FP}$$

③ 真阳率(TPR):也称为灵敏性(Sensitivity)、召回率(Recall)或查全率,是

所有的正类样本被正确分类的比例。

$$\text{Recall} = \frac{\text{TP}}{\text{TP} + \text{PN}}$$

④ F-measure：综合考虑了查准率（Precision）和查全率（Recall），是二者的加权调和平均值。只有当查全率和查准率都大时，F-measure 的值才会相应增大，所以 F-measure 值较高，说明结果比较理想。其中，参数 $\beta$ 可以调整查准率和查全率两个指标的相对重要程度。

$$\text{F-measure} = \frac{(1 + \beta)^2 \cdot \text{Recall} \cdot \text{Precision}}{\beta^2 \cdot \text{Recall} + \text{Precision}}$$

式中，$\text{Precision} = \dfrac{\text{TP}}{\text{TP} + \text{FP}} = 1 - \text{Specificity}$。

⑤ G-means：与 F-measure 一样，都是综合评价指标。不过，G-means 是正类分类准确率（灵敏性）和负类分类准确率（特异性）的几何平均值。因此要使 $G$ 值更大，那么少数类和多数类样本的准确率都要很高。只要分类器分类偏向于其中任何一类，就会影响另一类的准确率，导致 $G$ 值变小。G-means 能够很好地衡量分类方法在不平衡数据集上的分类效果，而且简便有效，易于理解，已成为不平衡数据处理领域常用的方法之一。

$$\text{G-means} = \sqrt{\text{灵敏性} \cdot \text{特异性}} = \sqrt{\frac{\text{TP}}{\text{TP} + \text{FN}} \cdot \frac{\text{TP}}{\text{TN} + \text{FP}}}$$

### 2. ROC 曲线和 PR 曲线

F-measure 等单评价指标是在分类阈值取某个特定值的情况下计算出来的结果，在评估分类器的整体性能方面还存在欠缺（Lee，2000）。因为，无法通过这些指标看出模型在取不同分类阈值时的表现，也很难比较不同的分类器在不同的数据分布范围之间的性能。为了解决单评价指标的不足，一些学者提出使用 ROC 曲线和 PR 曲线来对不平衡数据的分类算法并进行评价。

#### (1) ROC 曲线

ROC 曲线以假阳率（FPR）为 $x$ 轴，以真阳率（TPR）为 $y$ 轴。通过调整模型预测的阈值，可以得到不同的点，每个点代表一组真阳率和假阳率，将这些点连成线即 ROC 曲线（Receiver Operating Characteristic Curve，ROC），如图 2-5 所示。

一个理想的模型应该最小化假阳率，并且最大化真阳率。最理想的情况是，假阳率为 0 且真阳率为 1，即对应图中的 (0,1) 点。也就是说，一个好的分类模型应该尽可能靠近图形的左上角，即 $L_2$ 代表的模型要优于 $L_1$ 代表的模型。而主对角线代表随机猜测模型。如果分类器的点出现在右下角（如 $L_3$），就说明分类器的性能还不如随机猜测。

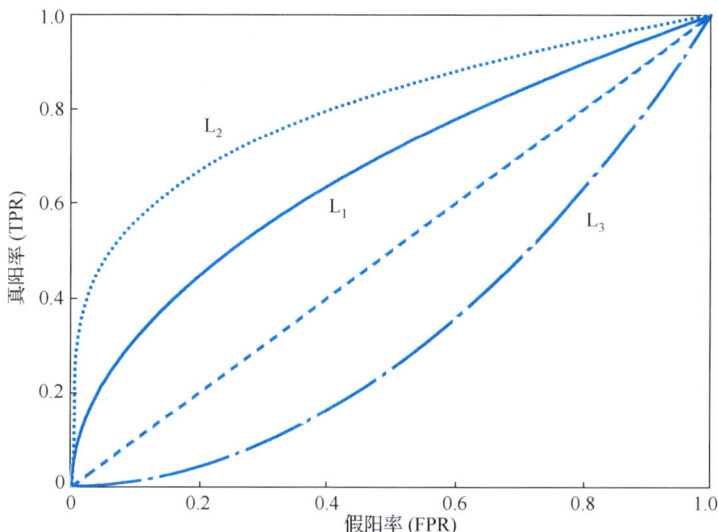

**图 2-5  ROC 曲线**

分类器的分类阈值可以在假阳率和假阴率的权衡中做出选择，ROC 曲线下面积（AUC）是一个公认的 ROC 曲线性能指标（Bradley，1997），提供了评价模型平均性能的另一种方法，AUC 值越大，模型越好。理想模型的 AUC 值为 1，随机猜测模型的 AUC 值为 0.5。AUC 评价的是 FPR 所有可能取值所对应的分类器的性能，因此相比于其他的评价标准更具有泛化性。

## （2）PR 曲线

PR 曲线的思想与 ROC 曲线的基本相同，不同的是，PR 曲线使用查全率和查准率作为曲线的横轴和纵轴，直观地显示了分类器在样本空间中的查准率与查全率，如图 2-6 所示。

在 ROC 曲线中，一个分类器性能越好，就越接近左上方，但是在 PR 曲线中，它会更接近右上方。分类器 A 的 PR 曲线被分类器 B 的 PR 曲线完全包住，则说明分类器 B 的性能优于分类器 A。而分类器 A 和分类器 C 的 PR 曲线出现了交叉，一个行之有效的办法是，通过计算各自曲线所围成的面积来比较优劣。

对于高度偏斜的数据集，可以观察到 ROC 曲线可能会过于乐观地评估了算法的性能。在数据极度不平衡的情况下，PR 曲线可以提供更多的信息。如果分类器的性能在 False Positve 上有很大的改变（把 Negative 误分类为 Positive），那么 $FP\_rate = \dfrac{FN}{N_c}$ 并不会发生太大的改变，因为 $N_c = FT + TN$（负类数量）很大。因此，ROC 曲线并不能捕获到这种改变。但是如果考虑到 Precision 的定义，可以发现 PR 曲线可以捕获到这种改变。因此，PR 曲线在数据极度不平衡时，可能会有更好的性能。

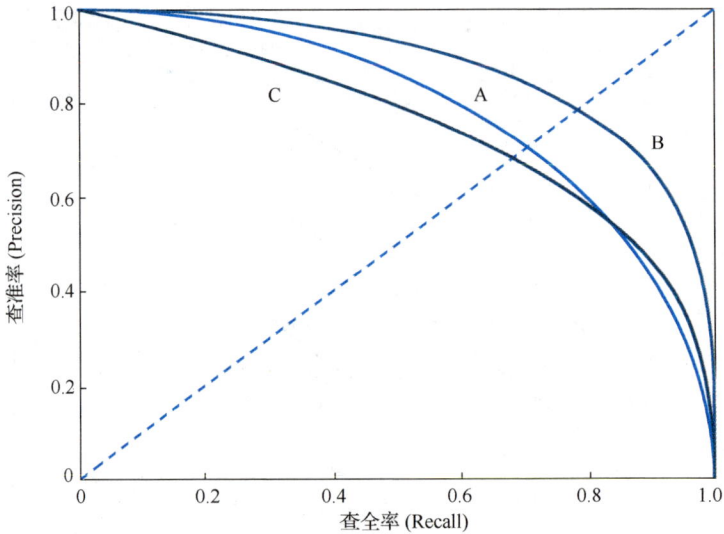

**图 2-6 PR 曲线**

### (3) 多分类不平衡学习上的评价指标

上述指标多用于二分类问题，但同时也可应用于多分类问题。假设样本标签有 $N$ 个，在对某个类别进行预测时，可将该类别看作正类，其他 $N-1$ 个类别看作负类。这就可以将一个多标签的分类问题转化为 $N$ 个二分类问题，并产生 $N$ 个 ROC 曲线和对应的 AUC 值。按照分类器在新数据集上的泛化能力，可以将这些 AUC 值赋权后得到最终的评价指标。

## 2.5 数据变换

### 2.5.1 引言

数据可分为定性（Qualitative）和定量（Quantitative）数据，定性数据也可以看作离散型数据，用描述性术语来区分值，例如，性别通常分为男性（M）和女性（F），还有一种特殊的定性数据，就是周期型数据，如星期、月或年中的日期。定量数据也叫连续型或度量型数据，以数字值为特征，用于开发预测。另一种数据分类维度是基于数据与时间有关的行为特性，我们把那些不随时间变化而变化的数据称为静态数据，而另一部分随时间变化而变化的属性值，我们称之为动态数据或时间数据。在大多数数据挖掘算法中使用的都是静态数据，若要使用动态数据，则需要进行特殊的考虑和预处理。数据变换经常是数据分析的一项前驱性工作。

### 2.5.2 基本概念

在数据分析中，如果建立了优先规则，定性数据也可以转换成定量数据，在此重点讲述定量数据的有关概念，以便为数据变换奠定基础。定量型数据共有以下四种类型：

#### (1)标称数据(Nominal Data)

标称数据是表示类别或属性的数值数据，比如，表示性别的数字值(1 或 2)就是标称数据值。标称数据的一个重要特性是它没有相关重要性，例如，即使男性 =1，女性 =2，也不意味着女性的值是男性的 2 倍或更高，对于建模来说，只有两个值的标称变量应编码为 0 和 1。

#### (2)序数数据(Ordinal Data)

序数数据是表示有相对重要性的类别的数值数据，可用于给强度、重要性分等级，例如，用 1～5 表示用户对某产品的质量评价，分别表示很差、较差、中等、较好、很好。

#### (3)间隔数据(Interval Data)

间隔数据是有相对重要性、没有 0 点的数值数据，对它而言，加、减是有意义的操作，例如，可以用更详细的数字来分析产品质量的好坏，可以用 0～100 之间的数字具体分析产品之间的差距。

#### (4)连续数据(Continuous Data)

连续数据是开发预测模型时最常用的数据，适用于所有基本的算术运算，包括加、减、乘、除，大多数业务数据(如销售额、余款、差额等)都是连续数据。

### 2.5.3 常用数据变换方法

#### 1. 数据标准化

数据集中属性的量纲和量级各不相同，难以直接使用，而通过数据标准化可以得到分布在标准区间内的属性值，方便数据的使用。

#### (1)数据缩放

数据缩放就是把属性的值域扩大或缩小到标准的区间内，如[ -1，1]或[0，1]。首先找出要缩放的属性值中的最大值 $V_{\max} = \max\limits_{i=1,2,\cdots,n} V_i$，然后对所有属性值进行缩放：

$$V' = \frac{V_{\max}}{10^k} \in [ -1,1] \text{ 或 } [0,1]$$

即可得到值域为[ -1，1]或[0，1]的标准化属性值向量 $(V'_1, V'_2, \cdots, V'_n)$。式中，

$k$ 为数量级,为正整数时表示缩小;为负整数时表示放大。

### (2)最小－最大标准化

由于数据缩放容易受极值影响,而导致属性值在标准区间的偏态分布,使数据在某一个小区域内密集,而在其他区域稀疏,为得到较为均匀的数据分布,可以采用最小－最大标准化方法。通过变换:

$$V' = \frac{V_i - V_{\min}}{V_{\max} - V_{\min}}, \quad i = 1,2,\cdots,n$$

可以得到最小－最大标准化的属性值向量 $(V_1', V_2', \cdots, V_n')$,其中的最大值和最小值可以由 $V_1, V_2, \cdots, V_n$ 属性值域得到,也可以由专家估算,不过专家估算值可能会造成数据分布的无意识集中。

### (3)标准差标准化

在数据分析中,描述随机变量的最重要两个指标就是均值 $\mu$ 和标准差 $\sigma$(或者方差 $\sigma^2$),而在数据挖掘中,数据集的属性一般可视作具有某种未知分布的随机变量,因此变量标准化方法就可以应用在属性标准化上进行变换:

$$V_i' = \frac{V_i - \mu}{\sigma}, \quad i = 1,2,\cdots,n$$

虽然标准差标准化方法对于距离测量非常有效,但是经过转换的数据形式从实际角度难以得到认可。

### 2. 消减数据维度

### (1)高维数据的"祸根"问题

大型数据集中,一个记录往往具有大量的属性值,即具有高维度的可测量特征。由于这种高维度的数据空间具有违背人类直觉的特性,可能会导致高维数据的"祸根"问题(Curse of Dimensionality)。这是因为在高维空间几何学中,高维数据有三个重要属性:

① 如果一个数据集要在 $n$ 维空间中生成具有相同密度的数据点,数据集的大小随维数 $n$ 呈指数增长,即如果要求一维数据集至少包含 $n$ 个数据点,那么要在 $k$ 维空间里获得同样的密度,这个数据集至少要包含 $n^k$ 个数据点,这种数据集的增长速度和规模对于现阶段任何大型数据库都是难以实现的。

② 如果想要得到相同比例的数据子样,维度越高则需要的半径越大。用 $e(p) = p^{\frac{1}{d}}$ 测定超立方体的边界长度 $e$,如图 2-7 所示,$p$ 是预先指定的子样本,$d$ 表示维度。对于 $p = 10\%$ 的子样本,在一维空间中 $d = 1$,$e_1(0.1) = 0.1$;在二维空间中 $d = 2$,$e_2(0.1) = 0.316$;在三维空间中 $d = 3$,$e_3(0.1) = 0.464$;而在十维空间中 $d = 10$,$e_{10}(0.1) = 0.794$。

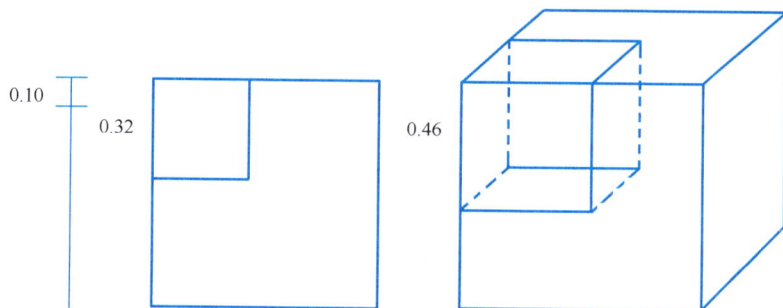

**图 2-7   一维、二维、三维空间中取出 10% 样本的空间示意图**

③ 在高维空间中，数据点与点之间的距离变大，更加接近某一边界。此外，各数据点与均值点的距离（标准差）也在变大，以至于可认为几乎所有的数据点都是异常点。对于一个容量为 $n$，维度为 $d$ 的样本，数据点之间的期望距离为 $D(d, n) = \dfrac{1}{2} \times \dfrac{1}{n}^{1/d}$，$d = 2$，$n = 1000$ 时，期望距离 $D(2, 10000) = 0.0005$，而 $d = 10$ 时，期望距离 $D(10, 10000) = 0.4$，可以证明期望距离的最大值为 0.5。由此可见维度越高，数据点间的期望距离越大，数据点越趋向于边界值。

我们知道，大型数据集的特征之一就是具有非常多的属性，这些属性记载了数据的原始信息。虽然数据分析应当尽可能多地利用这些属性以求信息的充分利用，但我们的研究对象是大型数据集，其规模之大使得我们必须考虑处理数据的速度和效率问题，而且对于既定的数据挖掘任务，并非所有的属性都要纳入考虑范围，一般仅需要选取部分相关的属性集即可。这一矛盾能否解决和如何解决，关系到数据挖掘任务能否完成和能否有效完成。

利用统计抽样的思想方法可以有效地解决这一问题。从属性全集中抽取部分属性，构成较小规模的属性子集，通过研究属性子集的性质来推断总体特征。这里属性子集的选取尤为关键，在大型数据集中选取属性子集时，不论遗漏重要的相关属性还是选取无关的属性，都会对最终的分析结果造成严重的负面影响。

选取相关属性子集的过程，在数据挖掘中称为"数据维度消减"，即通过消除多余的和无关的属性而有效地缩小数据集的规模，提高数据挖掘的效率。常用的方法有主成分分析法、小波分析法、均匀列正交基分析法、随机森林、LASSO 分析法等。

## （2）主成分分析法

主成分的概念首先由 Karlparson 在 1901 年提出，当时主要用于讨论非随机变量。1933 年，Hotelling 把这一概念推广到随机向量。主成分分析（Principal Components Analysis，PCA），就是把原来的指标重新组合为一组新的互相无关的几个综合指标来代替原有指标，同时根据实际需要从中选取几个影响较大的综合指标来表示原有指标的信息。

在数据预处理过程中，我们总是要处理具有大量属性（指标）的记录。如果每一个指标都要考虑，会有两个问题：一是指标多，没有代表性；二是指标之间可能存在不同程度的相关性，造成"数据维度祸害"，直接导致数据挖掘任务的低效率乃至失败。而主成分分析法是可以解决这类降低指标属性维度的有效方法之一，通过用较少的综合指标来代表原有的多指标，将原本复杂的多指标问题简化为相对简单的综合指标问题。其中综合指标一般为原指标的线性组合，要满足两个条件：一是综合指标之间互不相关；二是综合指标应最大限度地反映原指标的信息。PCA 方法的计算量不大且对于有序或无序的属性取值、稀疏或怪异（Skewed）矩阵都能很好地处理。

### （3）小波分析法

小波变换（Wavelet Transform）是 20 世纪 80 年代后期发展起来的应用数学分支，在理论上已构成较系统的构架，主要是法国数学家 Meyer Y、地质物理学家 Morlet J 和理论物理学家 Grossman A 的贡献。

小波变换的含义是，把某一被称为基本小波（也叫母小波（Mother Wavelet））的函数 $\psi(t)$ 做位移 $\tau$ 后，再在不同尺度 $a$ 下与待分析信号 $x(t)$ 作内积：

$$\mathrm{WT}_x(a,\tau) = \frac{1}{\sqrt{a}}\int_{-\infty}^{+\infty} x(t)\,\psi^*\left(\frac{t-\tau}{a}\right)\mathrm{d}t, \quad a > 0$$

等效的频域表示：

$$\mathrm{WT}_x(a,\tau) = \frac{\sqrt{a}}{2\pi}\int_{-\infty}^{+\infty} X(\omega)\,\Psi^*(aw)\,\mathrm{e}^{+\mathrm{j}\omega\tau}\mathrm{d}\omega \tag{2.3.5}$$

式中，$X(\omega)$，$\Psi(\omega)$ 分别是 $x(t)$，$\psi(t)$ 的傅里叶变换。形象地说，小波变换的作用如图2-8所示，用镜头观察目标 $x(t)$，即待分析信号，$\psi(t)$ 代表镜头所起的作用，$\tau$ 相当于使镜头相对于目标平行移动，$a$ 的作用相当于镜头向目标推进或远离。

小波变换有如下特点：第一，具有多分辨率（Multi-Resolution）、多尺度（Multi-Scale）的特点，可以由粗及细地观察信号；第二，可以看作用基本频率特性为 $\Psi(\omega)$ 的带通滤波器在不同尺度 $a$ 下对信号滤波；第三，选择合适的基本小波，使在时域和频域都具有表征局部特征的能力。由于以上特性，小波变换又被人们称为分析信号的数学显微镜。

离散小波分析法就是使用小波变换的线性信号处理技术，通过小波变换把一个数据向量 $D$ 转换为另一个数据向量 $D'$（小波相关系数），且这两个向量的长度相同。对于后者，可以舍弃其中一些小于用户指定阈值的小波相关系数，舍弃的系数以 0 代替，以此在保留数据主要特征的条件下，去除噪声数据，提高数据处理的效率。此外，小波分析法可以通过小波逆变换将小波相关系数近似恢复为原始数据。

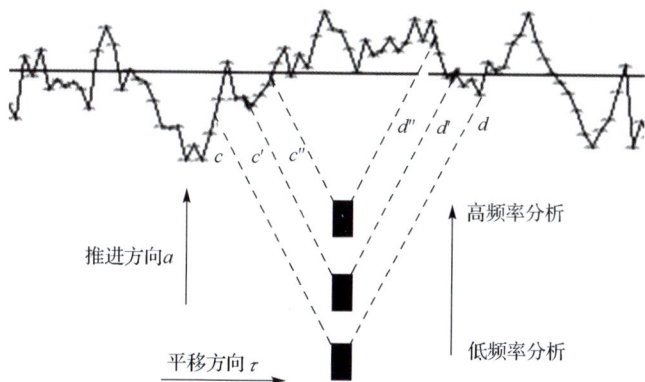

**图 2-8　小波变换的作用示意图**

　　离散小波变换与离散傅里叶变换相似,后者也是一个信号处理技术,但一般而言离散小波变换具有更好的有损压缩性能,即给定一组数据向量(小波相关系数),使用离散小波变换(逆变换)所得到的数据比离散傅里叶变换(逆变换)所得到的数据更接近原始数据。在离散小波分析的实际应用中一般使用通用层次算法(Hierarchical Pyramid Algorithm),该算法在每次循环时把数据一分为二处理,以获得更高的运算效率,算法的主要步骤如下:

　　① $L$ 为所输入的数据向量的长度,必须是 2 的幂次方,因此必要时需用 0 补齐数据向量以确保向量长度满足要求。

　　② 每次转换时使用两个函数,第一个负责进行初步的数据平滑,第二个负责完成一个带权差值计算以获得数据的主要特征。

　　③ 将数据向量一分为二,然后应用步骤② 中的两个函数分别对两部分数据进行处理,这两部分数据分别代表输入数据的低频部分和高频部分。

　　④ 对所输入的数据向量循环使用步骤③ 中的方法进行处理,直至所有划分的子数据向量的长度均为 2 为止。

　　⑤ 取出步骤③、④处理结果,便获得了所求的小波相关。

　　类似地,可以使用矩阵运算预处理数据向量,也可得到相应的小波相关系数,而其中矩阵内容则有赖于所使用的具体的小波变换方法。可见,小波分析法也可以用于多维数据的处理。

　　关于多维数据的处理方法,我们在本章介绍的主成分分析、回归分析和均匀列正交基的设计等方法都是对多维数据进行分析的有效方法,我们不能只局限在PCA 方法和小波分析法。这里我们应该注意到,对多维数据的分析不是一项简单的任务,在处理该问题时,可能会产生新的思维,发现新的方法。

### 3. 时序数据变换

　　在数据挖掘中有一类数据集是按一定的时间间隔获得属性取值,并按时间顺序排列的，这类数据被称为时间序列数据，简称时序数据。

（1）标准表格形式的转换

以单属性的时间序列 $X = \{x(1), x(2), \cdots, x(n)\}$ 预测问题为例，$X$ 表示属性，$x(i)$ 表示在不同时刻 $i$ 的属性值，$i = 1, 2, \cdots, n$。

时序分析中常用滑动窗口（Sliding Window）的概念。所谓窗口，就是从时序中抽取的子样本，窗口宽度就是采样个数。滑动窗口就是按照一定的滞后期（Time Lag）对时序进行采样，通过滑动窗口可以把时序转换为标准表格形式，这种转换实质就是对原始样本（时序）重新组合，形成新的易于分析的样本（窗口）。这种方法有两个可以调节的参数，即窗口宽度和滞后期，如表 2-2 中，窗口宽度为 5，滞后期为 1；而在表 2-3 中，则窗口宽度为 5，滞后期为 3。

表2-2　窗口宽度为5、滞后期为1的样本预测值

| 样本编号 | window_width = 5 | | | | | 样本预测值 |
|---|---|---|---|---|---|---|
| | 1 | 2 | 3 | 4 | 5 | |
| 1 | $x(0)$ | $x(1)$ | $x(2)$ | $x(3)$ | $x(4)$ | $x(5)$ |
| 2 | $x(1)$ | $x(2)$ | $x(3)$ | $x(4)$ | $x(5)$ | $x(6)$ |
| 3 | $x(2)$ | $x(3)$ | $x(4)$ | $x(5)$ | $x(6)$ | $x(7)$ |
| 4 | $x(3)$ | $x(4)$ | $x(5)$ | $x(6)$ | $x(7)$ | $x(8)$ |
| 5 | $x(4)$ | $x(5)$ | $x(6)$ | $x(7)$ | $x(8)$ | $x(9)$ |
| 6 | $x(5)$ | $x(6)$ | $x(7)$ | $x(8)$ | $x(9)$ | $x(10)$ |

表2-3　窗口宽度为5、滞后期为3的样本预测值

| 样本编号 | window_width = 5 | | | | | 样本预测值 |
|---|---|---|---|---|---|---|
| | 1 | 2 | 3 | 4 | 5 | |
| 1 | $x(0)$ | $x(1)$ | $x(2)$ | $x(3)$ | $x(4)$ | $x(7)$ |
| 2 | $x(1)$ | $x(2)$ | $x(3)$ | $x(4)$ | $x(5)$ | $x(8)$ |
| 3 | $x(2)$ | $x(3)$ | $x(4)$ | $x(5)$ | $x(6)$ | $x(9)$ |
| 4 | $x(3)$ | $x(4)$ | $x(5)$ | $x(6)$ | $x(7)$ | $x(10)$ |

可以看出，随着滞后期的增大，所得到的窗口（样本）个数逐渐减少，如果窗口（样本）个数过少，会直接影响进一步分析的可靠性，因此要通过合理的评估测定出最优的滞后期和窗口宽度。

（2）差值和比率

作为相对数的差值和比率，从增量的角度描述时序的变化程度和变化方向。此外，不同属性的时序通过差值或比率得到序列数据，特别是分析时序结果的时候，使用差值和比率比简单地使用绝对值有更好的解释能力。

差值，即 $x(t+1)-x(t)$，其数值变动范围和数量级通常小于 $x(t+1)$ 或 $x(t)$。因此，对于十分重视数据运算效率的数据挖掘而言，使用差值比使用绝对值更有优势；比率，即 $x(t+1)/x(t)$，除具备和差值类似的优点外，还不受量纲的影响。

### （3）移动平均数

多数情况下，预测 $x(t+1)-x(t)$ 的差值比预测 $x(t+1)$ 的绝对值效果好，预测比率 $x(t+1)/x(t)$ 比预测 $x(t+1)$ 的绝对值变动效果好，但是二者只考虑了两个特定时期的数据之间的关系，所以描述和预测能力也是有限的。

于是，移动平均数（Moving Average）的方法应运而生，它通过将一定时间范围内的时序数据加权平均，得到较为平滑的时序趋势并进行预测。

移动平均数有不同的形式，设权数向量 $\boldsymbol{W}=(w_1,w_2,\cdots,w_m)$，移动平均数

$$\mathrm{MA}(i,m)=\sum_{j=i-m+1}^{i}w_jx(j)$$

式中，$m$ 表示移动平均数所考虑的时序长度，即进行移动平均的时序数据个数。当 $w_j=1/m$ 为一个常数时，称为算术移动平均数；当 $w_j$ 不相同时，称为加权移动平均数。

在时序分析中，也经常采用均值和噪声组成移动平均数，即

$$\mathrm{MA}(i,m)=\mathrm{mean}(i)+\mathrm{error}(i)$$

除以上两类外，还有一种指数移动平均数（Exponential Moving Average）。当 $m=2$ 时，也被称为二次指数平滑法或布朗指数平滑法，它的一般形式为

$$\mathrm{EMA}(t,2)=p\cdot x(t)+(1-p)\cdot\mathrm{EMA}(t-1,1)$$

式中，$\mathrm{EMA}(t,1)=x(t)$，$p\in(0,1)$ 为权重因子，可迭代得到。

$$\begin{aligned}\mathrm{EMA}(t,2)&=p\cdot x(t)+(1-p)\cdot[p\cdot x(t-1)+(1-p)\cdot\mathrm{EMA}(t-2,1)]\\&=p\cdot x(t)+p(1-p)\cdot x(t-1)+\cdots\\&\quad+p(1-p)^{t-2}\cdot x(2)+(1-p)^{t-1}\cdot x(1)\\&=\sum_{k=0}^{t-2}p(1-p)^kx(t-k)+(1-p)^{t-1}x(1)\end{aligned}$$

可见，指数移动平均法实际上是对所有时序数据的加权平均，而且越接近当期，权数越大。

## 2.6　数据类型的衍生

### 2.6.1　引言

在大数据环境下，以数据内容的产生方式为分类标准，数据可以分为原生数据和衍生数据。当数据量小时，数据价值依赖于原始的数据内容，从数据内

容中依据逻辑思维直观地获取价值。当面对海量数据时，原生数据可以直观获取的价值是有限的，数据价值依赖于算法加工计算后，从总量数据的相关性中获取的价值。数据价值挖掘方式的变化，使得数据的加工、计算、聚合成为一个非常关键的问题。由于衍生数据本身具有极大的价值，因此对其产生、计算等过程的研究非常重要。

### 2.6.2 基本概念

原生数据并不能直接使用，数据的加工、计算、聚合，实现了从"一般数据"到"可用数据"的过程，而这种可用数据就是衍生数据。原生数据是指不依赖于现有数据而产生的数据，例如用户发表的评论数据、用户使用服务的日志数据等。衍生数据是指原生数据被记录、存储后，经过算法加工、计算、聚合而成的系统、可读取、有使用价值的数据，例如购物偏好数据、信用记录数据等。原生数据是不能再生的数据，衍生数据是在原生数据的基础上加工、计算、聚合的结果，因此理论上，衍生数据是可再生的数据。在此，针对聚类分析而言，由于数据库中收集了大量的数据，聚类分析的研究工作已经涉及为大型数据库的有效和实际的聚类分析寻找适当的方法上。那么，聚类分析所针对的数据类型如何呢？这一问题的明确，将会为聚类分析的方法研究澄清思路。

聚类分析中经常出现的数据类型，可以这样来描述，它用 $p$ 个变量（属性）来表示 $n$ 个对象（事务项）（如移动通信数据），这样的数据结构实际上就是事务数据库，如果将其看成 $n \times p$（$n$ 个事务项，$p$ 个属性项）矩阵，即

$$\begin{bmatrix} x_{11} & x_{12} & \cdots & x_{1p} \\ x_{21} & x_{22} & \cdots & x_{2p} \\ \cdots & \cdots & \cdots & \cdots \\ x_{n1} & x_{12} & \cdots & x_{np} \end{bmatrix} \qquad (2.6.1)$$

称其为数据矩阵（Data Matrix）或事务项与属性项结构。由式（2.6.1），数据矩阵可以衍生出聚类分析方法可直接应用的数据矩阵——相异度矩阵、单向有序列联数据矩阵。

### 2.6.3 相异度矩阵

#### 1.相似表示的相异度矩阵（属性与属性结构）

针对式（2.6.1）中的数据矩阵，$p$ 个变量（属性）两两之间的近似性用相似系数表示，其表示形式是一个 $p \times p$ 对称阵，即

$$\begin{bmatrix} 1 & \gamma(1,2) & \gamma(1,3) & \cdots & \gamma(1,p) \\ \cdots & 1 & \gamma(2,3) & \cdots & \gamma(2,p) \\ \cdots & \cdots & \cdots & \cdots & \cdots \\ \cdots & \cdots & \cdots & \cdots & \gamma(p-1,p) \\ \cdots & \cdots & \cdots & \cdots & 1 \end{bmatrix} \qquad (2.6.2)$$

式中，$\gamma(i,j)$ 是第 $i$ 个变量与第 $j$ 个变量之间相异程度的量化表示，第 $i$ 个属性项与第 $j$ 个属性项越相似，其值越接近 1。这种数据类型常用于变量（属性）的聚类分析。如果针对的是有序数据，则其数据类型为

$$(\gamma(1,2),\gamma(2,3),\cdots,\gamma(p-1,p)) \qquad (2.6.3)$$

因为在聚类时不能打破顺序，所以当 $i+1 \neq j$ 时，计算 $\gamma(i,j)$ 是毫无意义的。这里我们清楚地看到，数据类型的简单是由排序结果带来的。在数据挖掘中，这一工作的完成对数据的处理将会起到积极的作用。

**2. 距离表示的相异度矩阵（事务项与事务项结构）**

针对式（2.6.1）中的数据矩阵，$n$ 个对象（事务项）两两之间的近似性用距离表示，其表现形式是一个 $n \times n$ 维的对称矩阵，即

$$\begin{bmatrix} 0 & d(1,2) & d(1,3) & \cdots & d(1,n) \\ \cdots & 0 & d(2,3) & \cdots & d(2,n) \\ \cdots & \cdots & \cdots & \cdots & \cdots \\ \cdots & \cdots & \cdots & \cdots & d(n-1,n) \\ \cdots & \cdots & \cdots & \cdots & 0 \end{bmatrix} \qquad (2.6.4)$$

式中，$d(i,j)$ 是第 $i$ 个对象（事务项）与第 $j$ 个对象之间相异程度的量化表示，第 $i$ 个对象与第 $j$ 个对象越相似或越"接近"，其值越接近于 0；两个对象越不同，其值越大。基于约束的情形，即针对有序事务项时，数据类型为

$$(d(1,2),d(2,3),\cdots,d(n-1,n)) \qquad (2.6.5)$$

关于有序数据的聚类问题，也是大数据挖掘中的一个重要研究领域。

### 2.6.4 单向有序列联阵

单向有序列联阵又称为属性项与属性值结构。针对式（2.6.1）中的数据矩阵，我们感兴趣的变量（属性）有 $r$ 个，其值域是相等且有序的，其他 $p-r$ 个属性不作为聚类的具体对象，这种类型的数据库在实际中经常会遇到，如市场调查、人才评价，特别是 Web 调查资料的处理。利用所讨论的关于事务数据库的列联描述，可以将数据矩阵衍生为

$$\begin{bmatrix} n_{11} & n_{12} & \cdots & n_{1c} \\ n_{21} & n_{22} & \cdots & n_{2c} \\ \cdots & \cdots & \cdots & \cdots \\ n_{n1} & n_{12} & \cdots & n_{rc} \end{bmatrix} \qquad (2.6.6)$$

式中，$n_{ij}$是第 $i$ 个变量（属性）取第 $j$ 个属性值时的频数，它实际上也表示了变量（属性）与其取值的关系，$n_{ij}$ 越大，说明第 $i$ 个变量（属性）受第 $j$ 个属性值的作用越大。这方面内容我们将在第 3 章讨论。

# 2.7　多源数据整合

## 2.7.1　引言

大数据时代，很多领域的数据呈指数级增长，且具有来源多样化、结构复杂化、信息冗余化等特征，通常呈现出不同的模态，在此背景下，数据整合和数据集成技术成为研究热点之一。数据处理及模型方法必须考虑测量技术的复杂性和多变性，需要我们从全新视角和不同层面扩展现有方法。将多源数据进行整合能够比单一数据提供更多的信息，可挖掘出数据集之间内在的关联性和差异性，有助于建立全方位的立体视图，充分发挥数据的协同作用，为决策提供价值信息。理想情况下，应该考虑所有可用于研究特定问题的数据以便最大程度获取信息，但操作上不可行。将不同时点的数据进行整合，彼此"借力"至关重要，因为数据整合的质量直接影响后续的分析结果。因此，整合建模是一项具有挑战性的工作，给进一步的统计分析提出了新的挑战。

多源数据整合，是对多种数据进行认知、综合、判断的过程，包括"自下而上"和"自上而下"两种整合模式，整合的数据往往具有多源性、异构性、不完备性等，不仅仅是来源的差异。前者对每个数据集单独分析再进行合并，后者基于信息融合，是一种计算能力更强的方法，同时合并所有数据集，不同的数据集可以为同一问题或现象提供互补的解释，挖掘出隐藏的有价值信息。进行整合分析首先要考虑三个方面：根据研究目的确定研究领域和问题；数据集的特征是什么，同一问题产生的相互联系又彼此不同的数据集可能有不同的形式；选择在什么阶段进行整合，并根据数据集的特征选择合适的模型和方法。

## 2.7.2　基本概念

### 1. 多源数据

狭义的多源数据指不同来源的数据，是来自多个端口的数据集合，不考虑数据的结构特征；从广义上看，数据结构的不同表现出的异质性都可以看作"多源"，包括数据模态、类别等的多样性。多模态表示不同形态的数据形式或同一种形态的不同格式，如文本、图片、音频、视频等的混合，可以是对同一个研究对象通过不同视角或方式获取的数据；整数数据类别的不同涉及连续型、离散型等。

### 2. 数据整合

作为一个新兴的交叉领域，学界对整合分析没有一致性的定义，但数据整合的概念并不陌生，很多学者提出了一些具有参考性的意见，数据整合（Data Integration）与数据融合（Data Fusion）在分析思路、研究方法上具有一致性。JDL（Joint Directors of Laboratories）对数据融合定义为处理具有单一和多个来源的数据和信息的关联的多层次过程，以实现重新定位，并及时完善对其形势、风险及重要性的评估。国内有学者从不同角度阐述数据融合，认为融合是对多个传感器和信息源所提供的关于某一环境特征的不完整信息加以综合，以形成相对完整的感知描述，从而实现更加准确的识别和判断功能。总而言之，数据整合的过程是对多源数据或多类型数据加以综合，用统计学方法、贝叶斯理论、机器学习等相关算法进行分析，挖掘出潜在的知识，实现数据共享和信息融合，形成相对完整、一致、准确的决策。

近年来多源数据分析引起了广泛关注，数据整合是解决复杂问题或复杂系统的有效方法，可以用有效的、可再现的方式合并多个数据集，解决存在的问题，提高估计效果。从计算的角度来看，数据整合可以充分利用互补信息，剔除必要的噪声信息，挖掘隐藏的内在联系，在分析过程中实现误差修正。

### 2.7.3 数据整合方法

多源数据整合方法是数据分析中重要的前期工作，很多领域的学者已经提出用于多源数据整合的新方法，并从不同角度对数据整合方法进行分类。从整合的相关研究路径角度，数据整合方法可分为数据级整合、模型级整合（特征级整合）、决策级整合三种，这几种方法在信息处理能力、信息损失程度、抗干扰能力、整合算法难度、容错能力和整合性能等方面各有优劣。从样本特征角度，数据整合方法可以分为两类：“变量”方向的整合，即不同数据集的样本相同而变量不同；“样本”方向的整合，即样本不同但变量是相同的。从机器学习和深度学习角度，可以在前端、中端、后端结合统计或人工智能等方法对多源数据进行整合，前端整合将所有数据集转换为单个基于特征的表或图形的表示形式，然后将其用作机器学习方法的输入，该方法依赖于自动特征学习的方法。本书从整合分析的模型方法出发，将多源数据整合的方法概括为三种：基于统计模型的方法、基于矩阵分解的方法和基于机器学习的方法。

### 1. 基于统计模型的方法

目前关于多源数据的整合分析中有很多基于经典统计的方法，有基于估计的最小二乘、最大似然、卡尔曼滤波等方法，基于 $k$-means 聚类、网络结构、降维的主成分分析(PCA)、因子分析(FA)等的多元统计经典方法，以及关于贝叶斯理论、支持向量机理论和 D - S 证据理论的推理方法等。

### (1)基于聚类的方法

基于聚类的方法通过将不同数据之间的关联与数据内的方差 - 协方差结构结合起来，挖掘不同数据集的隐藏因素，同时降低数据集的维度。Yang 和 George 等(2016)提出了一种联合潜变量整合聚类模型——iCluster，它将所有数据合并到一个聚类分析中，通过潜在变量模型捕捉不同数据集之间的关联和共性，但没有考虑单个数据集的特性。为了扩展整合分析的范围，他们进一步提出了改进的 iCluster + 方法，对生物信息转录族谱产生的离散和连续变量联合建模，并准确地进行分组。这种改进的方法不仅能识别跨数据集的共享结构，而且能标识每个数据源特定的结构，发现多个数据集之间的关联模式。

### (2)基于回归的方法

迄今为止，回归分析在挖掘一对多关系的系列方法中占有相当大的比重，这些方法可用于分析高维数据集，涉及正则化的稀疏模型。根据变量选择的方式可将回归分析分为并行回归、序贯回归、偏最小二乘法(PLS)等。其中，并行回归用于同时分析不同的数据集变量间的相关关系；偏最小二乘法中最普遍的算法是 NIPALS，通过最大化因变量(响应变量)和自变量之间的协方差来识别两者的潜在结构。

在正则化回归方法中，岭回归和 LASSO 回归已有效地用于高维数据的分析场景，有学者使用 LASSO 惩罚的稀疏 PLS(SPLS)进行多源数据的整合分析，稀疏 PLS 通过对载荷矩阵向量施加惩罚来优化平方误差。另一种基于回归推断的思路是用 Fused LASSO 整合多个数据集，对多个数据集估计的回归系数的绝对差值之和施加一个最小化约束，混合 L1 形式的惩罚项收缩系数，当系数趋近于零时实现稀疏性，融合后的 LASSO 回归将这一约束条件施加在相应变量的系数上。

### (3)基于网络结构的方法

基于网络结构的整合是最简单和最有效的方法，直接将不同类型的数据整合到一个统一的网络系统中，可以处理同构和异构数据集，其区别在于网络节点的相似性。在同质数据集整合中，$N$ 个具有相似顶点的网络 $G_i = (V, E_i)$，通过合并同一顶点集上的所有边 $E_i$ 得到 $G_{int} = (V, \cup_i^N E_i)$。

相似性网络整合(SNF)是典型的基于数据整合原理构建联合网络的方法，为每个数据类型建立样本网络，融合各个网络构建综合网络，为了去除噪声干扰，各网络中去掉低权重的边，将较高权重的关联结构纳入网络。但是，综合网络中所共有的低权重(弱关联)边也不会被丢弃，这取决于它在各网络中的密集程度，SNF 充分利用局部网络结构，并结合各网络结构的共同和互补的信息。整合性基因调控网络(iGRN)是另一种类似的网络整合方法,它利用稀疏线性模型进行数据整合,从整合后的数据中推断调控网络。

异构网络整合方法用简单的投影技术,将不同类型的顶点和边集组合在许多网络中,这种类型的网络整合通常用于关联研究。更复杂的基于信息扩散的方法克服了基于投影的整合方法的弱点,扩散过程中探索每个网络结构及其相互关系,推断出一个综合网络,这些方法已应用于各种生物学问题中。Cho 等人(2016)提出了一个"Mashup"的综合框架,这个框架基于多个网络中局部扩散的随机游走(RWR)算法,结合新的降维方法——扩散成分分析(DCA)来整合异质网络,以推断重要的个体功能;同时,将具有不同节点和边的数据集归为异质数据集,形成相互关联的网络集合,如基因 – 疾病关联(GDA)网络等具有不同类型节点和边的异质网络。

### (4)基于降维的方法

主成分分析和因子分析是应用最广泛的统计方法,主成分分析和因子分析用降维空间变量的加权组合表示原始高维数据,已经证明能够提高分析的精度和准确率。主成分分析将观测值映射到新的潜在结构化空间,因子分析可以识别或解释观测数据的潜在结构。多重因子分析(MFA)用于多源数据的分析中,关键在于寻求所有或某些数据集的通用结构,将各数据集投影到全局分析中,考察彼此的相关性和差异性。为了将同一研究对象的不同变量进行整合,应保证变量间具有可比性。首先,对每个数据集进行主成分分析,根据第一特征值的平方根进行归一化,再将归一化后的数据集合并形成新的矩阵,对其进行全局主成分分析。相对于联合所有变量的直接分析,这样能保证变量间的可比性,避免受较强结构数据集或最大方差变量的支配。

### 2. 基于矩阵分解的方法

基于矩阵分解的方法包括非负矩阵因子分解、张量分析和同时成分分析等。张量结构描述多视图数据的基本特征,将每个数据集的矩阵分解用于基因表达矩阵,并得到有意义的结果,这些方法可以同时体现整体和单数据集的潜在结构。为了整合来自同一样本的多种类型的数据,使用协同模块描述数据集间的关联模式,能准确地发现变量之间的关联。实际上,根据矩阵分解的类型,这些方法可以分为几类:一是联合矩阵分解方法,将多种类型的数据集投影到一个共同的坐标系中,权重高的异构变量在相同的投影方向上形成多维模块;二是高阶广义奇异值分解(GSVD),在多条件下同时高效可重现地识别网络模块,可以用于任何大小的网络结构中,能够准确地识别特定条件的网络模块;三是秩矩阵分解的整合分析框架,用矩阵秩分解的 SRF 算法同时解决了分类和特定类型的特征识别问题。

### 3. 基于机器学习的方法

根据依托方法的不同,基于机器学习的方法可以分为基于核函数、人工神经网络和深度学习的方法。基于核函数方法的主要思想是提取数据的关键模式并进行综合分析，扩展的多核学习已用于降维分析，每种数据类型可用多个核函数，不需要对每种数据类型选择最佳的核函数和对应的参数。每个数据集通过核函数转化为对称半正定核矩阵，很多学者提出了用于构建相似度矩阵的自定义核函数，如光谱核、高斯核、基序核和扩散核等。多核学习（MKL）可以灵活地将对象的多种特征整合为不同的核矩阵，然后将所有信息作为 MKL 算法的输入，多个核矩阵的基本代数运算不会改变所得矩阵的半正定性。基于核函数的整合方法将异质生物学数据集组合在一起用支持向量机（SVM）进行训练，与在单个数据集上测试分类相比，将所有数据集进行整合时分类器的性能有所提高。

人工神经网络（ANN）是一种信息处理计算模型，能够从数据中学习，近似各种非线性函数，稳健地处理噪声数据，已经成功应用于多场合的建模中，如深度信念网（DBN）、深度玻尔兹曼机（DBM）以及针对序列信号选择的循环神经网络（RNNs）等。DeepBind 算法已被证明具有广泛的适用性，与传统的方法相比其预测能力有所提高，它为模式发现提供了一种可扩展的、灵活统一的计算方法。此外，基于深度学习（DL）的多模态框架（DBN），其基本思想是为每个数据集建立一个子网络，然后将各个子网络的输出整合到更高层中，低层的子网络为不同数据类型选择合适的深度学习模型提供了灵活性。

### 2.7.4 应用与挑战

数据整合能够从复杂的多源数据中发现新的模式和知识，已成为数据处理、目标识别和智能决策的有效技术方法，广泛应用于信用系统、医疗卫生系统、城市规划、生物信息统计等方面。例如，基于卡尔曼（Kalman）滤波的人工智能方法用于传感器数据的整合分析、地理信息系统中构建整合模型管理和分析多源异构数据、物联网背景下整合多源异构大数据用于目标追踪过程等。

但由于样本的差异性、不完整和稀疏性，数据结构复杂、类别不一致、存在缺失值、数据不平衡等问题，在数据整合与集成过程中，各领域都面临一些挑战。虽然很多学者针对此问题进行了研究，通过建立时空多视角学习模型，填补缺失数据，改进扩展算法和模型用于半结构化数据及彼此关联的数据集等，还有很多亟待解决的问题，这是我们继续研究的方向和目标。

# 第 3 章

# 大数据的统计技术方法

# 3.1 指标体系和智能画像

## 3.1.1 引言

两种用户分析过程——User Persona 和 User Profile——均被翻译为用户画像（刘海鸥等，2018；徐芳和应洁茹，2020），近年来用户画像逐渐在管理、营销和商务等多个商业领域得到广泛的应用和密切的关注。在计算机领域，用户画像也常常是多种研究领域（如社交网络分析、信用评分、用户行为分析等）的数据基础。虽然用户画像在现实应用中蓬勃发展，但对于构建用户画像的流程标准等的理论研究还相对较少。因此，如何系统地界定用户画像的概念、构成、构建规范与流程等内容便成为可以深入研究、探索的内容。

目前，对于用户画像的应用型研究较为丰富，总体而言，大致包括以下几个方面的内容：用户画像的定义、构成要素、构建流程、分析数据类型以及应用领域。但大多数研究者不仅不区分两种用户分析过程的差异，仅针对其中任意用户画像进行应用和综述；而且应用用户画像的流程和使用的数据类型更多地依赖于实际实施过程中积累的经验和工程学标准，对于前述用户画像构建流程中涉及的核心问题，如标签的选择等，一般缺乏理论上的规范和说明。

通过简单的逻辑推理便可以发现，用户画像与综合评价具有一定的相似之处，均需要获得特定对象多维度的信息，在此基础上分析对象在不同层面上的优劣。因此，可以考虑借鉴综合评价中指标体系的构建流程，构建统一两种用户画像的规范化流程。

## 3.1.2 基本概念

从定义来看，User Persona 和 User Profile 存在共性，但从目标、使用时机以及应用方式来看，二者也存在较大的差异——类似于贝叶斯推断中先验概率和后验概率的：User Persona 更多地应用于实际用户出现之前，在产品设计阶段根据经验给出产品针对的目标用户的典型特征，用于分析产品设计的合理程度；User Profile 则应用于实际用户使用一段时间产品之后的阶段，为产品优化、挖掘用户需求和用户价值等目标提供服务。显然，可以把 User Profile 得到的结果看作对 User Persona 的后验式更新，据此迭代地分析用户需求并更新产品。也可以更加直接地将二者统一理解为假设检验的过程：通过 User Persona 的形式提出使用产品或者服务的用户行为、用户兴趣、用户社交网络、用户性格与情绪等方面的应有特征，再通过 User Profile 进行验证和修正。当然，近十年来，由于数据逐渐丰富，二者间的差别也逐渐模糊，例如，McGinn 和 Kotamraju（2008）给出了基于数据驱动的

User Persona 构建方法。尽管最终构建的用户画像仍可能属于一个"虚拟"的用户，而非指向某个实际存在的具体用户，但当最终应用于潜在价值分析时，已经非常接近于使用 User Profile 时的效果，毕竟这些"虚拟"用户来源于真实用户。由于两种用户分析过程的差异，在使用指标体系构建标准和方法规范化用户画像的构建流程时，应该保证同时包含二者的共性与差异，保证构建用户画像流程的完整和统一。

可以看到，两种用户分析过程的核心目标是类似的，均希望通过多个不同维度的指标，对用户进行分类，给出某个或某种类型用户不同层面的行为特征，推测其潜在价值，进而驱动和提高业务绩效。

### 1. 主观标准

统计上综合评价的指标体系是由一系列相互联系的统计指标所组成的具有特定功能的有机整体。综合评价通过指标体系来反映复杂社会经济现象的数量特征及其相互关系。

构建综合评价指标体系时，需要使用一些主观标准进行初步的指标筛选，常见的主观标准很多，每位研究者对于主观指标筛选标准的数量、名称及其内涵均存在一定程度的差异。举例而言，苏为华（2000）指出，综合评价指标体系构造时的基本标准包括全面性、科学性、层次性、目的性、可比性、与评价方法的一致性和可操作性；陈佳贵、黄群慧和钟宏武（2006）指出，指标需要有代表性、可行性与可比性；李明秋和郎学彬（2010）分析了综合评价目标的理论内涵，同时认为指标选取应该遵循以下标准：代表性、系统性、独立性、可操作性和动态性；赵宇哲和刘芳（2015）在指标初步筛选和层级设置的基础上，遵循指标体系构建的目的性、可行性和可观测性标准对指标体系进行了进一步的筛选；贾晋、李雪峰和申云（2018）在界定综合评价的目标、任务后，给出了对应指标体系的构建标准：科学性、普适性、延续性、综合性、可比性以及可操作性；马茹等（2019）在综合评价应用中遵循了指标体系构建的目的性、科学性、可操作性以及动态性等标准；李金昌、史龙梅和徐蔼婷（2019）在指标体系理论相关性的基础上，进一步给出目标相关性、少而精、应同时包含过程指标（或前提指标）和结果指标、指标区分度、可得性、应包含多种类型指标、兼顾评价背景的特殊性与一般性特征共 7 个指标选取标准；闫周府和吴方卫（2019）依照评价目标理论基础，说明了指标选取的全面系统性、可操作性、可比性、代表性以及独立性标准。

综上所述，选择指标体系的主观标准大致可以分为以下几个方面：

#### （1）指标与综合评价目标的相关性

指标与综合评价目标的相关性包括目的性、代表性、目标相关性以及少而精等描述形式。当一个指标的波动或者个体间差异并不影响最终综合评价目标或影响轻微时，例如，天气对工作时长的影响可以忽略不计，则不应该将该指标放入指标体系中。类似地，当指标仅能在中等程度上表现出最终综合评价目标的差异时，也不适合作为综合评价的指标，毕竟在综合评价中不可能包括所有的可能因素，在维持评价结果相对准确的前提下，必须选择尽量少的具备代表性的指标并花费尽量少的计算成本。

### (2) 指标对综合评价对象的适用性

指标对综合评价对象的适用性包括可比性 (普适性)、指标区分度和兼顾评价背景的特殊性与一般性特征等方面的内容。从普适性来说，当一个指标并不适用于所有评价对象时，例如，使用地铁等评价城市的交通便利性，由于部分城市使用轻轨或快速公交系统作为地铁的替代品，那么此时地铁便不再适用于该评价，或评价指标中至少应该包括轻轨和快速公交系统作为地铁的补充。从指标区分度来说，如果对于所有综合评价对象而言，指标的数值均没有发生变化或者变化很小，该指标对综合评价对象的区分能力就很弱，例如，某款游戏中所有用户在各个时间段内几乎都是男性，那么"性别"这个指标在对该游戏的评价中便不再合适。"兼顾评价背景的特殊性与一般性特征"意味着，选择的指标必须包含综合评价对象的特殊性质，但同时又必须满足评价对象所属学科理论上的规律，例如，对中国高质量发展的综合评价，应该包含能够体现贫困人口减少程度的指标，既符合发展经济学的对应内涵，又考虑到了中国作为发展中国家的特殊性。

### (3) 综合评价实施过程中单个指标自身的特质

综合评价实施过程中单个指标自身的特质包括可操作性、可行性、可得性、可观测性以及动态性和延续性等时间维度的特征。可操作性、可行性、可得性与可观测性实际上是对指标的一个核心特征的不同描述，即综合评价中选取的指标必须是可以得到的。在实际项目实施中，有许多指标能够非常及时准确地反映评价对象在综合评价中的表现，例如，某人在日常生活中对他人提及某款特定游戏评价内容的行为必然可以很好地反映其对这款游戏的态度。但这种类型的指标涉及个人隐私，很难在合法合规的范畴内获得。类似地，火箭内部零件的温度及共振情况等指标也可快速准确地反映火箭是否正常运行，但全面监测每个零件的多维度物理学性质既不经济也不现实。因此，综合评价实施时必须考虑指标的可得性问题；除此之外，由于综合评价与用户画像类似，往往需要在较长的一段时间内对评价对象持续地监测，因此同样需要考虑指标在时间维度上的性质，即动态性与延续性特征。动态性与延续性特征有相似之处也有不同之处：二者均强调指标在时间维度上的一致性，即指标在不同时间段内能够反映的与评价对象相关的信息在含义上均应该是变化不大的。举例而言，BMI (Body Mass Index) 对年轻人和老年人在健康上的含义并不是完全相同的 (黄钧源和黄丽卿，2012)，此时如果希望评价某类人群在各个年龄段的身体健康情况，则应该将 BMI 替换为健康含义变化不大的其他指标，如身体肌肉脂肪比例等。动态性与延续性也有所不同，动态性更强调指标在时间维度上的区分能力，即类似于指标区分度，当一个指标在时间维度上变化不大时，同样应该将其从指标体系中剔除。而延续性则更强调对已有评价标准的借鉴，即选取指标时应该尊重已有的综合评价指标体系与结果，应该在这些成果的基础上进行指标体系的构建。这么做的好处显而易见，不仅节约了大量构建指标体系的时间，也方便了与已有研究成果之间的对比，凸显修改指标体系的效果。当然，对于整个指标体系而言，同样可以要求其具备延续性特征，即构建指标体系的整体框架同样应该借鉴已有的指标体系来进行。

### （4）整个指标体系框架应该包含的性质

整个指标体系框架应该包含的性质包括全面性、综合性、科学性、系统性、层次性、独立性、应同时包含过程指标（或前提指标）和结果指标，以及应包含多种类型指标等。全面性、综合性、科学性指代的是同一个性质，即指标体系结构整体框架的逻辑结构应该是针对评价目标相对完整的，包含评价对象在评价目标上尽量涵盖多维度的信息，没有明显的信息缺失，其中科学性还包含对每个指标的计算合理性的要求。系统性与层次性则强调，在全面覆盖评价对象在评价目标上的信息的基础上，构建的指标体系应该是具备系统层次的，而非单纯地将所有信息一股脑地放入体系中，各个指标应该按照可以抽象、合并为上级概念的形式进行筛选、排列。独立性在前一个标准的基础上对指标体系中各个指标之间的关系提出了更高的要求，全面性等标准仅要求指标体系中的指标能够涵盖评价对象大部分维度的信息，对指标之间的关系并没有要求，而独立性则要求各个指标包含的信息应该尽量不重复，即指标体系中各个指标应该尽量包含评价对象不同维度的信息。例如，BMI 与体重便是包含了较多重复信息的两个指标，根据独立性标准，二者应该仅保留一个。应同时包含过程指标（或前提指标）和结果指标以及应包含多种类型指标等标准，同样是在全面性等标准的基础上对指标之间的关系提出的新要求，相对于独立性，这两个标准更加具体地指明如何保证指标包含评价对象的不同信息：包含不同形式与不同类型的指标。

### （5）指标体系和评价方法的一致性

不同的评价方法可能适用于不同的指标体系形式（苏为华，2000），因此需要保证指标体系与评价方法的一致性。

### 2. 客观标准

在先验的主观标准下，可以构建出初步的综合评价指标体系。从理论上来说，此时的指标体系已经较为合理，但在实施过程中，仍需要根据具体的实施对象进一步修正。此时，便需要用到客观标准，根据实际指标的数值特征，修正指标体系。常见的综合评价指标体系构建的客观标准如下：张艳芹（2001）提出使用非参数检验方法考察指标的口径、个数以及相关性等方面内容，其本质是对独立性主观标准的检验，即当几个初步指标间相关性较大，而独立性不足时，应在其中选取少数几个相关性较小的指标作为代表，剔除其余指标，为便于区别，此处称为独立度标准。李盛阳、张晓武和邢立宁（2005）提出的灵敏度标准，即根据评价指标变化对评价结果的影响程度对指标进行取舍，其本质是主观标准中指标与综合评价目标的相关性的体现，即若指标与评价目标间具有非常强烈的相关性，则指标数值的变化应该会引起评价结果的变化。苏为华（2000）指出，在应用客观标准测验指标体系时，应该从单个指标和指标体系结构两个方面进行：在单个指标上，除灵敏度和独立度外，还需要对异常数据进行处理，即保证评价指标的稳健度这一标准；在指标体系结构上，则需要保证辨识度（李盛阳、张晓武和邢立宁（2005）提出的灵敏度标准）和冗余度（前述的独立度标准）。类似地，杨小平、娄彦华和巫绪芬（2002）提出使用相关系数与主成分方法筛选指标，这同样是灵敏度和独立度标准的体现。杨柳等（2015）给出了指标的三个特征：灵敏度、均衡度以及独立性（独立度标准），并根据这些特征筛选指标，均衡度标准本质上是对指标区分度这一主观标准的检验，即当指标在评价对象中取值的分布相对均匀时，可以认为这一指标对评价对象有较好的区分能力。付允和刘怡君（2009）构建了指标体系有效性的 RST（Redundancy，Sensitivity，Tendency）评价方法，考虑指标体系的灵敏度、冗余度（独立度）和趋势度三个方面的客观标准，灵敏度与冗余度的定义以及检验方法与前述研究基本一致，趋势度则是灵敏度与冗余度比较的前提约束，并非严格意义上筛选指标的客观标准。徐明明、张立军和张潇（2015）提出，指标体系的优良程度由以下几个方面组成：鉴别能力、相关性、有效性以及可靠性，从其定义和方法上来看，鉴别能力的含义与指标的区分度一致，从与均衡度不同的另一个角度识别了指标对评价对象的区分能力；相关性与前述的独立度概念一致；有效性则从最终评价结果的差异程度来衡量，从评价结果的角度提出了一种新的指标筛选客观标准；可靠性则以估计的信度系数为基础，分析指标体系所得结果与所有备选指标体系结果二者方差间的差异。总结上述研究可以发现，构建指标体系的客观标准主要有独立度、灵敏度、均衡度、稳健度、鉴别能力、有效性和可靠性七个方面。

### 3.1.3　指标体系与智能画像的关系

#### 1. 基于用户画像目的的关联逻辑分析

用户画像诞生于商业运营中，其核心目的在于驱动和提高商业运营业务水平，其分析目的、分析流程以及分析方法与统计学中的多指标综合评价是相似的，本节将基于常见的一般化商业运营流程分析二者之间的联系。

构建用户画像标签体系时，应该先确定构建用户画像的目的。显然，单纯使用用户自身属性作为用户的标签是没有意义的，用户画像应该是商业目的下的用户标签集合，使用的用户标签应该代表用户自身属性能够带来的商业价值或者运营效果的差异。而这和指标与综合评价目标相关性的主观标准是一致的，即用户画像标签的选择必须紧密围绕是否能够反映用户价值的变化与运营效果这一目标来进行。

从客观标准的角度来看，"用户画像必须反映用户价值与运营效果的核心价值"也同样意味着对画像标签的筛选必须满足灵敏度、均衡度和鉴别能力等标准的要求，即不能区分不同用户价值的、不能将用户划分为足够多类别的、不能体现运营效果细微差异的标签均不是良好的用户画像标签。

### 2. 基于运营流程的关联逻辑分析

为了更好地分析用户画像选择标签时的标准和逻辑，下面依照运营流程中影响用户参与的时间顺序归纳用户画像的标签选取标准。在此之前，需要说明的是，对于 User Persona，Persona 便是其对用户画像标签的 7 个基本要求的缩写，即基本性、真实性、移情性、独特性、目标性、数量和应用性。可以发现，对于先验的用户画像而言，应该满足的标准与指标体系的主观标准非常相似。①基本性与真实性强调了客观事实上标签的存在性和主观经验上标签的合理性，即标签必须是可以得到的，并且必须是全面、科学的，对应于主观标准中的可得性、全面性以及科学性。②移情性要求构建的用户画像可以引起同理心，从而帮助运营人员更好地理解用户可能存在的需求，这同样可以对应主观标准中的"兼顾评价背景特殊性与一般性特征"，即构建的典型用户不能过于抽象，应该加入部分基于运营场景、运营形态和运营部门需求的特殊标签，进而使得典型用户看上去更像是真实用户。③独特性对应的是主观标准中的可比性和指标区分度，认为构建的标签体系应该是可比的（否则无法评价是否独特）且区分能力较强（否则难以判断是否足够独特）。④目标性，对应的是前文提到的与目标的相关性。⑤数量，这里指构建的用户数量不应该过多，以防减弱运营策略设计团队对每个用户的印象；这同样隐含着对标签数量的要求，若标签数量太多，自然影响到设计团队对构建的虚拟用户的印象深刻程度；举个极端例子，如果每个对象除姓名、性别外仅有一两个非常独特的标签，如星球大战狂热爱好者，则很难认为设计团队对每个用户的印象不深刻；这对应着主观标准中少而精的要求。⑥应用性，这个基本要求非常宽泛，要求设计团队以用户角色为一种实用工具进行设计决策，既要求设计团队能够及时发掘用户行为特征的变化与否，也要求设计的用户标签体系具备可以抽象的上级概念，方便设计团队有针对性地设计决策，更要求设计出的用户角色各个特征标签相互影响较小，使得决策体系可以尽量一一对应地调整用户行为特征，最后还要求标签体系尽量符合设计团队习惯，以节约适应成本；可以认为，应用性是主观标准中的动态性、延续性、系统性、独立性、包含多种类型指标以及和评价方法相一致性等的综合体。

对后验形式的 User Profile，其构建标签体系的标准则如前所述，依赖于对运营流程的分析。在大多数商业运营中，影响用户参与的第一个步骤便是尝试吸引更多数量或者更高质量的潜在用户，这意味着对潜在用户和新用户的标签构造除标注其为潜在用户或者新用户外，还应该①与老用户可比，②能够区分用户的未来潜在价值与对运营手段的反应，③能够估计类似的潜在用户特征。从商业运营角度来说，这些特征实质上提出了三个方面的标签选取要求，即标签应该能体现收益或者成本等运营流程中真正关心的内容；标签应该能够体现用户的决策倾向与决策变化；标签应该具有即时性，不能等到新用户第二次消费变成老用户时才识别出其变化特征。

影响较大的自然是消费超过两次的所谓老用户，根据老用户的动态行为特征，给出对应的分类标签，例如根据 RFM（Recency，Frequency，Monetary）和不同时间段的消费特征进行分类。根据不同的业务形态与业务场景，这个阶段会有截然不同的标签体系要求。因此，该阶段 User Profile 选择标签的标准包含了对具体业务形态与业务场景的分析。

当根据具体业务形态与业务场景明确不同类型的用户群体后，用户群体的静态标签，如地址带来的身份推断等，便成为运营流程中所关心的内容。理由是，短期内的动态行为特征可以估计与预测，但中长期的行为特征则必须通过用户的身份等相对稳定的背景信息来估计，从而通过分析中长期影响业务收益的用户标签，得到有针对性的运营决策。

综合评价较全面地分析了已有用户，但商业运营与综合评价的一个关键不同在于，商业运营还需要对已经消失的评价对象（也就是流失用户）进行分析，不仅需要分析流失用户自身的特征，还需要考察运营决策对于流失用户的影响，包括但不限于不同决策下流失用户的类型、流失速度以及流失用户的潜在价值。商业运营不仅进一步强调了标签体系构建时应该体现用户的决策倾向与决策变化，也认为业务部门本身的目标是标签体系需要考虑的重要内容，即当业务部门更希望挽留流失用户而非节约成本时和希望节约成本而非挽留更多流失用户时，所需要的用户画像标签不一定是相同的。

挽留流失用户必然是一种增加运营成本的决策，反之，这种决策必然会影响到前面步骤中对已有用户标签体系的构建。不过，这仅是对用户标签应该体现运营业务成本要求的另一种表述罢了。

运营设计团队可以运用已有用户的动态行为和静态标签进行重构与计算，达到进一步细分和归类的目的，例如使用口味偏好、价格偏好以及地址上的相似性等促使用户团购，达成节约人力成本等方面的运营目标。

总而言之，从上述运营流程来看，User Profile 对标签的要求与 User Persona 有一定的不同：User Persona 更多地要求用户画像中标签体系整体性质的合理性，而 User Profile 则更加注重每一个标签在实际应用中的合理性。这其实来源于二者使用场景上的区别：User Persona 的使用先于业务运营，因此单个标签的适用与否、合理与否往往是难以量化的，因此更加看重标签体系构建出来的虚拟用户是否类似于预期中业务运营所瞄准的核心用户；而 User Profile 则是在业务运营过程中不断更新、不断调整的，在这个过程中，由于用户行为的变迁，很难稳定地构建单一的标签体系，因此，设计团队更加注重每一个单一标签的适用性。不过，二者也有一致的要求，最核心的便是前述紧密围绕业务运营效果的要求。综上所述，二者选取标签和构建标签体系的要求有以下几条：①选择的标签能够体现对业务成本的影响；②选择的标签能够体现对业务收益的影响；③选择的标签应该具有较高的即时性；④选择的标签能够体现消费者决策及其变化；⑤选择的标签应该与具体业务场景相关；⑥选择的标签应该与具体的业务形态相关；⑦选择的标签应该与业务部门的具体需求相关。

从前述指标体系构建的主观标准：指标与综合评价目标的相关性、指标对综合评价对象的适用性、综合评价实施过程中单个指标自身的特质、整个指标体系框架应该包含的性质与指标体系和评价方法的一致性，以及客观标准：独立度、灵敏度、均衡度、稳健度、鉴别能力、有效性和可靠性来看，除 User Persona 在某些要求上更类似于依靠主观经验的客观标准（如移情性与独特性）外，两种用户画像过程中大多数对标签及标签体系的要求均可以归结为指标体系构建标准的组合或者变式。因此，从运营流程来看，用户画像均可以归结抽象为构建指标体系。

### 3.1.4　智能画像的技术应用

#### 1. 用户画像中标签体系与方法相一致的原则

从研究中常见的模型与方法来看，用户画像主要有用户动态行为分析、用户兴趣偏好分析、用户文本主题分析、用户人格特性与情绪分析、用户社交媒体特征分析以及用户本体分析等流派。这些流派中有以数据类型为导向的，例如用户动态行为分析和用户文本主题分析等；也有以关注用户不同维度潜在价值为导向的，例如用户兴趣偏好分析和用户社交媒体特征分析等。可以发现，这与指标体系构建中"指标体系应该与评价方法相一致"的主观标准有异曲同工之妙，关注不同数据类型或者不同维度潜在价值时，构建的用户画像标签体系必然有所不同，而这些体系对应的分析方法的适用性必然是一一对应的，即对不同的标签体系必须使用对应的方法，否则，姑且不论无法恰当地计算，即使勉强得到结果，其实际含义也已经被扭曲或者是完全无用的。举例而言，用户文本主题分析一般使用主题模型分析非结构化的文本数据，如果强行使用用户社交媒体特征分析中常见的图模型或者网络结构分析，当然仍然可以得到用户在文本信息中的习惯关联等方面的信息，但显然这既不是研究者初始的目标内容，也不是模型原来计划得到的结果，标签与方法不匹配，得到的结果也就难以匹配研究者的目标。

#### 2. 构建指标体系的常见技术方法

构建指标体系时需要遵循指标体系构架的主客观标准，对于主观标准，一般使用常见的依赖于专家建议的方法便可以达成，如 Delphi 法、头脑风暴法等，也可以使用整合分析(Meta-Analysis)对过去已有的指标体系根据具体目标的要求进行扬弃。而对于客观标准,则每个标准均有多种不同的可行方法来对其进行检验。

独立度方面,自然可以使用所有检验相关程度的方法进行指标的筛选,例如相关系数、秩相关系数、回归分析、Granger 因果检验、主成分分析等。特别值得一提的是,独立性不仅限于要求两两指标间重复信息尽量少,还要求各个指标与指标体系内其他指标间联合的相关性较弱,在这个角度上,可以使用复相关系数、逐步回归等方法对其进行检验与筛选。

对于灵敏度标准,常见的检验方法有三种:

① 基于弹性系数。

$$S_i^1 = \frac{\Delta V(X_i)/V}{\Delta X_i/X_i} \tag{3.1.1}$$

式中,$V$ 为综合评价结果数值,$X_i$ 为第 $i$ 个待检验的指标,$\Delta X_i$ 与 $\Delta V(X_i)$ 为指标数值的变化与对应的综合结果数值的变化。

② 基于导数。

$$S_i^2 = \frac{\partial V(X_i)}{\partial X_i} = \frac{V(X_i^{+1}) - V(X_i^{-1})}{2(X_i^{+1} - X_i^{-1})} \tag{3.1.2}$$

式中,$V(X_i^{+1})$ 和 $V(X_i^{-1})$ 分别为指标 $X_i$ 取值上下变化一个单位时的综合评价结果数值,$X_i^{+1}$ 与 $X_i^{-1}$ 为指标 $X_i$ 取值上下变化一个单位时的取值。

③ 基于正交实验。

类似地,对于指标体系整体,同样可以使用指标平均变化水平或者变化水平分布等统计特征以及上述灵敏度检验方法,检验不同指标体系间灵敏度的差异。

均衡度、鉴别能力和有效性均希望能够使得评价结果之间的区别尽量大,以便后续分析。不同在于,均衡度和鉴别能力从指标本身的离散程度出发,希望在相同灵敏度的条件下,不需要计算便达到区分评价结果的目的;而有效性则直接计算不同指标体系下综合评价结果离散程度的差异,不需要顾及灵敏度方面的问题。因此,对于均衡度和鉴别能力,往往使用常见的计算平衡性以及数值变化程度的方法,如基尼系数、Theil 指数、左右中位对(Left/Right Med Couple)、标准差、四分位距以及变异系数等。

中位对是 Brys 等(2003)提出的一种稳健的单变量分布偏度替代性统计量。作为一种有序统计量,中位对属于不完全的广义 L – 统计量。类似于中位数,中位对是一个非参数统计量,其定义如下:

$$\text{MC} = \underset{x_{(i)} \leqslant Q_{0.5} \leqslant x_{(j)}}{\text{median}} \frac{(x_{(j)} - Q_{0.5}) - (Q_{0.5} - x_{(i)})}{x_{(j)} - x_{(i)}} \tag{3.1.3}$$

式中,$Q_{0.5}$ 为样本分布的中位数,$x_{(i)}$ 和 $x_{(j)}$ 为从小到大排序后的样本观测值,$x_{(i)} < x_{(j)}$。可以发现,中位对其实是经过缩放调整后中位数两侧样本观测值与中

位数差值和的中位数，$MC \in [-1,1]$。显然，当分布完全对称时，$MC = 0$；当分布左偏时，$MC < 0$；当分布右偏时，$MC > 0$，与偏度的符号一致。类似地，左中位对与右中位对是样本分布中小于中位数和大于中位数的观测值组成的子样本集的中位对，用于描述分布的尾重（Tail Weight），变相地作为峰度的一种稳健的替代统计量：

$$LMC = -MC(x_{(i)} < Q_{0.5}) \qquad (3.1.4)$$

$$RMC = MC(x_{(i)} > Q_{0.5}) \qquad (3.1.5)$$

式（3.1.4）和式（3.1.5）中，左中位对和右中位对的值越大，意味着分布中位数两端的偏度越高，即分布尾部的重量越小，可以认为分布越集中于中位数附近。从这个角度来看，左中位对与右中位对数值大小的含义与峰度值一致，即数值越大，代表分布越集中，尾部越"瘦"。

稳健度是从实际数据出发，剔除异常数值的一个客观标准。符合稳健度标准与否，可以使用常见的异常值检验方法进行判断，如似然比检验、Grubbs 检验、Dixon 检验、跳跃度检验（张德然，2003）以及 Walsh 检验等方法。

可靠性检验的方法主要依赖于信度分析（徐明明、张立军和张潇，2015）。

### 3. 常见用户画像标签体系构建思路

常见的用户画像标签体系构建思路主要有：基于设计与思维、基于本体与概念、基于主题与话题、基于兴趣与偏好、基于行为与日志。

基于设计与思维的用户画像标签体系构建方法，通过调查问卷、用户访谈等方式，了解用户的共性与差异，然后据此分析和设计以形成不同的用户画像。一般研究从 4 种视角分别提出具体的构建过程：目标导向（Goal-Directed）视角、角色导向（Role-Based）视角、参与导向（Engagement-Based）视角和虚构导向（Fiction-Based）视角。目标导向的构建方法主要关注用户通过使用设计团队所开发的产品（或服务）来达到什么目的，即围绕用户使用产品的目的构建用户画像；角色导向的构建方法除关注上述目标导向外，重点关注用户在其所属组织以及更多生活场景中所扮演的角色，利用定性和定量材料对画像描述进行补充说明，明确数据和画像描述之间的关系；参与导向的构建方法根植于用故事创造参与和洞察力的能力。通过对故事及其人物的理解，设计团队有可能据此创造出更生动、更接近现实情况的用户画像，该方法的目的是，让设计团队认识到用户具有他人无法识别的刻板印象和无法想象的生活，从而让设计团队积极参与故事中人物的生活，即虚拟用户的生活；虚构导向的构建方法强调通过设计团队的假设推导出可能的典型用户，其产生的用户画像经常用于现场讨论并探索如何进行方案设计。

① 基于本体与概念的用户画像标签体系构建方法，利用本体或概念中定义的结构化信息和关系信息来刻画用户。事实上，本体是一种强大的知识表示手段和

合理的推理机制。现实系统通常包含用户本体(定义不同用户特征及其关系)、领域本体(定义系统中的产品目录及其关系)和交互本体(定义用户与系统交互的语义)等。

② **基于主题与话题的用户画像标签体系构建方法**，通过主题模型或话题模型发现文本信息中隐含的主题或话题，进而据此刻画出用户。用户产生的文本信息通常包含多个主题或话题(Topics)，它们表现为一系列相关的词语，且具有不同的出现概率。

③ **基于兴趣与偏好的用户画像标签体系构建方法**，利用用户经常浏览或关注的信息刻画用户。事实上，这些用户信息可看作用户兴趣偏好的外在表现。

④ **基于行为与日志的用户画像标签体系构建方法**，利用丰富的行为、日志和点击历史记录数据刻画用户。事实上，这些数据中的大部分能反映用户当时的真实心理需求。因此，分析这部分数据可对用户画像描述起到重要的补充作用。

另外，从具体维度的角度来看，Guimaraes 等(2007)将用户画像的构成要素归纳为用户的基本素养、学历层次、社会关系、工作状况、位置情况、时间信息等。国内学者也从不同的角度提出了用户画像的不同构成维度，比如，曾建勋(2017)提出从用户的专业背景、知识获取习惯、兴趣偏好、特长任务等方面构建用户画像标签。李映坤(2016)对用户画像的上述构成进行了拓展，提出了自然属性、关系属性、兴趣属性、能力属性、行为属性(消费属性)与信用属性的用户画像构建方法。刘海鸥等(2018)、陈晶等(2018)在研究中融入了用户的情境属性要素，将用户画像维度划分为自然属性、社交属性、兴趣属性和能力属性。马安华(2013)则以电子商务与通信领域为例，在构建用户画像模型的过程中不仅考虑了用户基本信息属性(用户基本资料与基础信息)，同时还充分考虑了用户的行为偏好属性(访问偏好、最新关注、搜索信息、业务使用、应用使用排名、社交媒体分析、流量消耗和终端维护等)。

综上所述，在实际应用中，除符合指标与评价目标的相关性这一主观标准外，在构建用户画像标签体系时，并没有真实地考虑其他综合评价指标体系构建主客观标准对应的要求，而这显然埋下了隐患。同时，从上述分析也可以看到，用户画像标签体系构建要求与综合评价指标体系构建的标准其实并无二致。因此，将后者迁移应用于用户画像标签体系的构建是可行且必要的。

#### 4. 指标体系权重赋值技术方法

在明确选取指标并建立指标体系后，下一步最重要的事情是进行各项指标权重的确定。目前，指标权重的确定方法基本可分为两大类，即主观方法与客观方法。其中，主观方法主要指专家评分法，该方法的优势在于，专家对于实际问题的科学经验有助于确定出较为稳健的权重数值，特别是对一些特别重要的指标，各位专家的评分一般相差不大，有一定的经验依据；不足之处在于，专家评分毕竟是个人的主观意愿，存在主观性影响，不一定完全合理。客观方法则主要指统计学中的各种赋权方法，如熵权法、主成分法等。这类方法的优势在于，拥有较强的理论依据，相对主观方法更为客观，对各项指标的区分能力更强，所赋值的权重具有较高的可信度与精确度；不足之处在于，忽略了实际背景下各指标的相对重要程度，赋值结果受样本数据影响较大，有可能体现不出权重的真实重要程度。

这里重点介绍一种能够将主客观信息结合的权重赋值法——秩效应权重赋值方法，它以专家主观评分数据为基准，同时用统计学方法进行客观调整，可较好反映出指标在实际背景下的相对重要程度。秩效应权重赋值方法是一种非参数赋权方法，主要基于秩的概念，对定序分制的权重赋值效果较好。其基本思想是，所建立的指标体系中包含的各项指标应看作一个整体，一个专家对各项指标进行评分时正是基于这个前提进行的，专家在评分时常会反复衡量各项指标相比其他指标在整个指标体系中可能会起到的作用及重要程度，因此各项指标的权重应反映该指标在这个整体中的相对重要程度，是一个相对概念。如果在计算指标权重时摒弃这种相对性，而简单地分别考虑指标的评分结果，显然就是不适当的。在这个思想背景下，秩效应权重赋值方法试图通过构建双因素单向有序列联表，将单个指标的主观专家评分转化成在同一指标体系下该指标的相对重要程度值，尽量减小单个专家对于各指标评分时的主观影响。

设所建立的指标体系中共包含 $y$ 个指标，指标重要程度赋值为 $x$ 分制（有序），每位专家针对每个指标的重要程度进行评分，评分数值取 $1,2,\cdots,x$。使用秩效应权重赋值方法确定权重的步骤如下：

① 计算出对各项指标各水平评分的专家频数 $u_{ij}(i=1,2,\cdots,y; j=1,2,\cdots,x)$，将评分数据转化成双因素单向有序列联表。

② 按照各水平评分对频数结果进行分类，得到对应评分为 $j$ 的分类：

$$X_j = (u_{1j}, u_{2j}, \cdots, u_{yj})^{\mathrm{T}}, \quad j=1,2,\cdots,y$$

式中，$X_j$ 称为秩取值为 $u_{ij}(i=1,2,\cdots,y)$ 的秩区间。之后将所有专家中对各项指标评分为 $j$ 的专家频数汇总：

$$u_{\cdot j} = \sum_{i=1}^{y} u_{ij}, \quad j=1,2,\cdots,x$$

得到 $u_{\cdot 1}, u_{\cdot 2}, \cdots, u_{\cdot x}$，$u_{\cdot j}$ 称为对应第 $j$ 个秩区间 $X_j$ 的秩宽。

③ 确定第 $j$ 个秩区间 $X_j$ 的取值范围：

$$\left[ \sum_{t=1}^{j-1} n_{\cdot t} + 1, \sum_{t=1}^{j} n_{\cdot t} \right]$$

则对应平均秩次：

$$\overline{R}_j = \frac{\sum_{t=1}^{j-1} n_{\cdot t} + 1 + \sum_{t=1}^{j} n_{\cdot t}}{2} = \frac{2\sum_{t=1}^{j-1} n_{\cdot t} + n_{\cdot j} + 1}{2}, \quad j=1,2,\cdots,x$$

式中，$\overline{R_j}$ 表示所有专家对评分水平 $j$ 的平均相对评价。

④ 确定第 $i$ 个指标的权重：

$$R_i = Y_i^T R, \quad i = 1, 2, \cdots, y$$

式中，$Y_i = (u_{i1}, u_{i2}, \cdots, u_{ix})^T$ 表示第 $i$ 个指标对应各评分水平的专家频数，$R = (R_1, R_2, \cdots, R_x)^T$ 表示各评分水平的平均相对评价。在此基础上进行归一化，即可得到第 $i$ 个指标的最终权重：

$$\omega_i = \frac{R_i}{\sum_{i=1}^{y} R_i}, \quad i = 1, 2, \cdots, y$$

# 3.2 社会网络

## 3.2.1 引言

社会网络（Social Network）是近年来兴起的一种特殊的技术方法。简单来说，社会网络是行动者及其间关系的集合，实质是一种由社会关系所构成的网络结构。其中，网络节点表示行动者，通常指个体或组织，如个人、公司、城市、国家等；网络连边表示行动者之间的关系，通常指节点间的各种社会互动关系，如朋友关系、同学关系、种族信仰关系、上下级关系、生意伙伴关系、竞争关系、贸易关系等，整合而成的网络结构将行动者通过其间关系串联起来，形成社会网络。

社会网络的结构往往比较复杂，相比传统统计方法常用于"属性数据"的分析，社会网络更适用于"关系数据"的分析。从社会网络的角度出发，每个行动者都与其他行动者存在或多或少的关系。这种行动者在社会环境中的相互作用可以表达为基于关系的一种模式或规则，而基于这种关系的有规律模式反映了社会结构，这种结构的量化分析是社会网络研究的出发点，重点在于研究这种结构对群体功能或群体内部个体的影响。社会网络不仅是一种工具，更是一种关系论的思维方式。

社会网络通过数学分析、图论等定量分析方法研究网络关系，有助于把个体间关系、"微观"网络与大规模社会系统的"宏观"结构结合起来，是 20 世纪 70 年代以来在社会学、心理学、人类学、数学、通信科学等领域逐步发展起来的一个研究分支。随着大数据技术的迅猛发展，"关系数据"可获取体量与范围的增大，社会网络作为大数据技术方法，对社会经济统计的作用也凸显出来。目前，R 语言中已经有较为成熟的社会网络相关程序包（igraph），可用于社会网络的可视化、网络特征分析、社区发现等多项研究。

### 3.2.2　基本概念

#### 1. 行动者

行动者是在社会中活动的社会实体,是分散的个体、企业或集体的社会单位。行动者包括团体中的个人、企业的部门、城市公共服务机构、世界体系中的民族或国家。大多数社会网络应用关注的是具有相同类型的行动者的集合(如一个工作组的人们)。

#### 2. 关系

关系是行动者间某种类型的联系的集合。行动者通过社会联系彼此相连,联系的范围和类型可以有很多种。关系是指在一个特定行动者集中对成对行动者施以某种测度所界定的联系的集合,而联系本身仅存在于特定的成对行动者之间。常见的如一间教室内成对小孩间的友谊集、世界上成对国家间的正式外交联系的集合等,都是定义关系的联系。对任何行动者群,可以测度几种不同的关系,比如,除国家间的正式外交联系外,还可以记录特定年份的贸易额。

#### 3. 社会网络

社会网络由一个或多个行动者有限集及其间的一种或多种关系组成。关系信息的存在是社会网络重要的和定义性的特征。社会网络分析区别于其他分析方法的最基本特征,就是运用结构或关系信息去研究或检验理论。社会网络依照关系模式的规范,把一个群或社会系统刻画为一个整体。

#### 4. 图

图是社会网络模型的一种表现形式,图中的节点(Nodes)代表行动者,连边代表行动者之间的关系。图一般用 $G(N,L)$ 来表示,由节点集合 $N = \{n_1, n_2, \cdots, n_g\}$ 和各对节点之间边的集合 $L = \{l_1, l_2, \cdots, l_L\}$ 两个信息集组成,对应 $g$ 个节点和 $L$ 条边。依据连边代表关系的方向性,图可分为有向图和无向图两类,前者全部由有向边构成,后者全部由无向边构成。

#### 5. 度

度(Degree)是与节点关联的边的数量,一般用 $d(n_i)$ 来表示。对度的另一种等价描述是,节点的度是与该节点邻接的节点的个数。对一个节点,若没有其他节点与其邻接,则其度为 0,该节点被称为孤立点(Isolate);若其与图中其他节点均邻接,则其度为 $g - 1$。

节点的度可以通过计算与其关联的边数获得,特别地,在有向图中,度有入度和出度之分。在有向图中,一个节点邻接至(Adjacent To)还是邻接自(Adjacent From)另一个节点,取决于连边的方向。对一个节点 $n_i$,其入度(In Degree)一般

用 $d_\mathrm{I}(n_i)$ 来表示，指邻接至节点 $n_i$ 的节点数，即终止于节点 $n_i$ 的连边数；其出度（Out Degree）一般用 $d_\mathrm{O}(n_i)$ 来表示，指邻接自节点 $n_i$ 的节点数，即从节点 $n_i$ 出发的连边数。进一步，可计算平均入度和平均出度来概括社会网络图中所有行动者的入度和出度，分别记为 $\bar{d}_\mathrm{I}$ 和 $\bar{d}_\mathrm{O}$，具体计算公式为

$$\bar{d}_\mathrm{I} = \frac{\sum_{i=1}^{g} d_\mathrm{I}(n_i)}{g}$$

$$\bar{d}_\mathrm{O} = \frac{\sum_{i=1}^{g} d_\mathrm{O}(n_i)}{g}$$

因为入度计量发至节点的连边数，出度计量出自节点的连边数，所以有

$$\sum_{i=1}^{g} d_\mathrm{I}(n_i) = \sum_{i=1}^{g} d_\mathrm{O}(n_i) = L$$

$$\bar{d}_\mathrm{I} = \bar{d}_\mathrm{O} = \frac{L}{g}$$

### 6. 密度

密度是图的实际连边数与最大可能连边数之比，用来描述社会网络图中各个节点之间关联的紧密程度。因为一条连边关联的是一对有序的点，所以在有 $g$ 个节点的社会网络图中存在的最大可能连边数是 $g(g-1)/2$。密度一般用 $\Delta$ 表示，计算公式为

$$\Delta = \frac{L}{g(g-1)/2} = \frac{2L}{g(g-1)}$$

密度这个概念试图通过对社会网络图连边的总分布进行汇总，来刻画一个社会网络图凝聚力的总体水平。

### 7. 链、迹和路

在社会网络中，知道能否从一个节点 $n_j$ 到达另一个节点 $n_i$ 是很重要的。如果能到达，那么还需要知道有几条通路可以到达，哪条通路是最佳的，而这些都建立在链（Walks）、迹（Trails）和路（Paths）的概念之上。

链是节点与连边的一个序列，其起点和终点都是节点，其中每个节点都与序列中位于其前和其后的边相关联。链一般用 $W$ 表示，是起于节点、终于节点的节点与连边的交替序列，这里的起点与终点可能不同。另外，有些节点可能被经过不止一次，有些连边也可能被包含多次。链的长度是链中出现的连边的条数。如果一条连边重复出现，则每出现一次都要计算一次。链是最一般的邻接点序列，没有对节点和连边的限制。

相比之下，迹和路都是具有特殊性质的链。当链中所有连边都不相同时，该链称为迹，迹的长度是它所包含连边的条数。当链中所有节点和连边都不相同

时,该链称为路,路的长度等于它所包含连边的条数。三者间属于包含关系,每条路都是迹,每条迹都是链,包含于路的节点同样包含于迹和链中。链是社会网络图的"路线"中最一般的类型,而路则是最特殊的类型。

### 8. 中心性

中心性(Centrality)是社会网络图中一个节点在整个网络中所在中心的程度,用来描述该节点在这个网络中的重要程度。依据测度方法的不同,中心性具体可分为度中心性(Degree Centrality)、接近中心性(Closeness Centrality)、中介中心性(Betweenness Centrality)等。

度中心性也可以理解为"连接中心性",是一个节点与其他节点直接连接的连边系数的总和,用来刻画该节点在社会网络图中的凝聚程度。

接近中心性是一个节点到其他所有节点的距离的总和,该总和越小,意味着该节点到其他所有节点的路径越短,该节点距离其他所有节点越近,在社会网络图中越接近中心位置。接近中心性刻画的是一个节点与其他节点的邻近程度,是距离的倒数,计算公式为

$$C(n_i) = \frac{1}{\sum_{j=1}^{i} d(n_j, n_i)}$$

中介中心性是经过一个节点的最短路径的数量,经过该节点的最短路径的数量越多,意味着其中介中心性越高,其处在其他节点对相互连接间的捷径上,该节点对整体网络的凝聚程度越强。

### 3.2.3 应用技术

#### 1. 关系数据可视化

复杂的关系数据通常以矩阵形式表现,难以直观呈现其具体特征,而使用通常的统计图表很难表现出其内部关联结构,社会网络正是将关系数据可视化的重要工具。通过社会网络可视化,关联网络结构可直观呈现,其潜在关系群也更易于探测。将社会关系网络描绘成由点和线组成的图,可以直观地分析社会群体网络,对图形中的节点分布位置、节点大小以及点线密度等进行有效分析,有利于观测社会群体行为。

#### 2. 社区发现

社会网络的核心是参与其中的行动者之间的关系,社区发现(Community Detection)算法用来发现社会网络中的社区结构,以反映社会网络中个体行为的局部特征及其相互之间的关联关系,类似于统计学中的聚类方法。社会网络中同一社区内节点与节点之间的连接很紧密,而社区与社区之间的连接比较稀疏。

从图结构来看,一个社区是一个子图,包含顶点和边。对于图 $G(N,L)$,社区

发现是指，在图 $G$ 中确定 $nc(\geq 1)$ 个社区 $C = \{C_1, C_2, \cdots, C_{nc}\}$，使得各社区的顶点集合构成的一个覆盖。若任意两个社区的顶点集合的交集均为空，则称 $C$ 为非重叠社区（Disjoint Community），否则称为重叠社区（Overlapping Community）。

依据划分思想的不同，社区发现算法有很多种，如基于边图思想的算法、基于全局划分的算法、基于局部划分的算法、基于模块度的算法、基于随机游走的算法等。针对非重叠社区与重叠社区的不同情况，演化出有针对性的各种具体算法，这里不再赘述。

### 3. 影响力传播研究

影响力的产生与传播模式是行动者中群体或个体行为的反映，进行影响力传播研究能够为我们预测行动者的行为并进而决策提供一定依据。影响力传播研究主要涉及三方面内容：①影响力传播模型，主要关注影响力本身，分析其在社会网络中如何传播、性质如何等问题；②影响力传播学习，主要关注影响力传播模式，分析如何使用网络大数据进行挖掘学习、其具体模型的参数如何设置等问题；③影响力传播优化，主要关注影响力扩大或控制，分析如何对传播模型添加外部作用来扩大或减弱传播的影响力等问题。

影响力传播模型描述了在社会网络中影响力的传播模式，具体表现为网络中具有某一状态的节点是如何影响其相邻节点状态，从而导致这一状态（通常指活跃状态）在网络中扩散的。目前已有许多种类的传播模型，以随机模型（Stochastic Model）为主，也有博弈论模型（Game Theoretic Model），当前较为常见的有独立级联模型、线性阈值模型、传染病模型、选举模型等。

在影响力传播建模研究中，一个重要的目标就是控制或优化影响力的传播，这里涉及一个核心问题——影响力最大化（Influence Maximization）。该问题的目标是在社会网络中找到所谓"种子节点"，以达到使得整体影响力延展度最大的最终目标，最典型的案例是病毒营销（Viral Marketing）。所使用的分析技术有子模函数（Submodula Function）、影响力最大化的贪心算法等。

影响力学习（Influence Learning）的目标是使影响力传播在实际中发挥更大作用，通过借助网络大数据挖掘行动者的行为传播方式与模型参数，以期优化影响力传播模型，更好地服务于实际。这里涉及一个核心问题——传播行动者的真正影响者聚焦。该问题的目标是在社会网络中，对于一个即将做出传播行为的行动者，找到其真正是由哪一位或哪几位传播行动者所影响的。所使用的分析技术有基于最大似然估计（Maximum Likelihood Estimate）、基于信用分配（Credit Distribution）的频度分析（Frequency Analysis）等。

综上所述，影响力传播研究通过建立和分析社会网络中行动者行为的传播模型，利用实际数据学习其模型具体形式与参数，进而预测、优化或控制行动者传播行为的影响力。

## 3.3 粗 糙 集

### 3.3.1 引言

粗糙集理论(Rough Set)是波兰数学家 Pawlak(1982)提出的一种用于处理不确定性和不精确性知识的数学工具。其基本思想是,在保持分类能力不变的前提下,通过知识约简提取分类或决策规则。它反映了人们处理不分明问题的常规性,即以不完全信息或知识去处理一些不分明现象的能力,或依据观察、度量到的某些不精确的结果进行数据分类的能力。大数据具有数据量大、结构多样和增长速度快的特征,而特征筛选、降维和事务项压缩等方法均有助于海量数据的特征挖掘。因粗糙集能够有效处理不确定和不完整数据,有效进行属性约简,并提取决策规则,不需要任何先验信息,目前被广泛应用于机器学习、规则提取和决策分析等领域。

### 3.3.2 基本概念

#### 1. 信息系统

在粗糙集理论中,一个重要的概念就是信息系统。

**定义 3.1** $S = (U, A, V, f)$ 是一个信息系统,通常简记为 $S = (U, A)$。$U = \{u_1, u_2, \cdots, u_n\}$ 是对象非空有限集,称为论域,$U$ 中的每一个元素 $u_i (i \leq n)$ 称为一个对象。$A = \{a_1, a_2, \cdots, a_m\}$ 为属性的非空有限集,$A$ 中的每一个元素 $a_l (l \leq m)$ 称为一个属性。$V = \bigcup_{a \in A} V_a$,$V_a$ 为属性 $a$ 的值域。$f: U \times A \to V$ 是一个信息函数,它为每个对象的每个属性赋予一个信息值,即 $\forall a \in A, u \in U, f(u, a) \in V_a$。

信息系统的数据以关系表的形式表示,每一行对应要研究的对象,每一列对应对象的属性,对象的信息通过指定对象的各属性值来表达。

**定义 3.2** 若 $U_i (i \leq k)$ 为 $U$ 的子集,且 $U_i \neq \varnothing (i \leq k)$,$U_i \cap U_j = \varnothing (i \neq j)$,$\bigcup_{i=1}^{k} U_i = U$,则称 $\{U_i \mid i \leq k\}$ 为 $U$ 的划分。

**定义 3.3** 设 $S = (U, A)$ 是一个信息系统,对于任意的 $B \subseteq A$,记

$$R_B = \{(u_i, u_j) \mid f(u_i, a) = f(u_j, a) \ (a \in B)\}$$

则 $R_B$ 是 $U$ 上属性 $B$ 的等价关系。记 $[u_i]_B = \{u_j \mid (u_i, u_j) \in R_B\}$,表示所有与 $u_i$ 不可分辨的对象所组成的集合。如果 $(u_i, u_j) \in R_B$,则可以说,对于属性子集 $B$,对象 $u_i$ 与 $u_j$ 是不可识别的。等价关系可以将对象集分类,$U/R_B = \{[u_i]_B \mid u_i \in U\}$ 是 $U$ 上的划分,也可简记为 $U/B$。

**定义 3.4** 设 $S = (U,A)$ 是一个信息系统，$A = C \cup D$，$C \cap D = \varnothing$，$C$ 称为条件属性集，$D$ 称为决策属性集，具有条件属性和决策属性的信息系统称为决策信息系统 $S = (U,C,D)$，也称决策表。

决策表 $S = (U,C,D)$ 是一类特殊的信息系统。如果

$$R_C = \{(u_i, u_j) | f_l(u_i, a_l) = f_l(u_j, a_l) \quad (a_l \in C)\}$$
$$R_D = \{(u_i, u_j) | f_l(u_i, a_l) = f_l(u_j, a_l) \quad (a_l \in D)\}$$

若 $R_C \subseteq R_D$，称 $S = (U,A)$ 为协调决策信息系统；若 $R_C \nsubseteq R_D$，则 $S = (U,A)$ 为不协调决策信息系统。

### 2. 粗糙集界定

设给定一个信息系统 $S = (U,A)$，$X \subseteq U$ 为 $U$ 的任意子集，$B \subseteq A$，称 $(U,R_B)$ 为近似空间。由 $(U,R_B)$ 产生的等价类划分为 $U/R_B = \{[u_i]_B | u_i \in U\}$。当集合 $X$ 能表示成属性子集 $B$ 等价类的并集时，称集合 $X$ 是可以精确定义的，否则，就只能通过逼近的方式刻画。

**定义 3.5** 集合 $X$ 关于 $R_B$ 的下近似 $B_-(X) = \bigcup_{u_i \in U} \{[u_i]_B : [u_i]_B \subseteq X\}$。

$B_-(X)$ 是由那些根据已知知识判断肯定属于 $X$ 的对象组成的最大集合，也称为 $X$ 的 $R_B$ 正域，记为 $\mathrm{POS}_B(X)$。

**定义 3.6** 集合 $X$ 关于 $R_B$ 的上近似 $B^-(X) = \bigcup_{u_i \in U} \{[u_i]_B : [u_i]_B \cap X \neq \varnothing\}$。

$B^-(X)$ 是所有与 $X$ 相交非空的等价类 $[u_i]_B$ 的并集，是由那些可能属于 $X$ 的对象组成的最小集合。

**定义 3.7** 集合 $X$ 关于 $R_B$ 的边界 $\mathrm{BN}_B(X) = B^-(X) - B_-(X)$。

$\mathrm{NEG}_B(X) = U - B^-(X)$。依据以上定义可知，当且仅当 $\mathrm{BN}_B(X) = \varnothing$，$X$ 为 $R_B$ 的可定义集；当且仅当 $\mathrm{BN}_B(X) \neq \varnothing$，$X$ 为 $R_B$ 的不可定义集，也称 $X$ 为粗糙集。

由上可知，粗糙集是不能用分类精确表示的对象集，集合的不精确是由边界域的存在引起的。由属性 $B$ 形成的等价关系定义 $X \subseteq U$ 的近似精度：

$$\alpha_B(X) = \frac{|B_-(X)|}{|B^-(X)|}$$

显然有 $0 \leq \alpha_B(X) \leq 1$。当 $\alpha_B(X) = 1$ 时，表明 $\mathrm{BN}_B(X) = \varnothing$，$X$ 是可定义集；当 $\alpha_B(X) < 1$ 时，表明 $\mathrm{BN}_B(X) \neq \varnothing$，$X$ 是不可定义集（粗糙集）。由属性子集 $B$ 的等价类 $[u]_B$ 所描述的 $X$ 信息程度可定义为

$$\mu_X^B : U \to [0,1]$$

$$\mu_X^B(u) = \frac{|[u]_B \cap X|}{|[u]_B|}$$

式中，$|X|$ 为集合 $X$ 的基。

$$B_-(X) = \{u \in U : \mu_X^B(u) = 1\}$$
$$B^-(X) = \{u \in U : \mu_X^B(u) > 0\}$$
$$\mathrm{BN}_B(X) = \{u \in U : 0 < \mu_X^B(u) < 1\}$$

三者间关系如图3-1所示。

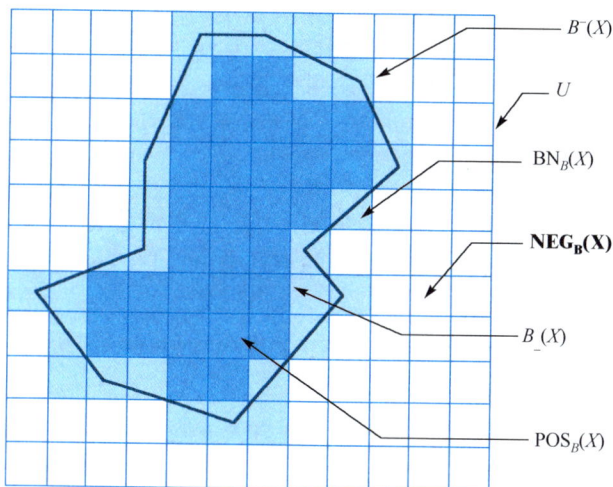

图3-1 $B_-(X)$，$B^-(X)$，$\mathrm{BN}_B(X)$关系示意图

### 3.3.3 粗糙集在大数据中的应用

#### 1. 粗糙集与数据降维

粗糙集理论中的特征选择称为属性约简，这是模式识别、数据挖掘和机器学习中的常见问题。属性约简或知识约简是粗糙集理论的核心内容之一。信息系统中的属性并非同等重要，其中有些属性是冗余的。属性约简就是在保持信息系统分类能力不变的情况下，删除冗余变量。对于具有类标签的给定对象集，可以使用经典粗糙集理论中的属性约简来提取一些决策规则。然而，随着大数据的快速发展，数据集的规模变得越来越大，监督学习需要的大量标记数据往往是不可得的。而粗糙集可通过无监督学习，即属性约简，实现对高维数据的降维。

**定义3.8** 对于信息系统 $S = \{U, A\}$，存在最小子集 $B \subseteq A$，如果
$$U/R_A = U/R_B$$
则属性子集 $B$ 为属性集 $A$ 的约简集，记为 $\mathrm{red}(A) = B$。

显然，$A$ 可能存在多个约简集，其中最大的约简集就是属性集 $A$ 本身。

**定义3.9** 对于信息系统 $S = \{U, A\}$，$\{B_k : k \leq r\}$ 为 $A$ 的所有约简集，记
$$\mathrm{core}(A) = \cap \mathrm{red}(A) = \bigcap_{k \leq r} B_k$$

$$K = \bigcup_{k \leq r} B_k - \mathrm{core}(A)$$

$$I = A - \bigcup_{k \leqslant r} B_k$$

式中，$\text{core}(A)$ 称为划分核心集，$a \in \text{core}(A)$ 时称 $a$ 为划分核心；$K$ 称为划分相对必要属性集，$a \in K$ 时称 $a$ 为划分相对必要属性；$I$ 称为划分不必要属性集，$a \in I$ 时称 $a$ 为划分不必要属性。值得注意的是，一个信息系统可能存在多个约简集，而 $\text{core}(A)$ 是唯一的，它代表信息系统中最为重要的属性集合。粗糙集的属性约简通过数据降维实现运行效率和决策质量的提升，为大数据的处理提供了新的视角和方法。

### 2. 粗糙集与事务项压缩

粗糙集的属性约简针对的是高维数据降维，而粗糙集也可用于大数据的事务项压缩。数据库的压缩是解决这一问题的有效方法，它将一些无关或多余的信息丢掉，而不影响其原有的功能。

设 $S = \{U, A, V, f\}$ 为一个信息系统，关于属性集 $A$ 的等价关系为 $R_A$，等价关系 $R_A$ 将论域 $U$ 分成等价类簇，记为 $U/R_A = \{X_1, X_2, \cdots, X_n\}$，其中 $X_i$，$i = 1, 2, \cdots, n$ 所包含事务中序号最小的记为 $x_i^*$，$i = 1, 2, \cdots, n$，且对于 $\forall a \in A$，满足

$$f(x_i^*, a) \neq f(x_j^*, a), \quad i, j = 1, 2, \cdots, n; \quad i \neq j$$

即有 $X_i = [x_i^*]_A$，$i = 1, 2, \cdots, n$，说明 $X_i$ 是关于属性集 $A$ 的由 $x_i^*$ 生成的等价类。在此称 $U/R_A = \{X_1, X_2, \cdots, X_n\}$ 为可识别论域，记 $U^* = \{x_1^*, x_2^*, \cdots, x_n^*\}$，称 $S^* = \{U^*, A, V, f\}$ 为具有可识别性的信息系统，$S^*$ 通过压缩事务项，增强了信息系统的可识别性。

从统计的角度看，原论域中的元素 $x_i$，$i = 1, 2, \cdots, N$ 是等可能出现的，而压缩后的元素 $x_i^*$，$i = 1, 2, \cdots, k$ 是非等可能出现的，这可能会造成信息量的损失。因此，可通过提取原论域中的奇异值更好地实现事务项的压缩。

将论域 $U$ 上的任何一个等价关系或划分看作定义在论域 $U$ 上的子集组成的 $\sigma$ 代数上的一个随机变量，这时每一个集合上的概率定义为该集合的基数与论域 $U$ 的基数之比值。对于 $x_i^* \subset U$，$i = 1, 2, \cdots, k$，如果其基数（其包含的元素个数）为 $n_i$，$i = 1, 2, \cdots, k$ 满足

$$\sum_{i=1}^{k} n_i = N$$

则称 $n_i/N$ 为 $x_i^*$ 相应的概率，记为 $p_i$，且 $\sum_{i=1}^{k} p_i = 1$，其中 $N$ 为论域 $U$ 的基数。这样可以用 $X^*$ 表示

$$\left\{ \begin{matrix} x_1^* & x_2^* & \cdots & x_k^* \\ p_1 & p_2 & \cdots & p_k \end{matrix} \right\}$$

称其为信息系统 $S^*$ 的信息源。

我们使用信息熵衡量由信息系统 $S$ 压缩为 $S^*$ 后信息源的变化情况，即将信息熵作为信息源的统计量度。称

$$H(X^*) = -\sum_{i=1}^{k} p_i \log p_i$$

为信息源 $X^*$ 的信息熵，其中对数以 2 为底。当 $p_i$ 为 0 时，取 $p_i \log p_i = 0$；当 $p_i$ 取值皆相同时，$H(X^*)$ 达到最大值，说明 $S^*$ 提供的信息量可以反映原有的信息系统。

如果对于 $x_i^* \subset U$，$i = 1, 2, \cdots, k$，$p_i$ 取值很小，则称 $x_i^*$ 为奇异项集，其包含的元素 $x_t \in x_i^*$，$t = 1, 2, \cdots, n_i$ 为奇异项。

根据具体的研究目的，如果这些奇异项 $x_t$，$t = 1, 2, \cdots, n_i$ 对原信息系统的影响不大，或者它们对决策结果影响不显著时，可以考虑去掉奇异项集 $x_i^*$，以便更好地达到压缩事务项的目的。

### 3. 粗糙集与列联分析

设 $S = \{U, A, V, f\}$ 为一个信息系统，$A = \{a_1, a_2, \cdots, a_m\}$ 为属性的非空有限集。对于任意属性项 $\forall a_i \in A$，$i = 1, 2, \cdots, m$，其值域为 $V_{a_i} = \{a_i^1, a_i^2, \cdots, a_i^{r_i}\}$，对于任意的 $x \in U$，有

$$u_{kl} \triangleq \{x : f(x, a_i) = a_i^k \wedge f(x, a_j) = a_j^l, \quad a_i^k \in V_{a_i}, a_j^l \in V_{a_j}\}$$

式中，$u_{kl}$ 为属性项 $a_i$ 取第 $k$ 个水平值 $a_i^k$ 且 $a_j$ 取第 $l$ 个水平值 $a_j^l$ 时相应的事务子集，$u_{kl}$ 的基数为子集中事务出现的频数，记为 $n_{kl}$。记 $\bigcup_{l=1}^{r_j} u_{kl} \triangleq u_{k.}$，为属性项 $a_i$ 取第 $k$ 个水平值时相应事务组成的子集，其事务数记为 $n_{k.}$；记 $\bigcup_{k=1}^{r_i} u_{kl} \triangleq u_{l.}$，为属性项 $a_j$ 取第 $l$ 个水平值时相应事务组成的子集，其事务数记为 $n_{l.}$；$\bigcup_{k,l=1} u_{kl} = U$，所包含的事务数为 $N$。这样便建立起了 $a_i$ 和 $a_j$ 的列联表，后续对列联资料的分析可使用传统列联数据分析方法。

限于篇幅，本节仅列举了粗糙集在大数据领域的基本应用，粗糙集属性约简、事务项压缩和事务数据库的列联表示为后续的大数据分析和挖掘提供了基础。R 语言中的 Roughsets 包可用于实现属性约简、规则提取和相关的粗糙集方法。

## 3.4  文 本 挖 掘

### 3.4.1  引言

随着互联网、物联网、移动通信技术、云计算、大数据和人工智能等的快速发展和普及，微博、论坛、电商评论等大量以文本形式出现的数据已经成为信息领

域的研究热点，其价值也愈来愈得到国家、企业、科研机构等的重视。数据挖掘（Data Mining）是当前数据技术发展的新领域，相比之下，文本数据挖掘（Text Data Mining）发展历史更短。文本数据挖掘的历史涉及对语言分析方法、技术和工具的研究，以理解在分散和非结构化的文本中表达的语义信息。IBM 公司研究员 Hans Peter Luhn（1958）使用数据处理来自动化实现文本合成，并发表了关于该主题的第一篇文章，他研究了词频及其分布的统计测量，以建立对词句意义的相对评价，提取了最重要的词、短语和句子，以构成综合摘要。

文本数据挖掘作为一个新的数据挖掘领域，属于一个多项技术交叉的研究领域，目的在于把文本信息转化为人们感兴趣的模式和知识。目前，文本数据挖掘在国民经济、社会管理、信息服务和国家安全等各个领域都有比较重要的应用，如客户模型分析、电子病例挖掘、主动个性化信息推荐、自动邮件回复、垃圾邮件过滤和网络舆情分析等。

常用于文本挖掘的 R 语言包有 tm、tmcn 和 tidytext 等。

### 3.4.2 基本概念

#### 1. 文本挖掘的概念

文本挖掘（Text Mining）是指从自然语言文本中挖掘用户感兴趣的模式和知识，又称为文本数据挖掘。目前，文本挖掘最大的难点在于对非结构化自然语言文本内容的分析和理解。一方面是文本内容几乎都是非结构化的，不像数据库和数据仓库，都是结构化的；另一方面，文本内容主要是由自然语言描述的，而不是纯用数据描述的，通常也不考虑图形和图像等其他非文字形式。

文本挖掘是信息挖掘的一个研究分支，用于基于文本信息的模式识别和知识发现，通常利用智能算法，如神经网络、主题模型等，并结合相关文字处理技术，分析大量的非结构化文本数据，抽取或标记关键字词、字词间的关系，并按照内容对文本进行分类或聚类，获取有用的模式和知识。文本挖掘还是一个多学科交叉的领域，涵盖了多种技术，包括文本分类、文本聚类、主题模型、情感分析与观点挖掘等。

一般而言，文本挖掘类型可以归纳成两种：一种是用户的问题非常明确、具体，只是不知道问题的答案是什么，比如，用户希望从大量的文本中发现某人与哪些组织机构存在什么样的关系。另一种是知道大概的目的，但并没有非常具体、明确的问题，比如，医务人员希望从大量的病例记录中发现某些疾病发病的规律和与之相关的因素。在这种情况下，可能并非针对某一种疾病，也不知道哪些因素，完全需要系统自动地从病例记录中发现、归纳和提炼出相关的信息。当然，这两种类型有时并没有明显的界限。

#### 2. 文本挖掘的流程

文本挖掘的常见流程包括文本数据获取、文本数据预处理、文本信息提取、文本信息库构建、文本知识挖掘、文本知识后处理以及文本知识汇总，具体细分内容参见中文文本挖掘体系框架（见图3-2）。

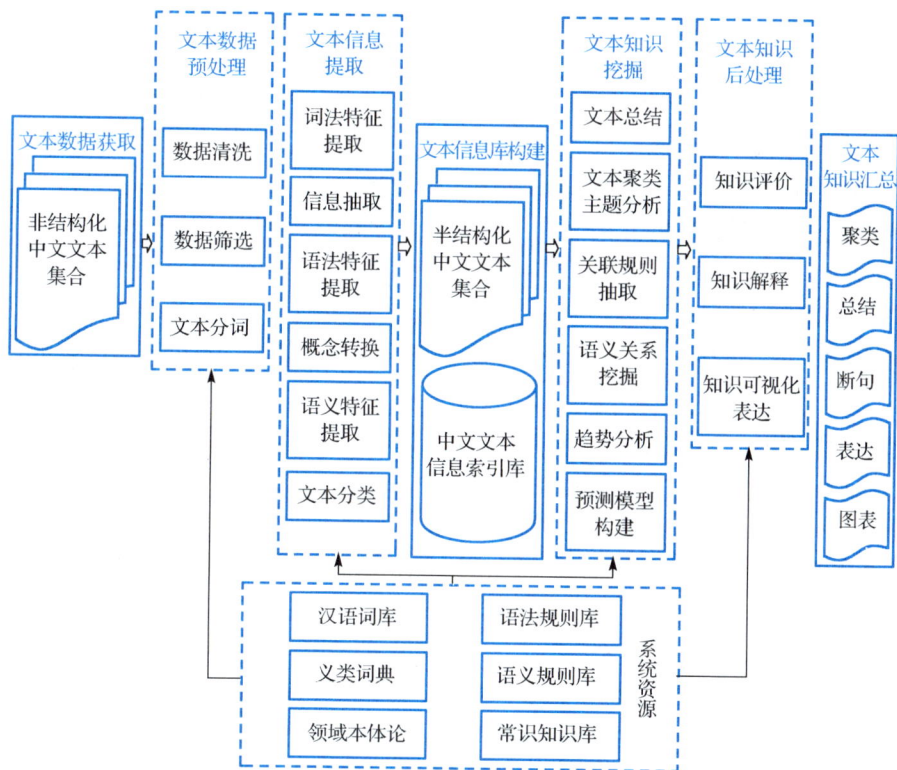

图3-2　中文文本挖掘体系框架

文本数据获取的来源主要包括 TXT 文件、doc 或 docx 文件、PDF 文件、HTML 文件等各类以语言文字为主要内容的数据文件。

文本数据预处理主要包括数据清洗、数据筛选和文本分词。首先进行数据清洗，一般而言，直接获取的文本数据是非结构化的，不能直接进行分析，需要对数据进行初步清洗，如去重、缺失值处理、无效字符过滤等。特别是基于网络爬虫技术获取的数据，网页中存在许多无意义字符，如 HTML、JS 代码、空格等，需要利用正则表达式进行过滤。然后进行数据筛选，可以根据所需获取文本长度进行初步筛选，如新闻类文本长度一般较长，可以过滤掉字符较少的新闻，因为它们对此项文本挖掘意义不大。进一步，结合数据质量和文本关键词的常用组合与近义词，以尽可能保留更多相关的文本为原则，基于文本关键词配置规则进行筛选，得到与文本相关的文本集合，过滤掉无关的文本，如广告。最后进行文本分词，文本中起关键作用的是中心词，中心词甚至能决定文本内容和主题。在找出中心词之前，需要得到每个文本中的所有词，换句话说，我们需要将文本切分成词的集合，即对文本分词。根据现阶段研究，针对中文的分词方法可大致分为：第一类，基于词表的分词方法，如正向最大匹配法；第二类，基于统计模型的分词方法，如基于 $n$ 元模型（$n$-Gram Model）的分词方法；第三类，基于序列标注的分词方法，如基于隐马尔可夫模型的分词方法。常用的分词工具有中科院的 ICT-CLAS、jieba 等。ICTCLAS（对应 R 包 Rwordseg）得到了众多科学家的肯定，并且支持用户自定义词典、加入词典，对新词、人名、地名等的发现也具有良好的实现效果。jieba（对应 R 包 jiebaR）是目前最热门的分词工具之一，可以自定义分词，词性标注方便，具有更快的分词速度。词性标注即在给定的句子中判定每个词最合适的词性标记。词性标注正确与否将会直接影响到后续的句法分析、语义分析，是中文信息处理的基础性课题之一。常用的词性标注模型有 $n$ 元模型、隐马尔可夫模型、最大熵模型等，其中，隐马尔可夫模型是应用较广泛且效果较好的模型之一。文本通常可以理解为由中心词进行表意，故分词后会产生大量无意义的词，又称停用词，如"这些""人们"等，不仅降低分词效率，而且占用大量内存空间。因此，研究中还常常需要过滤大量的停用词。同时，根据词性标注，我们已经把所有的词进行了分类，可以进一步去除不需要的词性的词。

文本表示（Text Representation）是指用文本的特征集合来代表原始文本，使得计算机能够高效处理真实文本。文本表示是文本挖掘任务中非常基础的，同时也是很重要的部分。目前文本表示方式主要有两种，一种是离散式表示（Discrete Representation），另一种是分布式表示（Distributed Representation）。

离散式文本表示常使用独热编码（One-Hot 编码）、词袋模型和词频－逆文档频率（Term Frequency – Inverse Document Frequency，TF-IDF）。One-Hot 编码是最传统、最基础的词特征表示方法。这种编码将词表示成一个向量，向量的维度是词典的长度。在向量中，当前词的位置值为 1，其余的位置值为 0。使用 One-Hot 编码的文本，得到的矩阵一般是高维稀疏矩阵。One-Hot 编码的缺点：①不同词的向量表示互相正交，无法衡量不同词之间的关系；②只能反映某个词是否在句中出现，会丢失词序信息，无法衡量不同词的重要程度；③对文本进行编码后得到的是高维稀疏矩阵，会浪费计算和存储资源。词袋模型不考虑语序和词法的信息，模型假定文本中的特征和语义是由句子中所有相互独立的词汇进行表达的，利用词频建立向量。词袋模型对文本而不是词进行编码，编码后的向量长度是词典的长度。在向量中，该词的索引位置值为其在文本中出现的次数。如果索引位置的词没有在文本中出现，则该值为 0。词袋模型的缺点：①忽略词序，词的位置信息在文本中是一个很重要的信息，对文本语义会有很大的影响；②仅通过词的次数信息无法区分常用词和关键词在文本中的重要程度。TF-IDF 是为了解决词袋模型无法区分常用词和专有名词对文本的重要性的问题而出现的。词频（Term Frequency，TF）是某个词在当前文本中出现的次数，它假设高频词包含的信息量高于低频词的信息量，故在文本中出现次数越多的词越重要。文本频率（Document Frequency，DF）是指含有某个词的文本在整个语料库中所占的比例，其值越大，所包含的信息量往往越低。逆文本频率（Inverse Document Frequency，IDF）是文本频率的倒数。TF-IDF 即 TF 与 IDF 的乘积，其优点在于实现简单，算法容易理解且解释性较强，词项越多，计算越准确。TF-IDF 的缺点：①不能反映词的位置信息，忽略词序；②IDF 是一种试图抑制噪声的加权，倾向于文本中频率较小的词；③严重依赖语料库。

分布式表示常用 $n$ 元模型、共现矩阵（Co-occurrence Matrix）、Word2vec 模型和 BERT（Bidirectional Encoder Representation from Transformsers）模型。$n$ 元模型以词组或词序列特征作为基本单元，可以捕捉部分词序信息。但其缺点是，随着 $n$ 的增大，特征空间的维度呈指数级增加，特征向量变得越来越稀疏，不仅牺牲了统计质量，还加大了计算开销。共现矩阵首先指定窗口大小，然后统计窗口（和对称窗口）内词语共同出现的次数作为词的向量。共现矩阵的优点在于考虑了句子中的词序，缺点在于：①特征向量维度随着词的增加而线性增加；②共现矩阵呈现高度稀疏性；③模型欠稳定，每新增一个语料，模型就需要调整。Word2vec 模型是 Google 公司在 2013 年发布的不含隐藏层的神经网络模型，是用于训练词向量的工具，目的是进一步简化神经网络结构，更加高效地学习词向量表示，它包括两种模型：CBOW（Continuous Bag-Of-Words）和 Skip-gram。CBOW 模型的核心思想是利用上下文的词预测中心目标词，而 Skip-gram 模型利用中心目标词预测上下文的词。两种模型的优点在于：①考虑到词语的上下文，学习到了语义和语法的信息；②得到的词向量维度小，节省存储和计算资源；③通用性强，可以应用到各种文本挖掘任务中。缺点在于：①词和向量是一对一的关系，无法解决多义词的问题；②Word2vec 是一种静态模型，虽然通用性强，但无法针对特定的任务做动态优化；③对每个本地文本窗口单独训练，没有利用包含在全局共现矩阵中的统计信息。BRET 是由 Google 公司提出的一种利用大规模无标注语料训练、获得文本的包含丰富语义信息的预训练模型。BERT 是一种动态的模型，这表明它能解决一词多义的问题。其优点的拥有强大的语言表征能力和特征提取能力，在很多自然语言处理基准测试任务中达到目前最高水平，同时再次证明了双向语言模型的能力更加强大。缺点在于可复现性差，模型收敛较慢，需要强大的算力支撑。

关于文本信息提取、文本知识挖掘等内容，将在 3.4.3 节简要介绍。

### 3.4.3　应用技术

文本挖掘并非一个单项技术构成的系统，而是多项技术交叉的集成应用。常见文本挖掘技术主要为文本分类、文本聚类、主题模型、情感分析与观点挖掘、话题检测与跟踪、信息抽取和文本自动摘要。

### 1. 文本分类

文本分类(Texts Classification)是模式分类技术的一个具体应用,其任务是利用分类器对文本集按照一定的分类体系或标准进行自动分类标记。文本分类属于有监督学习范畴。它根据一个已经标注的训练文本集找到文本特征和文本类别之间的关系模型,然后利用这种学习得到的关系模型对新的文本进行类别判断。文本分类从基于知识的方法逐渐转变为基于统计和机器学习的方法。由于分类标准一般比较准确、科学地反映了某个领域的划分情况,所以在信息系统中使用分类的方法,能够让用户手工遍历一个等级分类体系来找到自己需要的信息,达到发现知识的目的,这在用户刚开始接触一个领域而想了解其中的情况,或者用户不能准确地表达自己的信息需求时特别有用。传统搜索引擎中目录式搜索引擎属于分类的范畴,但是许多目录式搜索引擎都采用人工分类的方法,不仅工作量巨大,而且准确度不高,大大限制了其作用的发挥。另外,用户在检索时往往能得到成千上万篇文档,如果系统能够将检索结果分类呈现给用户,则会减少用户分析检索结果的工作量,这是自动分类的另一个重要应用。文本自动分类一般采用统计方法或机器学习来实现。常用的文本分类算法包括朴素贝叶斯、Logistic 回归、最大熵模型、k 最近邻、支持向量机、随机森林以及以卷积神经网络和循环神经网络为代表的深度神经网络技术等。

### 2. 文本聚类

文本聚类(Text Clustering)假定同类的文本相似度较大,而不同类的文本相似度较小,目的是将给定文本集按照某种特征划分为不同类别,故从不同的角度可以聚类出不同的结果。文本聚类属于无监督学习范畴。由于文本聚类不需要训练过程,也不需要预先对文档手工标注类别,因此具有一定的灵活性和较高的自动化处理能力。目前文本聚类已经成为对文本信息进行有效组织、摘要和导航的重要手段,可以提供大规模文档集内容的总括,识别隐藏的文档间的相似度,减少浏览相关、相似信息的过程等。常用的文本聚类方法包括基于划分的方法、基于层次的方法、基于密度的方法、基于网格的方法、基于图论的方法和基于模型的方法等,具体算法包括 k-means 聚类、单遍聚类、层次聚类、密度聚类、基于网格的聚类、基于子空间的聚类、基于神经网络的聚类、图聚类、谱聚类和后缀树聚类等。

### 3. 主题模型

主题模型(Topic Model)是将文本向量从高维词项空间映射到低维语义空间(主题空间)的一系列统计模型,目的是从文本中挖掘隐含在词汇中的主题和概念。一般情况下,每篇文章都有一个主题和几个子主题,即每篇文章可假定为主题的混合体,而主题可以用一系列词汇表示,这些词汇之间有较强的相关性,且其概念和语义基本一致。因此,我们可以认为每个词汇都通过一定的概率与某个主题相关联，反之，也可认为某个主题以一定的概率选择某个词汇。主题模型的思想来源于信息检索领域，它可以发掘文本隐含主题信息，而不依赖于任何先验知识，从而能对"一词多义"和"一义多词"的语言现象建模，最终实现搜索引擎基于词汇层面和语义层面返回结果。常用的主题模型包括潜在语义分析、概率潜在语义分析和潜在狄克雷分布等。

### 4. 情感分析与观点挖掘

情感分析与观点挖掘（Sentiment Analysis and Opinion Mining）是文本挖掘领域的一个重要方向。文本情感分析（Text Sentiment Analysis）又称为文本倾向性分析或文本观点挖掘（Opinion Mining），主要包括情感分类（Sentiment Classification）和情感抽取等，是对带有情感色彩的主观性文本进行提取、分析、处理、归纳和推理的过程。文本情感是指文本作者所表达的主观信息，即作者的观点和态度。情感分类可以看作文本分类的一种特殊类型，指根据文本所表达的观点和态度等主观信息对文本进行分类，或识别其中主观性文本的倾向是肯定还是否定的，或是正面还是负面的。情感分类是情感分析领域研究最多的。情感分类的对象是带有情感倾向的主观性文本，因此情感分类首先要进行文本的主客观分类。文本的主客观分类主要以情感词识别为主，利用不同的文本特征表示方法和分类器进行识别分类。对目标文本事先进行主客观分类，能够提高情感分类的速度和准确度。纵观目前主观性文本情感倾向性分析的研究工作，主要研究方法包括基于语义的情感词典方法和基于机器学习的方法。情感抽取是指抽取情感文本中有价值的情感信息，判断一个词或词组在情感表达中扮演的角色，包括情感表达者识别、评价对象识别、情感观点词识别等任务。情感表达者识别又称观点持有者抽取，指观点、评论的隶属者。在社交媒体和产品评论中，观点持有者通常是文本的作者或者评论员，观点持有者抽取比较简单。而对于新闻文章或当表达观点的任务或组织显式出现在文本中时，观点持有者一般由机构名或人名组成，所以可采用命名实体识别方法进行抽取。

### 5. 话题检测与跟踪

话题检测与跟踪（Topic Detection and Tracking，TDT）起源于早期面向事件的检测与跟踪（Event Detection and Tracking，EDT），是近年提出的一项信息处理技术，这项技术旨在帮助人们应对日益严重的互联网信息爆炸问题，对新闻媒体信息流进行挖掘、筛选，实现新热点话题的自动识别和已知话题的持续跟踪。热点话题发现（Hot Topic Discovery）、检测和跟踪是舆情分析、社会媒体计算和个性化信息服务中一项重要的技术。与一般的信息检索或者信息过滤不同，TDT 所关心的话题不是一个大的领域或某一类事件，而是一个很具体的"事件（Event）"。为了区别于语言学上的概念，美国国家标准技术研究院（NIST）举办的 TDT 评测会议对"话题"进行了定义：事件通常指由某些原因、条件引起，发生在特定时间、地点，涉及某些对象(人或物)，并可能伴随某些必然结果的活动或现象。话题(Topic)就是一个核心事件或活动以及与之直接相关的事件或活动。主题(Subject)是对一类事件或话题的概括，它涵盖多个类似的具体事件，或根本不涉及任何具体的事件，主题比话题的含义更为广泛。报道(Story)是指新闻专线的文章或新闻电视广播中的片段。通常情况下，可以简单地认为话题就是若干对某事件相关报道的集合，一篇报道只围绕一个话题展开，但事实上也有些报道讨论了多个话题。TDT 是一项综合技术，需要比较多的自然语言处理理论和技术作为支撑，因此这些测评对其进行了细化。根据不同的应用需求，TDT 评测会议把话题检测和跟踪分成五个子任务，包括报道切分(Story Segmentation，SS)、首次报道检测(First-Story Detection，FSD)、话题检测(Topic Detection，TD)、话题跟踪(Topic Tracking，TT)和关联检测(Link Detection，LD)。

### 6. 信息抽取

信息抽取(Information Extraction，IE)是指从非结构化或半结构化的自然语言文本(如网页新闻、学术文献、社交媒体等)中抽取实体、实体属性、实体之间的关系和事件等事实信息，形成结构化数据并输出的一种文本挖掘技术。典型的信息抽取任务主要包括实体识别(NER)、实体消歧(Entity Disambiguation)、关系抽取(Relationship Extraction)和事件抽取(Event Extraction)。不同于信息检索技术依赖具体查询语句从文本集合或开放的互联网中搜索相关文本或网页，信息抽取技术旨在生产机器可读的结构化数据，直接为用户提供问题的答案，而非让用户从众多相关的候选文本中查找答案，或为后续的智能问答和自动决策等任务提供技术支持。信息抽取技术可从不同维度进行分类。从输入数据的领域范围维度，信息抽取技术可以分为限定领域和开放领域两类；从实现的技术方法划分维度，信息抽取技术又可分为规则方法、传统的统计方法和深度学习方法三类。

### 7. 文本自动摘要

文本自动摘要或者文档自动摘要，又称自动文本摘要(Automatic Text Summarization)是指利用计算机自动地将文本转换为简短摘要的一种信息压缩技术。换句话说，就是给出一段文本，我们从中提取出要点，然后形成一个简短概括性的文本。生成的简短摘要必须满足信息量充分，能表达出原文的主题思想或中心内容，冗余度低和可读性高等要求。文本自动摘要可从不同维度进行分类。从摘要的功能划分维度，文本自动摘要可分为指示性摘要(Indicative，如标题生成)、报道型摘要(Informative)和评论型摘要(Critical)；从输入文本的数量划分维度，文本自动摘要可分为单文档摘要(Single-Document Summarization)和多文档摘要(Multi-Document Summarization)两种类型；从输入和输出的语言不同维度，文本自动摘要可分为单语言摘要(Monolingual Summarization)、跨语言摘要(Cross-Lingual Summarization)和多语言摘要(Multi-Lingual Summarization，如输入汉语、英语和俄语等多种语言，输出其中某一种语言）；从应用形式的不同维度，文本自动摘要又可分为通用型摘要（Generic Summarization，即总结原文观点的摘要）和面向用户查询的摘要（Query-based Summarization，即提供与用户兴趣密切相关的摘要）；从文摘获取的方法维度，文本自动摘要还可分为抽取式摘要（Extraction-based Summarization，即摘录原文句子形成摘要）、压缩式摘要（Compression-based Summarization，即抽取并简化原文形成摘要）和理解型摘要（Abstraction-based Summarization，即改写或重新组织原文内容形成摘要）。

## 3.5 深度神经网络

### 3.5.1 引言

人类智能的核心能力之一是从现象中发现规律，很久以前，为了分析数据中的规律，人们就已经开始研究如何使用数学方法。从 1930 年的 Fisher 线性判别以及 1950 年的感知器算法开始，就产生了模式识别学科，在数据中研究学习分类信息的数学方法，形成了最早的机器学习研究。"机器学习"是 20 世纪 50 年代末提出来的，最初并不特指在数据中学习，而更多地包括机器推理等经典人工智能问题，直至 20 世纪后期才逐渐用来特指在数据中学习。现在，模式识别和机器学习的含义已经十分接近，模式识别特指分类数据，机器学习则指学习数据中的各种规律，特别是分类规律，而"深度学习"是从机器学习中最新发展出来的一类方法的总称。

许多模式识别方法以及统计学习方法，如决策树、近邻法、线性判别、支持向量机等，已经在广泛的问题上获得了成功，如广告点击率预测、基于基因表达的疾病分型、希格斯子信号识别等。这些统计学习方法一般直接通过特征对样本进行分类，不会进行特征变换，或者只进行一次特征变换或选择。与深度学习方法相比，这些方法中的特征变换较少，或者依赖于上游处理来对特征进行变换，因此，有人称其为"浅层模型"或"浅层学习方法"。

在很多应用上，这些浅层模型都取得了不错的成绩，但它们还有很大局限性，即模型的效果十分依赖上游提供的特征。其一，构造特征的过程极其困难，需要对问题有丰富的先验知识，对原始数据有详尽的了解；其二，当先验知识不充分时，需要人为构建的特征数目十分庞大，例如，某些广告点击率预测算法中人工构造的特征维度就高达数亿维。深度学习作为一种深层的机器学习模型，其深度表现在对特征的多次变换上。常用的深度学习模型为多层神经网络，神经网络的每一层都输入非线性映射，经过多层非线性映射的堆叠，能够在深层神经网络中计算出抽象的特征来帮助分类。例如，卷积神经网络在用于图像分析时，把原始图像的像素值直接输入，第一层神经网络可当作边缘的检测器，第二层神经网络可检测边缘的组合情况，获得一些基本的模块，而第三层之后的神经网络则会将这些基本模块进行组合，最终检测出待识别目标。通过深度学习，很多应用中不再需要单独对特征进行选择和变换，而将原始数据输入模型，由模型经过学习给出适合分类的特征表示。

目前，深度学习泛指各种基于多层网络结构的机器学习模型，经过多层模型能够实现更为复杂的函数关系。与浅层模型相比，深度学习更为直接地将原始观测数据当作输入，经过多层模型逐级进行特征提取和变换，达到更加有效地进行特征表示的目的。在此基础上，一般在最后一级连接一个浅层模型，如多层感知器神经网络、归一化指数函数分类器、支持向量机等，来实现更好的分类性能。就这个意义而言，深度学习方法不可简单地当作取代了之前的浅层学习方法，而是在原有各种方法基础上的集成和发展。

### 3.5.2 基本概念

深度学习经常应用到各种监督模型的识别问题中，如自然语言处理、语音识别和图像领域。在讨论深度学习的典型模型之前，先探讨其核心学习算法，即基本概念，该算法也作为各种深度学习模型和算法共同的基础。通常情况下，深度神经网络包含输入层、输出层及多个隐含层，传统的多层感知神经网络训练的反向传播（Back Propagation，BP）算法依旧为深度神经网络训练，包括信息前向传播过程以及误差反向传播过程的核心算法。

多层感知器的基本结构如图 3-3 所示，它的每一层包含若干节点，$I$ 是输入层节点的个数，$H_1$ 和 $H_2$ 分别是两个隐含层的节点个数，$O$ 是输出层的节点个数，$\omega_{ij}$，$\omega_{jk}$，$\omega_{kl}$ 分别是各层间的连接权重，$b_j$，$b_k$，$b_l$ 分别是各层的偏置，$z_j$，$z_k$，$z_l$ 则分别是节点的输入和偏置的总和，$y_j$，$y_k$，$y_l$ 分别是对 $z_j$，$z_k$，$z_l$ 进行 sigmoid 函数运算后的输出。待训练参数是连接的权重，根据反向传播过程进行训练调整。

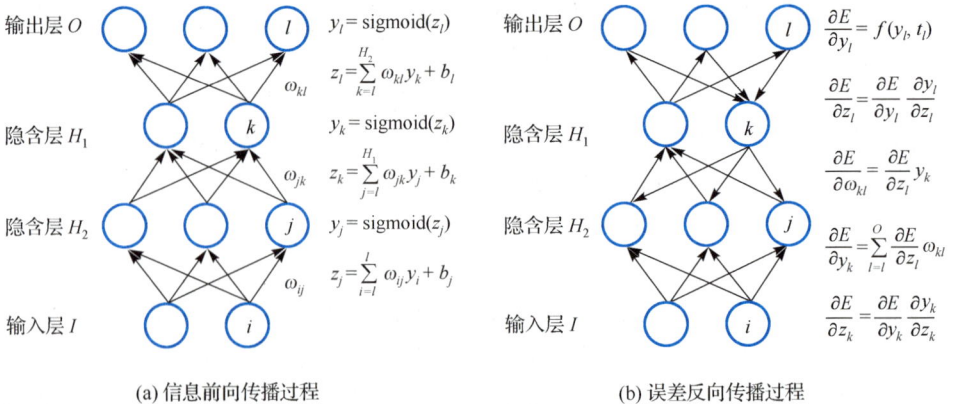

(a) 信息前向传播过程

$$y_l = \mathrm{sigmoid}(z_l)$$

$$z_l = \sum_{k=1}^{H_2} \omega_{kl} y_k + b_l$$

$$y_k = \mathrm{sigmoid}(z_k)$$

$$z_k = \sum_{j=1}^{H_1} \omega_{jk} y_j + b_k$$

$$y_j = \mathrm{sigmoid}(z_j)$$

$$z_j = \sum_{i=1}^{I} \omega_{ij} y_i + b_j$$

(b) 误差反向传播过程

$$\frac{\partial E}{\partial y_l} = f(y_l, t_l)$$

$$\frac{\partial E}{\partial z_l} = \frac{\partial E}{\partial y_l} \frac{\partial y_l}{\partial z_l}$$

$$\frac{\partial E}{\partial \omega_{kl}} = \frac{\partial E}{\partial z_l} y_k$$

$$\frac{\partial E}{\partial y_k} = \sum_{l=1}^{O} \frac{\partial E}{\partial z_l} \omega_{kl}$$

$$\frac{\partial E}{\partial z_k} = \frac{\partial E}{\partial y_k} \frac{\partial y_k}{\partial z_k}$$

图 3-3　多层感知器的基本结构

图 3-3(a)表示网络中信息前向传播的过程，每个节点都有两步操作，首先将上一层的节点输出值进行线性组合，然后对获得的中间值进行线性变换后输出。输入样本通过以上操作后就可以获得第一层隐含节点的输出值，即特征的某种抽象表示，重复此过程就可以获得更深层次的隐含节点值，隐含节点的层次越深，其所表示的特征就会越抽象，最后一层的隐含节点就可以连接到输出层并进行分类和输出。经实验证明，把神经网络当作特征提取器，把最后一层特征输入到其他分类器中，如支持向量机，也可以得到不错的分类效果。可将网络输出的结果与真实标签对比，计算误差或损失函数值。如果输出结果和真实标签相等时的损失为 0，那么损失的函数值会随着二者的差值增大而变大，如二次损失、对数损失等常见的损失函数。监督学习中的优化目标是在训练样本上的总损失，一般使用梯度下降法来优化这个目标，此过程也称为机器的"学习"或用样本对机器的"训练"。

为了训练神经网络各层的参数，需计算损失对网络中间各层的参数梯度，BP算法可以把损失从输出层逐层向前传递，此过程为误差的反向传播，如图 3-3(b)所示，其中 $E$ 为损失函数，$t_l$ 为目标输出，$f(y_l,t_l)$ 为损失函数对 $y_l$ 的偏微分。用链式求导法从输出层逐层往前计算损失函数对隐含节点输出值的梯度以及对连接权重的梯度是算法的核心。把连接权重往负梯度方向调整可得到新一轮的参数。使用大量样本按照此过程循环训练多次，直至损失函数不再下降或达到设定迭代次数，就意味着神经网络的训练过程完成。

BP 算法可以用于有一个或两个隐含层的多层感知器网络的训练，但对大于两个隐含层的多层复杂结构的深度学习模型，就要结合深层网络结构设计采用多种训练技巧。以下是对典型深层网络结构及其对应算法核心思想的探讨。

### 3.5.3 应用技术

网络的结构很大程度上决定了深度学习技术的性能，人们发展了多种不同的网络结构模型来解决不同类型的问题。

#### 1. 自编码机与限制性玻尔兹曼机

在深度学习中运用较多的两种非监督学习的神经网络模型是自编码机(Auto Encoder，AE)以及限制性玻尔兹曼机(Restricted Boltzmann Machine，RBM)。但这两种模型并不直接用于解决非监督学习问题，而是基于非监督学习来找到更好表现数据内在规律的特征表示，然后应用于监督学习的深层神经网络模型中，二者也时常应用到神经网络的初始化和学习中，适用于下游分类的特征表示。

作为一种特殊多层感知器，自编码机的网络结构有编码器和解码器两部分，如图 3-4(a)所示。对于给定的训练集 $\{x^1,x^2,\cdots,x^n\}$，输入是自编码机的学习目标，即

$$h_{W,b}(x^i) = g(f(x^i)) \approx x^i, \quad i = 1, 2, \cdots, n \tag{3.5.1}$$

式中，$f$ 是编码器，$g$ 是解码器，$h_{W,b}(x^i)$ 是在自编码器中权值和偏置项分别为 $W$ 和 $b$、输入为 $x^i$ 时的输出值。显而易见，在不限制网络结构的情况下，网络无法学习到有用的信息。例如，在输入节点数目和隐含节点数目相同的情况下，定义

$$f(x^i) = g(x^i) = x^i, \quad i = 1, 2, \cdots, n \tag{3.5.2}$$

即可实现目标，但这仅仅是把输入复制到隐含状态并输出，并没学习到任何信息。一种有意义的自编码机结构是输入节点数目比隐含节点数目多，如图 3-4(a) 所示，这就迫使网络把数据特征进行压缩。如果特征间相互独立，那么要用少量隐含状态来表示所有特征十分困难。然而在特征间有一定相关性的情况下，算法就能察觉到这样的相关性并且学习到特征的一种压缩表示。事实上，当网络中的连接都是线性连接时，算法的压缩结果符合主成分分析（Principal Component Analysis，PCA）；当网络中的连接是非线性连接时，自编码机可以学习到比核主成分分析（Kernal PCA，KPCA）更加灵活的数据压缩表示。作为一种特殊的多层感知器的自编码机，能够用一般的 BP 算法或再循环（Recirculation）方法来训练网络参数。

　　一般的自编码机还有一些潜在的问题，比如，当解码器及编码器的能力太强时，编码器能够直接把原始数据 $x^i$ 映射为 $i$，再通过解码器还原，实际上，这仅仅实现了记忆训练样本，并没有发现潜藏在数据中的规律。所以，人们提出了改进的方法，将解码器和编码器的能力进行适度限制，比如，在损失函数中添加对解码器和编码器的惩罚项来得到更好的性质。就稀疏自编码机而言，把 Sigmoid 神经元输出为 1 定义为激活状态，输出为 0 定义为关闭状态，这样对隐含层中的节点 $j$，能够定义其输出的稀疏性 $\rho_j$：

$$\rho_j = \frac{1}{n} \sum_{i=1}^{n} a_j(x^i) \tag{3.5.3}$$

式中，隐含节点 $j$ 的输出值为 $a_j(x^i)$；训练集样本数目为 $n$；整个训练集取神经元输出的平均值为 $\rho_j$，它也作为衡量稀疏性的指标。为了使 $\rho_j$ 取到一个较小的值 $\rho$，以判断稀疏性是否达到标准，一般使用 KL 散度（Kullback-Leibler Divergence）作为惩罚项，这样目标函数就变为

$$\text{Loss} = L(x, h_{w,b}(x)) + \beta \sum_{j=1}^{s} \left[ \rho \log \frac{\rho}{\rho_j} + (1 - \rho) \log \frac{1 - \rho}{1 - \rho_j} \right] \tag{3.5.4}$$

式中，$s$ 为隐含节点数目；第一项为衡量自编码机能否良好地恢复输入的损失函数；第二项为针对稀疏性的惩罚项；$\beta$ 为稀疏惩罚项系数，稀疏性随该值增大而增强。训练该目标函数得到的是稀疏的隐含状态。

　　还有一种改进方法——去噪自编码机，它将进行微小扰动之后的训练数据输入，然后尝试对加入噪声之前的样本进行恢复；而收缩自编码机对 $\partial h_{w,b}(x) / \partial x$ 进行惩罚。这两种方法都能使得自编码机对输入拥有一定抗噪能力。

对于深度学习模型，一般将输入端设计成自编码器，在进行以上非监督训练之后再去掉解码器部分，把中间层的输出当作对样本的压缩表示，在接入下一层神经网络后，再把它作为输入。还有一些将多个自编码器的模型进行级联而构成的栈式自编码机，通过逐级训练编码器来实现对样本的更好表示，如图 3-4(b)所示。

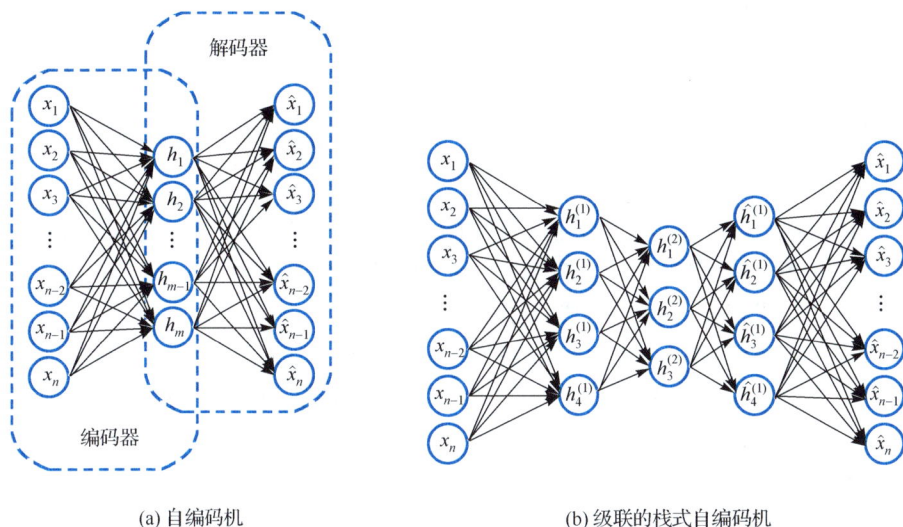

(a) 自编码机　　　　　　　　　　　(b) 级联的栈式自编码机

**图 3-4　自编码机与级联的栈式自编码机**

作为能量模型的 RBM，能够通过建立概率分布和能量函数间的关系，求解出能量函数，并且刻画出数据内在的规律。典型的 RBM 网络结构如图 3-5(a)所示。因为在大多数情况下无法直接得到数据的分布形式，并且根据统计力学的结论，任何概率分布都可以用基于能量的模型来描述，所以我们才使用能量模型。通过基于能量的模型，可以对数据分布进行建模。能量模型中的数据概率分布为

$$P(\boldsymbol{x}) = \frac{\mathrm{e}^{-E(\boldsymbol{x})}}{\sum \mathrm{e}^{-E(\boldsymbol{x})}} \tag{3.5.5}$$

式中，$E(\boldsymbol{x})$ 为样本 $\boldsymbol{x}$ 的能量，分母为归一化项。对于限制性玻尔兹曼机，能量函数定义为

$$E(\boldsymbol{v},\boldsymbol{h}) = -\boldsymbol{v}^{\mathrm{T}}\boldsymbol{W}\boldsymbol{h} - \boldsymbol{b}^{\mathrm{T}}\boldsymbol{v} - \boldsymbol{c}^{\mathrm{T}}\boldsymbol{h} \tag{3.5.6}$$

式中，$\boldsymbol{v},\boldsymbol{h}$ 分别为样本 $\boldsymbol{x}$ 中的可见状态和隐含状态，即图 3-5(a)中的节点；$\boldsymbol{W}$ 为可见状态和隐含状态间边的权重；$\boldsymbol{b}$ 与 $\boldsymbol{c}$ 分别为可见状态和隐含状态的偏置项。根据式(3.5.6)能够获得 $\boldsymbol{v}$ 及 $\boldsymbol{h}$ 两个随机变量的联合分布，也就是能够计算随机变量 $\boldsymbol{v}$ 的边缘分布 $p(\boldsymbol{v})$ 以及两个条件分布 $p(\boldsymbol{v}|\boldsymbol{h})$ 和 $p(\boldsymbol{h}|\boldsymbol{v})$。通过条件分布，就能进行可见状态和隐含状态的相互生成，在观测数据的非监督学习达到

稳定之后，就能把隐含状态当作原始观测数据的抽象表示。一个训练良好的RBM可以在样本映射为隐含状态的情况下，使用隐含状态大概率地恢复原样本。实际上，隐含状态一般作为数据的表示输入到下一阶段的分类器中。

要实现原数据分布，并且理论的边缘分布 $p(v)$ 和实际的数据分布 $q(v)$ 尽量符合，那么把 KL 散度当成衡量分布相似程度的指标，就成了训练的目标：

$$\mathrm{KL}(q \parallel p) = \sum_{v \in \Omega} q(v) \ln(q(v)) - \sum_{v \in \Omega} q(v) \ln(p(v)) \qquad (3.5.7)$$

式中，$\Omega$ 为参数空间；左边第一项为数据的熵是常数项；左边第二项可以使用样本进行估计，即

$$\frac{1}{l} \sum_{v \in S} \ln(p(v)) \qquad (3.5.8)$$

式中，$S$ 为样本集。这样 KL 散度的优化问题就转化为最大似然问题，求解过程中依旧需要使用梯度下降法来更新参数。和自编码机类似的是，RBM 也能通过增加惩罚项的方式来得到样本的稀疏特征表示。

在应用深度学习的过程中，自编码机和 RBM 一般用于参数的预训练。如图 3-5(b) 所示，可以把自编码机与 RBM 堆叠起来构成深度置信网络，这个网络能够使用逐层训练的方式来训练参数，即在每轮训练中，输入保持固定不变，训练网络来获得一层的参数和输出，把输出传输至下一层网络并将它固定，接下来再训练，获得下一层网络的参数，如此反复，直到每一层自编码机和 RBM 都完成训练。在训练完成后，可以保留网络参数来组成多层感知器以进行监督学习的任务，运用 BP 算法微调预训练的参数初始值。这样，通过初始化多层感知器的方式就可以把初始值放置在一个比较不错地方，并且收敛到较好的局部最优解。相关研究表明，预训练可以起到正则化的作用并提高模型的推广能力（泛化性能）。

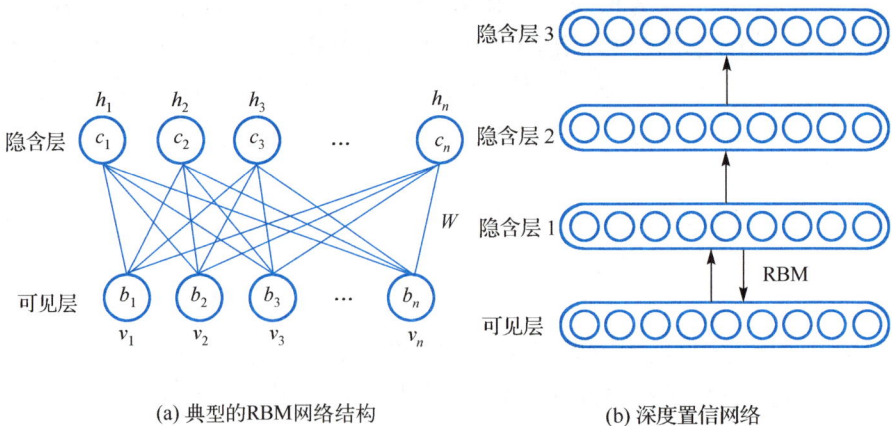

(a) 典型的RBM网络结构　　(b) 深度置信网络

图 3-5　限制性玻尔兹曼机（RBM）与深度置信网络

最后，自编码机与 RBM 可以通过 R 软件实现。以多层自编码器为例，加载 SAENET 库，通过 Model 搭建编码模型，最后训练自编码器。就 RBM 的实现而言，可以通过 RCPPDL、ltm 导入玻尔兹曼机的库。

### 2. 卷积神经网络

作为一种深层前馈型神经网络，卷积神经网络（Convolution Neural Network，CNN）常用于图像领域的监督学习问题，如图像识别、计算机视觉等。早在 1989 年，LeCun 等就提出了最早的 CNN 模型，后来又对该模型进行了完善，在 AlexNet 获得 2012 年 ImageNet 竞赛冠军之后，在图像识别领域，CNN 几乎成为深度学习的代名词，并且在其他领域也得到了广泛的应用。

CNN 一般包含卷积层、降采样层、全连接层以及输出层，卷积层与降采样层可以不止一个。经典 CNN(LeNet)如图 3-6 (a)所示。

进行特征提取是卷积层的作用。对于一幅输入图像，在一层卷积层中可以包含多个卷积核，每个卷积核都可以和输入图像进行卷积运算来产生新的图像，新图像的每个像素表示卷积核所覆盖的一小片区域内图像的一种特征，用多个卷积核分别对图像进行卷积就能够获得不同种类的特征。例如，在图 3-6 (a)所示的例子中，在 $C_2$ 层中输入为 6 幅特征图，包含 16 个卷积核，最终就产生了 16 幅特征图的输出，本层的特征图就是上一层获得的特征图的不同组合。

如此复杂的网络构成，在直接采用 BP 算法进行学习的情况下，将会变得十分复杂，还需恰当设计才可以有效地进行学习。在卷积层设计背后，稀疏连接以及权值共享是最重要的思想。稀疏连接就是每一个输出特征图的像素都只和上一层特征图的小区域相关。这不仅契合动物视觉细胞的感受野现象，而且可以保证特征具有平移不变性，这对图像识别来说是十分重要的。权值共享是指每次都使用相同的卷积核遍历整幅输入图像，这能在很大程度上减少参数的数目，起到正则化的作用。如果对于许多图像识别问题，某一种特征十分重要，那么它在全图中任意位置出现都应该具有判别效力。

降采样层选取输入特征图的一个小区域，例如，图 3-6(a)的 $S_1$ 中，每次选取 $2 \times 2$ 的区域，用一个数值将其表示，一般情况下选区域中的最大值或取平均值。在这种机制背后，主要有三个方面的思想：①可以快速地缩小数据的空间大小，例如，$S_1$ 层的存在使得特征从 $28 \times 28$ 维降到 $14 \times 14$ 维，参数数目也会随之减少，一定程度上减轻了过拟合现象；②降采样层保证 CNN 拥有一定的抗噪能力，如果在输入图像中加入了一定的噪声，降采样层的输出不一定会发生变化，这是因为输入的微小变化不一定会影响区域内的最大值；③对于图像的监督学习问题，在一般情况下特征的精确位置并不重要，重要的是特征是否会出现以及它的相对位置，例如，就人脸识别问题而言，不必明确知道眼睛的精确位置，只需要可以判断出左上和右上区域是否存在眼睛，就可以此来判断图像是否为人脸。

　　一般情况下，CNN 最后的几层会连接着几个全连接层，并在整幅图像层面进行特征组合和推断，来形成有利于分类的特征。全连接层中输入和输出的每个节点间都会相互连接，这就会产生数量庞大的待估计参数。近年，全连接层的使用逐渐减少，有研究发现，它的作用也能够被 1×1 卷积核的卷积层替代。本质上，卷积神经网络的训练利用的依旧是梯度的链式传递法则。

　　在图像领域，CNN 取得了很不错的成绩，也持续地获得了新的发展。在网络架构方面，网络逐渐变深，在理论上，越深层的网络越可以抓取到图像中更加抽象的特征，这也就意味着其拥有更强的学习能力，但随之而来的是训练难度增大。2012 年，Krizhevsky 等提出了深度 CNN(AlextNet)，它包含 5 层卷积层及 3 层全连接层，如图 3-5(b)所示。网络中采用了新型激活函数(ReLU)来帮助模型收敛，并且为了减轻过拟合现象，提出了 Dropout 方法。2014 年 VGGNet 出现，如图 3-6(c)所示，网络中只用了降采样尺寸和较小的卷积核，并把网络提升到最多 19 层，验证了网络层数的加深有助于网络获得更好的性能。2015 年，ResNet 中引入了从输入至输出的直接连接，如图 3-6(d)所示，网络学习目标值及输入值的残差比直接学习目标值更加简单。为了解决深层网络的训练错误率有时反而比浅层网络的训练错误率高的问题，引入直接连接(Shortcut)，网络深度也可以最多提升到 152 层，如图 3-6(e)所示。

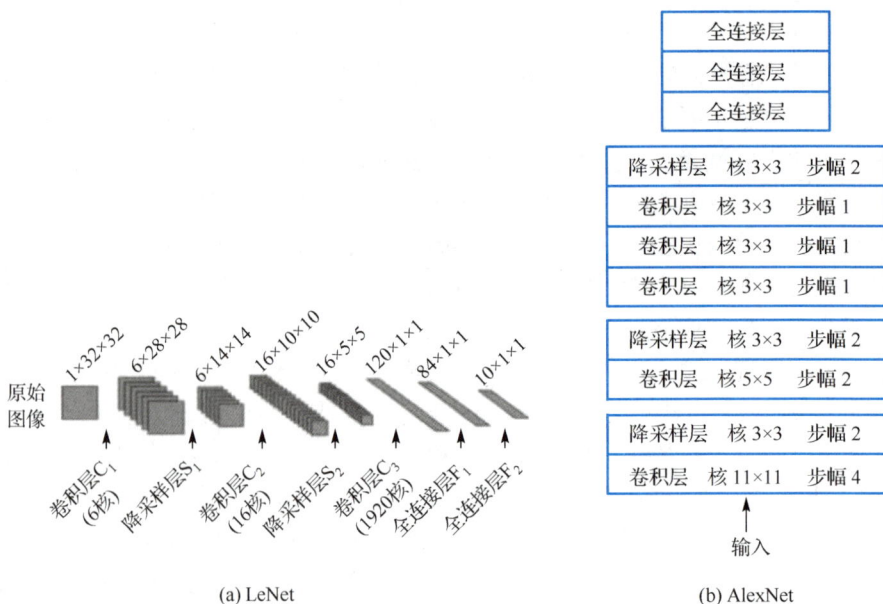

(a) LeNet　　　　　　　　　　　　(b) AlexNet

图 3-6　多种卷积神经网络(CNN)示意图

输入

7×7卷积，64核，步幅2

降采样层，步幅2

3×3卷积，64核

3×3卷积，64核

3×3卷积，64核

3×3卷积，64核

3×3卷积，64核

3×3卷积，64核

3×3卷积，128核，步幅2

3×3卷积，128核

3×3卷积，128核

3×3卷积，128核

3×3卷积，128核

3×3卷积，128核

重复的类似层结构

3×3卷积，256核，步幅2

3×3卷积，256核

3×3卷积，256核

3×3卷积，256核

3×3卷积，256核

3×3卷积，256核

降采样层

全连接层

全连接层

全连接层

全连接层

降采样层，核 2×2，步幅 2

卷积层，核 3×3，步幅 1

卷积层，核 3×3，步幅 1

降采样层，核 2×2，步幅 2

卷积层，核 3×3，步幅 1

卷积层，核 3×3，步幅 1

降采样层，核 2×2，步幅 2

卷积层，核 3×3，步幅 1

卷积层，核 3×3，步幅 1

降采样层，核 2×2，步幅 2

卷积层，核 3×3，步幅 1

卷积层，核 3×3，步幅 1

降采样层，核 2×2，步幅 2

卷积层，核 3×3，步幅 1

卷积层，核 3×3，步幅 1

输入

(c) VGGNet

(d) ResNet

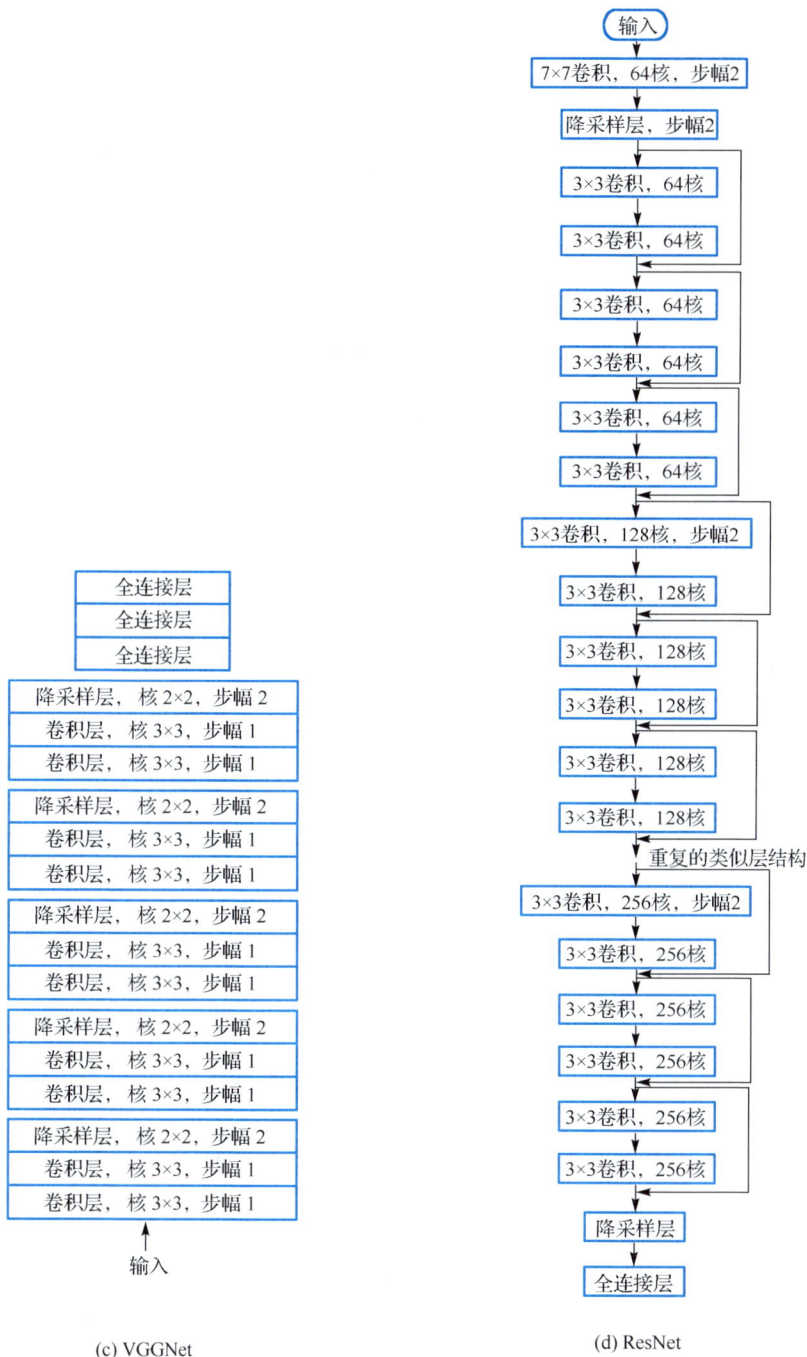

图 3-6（续）　多种卷积神经网络（CNN）示意图

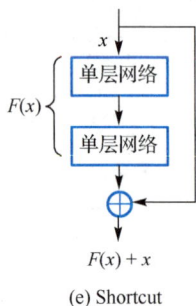

图 3-6(续)　多种卷积神经网络(CNN)示意图

　　CNN 主要应用在图像领域，此外，人们还尝试将其他领域的问题转化成类似图像识别的问题，并且采用或借鉴 CNN 方法取得了不错的效果。最典型的例子是在自然语言处理中的应用，通过将字母或词表示为向量的方法把句子转化成二维矩阵，之后在二维矩阵上应用卷积神经网络。一般情况下，卷积核的宽度选用词向量维度，这样对矩阵进行卷积操作可视为从句子中提取关键词语、词组特征，来完成各类自然语言处理任务，如文本分类、机器翻译、语言模型等。在围棋比赛中，CNN 也曾用于提取棋盘特征，以此描述棋盘上双方的局势。总而言之，一些能够转化为二维或者多维矩阵特征，而且局部特征有着较强相关性的任务，都比较适合用 CNN 建模。通过 R 软件，加载 keras、caret 库，导入数据集，定义和拟合模型，便可以实现 CNN。

### 3. 递归神经网络

　　递归神经网络(Recursive Neural Network，RNN)区别于前面提到的前馈类型的神经网络，它的主要目的是对序列数据进行建模，如语音识别、自然语言理解、语言翻译、音乐合成等中的序列数据。在推断过程中，因为此类数据需要保留序列上下文信息，所以它的隐含节点中存在反馈环，即当前时刻的隐含节点值不仅和当前节点的输入有关，还与前一时刻的隐含节点值有关。

　　RNN 结构的一般表示形式如图 3-7(a)所示。网络的输入为序列数据，记为 $\{x_0, x_1, x_2, \cdots, x_{t-1}, x_t, \cdots\}$，下标 $t$ 为时刻，每一时刻的输入数据都是一个向量。在处理文本等非数值的序列数据时，把非数值的输入(如文本中的单词)转变成向量表示形式，常用的表示方法包括用 word2vec 将单词表示为高维向量或者独热(One-Hot)编码等，如图 3-7 (b)所示。在输入层和隐含节点间添加一层映射层来训练针对当前任务的词向量也是可以的。每一时刻都对应一个隐含状态 $\{h_1, h_2, \cdots, h_{t-1}, h_t, \cdots\}$，这些隐含状态中记录着当前时刻之前的序列中所包含的信息，每一时刻的隐含节点都需要综合之前时刻的信息和当前时刻输入中包含的信息，把二者结合起来再传递给下一时刻。隐含节点的更新公式为

$$h_t = \sigma(Wh_{t-1} + Ux_t) \qquad (3.5.9)$$

式中，$\sigma$ 为非线性单元；$W$ 为历史数据对当前输出的权重；$U$ 为当前数据对输出的权重。在面对不同类型的问题时，递归神经网络能够使用不同种类的输出，例如，面对序列的分类问题时，能够把所有时刻的隐含状态收集到一起，并把它们当成序列特征输入分类器中进行分类，如图 3-7（c）所示；而面对序列生成或语言模型问题时，每一时刻都需要有相应的输出，如图 3-7（d）所示。它能够把每一时刻的隐含状态当成特征进行分类，即

$$o_t = \mathrm{Softmax}(Vh_t) \qquad (3.5.10)$$

式中，Softmax 为逻辑斯谛回归（Logistical Regression）在多分类问题上的推广形式，Softmax 把多分类的输出数值转化成相对概率，这更容易让我们对输出进行理解和比较。它的定义：假设存在一个数组 $X$，$x_i$ 为 $X$ 中第 $i$ 个元素，那么元素 $x_i$ 的 Softmax 值定义为

$$S_i = \frac{e^{x_i}}{\sum_{j=0}^{t} e^{x_j}} \qquad (3.5.11)$$

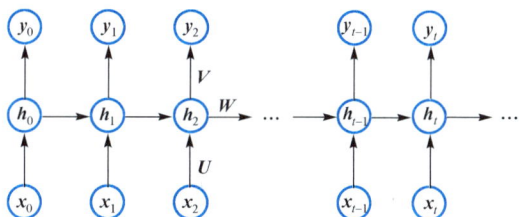

(a) 递归神经网络结构的一般表示形式

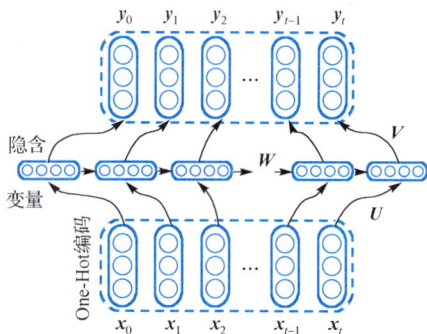

(b) 递归神经网络的编码表示形式

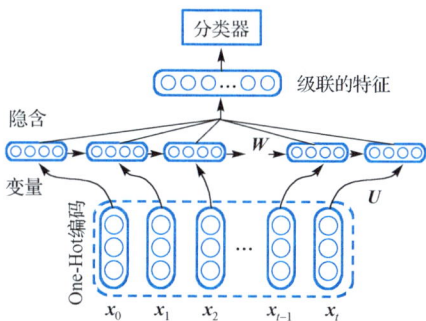

(c) 将级联的隐含变量作为特征进行训练

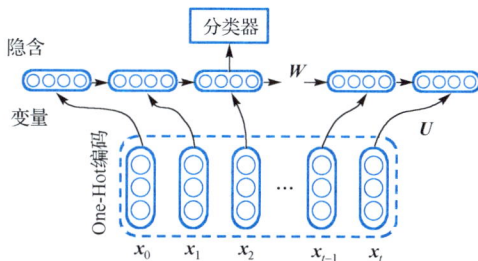

(d) 将隐含变量作为特征进行训练

图 3-7　递归神经网络

为了减少参数数目的同时使得 RNN 可以处理不同长度的输入序列。网络中的参数在输入序列的每个时刻都是相等的，这导致参数的梯度计算比前馈神经网络更复杂一些。

训练 RNN 需要用随时间反向传播算法计算参数的梯度，它本质上依旧利用梯度的链式传递法则。RNN 沿时间展开之后，可看作一个深层的前馈神经网络，因此还存在严重的梯度消散现象，这使得 RNN 无法学习到数据中的长程依赖关系。

图 3-8(a) 是 RNN 的时间序列展开图，图 3-8(b) 是 RNN 的单元结构图。要减轻 RNN 中的梯度消散现象，应该从单元结构和改进优化两方面着手改进。单元结构方面，长短期记忆模型(Long Short-Term Memory, LSTM)加入额外的隐含状态以记忆序列的信息，并用 3 个门来控制当前时刻的输入对记忆的影响，如图 3-8(c)所示。经过这样改造后，记忆可以更通畅地在时间序列中传递，以此来记住更久远的信息。LSTM 的变种中，门控递归单元(Gated Recurrent Unit, GRU)是最实用的。GRU 合并了 LSTM 中的两种隐含状态，如图 3-8(d)所示，把控制门个数减少至 2 个，缩短了收敛时间，通过实验验证，GRU 和 LSTM 相比，几乎没有性能的损失。改进优化方面，研究表明，如果参数初始化合适，RNN 也可以学习到长程依赖关系。

前面介绍的 RNN 仅能处理输出数据定长的情况，某些实际的问题，如问答系统、语言翻译等，对给定的输入需要给出序列的输出，针对这类问题，人们提出了Seq2Seq(Sequence to Sequence)和 Encoder-Decoder(编码器—解码器)模型。这两种模型中都用了两个 RNN，其中一个用于收集输入序列中的信息，并把输入序列的信息用向量的形式进行表示，例如，用最后一个时刻的隐含状态作为输入序列的向量表示；另一个 RNN 则用于生成序列。为了确定下一个单词的概率分布，每一时刻都需要综合输入序列的信息和已产生序列的信息，接着利用采样确定生成的单词，然后把生成的单词重新输入网络来获得新的概率分布，如此反复就能生成整条序列。

在许多与序列相关的问题中，输出一般仅和输入的某些片段有较强的联系，例如，机器翻译时，输出单词的最大信息量来自和输出单词意义相同的词，比如，将"knowledge is power"翻译成"知识就是力量"，其中的"力量"一词完全是因为从"power"中获取信息才生成的；引入了注意力机制(Attention Mechanism)，即输出序列的每个词都只把注意力放在输入序列的一个区域而不是完整的输入序列中来建模，这种机制可以在很大程度上增强 RNN 的效果，所以被广泛应用于各类序列学习任务中。分级注意记忆(Hierarchical Attentive Memory)进一步把节点组织为二叉树形式，可以加快搜索效率，并且提高训练数据和测试数据长度不一致情况下的推广能力。

就网络结构而言，双向递归神经网络使用从前往后和从后往前两条链对

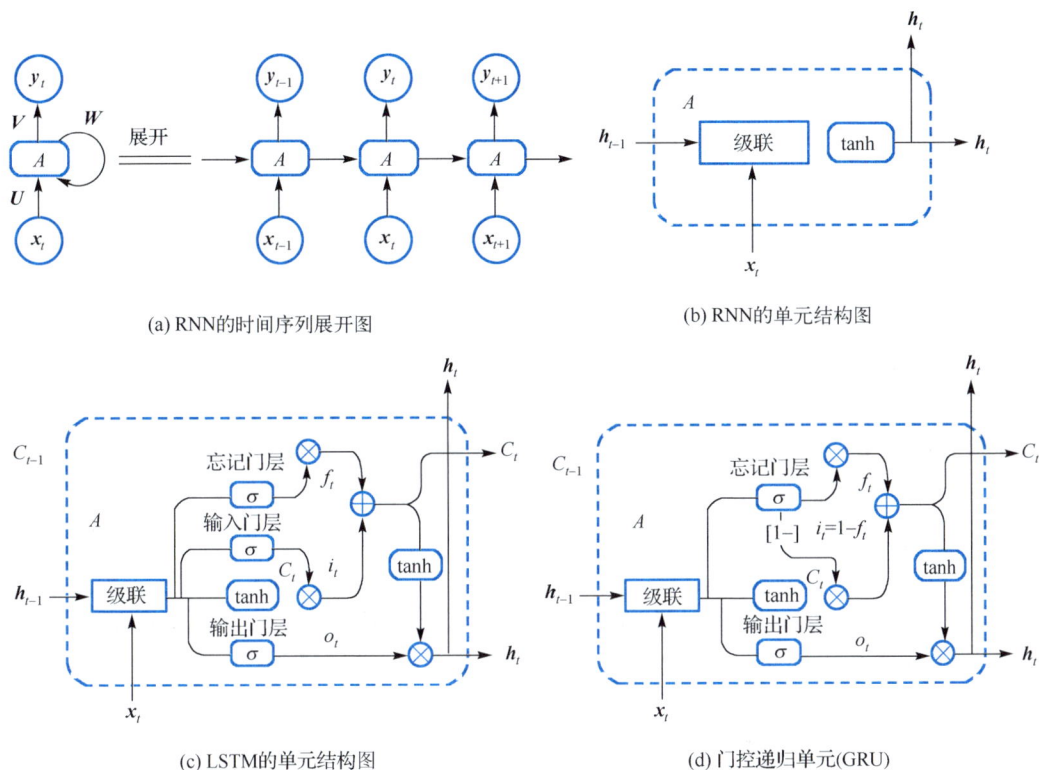

(a) RNN的时间序列展开图

(b) RNN的单元结构图

(c) LSTM的单元结构图

(d) 门控递归单元(GRU)

**图3-8 递归神经网络(RNN)和长短期记忆模型(LSTM)**

时序数据建模,用于刻画序列的上下文信息而不只是过去时刻的信息。深层递归神经网络可以对 RNN 进行叠加,并把上一层 RNN 的隐含状态序列当作下一层 RNN 的输入,这样就能使之学习到更深层次的特征。使用 R 软件安装并运行包 rnn、digest,设置网络参数,即可实现 RNN。

### 4. 生成对抗网络

生成对抗网络(Generative Adversarial Network,GAN)因具有学习高维、复杂的真实数据分布的潜力而受到机器学习领域的广泛关注。具体来说,它不依赖于任何关于分布的假设,并且拥有以简单的方式从潜在空间生成真实样本的强大特性,可以应用于图像合成、图像修复技术、图像识别和图像风格转换等学术领域。

GAN 是一种基于直接方式的隐式密度生成模型,其结构图和处理过程如图3-9所示,其中关键结构为生成器 $G$ 和判别器 $D$,$G$ 负责从输入数据的噪声分布中随机采样,学习其分布并生成尽可能“真”的假样本来欺骗 $D$;而 $D$ 则负责对 $G$ 生成的样本,结合真实数据进行识别并判断真伪(Real 或 Fake,记为 R 和 F)。

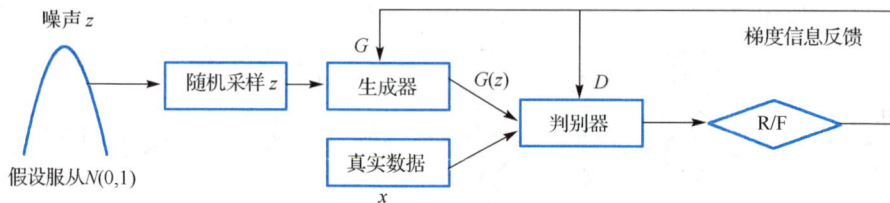

图3-9　生成对抗网络(GAN)模型的结构图和处理过程

GAN 的价值函数为

$$\min_{G_\theta} \max_{D_\omega} V(D,G) = E_{x \sim P_{data}(x)} \left[ \log D_\omega(x) \right] + E_{z \sim P_z(z)} \left[ \log(1 - D_\omega(G_\theta(z))) \right]$$

(3.5.12)

式中，$P_{data}(x)$ 为真实数据分布；$P_z(z)$ 为生成数据分布；$D_\omega$ 为辨别器，输出为 0 或 1；$G_\theta$ 为生成器，输出为合成数据。

价值函数的优化目标为最大化 $G$ 的参数 $\omega$ 和最小化 $D$ 的参数 $\theta$。判别器的目标是让式(3.5.12)达到最大，即式中的第一项和第二项都达到最大。第一项要达到最大，需要 $D_\omega(x) -> 1$，即真样本为真的概率接近 1；而第二项要达到最大，需要 $D_\omega(G_\theta(z)) -> 0$，即假样本为真的概率接近 0。相反，生成器的目标是让式(3.5.12)达到最小，即第一项和第二项都最小，$D_\omega(x) -> 0$，$D_\omega(G_\theta(z)) -> 1$，这要求真样本为真的概率接近 0，假样本为真的概率接近 1，此时，生成的样本就能以假乱真。具体表现如图 3-10 所示。

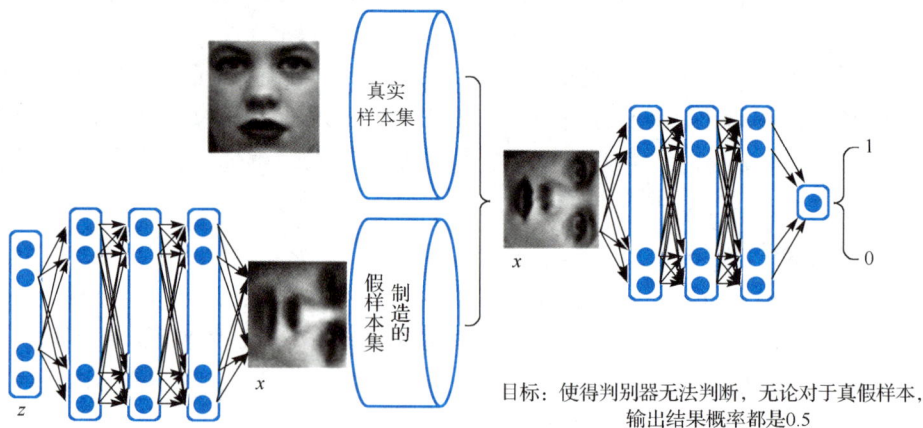

图3-10　GAN 图

针对各种应用需求而产生的不同 GAN 变体，衍化改进的新方向主要是基于结构进行改变和设计不同的损失函数。

目前关于 GAN 的实现，大多使用 Python 语言。在 TensorFlow 框架下，导入

keras，并使用 keras. Sequential 搭建生成器模型和辨别器模型。通过定义批次训练函数，实现参数的训练。

### 5. 深度迁移学习

尽管传统的机器学习技术已经取得巨大成功，并在许多实际场景中得到了成功的应用，但对于某些现实场景来说，它仍然存在一些局限性。机器学习的理想场景有丰富的标记训练实例，这些实例具有相同的测试数据分布。然而，在许多应用中，收集足够的训练数据通常是昂贵的、耗时的，甚至是不现实的。半监督学习可以通过降低对大量标记数据的需求来部分解决这个问题。典型地，半监督学习只需要有限数量的标记数据，并利用大量的未标记数据来提高学习精度。但是在许多情况下，未标记数据也很难收集，这通常会使所得的传统模型无法令人满意。

如何既充分利用之前标注好的数据，又保证在新任务上的模型精度呢？基于这样的问题，就有了在实践中对于迁移学习的研究。学过钢琴的人比没学过的学小提琴更快，受人类跨领域知识转移能力的启发，迁移学习旨在利用相关领域（称为源领域）的知识来提高学习性能或最小化目标领域所需的标记示例数量。此外，深度迁移学习即采用深度学习的方法进行迁移学习，这是当前深度学习中一个比较热门的研究方向。相较于非深度学习的迁移学习，深度迁移学习可以自动提取更具有表现力的特征，满足实际应用中的端到端需求。Xiao 等（2020）提出在深度学习模型中嵌入一种部分不平衡的领域自适应技术（树自适应网络），可以从同类中借用知识，克服不平衡问题，并将知识从源领域迁移到目标领域。

#### （1）深度适配网络

在早期的研究中，浅层神经网络试图学习与领域无关的特征表示。然而，浅层体系结构通常会使生成的模型难以获得出色的性能。因此，许多研究转而利用深度神经网络。Tzeng 等（2014）在深度神经网络中增加了一个自适应层和差异损失，从而提高了性能。此外，Long 等（2015）使用多层适配和多核 MMD（最大均值差异，Multiple Kernel Maximum Mean Discrepancy，MK-MMD）度量技术，提出了一种称为深度适配网络（Depp Adaptation Network，DAN）的架构，如图 3-11 所示。

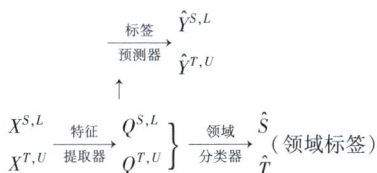

图 3-11　DAN 架构

在上述网络中，特征首先由 5 个卷积层以从一般到特定的方式提取。接下来，提取的特征被馈送到由其原始域切换的两个全连接网络之一。这两个网络由 3 个全连接层组成，分别用于源域和目标域。DAN 的目标如下：①分类错误最小化，指标记实例的分类错误应该最小化；②分布适配，指表示层和输出层可以以逐层的方式联合适配，使用 MK-MMD 而不是单核 MMD 来测量分布差异；③核参数优化，指 MK-MMD 中多个核的加权参数应进行优化，以最大化测试功效。

DAN 的目标函数为

$$\min_{\theta} \max_{\kappa} \sum_{i=1}^{n^L} (f(x_i^L), y_i^L) + \lambda \sum_{i=6}^{8} \text{MK-MMD}(R_l^S, R_l^T; \kappa) \quad (3.5.13)$$

式中，$l$ 为层的索引。上述优化实际上是一个极小极大优化问题。目标函数相对于核函数 $\kappa$ 的最大化旨在最大化测试功效。在这一步之后，源域和目标域之间的细微差别被放大了。这个思路类似于 GAN。在训练过程中，DAN 网络由预训练的 AlexNet 初始化，应该学习两类参数，即网络参数和多核加权参数。最后一个全连接层（分类器层）是从头开始训练的。

### （2）生成对抗网络迁移

对抗性学习的思想可以融入基于深度学习的迁移学习方法中。如上所述，在 DAN 的目标函数中，网络 $\theta$ 和内核 $\kappa$ 用的是一个极小极大博弈，体现了对抗性学习的思想。然而，在对抗性匹配方面，DAN 方法与传统的基于 GAN 的方法略有不同，前者在最大化的过程中，只有少数参数需要优化，这使得优化更容易达到平衡。

Ganin 等提出了域对抗神经网络（DANN）的深度体系结构。DANN 假设没有标记的目标域实例可以使用，它的体系结构由特征提取器、标签预测器和领域分类器组成，如图 3-12 所示。

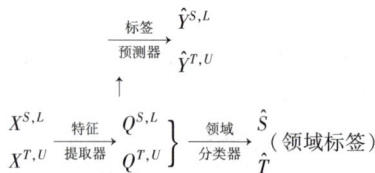

**图 3-12　域对抗神经网络（DANN）体系结构**

特征提取器的作用类似于生成器，其目的是产生与领域无关的特征表示，以混淆领域分类器。领域分类器扮演着鉴别器的角色，检测提取的特征来自源域还是目标域。此外，标签预测器产生实例的标签预测，它通过基于标记的源域实例的提取特征进行训练。DANN 可以通过插入特殊的梯度反转层（GRL）来训练。经过整个系统的训练后，特征提取器可学习实例的深层特征，并且输出 $\hat{Y}^{T,U}$ 是未标记目标域实例的领域标签。

关于这两种迁移学习的实现，目前主要采用 Python 语言。首先，在 TensorFlow 框架下，导入 keras、numpy 和 matplotlib 等相关模块；其次，通过 class 类封装网络结构；再次，使用 model. compile 配置训练方法；最后，在 model. fit( )中执行训练过程。

# 3.6　集　成　方　法

## 3.6.1　引言

集成方法的基本思想是，认识到现实世界中每个模型都有其局限性，并且可能会出错。考虑到每个模型的限制，集成学习的目的是管理它们的优势和劣势，并做出最佳决策。集成方法通常比单个学习器更准确，在许多现实任务中取得了巨大成功(周志华，2016)。

由于部署多个模型的基本思想在人类社会中已经使用很长时间，因此很难追溯到集成方法的历史起点。在文献方面，Dasarathy 和 Sheela 在 1979 年发表的论文也许是关于集成方法最早的工作之一，该论文首次提出以分而治之的方式使用集成系统，并使用两个或多个分类器对特征空间进行划分(Dasarathy 等，1979)。1990 年，Hansehe 和 Salamon 展示了集成系统具有降低方差的性质，并且通过集成类似配置的神经网络提高了模型的泛化性能(Hansen 等，1990)。而 Schapire 的工作使集成系统成为机器学习研究的中心，证明了可以将一个弱分类器通过提升方法(Boosting)过程进行组合，生成具有可学习意义(Probably Approximately Correct，PAC)的强分类器(Schapire 等，1990)。此后，来自机器学习、模式识别、数据挖掘、神经网络和统计学等多个领域的研究人员从不同角度对集成方法进行了探索。

## 3.6.2　基本概念

集成学习(Ensemble Learning)指用于训练多个学习器并组合其输出的过程，可视为决策者的"委员会"，也称为基于委员会的学习(Committee-Based Learning)、多分类器系统(Multi-Classifier System)。大量的经验和理论研究表明，通过"集思广益"，集成学习器通常比单一学习器更精确(Dietterich，2002)。图 3-13 所示为集成学习器的一般结构。

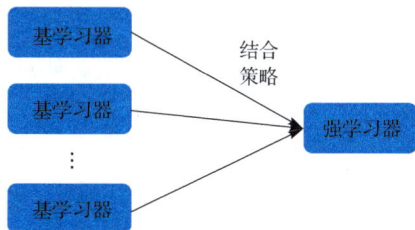

图 3-13　集成学习器的一般结构

　　集成学习器可以预测实数值、类标签、概率、排名、聚类或任何其他数值。因此，集成学习方法的决策可以通过许多方法进行组合，包括平均法、投票法和概率法。大多数集成学习方法是通用的，适用于多种模型类型和学习任务。

　　理论上，我们可以选择任意模型作为集成学习中的基学习器，但考虑到它们中的大部分都采用决策树算法，下面我们对决策树的基本概念进行描述。

　　决策树(Decision Tree)是一种基本的分类和回归方法，决策树用于分类时称为分类树，用于回归时称为回归树(Myles，2004；Song，2015)。决策树由节点和有向边组成。结点有两种类型：内部结点和叶结点，其中内部结点表示一个特征或属性，叶结点表示一个类。一般地，一棵决策树包含一个根结点、若干个内部结点和若干个叶结点。叶结点对应决策结果，其他每个结点对应一个属性测试。根据属性测试的结果，每个结点包含的样本集合被划分到子结点中，根结点包含样本全集，从根结点到每个叶结点的路径对应一个判定测试序列。在图3-14中，圆和方框分别表示内部结点和叶结点。决策树学习的目标是产生一棵泛化能力强（处理未见实例能力强）的决策树。

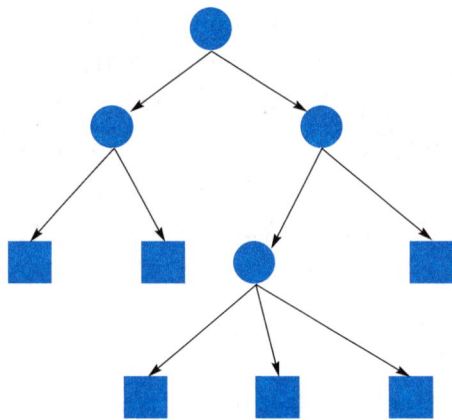

图3-14　决策树的基本结构

### 1. 分类树

　　分类树是一种对实例分类进行描述的树形结构。在使用分类树进行分类时，从根结点开始，对实例的某一特征进行测试，根据测试结果，将实例分配到其子结点。这时，每一个子结点对应该特征的一个取值。如此递归地对实例进行测试并分配，直至到达叶结点。最后将实例分到叶结点的类中。

　　假设给定训练数据集：

$$D = \{(\boldsymbol{x}_1, y_1), (\boldsymbol{x}_2, y_2), \cdots, (\boldsymbol{x}_N, x_N)\} \tag{3.6.1}$$

式中，$\boldsymbol{x}_i = (x_i^{(1)}, x_i^{(2)}, \cdots, x_i^{(n)})^{\mathrm{T}}$ 为输入实例，即特征向量；$n$ 为特征个数，$i = 1, 2, \cdots, N$，$N$ 为样本容量；$y_i \in \{1, 2, \cdots, K\}$ 为类的标签，$K$ 为类别数。分类树学习的

目标是根据给定的训练数据集构建一个决策树模型，使它能够对实例进行正确的分类。

决策树的学习本质上是从训练数据集中归纳出一组分类规则。与训练数据集不相矛盾的决策树（能对训练数据集进行正确分类的决策树）可能有多个，也可能一个也没有。我们需要的是一个与训练数据集矛盾较小，同时具有很好的泛化能力的决策树。从另一个角度看，决策树学习是由训练数据集估计条件概率模型。基于特征空间划分的类的条件概率模型有无穷多个，我们选择的条件概率模型应该不仅能对训练数据很好地拟合，而且能对未知数据很好地预测。

决策树学习用损失函数表示这一目标，其损失函数通常是正则化的极大似然函数，决策树学习的策略是以损失函数为目标函数的最小化。当损失函数确定以后，学习问题就变为在损失函数意义下选择最优决策树的问题。由于从所有可能的决策树中选取最优决策树是 NP（Non-deterministic Polynomial）完全问题（多项式复杂程度的非确定性问题），所以现实中决策树学习算法通常采用启发式方法，近似求解这一最优化问题。因此，这样得到的决策树是次最优的。

具体地，决策树学习算法包含特征选择、决策树的生成与剪枝过程。决策树模型呈树形结构，在分类问题中，表示基于特征对实例进行分类的过程。它可以认为是 if-then 规则的集合，也可以认为是定义在特征空间与类空间上的条件概率分布。分类树具有可读性良好与分类速度快的优点。分类树在学习时，利用训练数据，根据损失函数最小化的原则建立分类树模型；在预测时，利用分类树模型对新的数据进行分类。

### 2. 回归树

回归树的建立包括以下两个步骤：

① 将预测变量空间 $(X_1, X_2, \cdots, X_p)$ 可能取得构成的集合分割成 $J$ 个互不重叠的区域 $\{R_1, R_2, \cdots, R_J\}$；

② 对落入区域 $R_j$ 的每个观测值做同样的预测，预测值等于 $R_j$ 上训练集的各个样本取值的算术平均数。

问题的关键在于如何构建区域划分 $\{R_1, R_2, \cdots, R_J\}$。事实上，区域的形状可以是任意的，但出于模型简化和增强可解释性的考虑，这里将预测变量空间划分成高维矩形，我们称这些区域为盒子。划分区域的目标是，找到使模型的残差平方和（RSS）最小的矩形区域 $\{R_1, R_2, \cdots, R_J\}$。RSS 的定义为

$$\text{RSS} = \sum_{j=1}^{J} \sum_{i \in R_j} (y_i - \hat{y}_{R_j})^2 \tag{3.6.2}$$

式中，$\hat{y}_{R_j}$ 是第 $j$ 个矩形区域中训练集的各个样本取值的算术平均数。要考虑将特征空间划分为 $J$ 个矩形区域的所有可能性，在计算上是不可行的。因此一般采用一种自上而下的贪婪法——递归二叉分裂。"自上而下"指从树顶端开始依次分

裂预测变量空间，每个分裂点都产生两个新的分支。"贪婪"指在建立树的每一步中，最优分裂的确定仅依据某一步，而不是针对全局去选择那些能够在未来进程中构建出更好的树的分裂点。

在执行递归二叉分裂时，先选择预测变量 $X_j$ 和分割点 $s$，将预测变量空间分为两个区域 $\{X \mid X_j < s\}$ 和 $\{X \mid X_j \geq s\}$，以使 RSS 尽可能小。即考虑所有预测变量 $X_1, X_2, \cdots, X_p$ 和与每个预测变量对应的 $s$ 的取值，然后选择预测变量和分割点，使构造出的树具有最小的 RSS。具体地，对 $j$ 和 $s$，定义一对半平面：

$$R_1(j,s) = \{X \mid X_j < s\} \quad 和 \quad R_2(j,s) = \{X \mid X_j \geq s\}$$

求 $j$ 和 $s$，使得式（3.6.3）最小：

$$\sum_{x_i \in R_1(j,s)} (y_i - \hat{y}_{R_1})^2 + \sum_{x_i \in R_2(j,s)} (y_i - \hat{y}_{R_2})^2 \tag{3.6.3}$$

重复上述步骤，寻找继续分割数据集的最优预测变量和最优分割点，使随之产生的区域中的 RSS 达到最小。直到产生 $\{R_1, R_2, \cdots, R_J\}$ 区域，就可以确定某一给定的测试数据集所属的区域，并用这一区域训练集的各个样本取值的算术平均数作为测试数据集并进行预测。

上述方法生成的回归树会在训练集中取得良好的预测效果，却很有可能造成数据过拟合，导致模型在测试集上效果不佳。原因在于，这种方法产生的树可能过于复杂。一棵分裂点更少、规模更小（区域 $\{R_1, R_2, \cdots, R_J\}$ 的个数更少）的树会有更小的方差和更好的可解释性。针对上述问题，有学者提出一个策略：生成一颗很大的树 $T_0$，然后通过后剪枝得到子树。

直观上看，剪枝的目的是选出使测试集预测误差最小的子树。子树的测试误差可以通过交叉验证或验证集来估计。但由于可能的子树数量极其庞大，对每一棵子树都用交叉验证来估计误差太过复杂。因此需要从所有可能的子树中选出一小部分进行考虑。在回归树中，一般使用代价复杂度剪枝（Cost-Complexity Pruning，CCP），也称最弱联系剪枝（Weakest Link Pruning）。这种方法不考虑每一棵可能的子树，而考虑以非负调整参数 $\alpha$ 标记的一系列子树。每一个 $\alpha$ 的取值对应一棵子树 $T \in T_0$，当 $\alpha$ 一定时，其对应的子树使式（3.6.4）最小：

$$\sum_{m=1}^{|T|} \sum_{x_i \in R_m} (y_i - \hat{y}_m)^2 + \alpha |T| \tag{3.6.4}$$

式中，$|T|$ 为树 $T$ 的结点数；$R_m$ 为第 $m$ 个终端点对应的矩形（预测向量空间的一个子集）；$\hat{y}_{R_m}$ 为 $R_m$ 对应的预测值，也就是 $R_m$ 中训练集的平均值。调整系数 $\alpha$ 在子树的复杂度和与训练数据的契合度之间权衡。当 $\alpha = 0$ 时，子树 $T$ 等于原树 $T_0$；而当 $\alpha$ 增大时，终端结点处的树将为它的复杂度付出代价，便会使式（3.6.4）取到最小值的子树变得更小。通常，可以用交叉验证法或验证集确定 $\alpha$，然后在整个数据集中找到与之对应的子树。

### 3.6.3　应用技术

集成方法中很多理论研究都是基于弱学习器进行的，因而基学习器有时也直接称为弱学习器。值得注意的是，在实践中往往希望使用较少的基学习器或借鉴一些常用学习器的经验，人们往往会使用较强的学习器。要获得好的集成学习器，基学习器应"好而不同"，即基学习器要有一定的准确性和多样性。因此，集成学习研究的核心是如何产生并结合"好而不同"的基学习器。

根据基学习器是否存在强依赖关系，集成学习方法可以大致分为两类：基学习器串行生成的序列化方法或同时生成的并行化方法，其中，提升方法（Boosting）和套袋法（Bagging）是这两类方法的代表。

#### 1. Boosting

Boosting 是一种可以用来减少监督式学习中偏差的机器学习算法，是一种框架算法（Schapire 等，2003）。该方法建立在其他分类器的基础上，为每个训练样本集分配一个权重，最终合并到模型中。其算法机制大致如下：先从初始训练集中训练出一个基学习器，再根据基学习器的表现对训练样本分布进行调整，对基学习器预测错误的样本给予更大的关注，然后基于调整后的样本分布来训练下一个基学习器；如此反复迭代进行，直至达到算法的终止条件。其中，XGBoost 算法已经在许多机器学习和数据挖掘挑战中得到广泛认可，在分类效果、业务解释性、建模效率等方面获得了业界的广泛认可（Chen 等，2016）。本节，我们简要回顾基于梯度树的提升方法的相关基础知识，并介绍 XGBoost 算法和 LightGBM 算法。

##### （1）XGBoost 算法

① 正则化目标函数

对一个有 $m$ 个特征、$n$ 个样本数的给定数据集 $D = \{(x_i, y_i)\}$（$|D| = n, x_i \in \mathbb{R}^m, y_i \in \mathbb{R}$），由 $K$ 个函数线性集成的树模型的预测输出可以表示为

$$\hat{y_i} = \phi(x_i) = \sum_{k=1}^{K} f_k(x_i), \quad f_k \in F \tag{3.6.5}$$

式中，$F = \{f(x_i) = w_{q(x_i)}\}$（$q: \mathbb{R}^m \to T, w \in \mathbb{R}^T$）为回归树的空间（也称为 CART）。$q$ 代表每棵树的结构，它将一个实例映射到相应的叶索引。$T$ 是树上叶子的数量，每个 $f_k$ 对应一个独立的树结构 $q$ 和叶子权重 $w$。

与决策树不同，每棵回归树在每片叶子上都包含一个连续的分数。我们使用 $w_i$ 表示第 $i$ 片叶子上的分数。对给定的例子，我们使用树中的决策规则（由 $q$ 给出）将其划分到叶子中，并通过综合相应叶子的得分（由 $w$ 给出）来计算最终预测结果。为了学习模型中使用的函数集，最小化以下正则化目标函数：

$$L(\phi) = \sum_{i=1}^{n} l(\hat{y_i}, y_i) + \sum_{k=1}^{k} \Omega(f_k) \tag{3.6.6}$$

式中，$\Omega(f) = \gamma T + \frac{1}{2}\lambda \parallel w \parallel^2$；$l$ 是一个可微的凸损失函数，用来度量预测值 $\hat{y}_i$ 和目标值 $y_i$ 之间的距离。第二项 $\Omega$ 为模型的惩罚项（回归树）。额外的正则化有助于平滑最终学习的权重，以避免过拟合。直观地，正则化目标函数将倾向于选择简单的预测模型。当正则化参数设置为零时，目标函数回到传统的梯度树提升。

② 梯度树提升

公式(3.6.6)的集成树模型，包括作为参数的函数，无法在欧几里得空间中使用传统方法进行优化。相反，模型是以加性方式训练的。在形式上，假设 $\hat{y}_i^{(t)}$ 是第 $t$ 次迭代中第 $i$ 个实例的预测，我们需要添加 $f_t$ 来最小化以下目标函数：

$$L^{(t)} = \sum_{i=1}^{n} l(y_i, \hat{y}_i^{(t-1)} + f_t(x_i)) + \Omega(f_t) \tag{3.6.7}$$

这意味着我们贪婪地根据公式(3.6.7)添加最能改善模型性能的 $f_t$。通过二阶泰勒展开，优化目标函数可以写成以下形式：

$$L^{(t)} \simeq \sum_{i=1}^{n} \left[ l(y_i, \hat{y}_i^{(t-1)}) + g_i f_t(x_i) + \frac{1}{2} h_i f_t^2(x_i) \right] + \Omega(f_t) \tag{3.6.8}$$

式中，$g_i = \partial_{\hat{y}^{(t-1)}} l(y_i, \hat{y}^{(t-1)})$ 和 $h_i = \partial^2_{\hat{y}^{(t-1)}} l(y_i, \hat{y}^{(t-1)})$ 分别是损失函数的一阶和二阶梯度统计量。

去掉常数项，得到在步骤 $t$ 的简化目标函数：

$$\widetilde{L}^{(t)} \simeq \sum_{i=1}^{n} \left[ g_i f_t(x_i) + \frac{1}{2} h_i f_t^2(x_i) \right] + \Omega(f_t) \tag{3.6.9}$$

设 $I_j = \{i | q(x_i) = j\}$ 为叶子 $j$ 的实例集。通过 $\Omega$ 的展开，式(3.6.9)可以写成：

$$\begin{aligned}
\widetilde{L}^{(t)} &\simeq \sum_{i=1}^{n} \left[ g_i f_t(x_i) + \frac{1}{2} h_i f_t^2(x_i) \right] + \gamma T + \frac{1}{2}\lambda \sum_{j=1}^{T} w_j^2 \\
&= \sum_{j=1}^{T} \left[ \left( \sum_{i \in I_j} g_i \right) w_j + \frac{1}{2} \left( \sum_{i \in I_j} h_i + \lambda \right) w_j^2 \right] + \gamma T
\end{aligned} \tag{3.6.10}$$

对于一个固定结构 $q(x)$，可以通过式(3.6.11)计算出最优权重 $w_j^*$ 和叶子 $j$：

$$w_j^* = -\frac{\left( \sum_{i \in I_j} a g_i \right)^2}{\sum_{i \in I_j} h_i + \lambda} + \gamma T \tag{3.6.11}$$

并通过式(3.6.12)计算相应的最佳值：

$$\widetilde{L}^{(t)}(q) = -\frac{1}{2} \sum_{j=1}^{T} \frac{\left( \sum_{i \in I_j} g_i \right)^2}{\sum_{i \in I_j} h_i + \lambda} + \gamma T \tag{3.6.12}$$

式(3.6.12)可以用作衡量树结构质量的评分函数。

通常不可能列举所有可能的树结构，那么取而代之的是一个贪婪算法，从一片叶子开始，迭代地给树增加分支。假设 $I_L$ 和 $I_R$ 是分割后左右节点的实例集，令 $I = I_L \cup I_R$，则分割后的损失减少量由式(3.6.13)给出：

$$L_{\text{split}} = \frac{1}{2}\left[ \frac{(\sum\limits_{i \in I_L} g_i)^2}{\sum\limits_{i \in I_L} h_i + \lambda} + \frac{(\sum\limits_{i \in I_R} g_i)^2}{\sum\limits_{i \in I_R} h_i + \lambda} - \frac{(\sum\limits_{i \in I} g_i)^2}{\sum\limits_{i \in I} h_i + \lambda} \right] - \gamma \qquad (3.6.13)$$

式(3.6.13)通常在实践中用于评估分割候选项。

③ 收缩和列子采样

除上述正则化目标之外，XGBoost 算法还使用另外两种技术进一步防止过拟合。第一种技术是由 Friedman 提出的收缩法(Friedman，2002)，在树生长的每一步之后，收缩使新增加的权重增加一个系数 $\eta$。类似于随机梯度优化中的学习率，收缩减少了每棵树单独的影响，并为未来的树留下空间来改进模型。第二种技术是列(特征)子采样，这项技术在随机森林中会用到(Breiman，2001)。通常，使用列子采样比传统的行子采样更能防止过拟合。列子采样的使用也能加速并行算法的计算。

除此之外，XGBoost 算法引入新的分布式加权算法和稀疏感知算法。其中，分布式加权算法可以在可证明的理论保证下处理加权数据；稀疏感知算法增加了自动处理缺失值的策略，能通过计算缺失值样本处于不同分支状态下的目标函数，并根据目标函数的优劣自动进行缺失值样本分类，有效地解决信息缺失问题。

**（2）LightGBM 算法**

提升树是利用加性模型与前向分布算法实现学习的优化过程，XGBoost 算法便是它的一个高效实现(KeG 等，2017)。然而，XGBoost 算法在计算信息增益时需要扫描所有样本，从而找到最优划分点。在面对大量数据或者特征维度很高时，其效率和拓展性很难使人满意。而 LightGBM 算法分别从减少样本(GOSS，单边梯度采样)和减少特征(EFB，互斥特征捆绑)的角度改善这一状况。

每个数据样本的梯度都可以用来做采样的信息，也就是，如果一个样本的梯度小，那么表明这个样本已经训练好，它的训练误差很小，可以丢弃这些数据。当然，改变数据分布会造成模型的精度损失，GOSS 算法保存大梯度样本，随机选取小梯度样本，并为其弥补一个常数权重。这样，GOSS 算法更关注训练不足的样本，也不会改变原始数据太多，通过排除大部分小梯度的样本，用剩下的样本计算信息增益，达到减少样本的目的。

而在减少特征维度方面，LightGBM 方法采用 EFB 策略。由于高维数据一般是稀疏的，因此可以设计一种损失最小的特征减少方法。此外，在系数特征空间中，许多特征都是互斥的，因而它们几乎不会同时取非零值。基于此，EFB 将这些互斥特征融合为一个特征，再基于这些特征束构建直方图。

EFB 将问题转换为图着色问题，把关联矩阵 $G$ 的每一行看成特征，从而得到

$|V|$ 个特征，互斥束就是图中颜色相同的顶点。图中顶点表示特征，边表示两个特征不互斥。如果算法允许存在小冲突，那就可以得到更小的特征束数量，计算效率更高。通过合适的选取，LightGBM 可以有效地在效率和精度之间寻求平衡。

### 2. Bagging

与 Boosting 不同的是，Bagging 对所有基学习器都一致对待，在大部分情况下，经过 Bagging 得到的结果方差更小（Breiman 等，1996）。Bagging 的大致过程如下：先从原始样本集中抽取训练集，每轮从原始样本集中使用 Booststraping 方法抽取 $n$ 个训练样本（在训练集中，有些样本可能被多次抽取，而有些样本可能一次都没有被抽取）。共进行 $k$ 轮抽取，得到 $k$ 个训练集（$k$ 个训练集之间是相互独立的）；每次使用一个训练集得到一个模型，共得到 $k$ 个模型。根据具体问题的不同，可以采用不同的分类或者回归方法，如决策树、感知器等。通常对于分类问题，Bagging 将上述得到的 $k$ 个模型采用投票方式得到分类结果；而对于回归问题，计算上述模型的均值作为最后的结果（所有模型的重要性相同）。

自助采样过程给 Bagging 带来了另一个好处：由于每个基学习器只使用了初始训练集中约 63.2% 的样本，剩下约 36.8% 的样本可用作验证集来对泛化误差进行包外估计（Out-of-Bag Estimate）（Wolpert 和 Macready，1999）。令 $D_t$ 为基学习器 $h_t$ 实际使用的训练样本集，设 $H^{oob}(x)$ 为对样本 $x$ 的包外预测，即仅考虑那些未使用 $x$ 训练的基学习器在 $x$ 上的预测，有

$$H^{oob}(x) = \underset{y \in \gamma}{\mathrm{argmax}} \sum_{t=1}^{T} \| (h_t(x) = y) \|, \quad x \notin D_t \tag{3.6.14}$$

则 Bagging 泛化误差的包外估计为

$$\varepsilon^{oob} = \frac{1}{|D|} \sum_{(x,y) \in D} \| (H^{oob}(x) \neq y) \| \tag{3.6.15}$$

随机森林是 Bagging 的一个拓展变体，它在以决策树为基学习器构建集成的基础上，进一步对决策树的训练过程引入了随机属性选择。该方法在许多任务中展示出强大的性能，被誉为"代表集成学习技术水平的方法"，将在本节后续内容中介绍。

传统决策树在选择划分属性时，在当前节点的属性集合（假定有 $d$ 个属性）中选择一个最优属性；而在随机森林中，对基决策树的每个结点，先从该节点的属性集合中随机选择一个包含 $k$ 个属性的子集，再从这个子集中选择一个最优属性用于划分。参数 $k$ 控制了随机性的引入程度。若 $k = d$，则基决策树的构建与传统决策树相同；若 $k = 1$，则随机选择一个属性用于划分；一般情况下，推荐值 $k = \log_2 d$（Breiman，2001）。

对一个 $p$ 维随机向量 $\boldsymbol{X} = (X_1, X_2, \cdots, X_p)^{\mathrm{T}}$（表示实值输入或预测变量）和代

表实值响应变量(因变量)的随机变量 $Y$,我们假设存在一个未知的联合分布 $P_{XY}(X,Y)$。目标是找到一个预测函数 $f(X)$,预测函数由损失函数 $L(Y,f(X))$ 确定,并定义最小化损失的期望值为

$$E_{XY}(L(Y,f(X)))$$

式中,下标表示对 $X$ 和 $Y$ 的联合分布的期望。

直观地,$L(Y,f(X))$ 是衡量 $f(X)$ 与 $Y$ 之间差异的尺度,它惩罚距离 $Y$ 很远的 $f(X)$ 值。$L$ 的典型选择是回归的平方误差损失 $L(Y,f(X)) = (Y - f(X))^2$ 和分类的零一损失

$$L(Y,f(X)) = I(Y \neq f(X)) = \begin{cases} 0, & Y = f(X) \\ 1, & \text{其他} \end{cases} \tag{3.6.16}$$

根据最小化平方误差损失 $E_{XY}(L(Y,f(X)))$,给出条件期望:

$$f(x) = E(Y|X = x) \tag{3.6.17}$$

式(3.6.17)也称作回归函数。在分类的情况下,如果 $Y$ 的可能值的集合用 $Y$ 表示,则对于零一损失,最小化 $E_{XY}(L(Y,f(X)))$ 的条件期望为

$$f(x) = \underset{y \in Y}{\mathrm{argmax}} P(Y = y|X = x) \tag{3.6.18}$$

式(3.6.18)也称为贝叶斯法则。

系统根据基学习器 $h_1(x),h_2(x),\cdots,h_J(x)$ 的集合来构造 $f$,这些学习器组合后,得到集成预测器 $f(x)$。在回归中,$f(x)$ 通过对基学习器取平均值的方式获得:

$$f(x) = \frac{1}{J} \sum_{j=1}^{J} h_j(x) \tag{3.6.19}$$

而在分类中,$f(x)$ 通过投票方式获得:

$$f(x) = \underset{y \in Y}{\mathrm{argmax}} I(y = h_j(x)) \tag{3.6.20}$$

在随机森林中,第 $j$ 个基学习器(一棵树)为 $h_j(X,\Theta_j)$,其中 $\Theta_j$ 是随机变量的集合,$\Theta_j$ 对 $j = 1,2,\cdots,J$ 是独立的。

### 3. Stacking

除上述 Boosting 和 Bagging 外,Stacking 也常用作集成学习的有效方法。Stacking 的核心思想是,通过增加基学习器的异质性和使用元学习(Meta Learning)组合基学习器预测的结果来减少泛化误差(Wolpert 等,1992)。

在 Stacking 中,个体学习器被称为第一级学习器,而组合器被称为第二级学习器或元学习器。使用原始训练数据集训练第一级学习器,生成新的数据集用于训练第二级学习器。第一级学习器的输出被视为输入特征,而原始标签仍然被视为新训练数据的标签。第一级学习器通常是通过应用不同的学习算法生成的。因此,Stacking 集成可以是异构的。

在 Stacking 的训练阶段,需要从第一级学习器中生成新的数据集。如果用于训练第一级学习器的数据也用于生成训练第二级学习器的新数据集,则存在过拟

合的风险。因此，建议将用于生成新数据集的实例排除在第一级学习器的训练实例之外。

以 $k$ 折交叉验证为例，原始训练数据集 $D$ 被随机分成 $k$ 个几乎相等的部分 $D_1, D_2, \cdots, D_k$。定义 $D_j$ 和 $D_{(-j)} = D \backslash D_j$ 为第 $j$ 折的测试和训练集。给定 $T$ 个学习算法，通过调用 $D_{(-j)}$ 上第 $t$ 个学习算法获得第一级学习器 $h_t^{(-j)}$。对于 $D_j$ 中的每个 $x_i$ 以及第 $j$ 折中的测试集，令 $z_{it}$ 表示学习器 $h_t^{(-j)}$ 在 $x_i$ 的输出。在整个交叉验证结束时，新的数据集从 $T$ 个单独的学习器中生成：

$$D' = \{(z_{i1}, z_{i2}, \cdots, z_{iT}, y_i)\}_{i=1}^{m} \qquad (3.6.21)$$

在生成新的数据集后，通常通过对整个训练数据进行训练来重新生成最后一级学习器。

Breiman 证明了 Stacking 的优异性能，它将不同大小的回归树或不同变量数的线性回归模型作为第一级学习器；在所有回归系数都非负的约束下，将最小二乘线性回归模型作为第二级学习器。实验表明，非负约束对于保证 Stacking 集成的性能优于单个最佳学习器至关重要。此外，建议将类概率作为新数据的特征，因为它使得考虑预测以及估计单个分类器的置信度成为可能。

对于能够输出类概率的第一级分类器，分类器 $h_k$ 在一个实例 $x$ 上的输出是 $(h_{k1}(x), h_{k2}(x), \cdots, h_{kl}(x))$，它是所有可能的类标签 $\{c_1, c_2, \cdots, c_l\}$ 的概率分布，$h_{kj}(x)$ 是属于类别 $c_j$ 的实例 $x$ 的预测概率。尽管 $h_k$ 只将预测类概率 $h_{kj}(x)$ 最大的类 $c_j$ 作为类标签，但它对所有类得到的概率都包含有用的信息。因此，来自所有上一级分类器的类概率可以和 $x$ 的真实类标签一起使用，以形成针对下一级学习器的新的训练实例。

### 4. 深度森林

除了上述介绍的一些经典的集成方法，周志华提出一种全新的决策树集成方法，使用级联结构让多粒度级联森林（gcForest）做表征学习（Zhou 等，2017）。在设置可类比的情况下，新方法 gcForest 取得了和深度神经网络相当甚至更好的结果，而且更容易训练，在小数据上也能运行。更重要的是，相比神经网络，基于树的方法不存在困难的理论分析问题。

#### （1）级联森林（Cascade Forest）

深度神经网络中的表征学习（Representation Learning）主要依赖于对原始特征的逐层处理，受此启发，gcForest 采用级联结构（Cascade Structure），如图 3-15 所示，级联中的每一级（Level）接收由前一级处理的特征信息，并将该级的处理结果输出给下一级。

每级是决策树森林的一个集合，即集成的集成（Ensemble of Ensembles）。可使用不同类型的森林来应对多样性。众所周知，多样性是集合结构的关键（Zhou 等，2012）。为简单起见，在实现中，可使用两个完全随机的树森林（Complete-

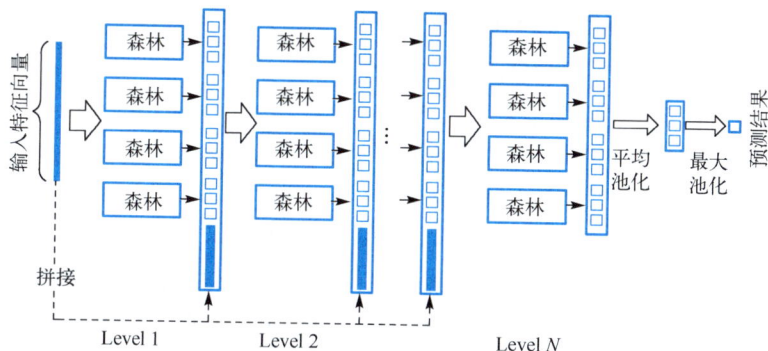

图 3-15　级联森林结构图示

Random Tree Forests)和两个随机森林。每个完全随机的树森林包含 1000 个完全随机树，随机选择一个特征在树的每个节点进行分割实现生成，树一直生长，直到每个叶节点只包含相同类的实例或不超过 10 个实例。类似地，每个随机森林也包含 1000 棵树，随机选择 $\sqrt{d}$ 数量的特征作为候选($d$ 是输入特征的数量)，然后选择具有最佳基尼指数的特征作为分割。每个森林中树的数值是一个超参数。

给定一个实例，每个森林会计算在相关实例落入的叶节点处不同类的训练样本的百分比，对森林中的所有树计算平均值，生成对类的分布的估计(见图 3-16)。

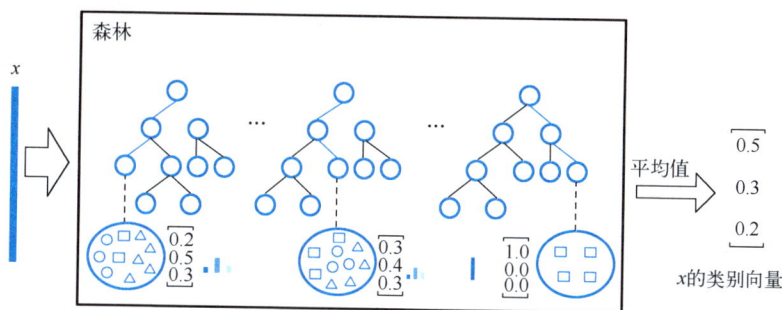

图 3-16　类向量生成图示

被估计的类分布形成类向量(Class Vector)，该类向量接着与输入到级联的下一级的原始特征向量相连接。例如，假设有 3 个类，则 4 个森林中每一个都将产生一个三维的类向量，因此，级联的下一级将接收 $3 \times 4 = 12$ 个增强特征(Augmented Feature)。

为了降低过拟合风险，每个森林的类向量由 $k$ 折交叉验证($k$-Fold Cross Validation)产生。具体来说，每个实例都将被用作训练数据 $k-1$ 次，产生 $k-1$ 个类向量，对其取平均值，产生作为级联中下一级的增强特征的最终类向量。需要注意的是，在扩展一个新的级后，整个级联的性能将在验证集上进行估计，如果没有显著的性能增益，训练过程将终止，因此，级联中级的数量是自动确定的。

### （2）多粒度扫描（Multi-Grained Scanning）

深度神经网络在处理特征关系方面是强大的，例如，卷积神经网络对图像数据有效，其中原始像素之间的空间关系是关键（LeCun 等，1998；Krizhenvsky 等，2012）；递归神经网络对序列数据有效，其中序列关系是关键（Graves 等，2013；Cho 等，2014）。受这种认识的启发，深度森林方法用多粒度扫描流程来增强级联森林。

滑动窗口用于扫描原始特征，假设有 400 个原始特征，并且使用 100 个特征的窗口大小。对于序列数据，将通过滑动一个特征的窗口来生成 100 维的特征向量，共产生 301 个特征向量。如果原始特征具有空间关系，比如图像像素为 400 的 $20 \times 20$ 的面板，则 $10 \times 10$ 窗口将产生 121 个特征向量（121 个 $10 \times 10$ 的面板）。从正/负训练样例中提取的所有特征向量视为正/负实例，用于生成类向量：从相同大小的窗口提取的实例用于训练完全随机树森林和随机森林，然后生成类向量并连接为转换后的要素。假设有 3 个类，并且使用 100 维的窗口；每个森林产生 301 个三维类向量，对应 400 维原始特征向量的 1806 维变换特征向量。如图 3-17 所示。

本节的实现代码可查询 R 语言 mlr 包和 mlbench 包。

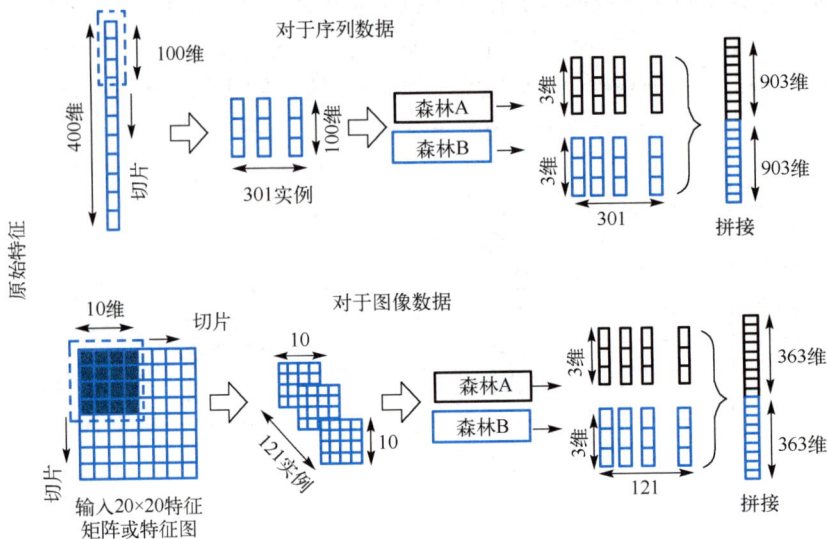

图 3-17　使用滑动窗口扫描原始特征并重新表征的图示

## 3.7　正则化模型

### 3.7.1　引言

作为一种大数据技术方法，正则化可以进行系数压缩估计，是结构风险最小化策略的实现。

社会经济统计中常常会遇到高维小样本数据，此类数据的特点是 $p >> n$，即自变量维度 $p$ 远大于样本量 $n$。高维、样本量少会给数据建模带来一些问题：①数据包含许多与因变量无关的冗余变量，影响模型的解释力度和估计精度；②样本量小，容易导致过拟合问题，降低模型的泛化能力和稳定性。

子集选择方法和正则化方法都可以实现变量选择。子集选择方法包含最优子集选择法和逐步选择法。相比于子集选择方法，正则化方法具备以下几点优势：①运算优势，相比于最优子集选择法的全局搜索方式，正则化方法只需拟合一个单独的模型，大大减少了计算量；②可以在参数估计的同时实现系数压缩和变量选择。

### 3.7.2　基市概念

正则化是结构风险最小化策略的实现，该方法基于全部 $p$ 个解释变量建模，在经验风险上加正则化项（惩罚项），通过对系数加惩罚约束将系数估计值往零的方向压缩。

正则化一般有如下形式：

$$\min \frac{1}{n} \sum_{i=1}^{n} L(y_i, f(x_i)) + \lambda J(f) \tag{3.7.1}$$

式中，$\frac{1}{n} \sum_{i=1}^{n} L(y_i, f(x_i))$ 为经验风险；$J(f)$ 为惩罚项；$\lambda$ 为调节参数，控制这两项对系数估计的相对影响程度，$\lambda \geq 0$。$\min \frac{1}{n} \sum_{i=1}^{n} L(y_i, f(x_i)) + \lambda J(f)$ 是结构风险，因此正则化是将结构风险最小化的过程。

### 3.7.3　应用技术

两种最常用的正则化方法是岭回归（Ridge Regression）和 LASSO（Least Absolute Shrinkage and Selection Operator）回归，本小节介绍岭回归、LASSO 回归以及基于 VAR($p$) 的 LASSO 惩罚估计。

#### 1. 岭回归

自变量 $y$ 和因变量 $x_i, i = 1, 2, \cdots, p$ 之间的线性关系可以用如下线性回归模型描述：

$$y = \boldsymbol{X\beta} + \varepsilon \tag{3.7.2}$$

岭回归中，经验风险是最小二乘回归的 RSS 值，惩罚项是系数的 $L_2$ 范数，岭回归模型可以表示为

$$\underset{\beta \in \mathbb{R}^p}{\mathrm{argmin}} \mathrm{RSS} + \lambda \parallel \beta \parallel_2 \tag{3.7.3}$$

当调节参数 $\lambda = 0$ 时，惩罚项不产生作用，岭回归与最小二乘回归的结果相

同。$\lambda$ 越大，惩罚项的作用越强，岭回归的系数估计值越接近 0。岭回归对回归系数进行了一定程度的压缩，但不能压缩为 0。

### 2. LASSO 回归

由于岭回归只能将系数估计值压缩接近 0，$\lambda$ 增大会减小系数绝对值，但无法将系数减为 0，因此没有变量选择的效果。LASSO 回归可以克服这个缺点，其惩罚项是系数的 $L_1$ 范数，LASSO 回归模型可以表示为

$$\underset{\beta \in \mathbb{R}^p}{\mathrm{argmin}} \mathrm{RSS} + \lambda \parallel \boldsymbol{\beta} \parallel_1 \qquad (3.7.4)$$

### 3. 基于 VAR( $p$ ) 的 LASSO 惩罚估计

VAR( $p$ ) 模型的详细公式如下：

$$\boldsymbol{y}_t = \boldsymbol{\nu} + \boldsymbol{\Phi}^1 \boldsymbol{y}_{t-1} + \boldsymbol{\Phi}^2 \boldsymbol{y}_{t-2} + \cdots + \boldsymbol{\Phi}^p \boldsymbol{y}_{t-p} + \boldsymbol{u}_t, \quad \boldsymbol{u}_t \overset{\mathrm{i.i.d}}{\sim} N(0, \boldsymbol{\Sigma}_u) \quad (3.7.5)$$

式中，$\{\boldsymbol{y}_t\}_{t=1}^T$ 为 $k$ 维变量的时间序列；$\boldsymbol{\nu}$ 为 $k \times 1$ 横截项向量；$\boldsymbol{\Phi}^{(l)}$ 为 $k \times k$ 模型变量系数矩阵；$\boldsymbol{u}_t$ 为扰动项，其方差矩阵 $\boldsymbol{\Sigma}_u$ 非奇异。

当用于估计的 $k$ 维向量 $\boldsymbol{y}_t$ 的总样本量为 $T$ 时，式（3.7.5）中的 VAR( $p$ ) 模型可细化为如下形式：

$$\underbrace{\begin{bmatrix} (\boldsymbol{y}_T)^{\mathrm{T}} \\ \vdots \\ (\boldsymbol{y}_p)^{\mathrm{T}} \end{bmatrix}}_{Y} = \underbrace{\begin{bmatrix} (\boldsymbol{y}_{T-1})^{\mathrm{T}} & \cdots & (\boldsymbol{y}_{T-p})^{\mathrm{T}} \\ \vdots & \ddots & \vdots \\ (\boldsymbol{y}_{p-1})^{\mathrm{T}} & \cdots & (\boldsymbol{y}_0)^{\mathrm{T}} \end{bmatrix}}_{X} \underbrace{\begin{bmatrix} (\boldsymbol{\Phi}^1)^{\mathrm{T}} \\ \vdots \\ (\boldsymbol{\Phi}^p)^{\mathrm{T}} \end{bmatrix}}_{B} + \underbrace{\begin{bmatrix} (\boldsymbol{u}_T)^{\mathrm{T}} \\ \vdots \\ (\boldsymbol{u}_p)^{\mathrm{T}} \end{bmatrix}}_{U} \qquad (3.7.6)$$

如此一来，VAR( $p$ ) 模型转化为最常见的线性模型的形式 $\boldsymbol{Y} = \boldsymbol{XB} + \boldsymbol{U}$。为了更形象地说明转化后的线性模型，以机构数量 $k = 2$，VAR( $p$ ) 自回归滞后阶数 $p = 2$，时间总长度（样本总量）仍为 $T$ 为例，线性形式的模型中各成分如下所示：

$$\boldsymbol{Y} = \begin{bmatrix} y_{1T} & y_{2T} \\ y_{1(T-1)} & y_{2(T-1)} \\ \vdots & \vdots \\ y_{12} & y_{22} \end{bmatrix}_{(T-p+1) \times k}, \quad \boldsymbol{X} = \begin{bmatrix} y_{1(T-1)} & y_{2(T-1)} & y_{1(T-2)} & y_{2(T-2)} \\ y_{1(T-2)} & y_{2(T-2)} & y_{1(T-3)} & y_{2(T-3)} \\ \vdots & \vdots & \vdots & \vdots \\ y_{11} & y_{21} & y_{10} & y_{20} \end{bmatrix}_{(T-p+1) \times kp}$$

$$\boldsymbol{B} = \begin{bmatrix} \beta_{11}^1 & \beta_{21}^1 \\ \beta_{12}^1 & \beta_{22}^1 \\ \beta_{11}^2 & \beta_{21}^2 \\ \beta_{12}^2 & \beta_{22}^2 \end{bmatrix}_{(kp) \times k}, \quad \boldsymbol{U} = \begin{bmatrix} u_{1T} & u_{2T} \\ u_{1(T-1)} & u_{2(T-1)} \\ \vdots & \vdots \\ u_{12} & u_{22} \end{bmatrix}_{(T-p+1) \times k} \qquad (3.7.7)$$

式（3.7.7）中矩阵的各个元素均为标量。例如，$y_{it}$ 表示机构 $i$ 在时点 $t$ 的波动率，而矩阵 $\boldsymbol{B}$ 的上半部分 $\begin{bmatrix} \beta_{11}^1 & \beta_{21}^1 \\ \beta_{12}^1 & \beta_{22}^1 \end{bmatrix}$ 则是式（3.7.6）中的 $(\boldsymbol{\Phi}^1)^{\mathrm{T}}$，依次类推。矩阵 $\boldsymbol{Y}$ 的下标 $(T-p+1) \times k$ 表示矩阵 $\boldsymbol{Y}$ 的行数为 $T-p+1$，列数为 $k$。

将式（3.7.5）写成式（3.7.6）的线性形式（$Y = XB + U$），还需要将各个成分向量化，才可以进行 LASSO 惩罚估计。将矩阵 $Y$ 向量化的操作，记为 $\text{vec}(Y)$，则原本维度为 $(T - p + 1) \times k$ 的矩阵将转化为维度为 $(T - p + 1)k \times 1$ 的列向量。以式（3.7.7）中的矩阵 $B$ 为例，对其向量化后得到列向量 $\beta_{q \times 1} = \text{vec}(B) = [\beta_{11}^1 \quad \beta_{12}^1 \quad \beta_{11}^2 \quad \beta_{12}^2 \quad \beta_{21}^1 \quad \beta_{22}^1 \quad \beta_{21}^2 \quad \beta_{22}^2]^{\text{T}}, q = pk^2$。从而，线性模型 $Y = XB + U$ 向量化后变为 $\text{vec}(Y) = \text{vec}(XB) + \text{vec}(U)$。

根据向量化运算公式，$\text{vec}(XB) = (I_k \otimes X)\text{vec}(B)$，其中 $I_k$ 为 $k$ 维单位矩阵，$\otimes$ 为克罗内克积运算。将 $\text{vec}(Y)$ 记为 $Y$，$I_k \otimes X$ 记为 $Z$，$\text{vec}(B)$ 记为 $\beta$，则向量化线性模型 $\text{vec}(Y) = \text{vec}(XB) + \text{vec}(U)$ 可写为

$$Y_{Nk \times 1} = Z_{Nk \times q} \beta_{q \times 1} + \text{vec}(U)_{Nk \times 1}$$

$$Z = I_k \otimes X, \quad N = (T - p + 1), \quad q = pk^2 \tag{3.7.8}$$

式（3.7.8）是基于 VAR($p$）的 LASSO 惩罚估计模型的基本形式。需要估计的系数向量 $\beta$ 的维度是 $pk^2 \times 1$，因此，即使 VAR($p$）的自回归滞后阶数 $p$ 为 1，当机构个数 $k = 69$ 时，需要估计的系数个数也是 $pk^2 = 69^2 = 4761$ 个；而一个时间窗口内的样本量 $T$ 一般不超过 1000 个，因此需要估计的系数个数超过了样本个数。这是一个高维估计问题，需要使用 LASSO 惩罚估计法。

从式（3.7.8）可得到带 LASSO 惩罚项的估计式：

$$\hat{\beta}^{\text{LASSO}} = \underset{\beta \in \mathbb{R}^q}{\text{argmin}} \left\{ \frac{1}{N} \| Y - Z\beta \|_2^2 + \lambda \| \beta \|_1 \right\} \tag{3.7.9}$$

给定长度为 $T$ 的 $k$ 个机构的股价波动率时间序列，可将时间序列数据整理成式（3.7.7）的矩阵形式，然后对构造的矩阵进行向量化运算，得到式（3.7.8）所示的线性模型形式，最后使用相应的 LASSO 惩罚估计算法对式（3.7.9）估计出 VAR($p$）模型的系数。

## 3.8 贝叶斯方法与深度学习

### 3.8.1 引言

贝叶斯分析是数理统计的重要分支，在过去几十年得到了快速发展，在后验推断、参数估计、隐概率模型等机器学习方面发挥了重大的作用，并成功用于投资、人工智能、自然语言等领域中。贝叶斯方法可追溯到 18 世纪，贝叶斯定理的发现存在历史争议（Stigler, 1983），它与频率学派方法在某种意义上是相对立的。在贝叶斯框架中，认为参数本身是随机变量，具有相关的概率分布。贝叶斯估计得到的是参数的概率分布及所有分布信息，如后验众数、后验中位数和后验均值等。理论上，在一定条件下可以证明，很多优良性准则必然对应于特定先验分布

的贝叶斯准则。贝叶斯方法程式化的推断不是机械地套用公式，而是建立在先验分布、损失函数等的慎重选择之上的。频率学派假设模型参数是确定性的，通过大量的观测得到模型参数的一个估计值，认为只有当先验分布依托某个理论或由经验决定且不依赖主观假定时，才能在统计推断中使用。

贝叶斯方法可以用在预测、分类、模型选择等统计基础问题的分析中。实际上与概率预测相关的问题都包含贝叶斯思想，在有限信息前提下得出基于可得数据的最佳预测，即在主观判断基础上（先验概率），根据观察的新信息不断地修正似然函数，得到较高概率的预测结果，现实中已经有很多成功的案例，如垃圾邮件过滤、中文分词、疾病检查等。基于属性条件独立的朴素贝叶斯是一种生成模型，即给定训练样本，对每个潜在的类别建模，通过贝叶斯方法对未来的数据进行预测。

### 3.8.2 基本概念

#### 1. 贝叶斯方法

贝叶斯分析的核心是贝叶斯定理，它是对概率过程"模型→数据"进行反转的通用框架的核心。经典的参数统计模型根据样本做出推断，在取得样本观测值之前，往往对模型的参数有一定的先验知识，结合样本和先验信息形成后验分布是贝叶斯推断的基础。观测值 $x$ 和参数 $\alpha$ 的联合概率密度函数 $P(\alpha, x)$ 可以分解为参数的先验密度函数和数据的似然函数的乘积：$P(\alpha, x) = p(\alpha)P(x \mid \alpha)$。根据贝叶斯定理，参数 $\alpha$ 的后验密度函数为

$$p(\alpha \mid x) = \frac{p(\alpha)p(x \mid \alpha)}{\int p(\alpha)p(x \mid \alpha)\mathrm{d}\alpha} \propto p(\alpha \, p(x \mid \alpha)) \qquad (3.8.1)$$

贝叶斯方法在整合多源数据集上的优势体现在利用先验信息和不确定性建模，将同一研究对象的不同数据集进行整合分析，通过特定先验分布的选择"借用"信息，最大程度利用已有信息实现稀疏性选择。关于先验分布的选择有一定的主观性，为了克服这个问题，有学者提出了无信息先验，如 Jeffreys 先验（Jeffreys，1961）和 Reference 先验（Bernardo，1979）等不变先验分布，即数学上认为在群的作用下具有不变性。

共轭分布综合先验分布和样本信息后不改变参数的分布规律，属于同一分布族，在样本更新后，可视当前的后验分布为后续分析的先验。共轭性在理论和实际分析中都易于实现，是一种重要的选取方法，Jeffreys 原则是选择先验的重要原则，它基于一种不变原理，解决了贝叶斯假设中的一个矛盾，认为合理的、确定的先验分布准则具有相容性。按 Jeffreys 原则决定参数 $\alpha$ 的分布为 $\pi(\alpha)$，以同一原则决定的参数 $\eta = h(\alpha)$ 的先验分布应满足 $\pi(\alpha) = \pi_h[h(\alpha)] \mid h'(\alpha) \mid$。利用

Fisher 信息的不变性可以得到符合要求的 $\pi(\alpha)$，以 Fisher 信息阵作为 $\pi(\alpha)$ 的核是 Jeffreys 原则的一个具体实现。

### 2. 贝叶斯深度学习

贝叶斯深度学习是结合深度学习和贝叶斯模型的概率框架，这个总体框架涉及"感知"和"推理"过程，通过对文本或图像、音频等的感知提升更高层次推理的能力，实现双向反馈和推断。贝叶斯深度学习可以处理很多复杂任务，过去几年，"感知"阶段的任务取得了重大进展，如语音系统和视觉对象的识别，在更高层次的"推理"阶段，包括条件依赖关系的识别、因果关系的推断和不确定性问题的推理等，贝叶斯概率图模型仍然功能强大，如推荐系统中的协同话题回归。

贝叶斯深度学习是一种可扩展的贝叶斯机器学习方法，机器学习中的数据噪声和模型认知都会引起不确定性。贝叶斯方法的核心是后验分布的求解，但由于当时计算能力和数据获得的局限性，将贝叶斯方法用于神经网络的计算和结构的选择时，训练的深度不够。在深度网络中，参数规模很大，多重积分几乎不可求，一般采用近似方法求解。

贝叶斯深度学习在推荐系统、计算机视觉、主题模型、随机最优控制、医疗保险和自然语言处理等多个领域都有成功的案例，这是贝叶斯深度学习对高维信号的有效感知和系统逻辑推理的题中之义。在医学诊断中，通过医学图像、患者描述症状等寻找彼此之间的关系以进行合理诊断，需要"推断"过程，此过程包括识别条件依赖、因果关系等，深度学习能够很好地将深度学习和概率图模型统一到系统的分析框架中。在推荐系统中，贝叶斯深度学习能够高效地处理密集的高维数据，概率图模型用于探索各要素的依赖关系，集成的贝叶斯深度学习可以很好地处理推荐过程中的不确定性，给出具体的贝叶斯处理方法，从而得到更有鲁棒性的预测结果。

### 3.8.3 应用技术

### 1. 贝叶斯网络

贝叶斯网络也称信念网络（Belief Network）或有向无环图模型（Directed Acyclic Graphical Model），是一种概率图模型，于 1985 年由 Judea Pearl 首先提出。它是一种模拟人类推理过程中因果关系的不确定性处理模型，其网络拓扑结构是一个有向无环图（DAG）。每个节点代表一个随机变量，节点之间的边代表相应随机变量之间的概率依赖关系，这些条件的依赖性通过统计方法来估计。我们将有因果关系（或非条件独立）的变量或命题用箭头来连接（换言之，连接两个节点的箭头代表这两个随机变量具有因果关系或非条件独立）。若两个节点间以一个单箭头连接，则表示其中一个节点是"因（Parents）"，另一个节点是"果（Children）"，两节点会产生一个条件概率值，在概率图中，用贝叶斯网络或马尔可夫随机场转换为因子图变量，再结合 Sum-product 等算法高效地求解各变量的边缘分布。

贝叶斯网络是一种不确定性的因果推断模型，其应用范围非常广，在医疗诊断、遗传数据分析、推断网络结构、信息检索、电子技术与工业工程等诸多方面发挥着重要作用，而与其相关的一些问题也是近年来的热点研究课题。它是可以从全局角度表示随机变量联合概率分布的有效建模工具，用于概率推理及决策，具体来说，它在信息不完备的情况下通过可观测随机变量推断不可观测随机变量，将不可观测变量设为随机值进行概率推理。一般而言，贝叶斯网络学习过程包括结构学习和参数学习两个部分。结构学习可以识别随机变量之间存在的概率依赖与独立关系，并以有向无环图的形式直观表示。参数学习通过学习每个随机变量的局部条件概率分布，量化每个变量对其依赖变量的概率依赖程度。

在实际应用中，根据数据集类型的不同，须构建不同类型的贝叶斯网络模型。一般而言，如果数据集包含的随机变量全部服从正态分布，或随机变量全部为连续型随机变量，且通过某种变换后服从正态或近似正态分布，通常需构建高斯贝叶斯网络模型；如果数据集包含的随机变量全部为离散型随机变量，或者数据集为同时包含连续型和离散型随机变量的混合数据时，通常需构建离散贝叶斯网络模型。大多数针对异质数据的整合研究都用朴素贝叶斯来构建多个数据集的整合网络，它可以实现高效、快速的学习和推导。Vaske 等（2010）提出了基于路径识别算法的整合模型（PARADIGM），用于整合不同数据库中的数据，PARADIGM 生成一个得分矩阵，得到的 IPA 揭示了相关交互途径的改变，假阳性较低。

随着高维数据的出现，贝叶斯网络结构学习的常规方法面临新的挑战，贝叶斯网络结构稀疏学习既能简化网络结构，又能保留真实网络蕴含的重要信息，已成为当前贝叶斯网络研究的热点和难点。基于正则化的贝叶斯网络稀疏结构学习是分析高维数据的有效方法，贝叶斯 LASSO 不直接对图结构建模；Wang 等（2012）用块 Gibbs 抽样算法来模拟协方差矩阵，将贝叶斯 LASSO 推广到贝叶斯自适应 LASSO，通过后验精度矩阵进行推导，该方法的性质优于块坐标下降等其他算法。用 Adaptive Group LASSO（自适应组 LASSO）的惩罚项能实现对每个离散变量整体稀疏性的惩罚，进而得到边的稀疏性，并能保证变量选择的一致性。相较于通常的 LASSO，不仅对损失函数中的每一个参数进行惩罚，也能对离散变量的所有水平进行整体的惩罚。

经典的特征模型有因子分析、主成分分析、相关成分分析等，模型中每个数据可以有多个特征，这些特征与数据生成过程直接相关，是降维中应用最普遍的方法。将贝叶斯用于特征模型的估计，如果是高维数据，则需要"正则"先验的设定，与经典 LASSO 实现稀疏性的目的相同。贝叶斯变量选择中常用的先验形式有 Spike-Slab 先验、双指分布、拉普拉斯分布等，以及一些有效的变量选择方法，如

SSVS(Stochastic Search Variable Selection)，它融合了层次先验和扩充数据的 Gibbs 抽样方法。基于模型空间的方法将模型看作一个整体，对选入的变量和参数施加先验，用 RJMCMC 等算法在不同的维度空间进行搜索。

### 2. 贝叶斯分类及回归树(BCART)

多元统计中很多经典的回归模型、主成分分析、因子分析、结构方程模型、典型相关分析、空间计量等都可以用贝叶斯方法进行估计，很多学者都在贝叶斯框架内进行了研究，对比了不同方法的优劣。贝叶斯决策树方法近年来发展迅速，它对给定的数据集可以构造不同的树结构进行描述，很小的扰动可能会导致不同树的拓扑结构大相径庭，基于决策树集合的方法(如 Bagging 和随机森林等)通过决策树自举分布的预测提高估计的稳定性。贝叶斯方法的核心在于为数据集建立完整的概率模型，这是因为根据后验分布进行均值预测的过程与随机森林类似，它本身具有树结构集成算法的特性。

给定树结构 $T = \{I_T, R_T, L_T\}$，$I_T, L_T$ 分别是内部节点和叶子节点，$R_T$ 是决策规则，$\eta(x) \in L_T$ 表示与 $x$ 相关的唯一叶节点，与 $\eta$ 相关的参数 $\theta_\eta \in \Theta_T, \Theta_T = \{\theta_\eta: \eta \in L_T\}$，在 BCART 模型中设树结构 $T \sim \pi(T)$，因变量满足 $Y_i \mid X_i = x, T, \Theta_T \sim f(y \mid \theta_{\eta(x)})$。设 $(T, \Theta_T)$ 的先验分布形式为 $\pi(T, \Theta_T) = \pi_T(T) \prod_{\eta \in L_T} \pi_\theta(\theta_\eta)$，给定 $T$ 时，$\theta_\eta$ 条件独立，树结构的先验分布通常用分支过程，最早由 Chipman 等 (1998)提出。将树中每个节点 $\eta$ 的先验分布分解为 $q(\eta) = \gamma(1 + D(\eta))^{-\beta}$，其中 $D(\eta)$ 表示节点的深度，树的形状和深度依赖于超参数 $\gamma, \beta$ 的选择。

一旦生成拓扑结构，每个分支 $\eta \in I_T$ 便对应一个分解规则 $x_{j(\eta)} \leq C_\eta$，$j(\eta) \sim$ Categorical$(s)$，$s = (s_1, s_2, \cdots, s_P)$ 是概率向量，很多情形下设 $s_j = P^{-1}$，$P$ 是观测 $X_i$ 的维度，但当预测变量的重要性不同时，这种设定是不合适的。在 $j(\eta) = j$ 条件下取 $C_\eta \sim G_{T, \eta}$，其中 $G_{T, \eta}$ 是当变量 $j$ 被分割时不会形成空节点的值集上的分布 $G_j$。在大多数实际应用中 $G_j$ 用经验分布 $(X_{ij}: 1 \leq i \leq N)$ 表示，可以有不同先验分布的选择，取决于生成 $T$ 的拓扑结构是如何生成的。层次先验叶节点数 $L = |L_T| \sim 1 + \text{Poisson}(\lambda)$，基于此，用均匀分布表示树的拓扑结构。也可将 Mondrian 过程用于先验分布的选择，它是一个随机过程 $\{T_t: t > 0\}$，较大的 $t$ 值对应于较好的划分，对 $T$ 的所有参数设定联合先验分布。

### 3. 非参数贝叶斯

在经典的参数模型中，参数的个数是固定的，不会随数据的变化而改变，非参数贝叶斯模型中参数的先验分布具有非参数的特点，参数个数会随着数据的变化自适应地调整，有更强的数据描述能力，这种特性对于解决大数据背景下的复杂问题尤为重要。贝叶斯非参数模型包括未知成分的混合模型、隐式特征模型、刻画连续函数的高斯过程等。经典非参数贝叶斯方法假设数据具有条件独立性或可交换性，与实际中数据间复杂的结构依赖关系不符，借助具有依赖特性的随机过程能够适应不同特征数据的需求。其中，层次 Dirichlet 过程可以自主学习多层模型并用于深层置信网络结构的学习中；空间依赖关系的 Dirichlet 过程可以自动学习隐含特征，具有较好的预测性能和推断结果。

多数据集整合（MDI）模型可以同时整合多个不同类型的数据集，有学者用 Dirichlet 多项分布混合模型对不同的数据集进行建模。Dirichlet 过程是概率测度 $\Omega$ 上的随机过程，由它得到的概率分布是离散的，适用于混合模型的构建。与之等价的随机过程是中国餐馆过程（Chinese Restaurant Process，CRP），它是定义在实数域上具有聚类特征的一类随机过程。印度自助餐过程（Indian Buffet Process，IBP）的非参数特性能自适应地学习模型中数据的特征个数，有更好的数据解释能力，在因子分析、社交网络等问题中也有成功的应用。与 DP 和 CRP 不同的是，截棍过程的棍长之和并不为 1，每种过程都有相应的采样方法和变分优化求解方案。

### 4. 贝叶斯深度学习

对于简单的神经元网络结构（见图 3-18），在深度学习中 $w_i(i = 1,2,\cdots,n)$ 和 $b$ 是确定值，通过梯度下降法迭代更新不改变这一设定。在贝叶斯深度学习中，认为 $w_i(i = 1,2,\cdots,n)$ 和 $b$ 都服从特定分布，通过对权重和偏置进行多次采样，得到多个参数的组合，参数的微小改变对结果的影响能够捕捉，多次采样使结果更加稳健。贝叶斯神经网络是贝叶斯方法和神经网络的结合，很多时候等同于贝叶斯深度学习。

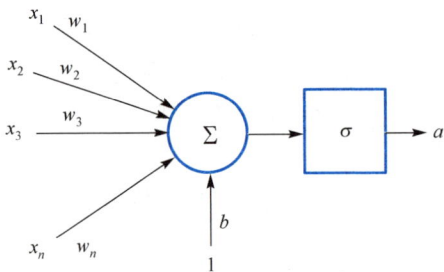

**图 3-18　简单的神经元网络结构**

给定一个训练集 $U = \{(x_1,y_1),(x_2,y_2),\cdots,(x_m,y_m)\}$，用 $U$ 训练贝叶斯神经网络，用贝叶斯公式

$$p(\boldsymbol{w} \mid x,y) = \frac{p(y \mid x,\boldsymbol{w})p(\boldsymbol{w})}{\int p(y \mid x,\boldsymbol{w})p(\boldsymbol{w})\,\mathrm{d}\boldsymbol{w}} \tag{3.8.2}$$

在权重向量 $\boldsymbol{w}$ 的整个取值空间上积分几乎不可行，目前常用的贝叶斯深度学习的

训练方法有三种：用 MCMC 采样近似复杂积分、变分法和蒙特卡洛 Dropout。第三种方法不改变神经网络的结构，只要求神经网络带 Dropout 层，其训练过程与一般神经网络相同，仅在测试时打开 Dropout 层，并多次对同一输入进行向前传导。

贝叶斯深度学习的核心在于"一个框架、两个模块、三种变量"，很多领域的模型都可以放在这个框架下。实际上，通过多次采样，贝叶斯深度学习可以有效地减弱权重微小改变对深度学习的影响，更具稳健性。也可以提供不确定性，包括网络结构参数、任务目标相关参数和信息传递参数的不确定性，用概率分布来表示这些参数可以方便地将这些不确定性统一起来。

### 3.8.4　贝叶斯模型的估计方法

贝叶斯模型的推断是贝叶斯统计的重要步骤，推断方法的选择直接影响模型的性能。有很多估计参数的后验分布的方法，对于共轭分布，直接从后验分布中得到参数的相关信息，通常参数的后验分布是不可解的。贝叶斯方法与最大似然、矩估计等经典方法相比，精度和有效性更高，最直接可行的估计是经验贝叶斯估计，设 $\delta_B(\alpha,\beta)$ 是参数 $\theta$ 的贝叶斯估计，含有超参数 $\alpha,\beta$ 且 $\delta_B(\alpha,\beta)$ 连续，称

$$\delta_{EB} = \iint \delta_B(\alpha,\beta)\pi(\alpha,\beta)\,d\alpha d\beta \tag{3.8.3}$$

为参数 $\theta$ 的 E-Bayes 估计，其中 $\iint \delta_B(\alpha,\beta)\pi(\alpha,\beta)\,d\alpha d\beta < \infty, \pi(\alpha,\beta)$ 是 $\alpha,\beta$ 在取值空间上的密度函数。

在很多实际多参数的复杂模型推断中，计算参数的后验概率并不可行且其分布通常不能以封闭形式表示，可用贝叶斯采样技术来近似后验分布 $p(\alpha|x)$。针对后验分布的复杂形式，很多学者尝试了高维度值积分的难度，有人通过 Mellin 变换、切比雪夫多项式近似和 Cornish-Fisher 展开等分析渐进分布。由于现代计算能力的提高，通过马尔可夫链蒙特卡洛（MCMC）进行后验模拟是贝叶斯推断中最普遍的随机（Stochastic）近似方法，可以解决很多复杂问题。当模型搜索空间很大或不能直接估计时，通过模拟随机数对未知概率分布进行估计，已成为贝叶斯统计中重要的推理计算方法。

#### 1. MCMC 方法

MCMC 方法采用随机采样的思想，模拟粒子不断演化的过程，基本思想是，计算目标函数在特定分布 $p(\alpha)$ 下的期望 $E = \int \phi(\alpha)p(\alpha)\,d\alpha$，用 $\widehat{E} = \frac{1}{N}\sum_{i=1}^{N}\phi(\alpha^i)$ 近似估计，$\alpha^i$ 从 $p$ 中得到，常用的采样方法有重要性采样、拒绝采样和 MCMC 采样等，对于高维数据空间，用前两种方法可能出现维度灾难。若模拟的时间足够长，会收敛到目标分布。在理论上该方法比较精确，但当模型参数很多时，对应

的维度很高，收敛速度很慢。MCMC 算法可用于高维空间，它建立了一个以目标后验分布为稳态分布的马尔可夫链，以 Metropolis-Hastings 算法为主要代表，Gibbs 抽样算法是其特例。在 MCMC 算法中，非随机游走方法具有更快的收敛速度，但模型的表达也会更加复杂，而用随机梯度方法改进相应的基于梯度的采样算法，在一定程度上加快了采样的速度和效率，如 SGLD（Stochastic Gradient Langevin Dynamics）和 SHM（Stochastic Hamiltonian Monte Carlo）等。

### 2. 变分贝叶斯方法

另外一种确定性（Deterministic）近似方法，比随机近似更快、更便于判断收敛性，最具代表性的是变分贝叶斯方法，它是贝叶斯估计和机器学习领域近似计算复杂积分的技术，在隐马尔可夫模型、混合因子分析、动力学及图模型中都有应用。变分贝叶斯方法相对于采样而言更高效，它用一次期望替代了大量的采样，其均值的信息是高密的，采样值的信息是相对稀疏的。变分贝叶斯方法是概率模型的有效求解方法，它利用平均场（MFT）定理找到目标概率模型的近似替代，MFT 可以降低近似联合估计的复杂度。MFT 方法的变分推导对离散和连续隐变量都适用，一次推导迭代更新一个分布，有很多加速算法的有效方案，如基于参数的扩展和模式搜索等。用 KL-Divergence 衡量这两个概率模型间的差异，KL 散度最小时对应的分布即变分推断的合理结果，最小化 KL 散度的过程对应于另外一种近似框架——期望传播（Expectation Propagation）算法。

贝叶斯统计模型中一般包括观测变量和不可观测变量（未知参数和潜变量），对于特定的模型，变分贝叶斯方法给出边际似然函数的下界，近似不可观测变量的后验分布，模型的边际似然值越大则对数据的拟合效果越好。根据变分贝叶斯思想，使用一个便于计算的近似分布 $q$，使其尽可能接近实际的后验分布 $f(\cdot|x)$，并尽可能多地保留信息。可行的方法是用分布 $q(\theta)$ 渐近逼近目标分布，使得最大似然函数 $f(x)$ 的下界得到的分布与目标后验分布函数 $f(\cdot|x)$ 的距离最小。

这里 KL 是真实的对数边际似然函数 $\ln f(x)$ 和 $L(q)$ 的差，它表示用 $q(\theta)$ 拟合真实后验分布时的信息损耗，当 $f(\theta|x) = q(\theta)$ 时 KL 为 0。即

$$\mathrm{KL}(q\|f) = -\int q(\theta)\ln\frac{f(\theta|x)}{q(\theta)}\mathrm{d}\theta \geqslant 0 \Rightarrow \ln f(x) \geqslant \int q(\theta)\ln\frac{f(x,\theta)}{q(\theta)} = L(q)$$

$$(3.8.4)$$

从某种角度看，变分贝叶斯方法是 EM（Expectation Maximization，期望最大）算法的扩展，变分推断与 EM 算法结合即 VBEM 方法。通过迭代搜索最小化 KL 距离的边缘分布来推断隐变量和未知参数，在迭代过程中参数分布的更新步骤分为 VBE 和 VBM。变分贝叶斯推导一般有 4 个步骤：确定先验分布、计算联合分布、确定变分分布形式、计算每个变分因子。变分贝叶斯方法在很大程度上依赖优化的起点，推导过程通常比较复杂，需要更多的优化，这是该方法的局限。

### 3. 贝叶斯深度网络的实现方式

区别于普通神经网络模型，贝叶斯神经网络中所有参数及其输出都是一个分布，当网络层数不多时，可用概率编程工具近似求解。基本操作是给定网络的先验定义和变分推断中的建议分布，求出近似值，通常假设网络中的参数服从高斯分布，输入数据后学习得到近似的后验分布。在深度神经网络方法中，Dropout 方法通过随机丢掉一些边或节点，不断迭代更新进行近似贝叶斯计算，在此基础上提出的 MC-Dropout 方法，等价于近似了一个贝叶斯模型的变分推断，其本质是在训练和测试阶段都打开 Dropout，即令每个参数以一定的概率取零值和非零值：

$$W_i = M_i \text{diag}( [ z_{i,j} ]_{j=1}^{K_i} )$$

$$z_{i,j} \sim \text{Bernoulli}( p_i ), \quad i = 1, 2, \cdots, L; \quad j = 1, 2, \cdots, K_{i-1}$$

(3.8.5)

式中，$M_i$ 为真实参数值，对角线元素 $z_{i,j}$ 服从伯努利（Bernoulli）分布。带 MC-Dropout 的网络学习输出的参数是一个值，在测试阶段需要开启 Dropout 并多次运行以形成一个分布，用伯努利分布近似通过多次采样得到更准确的预测置信度。

贝叶斯神经网络通过在隐藏单元、网络参数和指定条件依赖的模型参数上施加先验，在一定程度上可以避免过拟合，尤其在小样本、数据不足和不平衡样本集上的效果更好。隐式的正则化可以改善过度参数化的神经网络的性能，在数据缺乏时的先验信息可以看作用于指导模型的有效正则化表达。目前已有块坐标下降、贝叶斯条件密度滤波、随机梯度恒温器和随机梯度变分贝叶斯等多种类型的算法，可学习贝叶斯深度学习中的参数。

网络中存在的多种不确定性可以在贝叶斯深度学习框架下统一处理，分别对感知任务和推理任务进行训练等价于假设它们之间交换信息时没有不确定性。但在处理参数化网络的不确定性时也面临很大的挑战，首先，构建一个合理时间复杂度的神经网络贝叶斯公式并非易事，也缺乏可伸缩性；其次，不同任务模块之间的有效信息交换难以保证。

### 4. 分布式推理算法

另外一种适用于大规模数据贝叶斯估计的方法是分布式推理算法，它基于分布式系统的贝叶斯推理方法。在一些模型中参数之间不需要交换信息，只需要适当优化原算法便能在分布式系统上有较好的效果，但复杂模型参数间互相关联，在进行分布式计算时需要修改算法本身，这是大规模数据贝叶斯估计的热点问题之一，目前已有的解决算法包括分布式变分推理和分布式蒙特卡洛方法等。有学者用 GPU（Graphics Processing Units）技术对变分方法和 MCMC 算法加速，借助硬件设备的快速发展配置模型和算法结构，大大提高了运算效率。

贝叶斯深度学习理论方法的完善为进一步提高贝叶斯深度学习的可扩展性奠

定了基础，未来我们可以对现有的应用进行更深入的研究，进而探索更复杂的任务。贝叶斯模型良好的可扩展性和数据适应性在学术界和业界都有大量的研究和应用。如何加强贝叶斯分析的推断过程使其适应大数据时代的复杂数据结构或类型，是需要持续研究的问题，将其与机器学习、并行计算和数据科学等学科交叉会产生新的成果及更广泛的应用前景。

# 3.9 函数型数据分析

## 3.9.1 引言

随着计算机存储能力和在线观测技术的提高，当今数据以曲线和图像的形式存在的越来越多，如金融时间序列数据、移动大数据等。曲线和函数数据的两个最显著特征是高维和相邻数据间高度相关，这使得传统的多元统计分析方法不再适用，而函数型数据分析在处理曲线和图像数据方面具有无可比拟的优势。由于函数型数据本质上是无限维的，这种特征给数据建模和统计推断带来一定的困难，同时也给研究带来许多机会（Ramsay，1991；Ferraty，2006；Wang，2016）。

对函数型数据进行建模和统计推断的关键是对函数变量进行降维，常见的降维方法是对函数型变量进行基展开，写成基函数的线性组合，也可以选择数据驱动的函数主成分基。下面，我们进一步介绍函数型数据分析的基本概念及其在回归、聚类等方面的应用。

## 3.9.2 基本概念

函数型数据是指在紧区域上实值函数的一个实现。以一维函数型数据为例，$X_1(t), X_2(t), \cdots, X_n(t)$ 是在闭区间 $\zeta$ 上随机过程 $X(t)$ 的一个实现。从时间 $t$ 的维度上来说，函数型数据是一种无限维的数据。因此在实际观测中，只能观测到有限的离散时间点 $\{T_{ij}: i = 1,2,\cdots,n; j = 1,2,\cdots,M_i\}$。根据 $M_i$ 的数量大小及取值形式，可以用以下两种方式对函数型数据进行分类（丁辉，2018）。

### 1. 数量大小

① 稠密数据：通常每个 $M_i$ 都比较"大"，依概率收敛域无穷（每条曲线基于自身的观测点就能通过非参数方法很好地拟合出自身的函数曲线）。

② 稀疏数据：通常每个 $M_i$ 都比较"小"，远离无穷大，即 $\sup_{1 \leq i \leq n} n_i < C < \infty$（每条曲线基于自身的观测点无法拟合出函数曲线，需要借助其他曲线的信息）。

### 2. 取值形式

① 均衡数据：每个样本都在相同的时间点取值，即满足 $M_1 = M_2 = \cdots = M_n$；

$= M$，且所有样本的取值点都为 $T_1, T_2, \cdots, T_M$。

② 非均衡数据：不同样本取值的时间点和总共的取值时间点不尽相同，即第 $i$ 个样本的取值点为 $T_{i_1}, T_{i_2}, \cdots, T_{i_{M_i}}$。

若 $X(t)$ 是定义在区间 $\zeta$ 上的随机过程，则称 $\mu_X(t) = E[X(t)]$ 为 $X(t)$ 的均值函数，$G(s,t) = \mathrm{Cov}\{X(s), X(t)\}$ 为 $X(t)$ 的协方差函数。

由于现实中很难得到完全观测且没有测量误差的曲线，所以首先假设

$$W_{ij} = X_i(T_{ij}) + U_{ij}, \quad T_{ij} \in \zeta; \ 1 \leqslant i \leqslant n; \ 1 \leqslant j \leqslant M_i$$

式中，$U_{ij}$ 是独立同分布的观测误差且与 $X_i$ 独立，满足 $E(U_{ij}) = 0, E(U_{ij}^2) = \delta_u^2$。实际上我们观测到的数据为 $\{(T_{ij}, W_{ij}), i = 1, 2, \cdots, n; j = 1, 2, \cdots, M_i\}$，考虑以下两种数据类型的均值函数和协方差函数的估计。

当观测数据稠密且均衡时，即 $T_{ij} = T_j, M_i = M, i = 1, 2, \cdots, n$，均值函数与协方差函数可以通过下面的样本均值和样本协方差函数来估计：

$$\hat{\mu}_X(T_j) = n^{-1} \sum_{i=1}^{n} W_{ij} \tag{3.9.1}$$

$$\hat{G}(T_k, T_l) = n^{-1} \sum_{i=1}^{n} [W_{ik} - \hat{\mu}_X(T_j)][W_{il} - \hat{\mu}_X(T_i)], \quad k \neq l$$

因此，在整个区间 $\zeta$ 上的均值函数与协方差函数可以通过对所有样本点或格子点进行平滑插值得到。并且可以证明，当 $M = M(n) \to \infty$ 时，该方法得到的均值函数和协方差函数的估计是相合估计。

当观测数据非均衡时，可以利用局部多项式方法来估计均值函数和协方差函数。给定 $t \in \zeta$，我们可以极小化

$$\sum_{i=1}^{n} \sum_{j=1}^{M_i} [W_{ij} - \beta_0 - \beta_1(T_{ij} - t)]^2 K_{h_u}(T_{ij} - t) \tag{3.9.2}$$

得到的均值函数 $\mu_X(t)$ 的估计 $\hat{\mu}_X(t) = \hat{\beta}_0$，其中 $K_h(x) = K(x/h)/h$，$K(\cdot)$ 为一元核函数。令 $G_i(T_{ik}, T_{il}) = [W_{ik} - \hat{\mu}_X(T_{ik})][W_{il} - \hat{\mu}_X(T_{il})]$ 为协方差函数的初始估计，给定 $(s,t) \in \zeta \times \zeta$，通过极小化

$$\sum_{i=1}^{n} \sum_{1 \leqslant k \neq l} [G_i(T_{ik}, T_{il}) - \gamma_0 - \gamma_1(T_{ik} - s) - \gamma_2(T_{il} - t)]^2 K_{h_G}(T_{ik} - s) K_{h_G}(T_{il} - t)$$

得到协方差函数 $G(s,t)$ 的估计。

### 3.9.3 应用技术

#### 1. 函数型主成分

函数型主成分把具有无限维特征的函数型数据转换为有限维的得分向量，起到了降维的作用。具体来说，函数型数据的降维是通过对数据轨道 $X_i(t)$ 进行主成分基展开并截断进行降维的。而且函数型数据的主成分本质上是函数

型数据 $X(t)$ 的自协方差算子 $A_G$ 的特征函数，这里 $(A_G g)(t) = \int_{\xi} G(s, t) g(s) \mathrm{d}s$，$g$ 为任意平方可积函数。

根据 Mercer's 定理，协方差函数的谱分解 $G(s,t) = \sum_{k=1}^{\infty} \lambda_k \phi_k(s) \phi_k(t)$，其中 $\lambda_1 \geqslant \lambda_2 \geqslant \cdots \geqslant 0$，$\phi_k(t)$ 构成平方可积空间 $L_2(\xi)$ 的一组正交基，即函数型数据 $X(t)$ 的主成分基。进而，我们可以根据 Karhunen-Loeve 定理对函数型数据 $X_i(t)$ 进行展开：

$$X_i(t) = \mu_X(t) + \sum_{k=1}^{\infty} \zeta_{ik} \phi_k(t) \tag{3.9.3}$$

式中，$\zeta_{ik} = \int_{\xi} [X_i(t) - \mu_X(t)] \phi_k(t) \mathrm{d}t$ 为 $X_i(t)$ 的函数型主成分得分，$\zeta_{ik}$ 对于不同的 $k$ 是不相关的，且满足 $E\zeta_{ik} = 0$，$E\zeta_{ik}^2 = \lambda_k$。

实际上，主成分基是未知的，需要估计。有两种方法可以估计主成分得分 $\zeta_{ik}$，第一种方法是 Yaoelat. (2005) 提出的 PACE (Practical Accuracy Estimation) 方法。令

$$\begin{aligned}
\boldsymbol{W}_i &= (W_{i1}, W_{i2}, \cdots, W_{iM_i})^{\mathrm{T}} \\
\boldsymbol{\phi}_{ik} &= (\phi_k(T_{i1}), \phi_k(T_{i2}), \cdots, \phi_k(T_{iM_i}))^{\mathrm{T}} \\
\boldsymbol{\mu}_{X_i} &= (\mu_X(T_{i1}), \mu_X(T_{i2}), \cdots, \mu_X(T_{iM_i}))^{\mathrm{T}}
\end{aligned} \tag{3.9.4}$$

记 $\boldsymbol{\Sigma}_{W_i}$ 是 $M_i \times M_i$ 矩阵，其中，第 $(j,l)$ 个元素为 $G_i(T_{ij}, T_{il}) + \sigma_{\mu}^2 I(j = l)$。易证明，给定 $\boldsymbol{W}_i$，$\zeta_{ik}$ 的最佳线性无偏预测为 $\widetilde{\zeta}_{ik} = \lambda_k \boldsymbol{\phi}_{ik}^{\mathrm{T}} \boldsymbol{\Sigma}_{W_i}^{-1} (\boldsymbol{W}_i - \boldsymbol{\mu}_{X_i})$。因此，$\zeta_{ik}$ 的一个预测为

$$\widetilde{\zeta}_{ik} = \widetilde{\lambda}_k \widehat{\boldsymbol{\phi}}_{ik}^{\mathrm{T}} \widehat{\boldsymbol{\Sigma}}_{W_i}^{-1} (\boldsymbol{W}_i - \hat{\boldsymbol{\mu}}_{X_i}) \tag{3.9.5}$$

式中，$\hat{\boldsymbol{\phi}}_{ik}$，$\hat{\boldsymbol{\Sigma}}_{W_i}$ 和 $\hat{\boldsymbol{\mu}}_{X_i}$ 可以通过替换 $\boldsymbol{\phi}_{ik}$，$\boldsymbol{\Sigma}_{W_i}$ 和 $\boldsymbol{\mu}_{X_i}$ 中相应的未知量得到。$\zeta_{ik}$ 的另一种预测方法可以由 $\zeta_{ik}$ 的公式通过数值积分得到：

$$\hat{\zeta}_{ik} = \sum_{j=2}^{M_i} [W_{ij} - \hat{\mu}_X(T_{ij})] \phi_k(T_{ij}) (T_{ij} - T_{i,j-1}) \tag{3.9.6}$$

式 (3.9.5) 适用于稀疏观测的数据，而式 (3.9.6) 适用于稠密且没有测量误差的数据。在实际应用中，要对主成分基的个数进行截断，于是可以得到 $X_i(t)$ 的近似表达式：

$$\hat{x}_i^K(t) = \hat{\mu}_X(t) + \sum_{k=1}^{K} \hat{\zeta}_{ik} \hat{\phi}_k(t) \tag{3.9.7}$$

直观上，当截断个数 $K$ 足够大时，上面的展开式是对无限维函数型数据 $X_i(t)$ 的一个很好的近似。可以发现，无限维函数型数据 $X_i(t)$ 所包含的信息可以通过

一个有限维的主成分得分向量 $\zeta_i = (\zeta_{i1}, \zeta_{i2}, \cdots, \zeta_{iK})^{\mathrm{T}}$ 来表示，因此达到了降维的目的。

$K$ 的选取实际上是偏差与方差的一个平衡。$K$ 越大，对 $X_i(t)$ 的近似越精确；偏差越小，对应的每一项估计方差越大。因此，在应用主成分基的时候，要用一些准则来选取截断个数 $K$。关于截断个数 $K$，可以根据累积贡献率（或称为变差解释百分比，定义为 $\mathrm{PVE}(K) = \left\{ \sum_{k=1}^{K} \lambda_k \right\} \bigg/ \left\{ \sum_{k=1}^{\infty} \lambda_k \right\}$）来选取，比如，根据累积贡献率达到90%或者95%来选取，也可以根据交叉验证、AIC（Akaike Information Criterion，赤池信息）准则和 BIC（Bayesian Information Criterion，贝叶斯信息）准则来选取 $K$。

### 2. 函数型数据聚类

在有限维数据的聚类中，关于对象之间的相似性度量有多种定义方式，研究者大多利用距离或相关系数对样品进行聚类，利用相关系数对变量进行聚类。函数型数据具有无穷维特征，因此聚类一般针对样品进行，而要使用已有的聚类算法进行聚类，首要的工作是对函数型数据之间的相异性程度进行度量（严明义，2014）。

#### （1）函数型数据相异性度量

关于函数型数据的相异性度量方法，常见的有 $\mathrm{L}_q$ 距离、基于模型的相异性度量、基于主成分的相异性度量和基于函数曲线极值点的相异性度量，以下重点介绍 $\mathrm{L}_q$ 距离和平方 $\mathrm{L}_2$ 距离。

#### ① $\mathrm{L}_q$ 距离

如果实际的函数型观察数据为 $\{y_{il} : 1 \leqslant l \leqslant n_i; 1 \leqslant i \leqslant N\}$，经过修匀处理后得到的反映数据真实产生过程的函数为 $\{x_i(t) : t \in T; 1 \leqslant i \leqslant N\}$，即 $y_{il}(1 \leqslant l \leqslant n_i; 1 \leqslant i \leqslant N)$ 为 $x_i(t)(t \in T; 1 \leqslant i \leqslant N)$ 在 $t = t_{il}$ 处的观测值。一般情况下，观测数据往往带有观测误差，因此函数型数据分析依赖的基本统计模型为

$$y_{il} = x_i(t_{il}) + \varepsilon_{il}, \quad 1 \leqslant l \leqslant n_i; 1 \leqslant i \leqslant N$$

式中，$\varepsilon_{il}$ 为第 $i$ 个样品第 $l$ 次观测的随机误差（一般要求其具有独立性）。

定义两条曲线（函数）的 $\mathrm{L}_q$ 距离，如式（3.9.8）所示，它可以看作函数型数据版本下的 Minkowski 距离。

$$d(i, j, q) = \left[ \int_T |x_i(t) - x_j(t)|^q \, \mathrm{d}t \right]^{1/q} \tag{3.9.8}$$

显然，当 $q = 1$ 时，

$$d(i, j, 1) = \int_T |x_i(t) - x_j(t)| \, \mathrm{d}t \tag{3.9.9}$$

当 $q = 2$ 时，

$$d(i,j,2) = \left\{ \int_T |x_i(t) - x_j(t)|^2 \, \mathrm{d}t \right\}^{1/2} \tag{3.9.10}$$

当 $q \to \infty$ 时，式(3.9.8)变为

$$d(i,j,\infty) = \sup_T \{ |x_i(t) - x_j(t)| \} \tag{3.9.11}$$

② 平方 $L_2$ 距离

出于与多元数据聚类分析术语一致的考虑，我们分别称式(3.9.9)、式(3.9.10)和式(3.9.11)为函数型数据聚类的绝对值距离、欧式距离（$L_2$ 距离）和切比雪夫距离。在有关函数型数据的聚类文献中，度量两条曲线（函数）相异性的方法，使用最多的是平方欧式距离或平方 $L_2$ 距离（Ferreira 和 Hithcock，2009），即

$$d(i,j) = \int_T |x_i(t) - x_j(t)|^2 \, \mathrm{d}t \tag{3.9.12}$$

平方 $L_2$ 距离具有优良的性质：一方面 $L_2$ 距离有易于计算的数学特征；另一方面，在使用正交基函数的情况下，$L_2$ 距离就是欧式距离。

### (2) 基于降维的函数型数据相异性度量

① 基于模型的函数型数据相异性度量

基于模型的函数型数据相异性度量通过分析数据的生成机制以确定拟合函数型数据的数学模型，然后对模型参数进行估计，最后得到模型参数估计值之间的相异性，作为函数型数据相异性的度量。常见的模型形式有 ARMA 模型、ARIMA 模型（Piccolo，1990）等。基于模型的函数样本相异性度量方法属于函数曲线数值特征的方法，该方法在应用中假定数据具有相同的结构形式，其具体的应用过程如下：

步骤一，确定拟合函数型数据的数学模型。例如，若函数型数据 $x_i(t)$ 具有 AR($p$) 模型形式，则

$$x_i(t) = \phi_{i1}x_i(t-1) + \phi_{i2}x_i(t-2) + \cdots + \phi_{ip}x_i(t-p) + \alpha_{it} \tag{3.9.13}$$

式中，$i = 1, 2, \cdots, N$；$\alpha_{it}$ 为随机误差项。

步骤二，采用合适的方法估计模型中的参数，并用向量表示。例如，在 AR($p$) 模型中，若参数 $\phi_{i1}, \phi_{i2}, \cdots, \phi_{ip}$ 的估计分别为 $\hat{\phi}_{i1}, \hat{\phi}_{i2}, \cdots, \hat{\phi}_{ip}$，则参数估计向量表示为 $\hat{\boldsymbol{\phi}}_i = (\hat{\phi}_{i1}, \hat{\phi}_{i2}, \cdots, \hat{\phi}_{ip})^T$，$i = 1, 2, \cdots, N$。

步骤三，以参数估计向量 $\hat{\boldsymbol{\phi}}_i$ 为聚类对象，采用多源数据聚类分析中合适的距离公式和聚类算法进行聚类，此时函数型数据的聚类分析转化为普通多源数据的聚类分析。

基于模型的函数型数据相异性度量的一个常用方法是基于基函数展开的方法。因为基于具体模型的相异性度量一般要分析数据的生成机制，只有数据的生成过程服从某种具体的数学模型，才可基于该模型参数的估计对样本的相异性进

行刻画。然而，通常情况下数据的生成过程不够明确，因此函数型数据的具体拟合模型难以确定，此时可以考虑运用基于基函数展开的方法。如果观察到的函数型数据具有周期性特征，则可以考虑使用傅里叶基函数，对于非周期性数据，可应用 B 样条（B-Spline）基函数或多项式基函数等。

设 $y_1(t), y_2(t), \cdots, y_N(t)$ 为具有函数型响应的样本，$t \in T$。在许多应用中，仅在有限个时点上对函数进行观测，对函数的估计可利用如下回归模型获得：

$$\boldsymbol{y}_i = \boldsymbol{X}\boldsymbol{b}_i + \boldsymbol{\varepsilon}_i \qquad (3.9.14)$$

式中，$\boldsymbol{y}_i = (\boldsymbol{y}_i(t_{i1}) + \varepsilon_{i1} \cdot \boldsymbol{y}_i(t_{i2}) + \varepsilon_{i1}, \cdots, \boldsymbol{y}_i(t_{in_i}) + \varepsilon_{in_i})^{\mathrm{T}}$，$\boldsymbol{\varepsilon}_i$ 是随机误差构成的向量，$\boldsymbol{b}_i$ 是第 $i$ 个函数的回归系数构成的 $K$ 维列向量，$\boldsymbol{X}$ 是设计矩阵，可通过选择表示函数的基函数来确定。利用最小二乘法可得到回归系数 $\boldsymbol{b}_i$ 的估计 $\hat{\boldsymbol{b}}_i$，即

$$\hat{\boldsymbol{b}}_i = (\boldsymbol{X}^{\mathrm{T}}\boldsymbol{X})^{-1}\boldsymbol{X}^{\mathrm{T}}\boldsymbol{y} \qquad (3.9.15)$$

于是，$N$ 个函数型响应的样本被转化为 $N$ 个 $K$ 维向量 $\hat{\boldsymbol{b}}_i(i = 1, 2, \cdots, N)$，因而对 $N$ 个函数型样本的聚类变为普通的多元数据的聚类问题（Tarpey，2007）。基于基函数展开的函数型数据相异性度量方法实际上是用基函数展开式的系数向量定义原函数，用系数向量定义的距离作为原函数（曲线）的距离，从而将无限维空间中数据的聚类问题转化到有限维空间中进行的。基于基函数展开的函数型数据聚类方法主要分为两步：第一步，将原始观测数据用基函数展开，得到系数向量；第二步，采用合适的距离度量相异性程度，然后再选择合适的聚类算法对系数向量进行聚类。

② 基于主成分的函数型数据相异性度量

在实际应用中，如果研究者对函数型数据的产生过程缺乏先验知识，对数据遵循的数学规律缺了解，则可以考虑直接采用降维技术，即考虑使用函数型主成分分析方法。

设有样本容量为 $N$ 的函数型数据 $x_i(t)$，其中 $i = 1, 2, \cdots, N$，$t \in T$，第 $k$ 个主成分的权函数记为 $g_k(t)$。对于第 $i$ 个样本，其中第 1 个主成分得分为 $z_{i1} = \int_T g_1(t) x_1(t) \mathrm{d}t$，第 $k$ 个主成分得分为 $z_{ik} = \int_T g_k(t) x_i(t) \mathrm{d}t$。

通过求解函数型主成分的数学模型便可得到主成分的权重函数及其贡献率，根据累积贡献率的大小（通常在 85% 以上）选择主成分的个数 $K$。于是，每一个样品 $x_i(t)$（$i = 1, 2, \cdots, N$）对应 $K$ 个主成分得分（$z_{i1}, z_{i2}, \cdots, z_{ik}$）。实际应用中，主成分得分 $z_{ik} = \int_T g_k(t) x_i(t) \mathrm{d}t$，可利用定积分的数值解法计算 $z_{ik}$，但在数据稀疏的情况下，这种方法带来的计算误差相对较大。

通过函数型主成分分析方法对函数型数据进行聚类，实际是将无穷维空间的问题转化到有限维空间来解决，然后在有限维空间对数据运用聚类算法，具体的聚类步骤如下：

**步骤一**，将观测到的离散数据转换成函数型数据。通过基函数或固有模型对离散数据进行拟合并进行光滑处理，然后对每个函数型数据进行中心化处理，最后得到中心化处理后的 $N$ 组函数型数据。

**步骤二**，求解累积贡献率达到85%以上的前 $K$ 个主成分。

**步骤三**，利用公式 $z_{ik} = \int_T g_k(t) x_i(t) \mathrm{d}t \ (i = 1,2,\cdots,N; k = 1,2,\cdots,K)$ 计算主成分得分。

**步骤四**，对 $N$ 组数据 $z_{ik}(i = 1,2,\cdots,N; k = 1,2,\cdots,K)$ 选择多元数据聚类分析中的相异性度量方法和聚类算法进行聚类。

**(3) 基于函数曲线极值点的函数型数据相异性度量**

在函数型数据聚类中，样本(个体)对应的函数曲线或数据产生过程的时间轨迹一般并不具有较相似的几何结构，有些情况下样本可能变化剧烈、多样(如股票的收盘价格)，基于这种形式的函数型数据用直接定义距离的方法(如 $L_2$ 距离)刻画样品之间的相异性程度，往往不能反映函数型数据内在的本质结构，从而导致聚类结构不够理想。鉴于此，一些学者基于函数曲线的极值点特征提出了度量样本之间相异性程度的方法。

**① 基于极值点符号序列的方法**

这种度量函数型数据相异性程度的方法根据函数曲线局部极值点的排列顺序对函数曲线之间相似性进行度量(Ingrassia 等，2003)。

设定义在 $T$ 上的具有连续一阶导数的函数 $x(t)$ 有 $k$ 个局部极值点，根据局部极值点是极大值点还是极小值点定义符号变量 $h_i(i = 1,2,\cdots,k)$：当局部极值点是极大值点时，$h_i = 1$；当局部极值点是极小值点时，$h_i = -1$。令 $H(x) \neq \{h_1, h_2, \cdots, h_k\}$，并用 $|H(x)|$ 表示函数 $x(t)$ 的局部极值点的个数，即 $|H(x)| = k$。这种对函数 $x(t)$ 的极值点序列的符号描述为 $x(t)$ 的标志描述。

对于函数 $x_i(t)$ 和 $x_j(t)$，若 $x_i(t) = x_j(t)$，则 $H(x_i) = H(x_j)$；若 $x_i(t) \neq x_j(t)$，但 $H(x_i) = H(x_j)$，则称函数 $x_i(t)$ 和 $x_j(t)$ 为 $H$ 等价。如果用 $|H(x_i) \cap H(x_j)|$ 表示 $H(x_i)$ 和 $H(x_j)$ 的最大公共子集长度，则 $|H(x_i) \cap H(x_j)|$ 的取值情况如下：

若 $H(x_i) = \varnothing$ 或 $H(x_j) = \varnothing$，则 $|H(x_i) \cap H(x_j)| = 0$；

若 $H(x_i) = H(x_j)$，则 $|H(x_i) \cap H(x_j)| = |H(x_i)|$；

若 $H(x_i) \neq H(x_j)$，但 $|H(x_i)| = |H(x_j)| \geqslant 1$，则 $|H(x_i) \cap H(x_j)| = |H(x_i)| - 1$；

在其他情况下，$|H(x_i) \cap H(x_j)| = \min\{|H(x_i)|, |H(x_j)|\}$。

基于以上分析，定义函数 $x_i(t)$ 和 $x_j(t)$ 之间的距离为

$$d_H(x_i, x_j) = |H(x_i)| + |H(x_j)| - 2|H(x_i) \cap H(x_j)| \qquad (3.9.16)$$

可以证明，该距离公式满足非负性、对称性和三角不等式。

② 基于极值点时间的方法

上述基于符号的距离定义方法仅根据函数极大、极小值的排列顺序对函数曲线的差异情况进行分析，没有考虑极值点的时间特征，Cerioli 等（2005）对该方法进行了拓展。

考虑函数型数据分析的基本统计模型，通过修匀方法可求出拟合数据的匀滑函数 $x_i(t)$，比如，对观测数据序列 $\{y_{il}:1 \leqslant l \leqslant n_i\}$，用带惩罚的最小二乘准则估计 $x_i(t)$，即

$$\min \sum_{j=1}^{n_i} \left[ y_{ij} - x_i(t_{ij}) \right]^2 + \lambda \int_T \left[ D^p x_i(t) \right]^2 \mathrm{d}t \qquad (3.9.17)$$

式中，$\lambda$ 为修匀参数，用以控制函数的光滑程度；$D^p x_i(t)$ 为函数 $x_i(t)$ 的 $p$ 阶导数。为使 $x_i(t)$ 的估计具有光滑的一、二阶导数，通常选择阶数大于 4 的 B-样条法。

在得到 $x_i(t)$ 的估计函数后，求 $x_i(t)$ 的一阶导数，并去掉 $x_i(t)$ 的极值点。由于一般的函数型数据带有随机误差，因此可能得到伪极值，即它使 $x_i(t)$ 的一阶导数为 0，但并不是极值点，而是因数据误差所致。

为了利用极值点提供的信息定义距离，将函数 $x_i(t)$ 取极大值的时间点集合记为 $T_i = \{t_1^{(i)}, t_2^{(i)}, \cdots, t_m^{(i)}\}$。对于初始点的界定，如果在第一个观测时点 $t_{i1}$ 之后，函数 $x_i(t)$ 曲线是下降的，那么设定 $t_1^{(i)} = t_{i1}$；如果在最后一个观测时点 $t_{in_i}$ 之前，函数 $x_i(t)$ 曲线是上升的，那么设定 $t_{m_i}^{(i)} = t_{in_i}$。因此，不管函数曲线形状如何，集合 $T_i$ 不是空集。记 $t_{*k}^{(j)}$ 为 $T_j$ 中距离 $t_k^{(i)}$ 最近的元素，即

$$t_{*k}^{(j)} = \{t_{kT}^{(j)} : |t_k^{(i)} - t_{kT}^{(j)}| = \min\}, \quad k = 1, 2, \cdots, m_i \qquad (3.9.18)$$

据此定义 $x_i(t)$ 到 $x_j(t)$ 的距离。

$$d_{ij} = \sum_{k=1}^{m_i} \frac{|t_k^{(i)} - t_{*k}^{(j)}|}{m_i}, \quad i, j = 1, 2, \cdots, N \qquad (3.9.19)$$

由于上面定义的距离具有方向性，即 $x_i(t)$ 到 $x_j(t)$ 的距离与 $x_j(t)$ 到 $x_i(t)$ 的距离不相等，故对式（3.9.19）进行修正，得到如下测度函数曲线相异性的距离公式：

$$d(i, j) = (d_{ij} + d_{ji})/2, \quad i, j = 1, 2, \cdots, N \qquad (3.9.20)$$

显然，这种基于函数曲线形状度量函数数据相异性的方法，虽然考虑了极值的时间属性，但并没有考虑曲线的规模水平。实际中具有相似形状的函数在取值水平（函数的幅度变化）上往往存在显著的差异，如不同国家或地区的 GDP、气候类似地区的各年耗电量等，如果简单采用极值点时间的距离度量曲线之间的相异性，则可能会将所有的曲线聚成一类，这显然不符合实际。因此，最好的方法是将反映函数波幅程度的量加入距离公式，如 $L_2$ 距离。

相关代码可查询 R 语言包 fd、fdasrvf 和 fdapace。

# 3.10 关联规则的提升

## 3.10.1 引言

关联规则是大数据挖掘中的重要技术之一，在各行业的大数据分析中得到广泛应用。关联规则的概念首先是由 Agrawal R，Imieliski T 和 Swami A（1993）提出的，关联规则挖掘的主要对象是事务数据库。在事务数据库中，考察一些涉及许多属性项的事务：事务 1 中出现了属性甲，事务 2 中出现了属性乙，事务 3 中则同时出现了属性甲和属性乙。那么，属性甲和属性乙在事务中的出现是否有规律可循呢？比如人寿保险，一份保单就是一个事务，保险公司在接受保险前，往往需要记录投保人的详细信息，有时还需要投保人到医院进行身体检查。保单上记录了投保人的年龄、性别、健康状况、工作单位、工作地址、工资水平等。这些投保人的个人信息就可以看作事务中的属性。

实际上，已经有文献从统计学的角度研究关联规则（Brin S，Motwani R 和 Silverstein C，1997；Silverstein C，Brin S，Motwani R 和 Ullman J，1998；张尧庭、谢邦昌、朱世武，2001），用 $\chi^2$ 统计量确定属性集 $A$ 和 $B$ 的相关是不是统计意义上的相关，并用其替代支持度 – 可信度框架评估关联规则；朱建平、来升强（2008）对时态数据挖掘中的关联规则在手机用户消费行为中的应用进行了研究。然而，对于属性集 $A$ 和 $B$，有关属性集 $A$ 的分类知识能在多大程度上预测属性集 $B$ 的分类情况呢？对于这类问题，前述关联规则就无法描述了。相应分析（Benzécri J P，1992）是解决这类问题的有效方法，在此称其为关联规则 $A \leftrightarrow B$ 的"提升"。

## 3.10.2 基本概念

设某一事务数据库的信息系统 $S = \{U, Q, V, f\}$，其中 $Q = \{q_1, q_2, \cdots, q_l\}$ 为属性项集，$U$ 为论域（事务集）。$U$ 中的每一个事务 $x$ 所包含的属性记为 $T$，即 $T \subset Q$。假设有一个属性集 $A$ 和一个事务集 $T$，如果 $A \subset T$，则称事务 $x$ 支持属性 $A$。关联规则的含义可表述为如下形式：$A \rightarrow B$，其中 $A$、$B$ 是两个属性集，$A \subset Q$，$B \subset Q$，且 $A \cap B = \varnothing$。这里我们称 $A$ 为前件，$B$ 为后件。

记 $\widetilde{A}$ 为事件"支持项集 A"，$\widetilde{B}$ 为事件"支持项集 B"，$\widetilde{D}$ 为事件"支持项集 D"，那么，一般可以采用 4 个参数来描述一个关联规则的属性，如表 3-1 所示。

### （1）支持度（Support）

设 $U$ 中有 $s\%$ 的事务同时支持项集 $A$ 和 $B$，则称 $s$ 为关联规则 $A \rightarrow B$ 的支持度，记为 $S(A \rightarrow B)$。实际上，支持度也是前件和后件并集中观测的比例，可以看作在随机选项的"购物篮"中同时观测到两个项集的概率（$P(\widetilde{A} \cap \widetilde{B})$）的估计。

### （2）可信度（Confidence）

设 $U$ 中支持项集 $A$ 的事务中，有 $c\%$ 的事务也同时支持项集 $B$，则 $c\%$ 称为关联规则 $A \rightarrow B$ 的可信度，记为 $C(A \rightarrow B)$。它可以看作在随机选项的"购物篮"中前件发生的条件下观测到后件的概率（$P(\widetilde{B} \mid \widetilde{A})$）的估计。也可表达为

$$C(A \rightarrow B) = \frac{S(A \rightarrow B)}{S(A)} \tag{3.10.1}$$

### （3）期望可信度（Expected Confidence）

设 $U$ 中有 $e\%$ 的事务支持项集 $B$，则 $e\%$ 称为关联规则 $A \rightarrow B$ 的期望可信度，记为 $S(A)$。它可以看作在随机选项的"购物篮"中后件概率（$P(\widetilde{B})$）的估计。

### （4）作用度（Lift）

作用度是可信度与期望可信度的比值，即

$$L(A \rightarrow B) = \frac{C(A \rightarrow B)}{S(A)} \tag{3.10.2}$$

作用度描述了项集 $A$ 的出现对项集 $B$ 的出现会产生多大影响，也就是说，加入"项集 $A$ 出现"这个条件后，项集 $B$ 的出现发生了多大变化。

表 3-1 关联规则参数的统计描述

| 参　数 | 统 计 描 述 |
|---|---|
| 支持度 | "购物篮"中同时观测到两个项集的概率（$P(\widetilde{A} \cap \widetilde{B})$）的估计 |
| 可信度 | "购物篮"中前件发生的条件下观测到后件的概率（$P(\widetilde{B} \mid \widetilde{A})$）的估计 |
| 期望可信度 | "购物篮"中后件概率（$P(\widetilde{B})$）的估计 |
| 作用度 | 可信度与期望可信度的比值（$P(\widetilde{B} \mid \widetilde{A})/P(\widetilde{B})$） |

为了深入分析关联规则的本质，我们从统计学的角度对作用度进行剖析，如果在"购物篮"中观测到"支持项集 A"的事件 $\widetilde{A}$，独立于"支持项集 B"的事件 $\widetilde{B}$ 出现，则有 $P(\widetilde{A} \cap \widetilde{B}) = P(\widetilde{A})P(\widetilde{B})$；否则，事件 $\widetilde{A}$ 和 $\widetilde{B}$ 可以认为是有依赖关系的，或者说是有关联关系的。$\widetilde{A}$ 和 $\widetilde{B}$ 出现依赖关系可以这样来描述：

$$\text{Corr}_{A,B} = \frac{P(\widetilde{A} \cap \widetilde{B})}{P(\widetilde{A})P(\widetilde{B})} \tag{3.10.3}$$

如果 $\text{Corr}_{A,B}$ 的值小于 1，则 $\widetilde{A}$ 的出现和 $\widetilde{B}$ 的出现是负向依存关系；如果 $\text{Corr}_{A,B}$ 的值大于 1，则 $\widetilde{A}$ 的出现和 $\widetilde{B}$ 的出现是正向依存关系；如果 $\text{Corr}_{A,B}$ 的值等于 1，则 $\widetilde{A}$ 和 $\widetilde{B}$ 是独立的，它们之间没有依存关系。这里我们应该注意到，由于 $P(\widetilde{A} \cap \widetilde{B}) = P(\widetilde{A})P(\widetilde{B} \mid \widetilde{A})$，那么，式（3.10.3）等价于 $P(\widetilde{B} \mid \widetilde{A})/P(\widetilde{B})$，这就

是前面提及的作用度。作用度描述了属性集 $A$ 对 $B$ 的影响力大小，也说明属性集 $A$ 和 $B$ 之间在某种程度上存在依存关系。

我们知道，相应分析（Correspondence Analysis）是分析两组或多组变量之间关系的有效方法，在离散情况下，它从资料出发，通过建立因素间的二维或多维列联表对数据进行分析。在此我们要问，这种分析是否有意义？或者说，对于所给的数据是否值得做这种相应分析？进而，如果这种分析可以进行，在几维子空间上建立最优联立表示才是合适的？属性集与属性集（下面表述为因素与因素）之间的关联程度如何描述？这就是相应分析的适应性问题。这个问题不仅对使用者很重要，而且在理论上也有价值，以前很少有文献提到这个问题，在此，我们将做深入分析。

### 3.10.3 相应分析的求解

#### 1. 相关记号和分布轮廓

相应分析问题早在 1933 年就由 Richardson 和 Kuder 提出。1940 年 Fisher 在关于列联表的研究工作中，以一种严格的统计推断观点予以介绍。直到 1973 年，该问题才由法国统计学家 Benzècri 给予完满的解决，后来在理论和应用上得到了广泛的发展，如（Ven de Velden 和 Nedecker，2000）。

为了数学叙述方便，先引进一些基本概念和记号。

一般地，设受制于某个载体总体的两个因素为 $A$ 和 $B$，其中 $A$ 包含 $r$ 个水平，即 $A_1, A_2, \cdots, A_r$；$B$ 包含 $c$ 个水平，即 $B_1, B_2, \cdots, B_c$。对这两组因素进行随机抽样调查，得到一个 $r \times c$ 的二维列联表，记为 $K = (k_{ij})_{r \times c}$，见表 3-2。

**表 3-2　$r \times c$ 的二维列联表**

| 因　素　$A$ | 因　素　$B$ | | | | |
|---|---|---|---|---|---|
| | $B_1$ | $B_2$ | $\cdots$ | $B_c$ | |
| $A_1$ | $k_{11}$ | $k_{12}$ | $\cdots$ | $k_{1c}$ | $k_{1.}$ |
| $A_2$ | $k_{21}$ | $k_{22}$ | $\cdots$ | $k_{2c}$ | $k_{2.}$ |
| $\cdots$ | $\cdots$ | $\cdots$ | $\cdots$ | $\cdots$ | $\cdots$ |
| $A_r$ | $k_{r1}$ | $k_{r2}$ | $\cdots$ | $k_{rc}$ | $k_{r.}$ |
| | $k_{.1}$ | $k_{.2}$ | | $k_{.c}$ | $k = k_{..} = \sum k_{ij}$ |

这里 $k_{i.} = \sum\limits_{j=1}^{c} k_{ij}$ 表示因素 $A$ 的第 $i$ 个水平的样本个数；$k_{.j} = \sum\limits_{i=1}^{r} k_{ij}$ 表示因素 $B$ 的第 $j$ 个水平的样本个数；$k = k_{..} = \sum k_{ij}$ 表示总的样本个数。

将列联表 $K$ 转化为频率矩阵，记为 $F = (f_{ij})_{r \times c}$，相应的二维频率表见表 3-3。

表 3-3 二维频率表

| 因素 $A$ | 因素 $B$ | | | | |
|---|---|---|---|---|---|
| | $B_1$ | $B_2$ | $\cdots$ | $B_c$ | |
| $A_1$ | $f_{11}$ | $f_{12}$ | $\cdots$ | $f_{1c}$ | $f_{1.}$ |
| $A_2$ | $f_{21}$ | $f_{22}$ | $\cdots$ | $f_{2c}$ | $f_{2.}$ |
| $\cdots$ | $\cdots$ | $\cdots$ | $\cdots$ | $\cdots$ | $\cdots$ |
| $A_r$ | $f_{r1}$ | $f_{r2}$ | $\cdots$ | $f_{rc}$ | $f_{r.}$ |
| | $f_{.1}$ | $f_{.2}$ | $\cdots$ | $f_{.c}$ | $1 = f_{..} = \sum f_{ij}$ |

表中 $f_{ij} = k_{ij}/k$ 是属于因素 $A$ 第 $i$ 个水平和因素 $B$ 第 $j$ 个水平的样本的百分比；

$$f_{i.} = \sum_{j=1}^{c} f_{ij}, \quad f_{.j} = \sum_{i=1}^{r} f_{ij}, \quad i = 1, 2, \cdots, r, \quad j = 1, 2, \cdots, c_{\circ}$$ 这里我们记

$$\boldsymbol{f}_r = (f_{1.}, f_{2.}, \cdots, f_{r.})^{\mathrm{T}}, \quad \boldsymbol{f}_c = (f_{.1}, f_{.2}, \cdots, f_{.c})^{\mathrm{T}}$$
$$\boldsymbol{D}_r = \mathrm{diag}(f_{1.}, \cdots, f_{i.}, \cdots, f_{r.}) = \mathrm{diag}(\boldsymbol{f}_r)$$
$$\boldsymbol{D}_c = \mathrm{diag}(f_{.1}, \cdots, f_{.j}, \cdots, f_{.c}) = \mathrm{diag}(\boldsymbol{f}_c)$$

那么有，

$$\boldsymbol{f}_r = \boldsymbol{F}\boldsymbol{1}_c, \quad \boldsymbol{f}_c = \boldsymbol{F}^{\mathrm{T}}\boldsymbol{1}_r$$
$$\boldsymbol{1}_r^{\mathrm{T}}\boldsymbol{f}_r = \boldsymbol{1}_c^{\mathrm{T}}\boldsymbol{f}_c = \boldsymbol{1}_r^{\mathrm{T}}\boldsymbol{F}\boldsymbol{1}_c = 1$$

式中，$\boldsymbol{1}_r = (1, 1, \cdots, 1)_{r \times 1}^{\mathrm{T}}$，$\boldsymbol{1}_c = (1, 1, \cdots, 1)_{c \times 1}^{\mathrm{T}}$。

从数理统计的角度，$K$ 可视为对两个随机变量（$\xi$ 和 $\eta$）调查得到的二维列联表，频率矩阵 $\boldsymbol{F}$ 则表示它们相应的经验联合抽样分布：

$$P\{\xi = i, \eta = j\} = f_{ij}, \quad i = 1, 2, \cdots, r; \quad j = 1, 2, \cdots, c$$

式中，$\xi$ 与 $\eta$ 分别为因素 $A$ 和因素 $B$ 的随机变量。$(f_{1.}, f_{2.}, \cdots, f_{r.})$ 和 $(f_{.1}, f_{.2}, \cdots, f_{.c})$ 分别为二维随机变量 $(\xi, \eta)$ 的抽样边际分布。在此，我们分别称 $\boldsymbol{D}_r$ 和 $\boldsymbol{D}_c$ 为 $\xi$ 和 $\eta$ 的边际矩阵。那么，有条件概率：

$$P\{\eta = j \mid \xi = i\} = \frac{P\{\xi = i, \eta = j\}}{P\{\xi = i\}} = \frac{f_{ij}}{f_{i.}}, \quad j = 1, 2, \cdots, c$$

在此称

$$\boldsymbol{f}_c^i = \left(\frac{f_{i1}}{f_{i.}}, \frac{f_{i2}}{f_{i.}}, \cdots, \frac{f_{ic}}{f_{i.}}\right)^{\mathrm{T}} \in \mathbf{R}^c$$

为因素 $A$ 的第 $i$ 个水平的分布轮廓，称 $\boldsymbol{D}_r^{-1}\boldsymbol{F}$ 为因素 $A$ 的轮廓矩阵。这里应该注意到，$\boldsymbol{f}_c^i, i = 1, 2, \cdots, r$ 是超平面 $x_1 + x_2 + \cdots + x_r = 1$ 的一点集。

同理，因素 $B$ 的第 $j$ 个水平的分布轮廓为

$$\boldsymbol{f}_r^j = \left(\frac{f_{1j}}{f_{.j}}, \frac{f_{2j}}{f_{.j}}, \cdots, \frac{f_{rj}}{f_{.j}}\right)^{\mathrm{T}} \in \mathbf{R}^r$$

并称 $D_c^{-1}F^T$ 为因素 $B$ 的轮廓矩阵,同样 $f_r^j$, $j = 1,2,\cdots,c$ 是超平面 $y_1 + y_2 + \cdots + y_c = 1$ 的一点集。这里有

$$P\{\xi = i \mid \eta = j\} = \frac{P\{\xi = i, \eta = j\}}{P\{\eta = j\}} = \frac{f_{ij}}{f_{\cdot j}}, \quad i = 1,2,\cdots,r$$

最后,我们应该明确:

$$D_r 1_r = F 1_c, \quad 1_r^T D_r 1_r = 1_r^T F 1_c = 1$$

$$D_c 1_c = F^T 1_r, \quad 1_c^T D_c 1_c = 1_c^T F^T 1_r = 1$$

从上面的关系式可以清楚地看到, $D_r$ 和 $D_c$ 中的元素起到了权重的作用,称 $D_r$ 和 $D_c$ 为权重矩阵。

### 2. 相应分析的求解

相应分析的一般求解方法和步骤(胡国定、张润楚,1990)如下。

#### (1)卡方距离意义下的总信息变差

针对因素 $A$ 与因素 $B$ 的轮廓矩阵,引入卡方( $\chi^2$ )距离:

$$d^2(i,i') = \sum_{j=1}^{c} \frac{1}{f_{\cdot j}} \left( \frac{f_{ij}}{f_{i\cdot}} - \frac{f_{i'j}}{f_{i'\cdot}} \right)^2$$

和

$$d^2(j,j') = \sum_{i=1}^{r} \frac{1}{f_{i\cdot}} \left( \frac{f_{ij}}{f_{\cdot j}} - \frac{f_{ij'}}{f_{\cdot j'}} \right)^2 \tag{3.10.4}$$

根据拟合优度的准则,求 $\chi^2$ 意义下的总信息变差:

$$\mathrm{tr}(S) = \mathrm{tr}(Q) = \mathrm{tr}(S^*) = \mathrm{tr}(Q^*)$$

式中,

$$S = F^T D_r^{-1} F D_c^{-1}, \quad Q = F D_c^{-1} F^T D_r^{-1}$$

$$S^* = D_c^{-\frac{1}{2}} F^T D_r^{-1} F D_c^{-\frac{1}{2}}, \quad Q^* = D_r^{-\frac{1}{2}} F^T D_c^{-1} F D_r^{-\frac{1}{2}} \tag{3.10.5}$$

目的是在以上变差信息损失最小的前提下,在低维空间中求因素间关系的最优联立表示。

#### (2)最优联立表示

求 $S$ 和 $Q$ 或 $S^*$ 和 $Q^*$ 的特征值和特征向量。注意, $S$ 、 $Q$ 、 $S^*$ 和 $Q^*$ 有相同的非零特征值,并可证有最大特征值1,故不妨设它们的全部非零特征值为 $\beta_1, \beta_2, \cdots, \beta_{l_0}$, $1 > \beta_1 \geqslant \beta_2 \geqslant \cdots \geqslant \beta_{l_0} > 0$。

设 $u_0, u_1, \cdots, u_{l_0}$ 为 $S$ 的相应特征向量,满足

$$u_i^T D_c^{-1} u_j = \begin{cases} 0, & i \neq j \\ 1, & i = j \end{cases} \tag{3.10.6}$$

设 $v_0, v_1, \cdots, v_{l_0}$ 为 $Q$ 的相应特征向量,满足

$$v_i^T D_r^{-1} v_j = \begin{cases} 0, & i \neq j \\ 1, & i = j \end{cases} \tag{3.10.7}$$

于是 $\boldsymbol{y}_i = \boldsymbol{D}_c^{-\frac{1}{2}} \boldsymbol{u}_i$ , $i = 1,2,\cdots,l_0$ 为 $\boldsymbol{S}^*$ 的对应特征向量; $\boldsymbol{z}_j = \boldsymbol{D}_r^{-\frac{1}{2}} \boldsymbol{v}_j$ , $j = 1,2,\cdots,$ $l_0$ 为 $\boldsymbol{Q}^*$ 的对应特征向量。特别地, $\boldsymbol{u}_0 = \boldsymbol{D}_c \boldsymbol{1}_c$ , $\boldsymbol{v}_0 = \boldsymbol{D}_r \boldsymbol{1}_r$ 。

如果记 $\phi_\alpha = \boldsymbol{D}_c^{-1} \boldsymbol{u}_\alpha$ , $\varphi_\alpha = \boldsymbol{D}_r^{-1} \boldsymbol{v}_\alpha$ , 并称之为第 $\alpha$ 个主因子, $\alpha = 0,1,\cdots,l_0$ , 其中 $\alpha = 0$ 的因子称为平凡因子, 在相应分析中被忽略。由此得到在 $\mathbf{R}^c$ 和 $\mathbf{R}^r$ 空间中分析的对偶关系:

$$\begin{cases} \sqrt{\beta_\alpha}\, \phi_\alpha = \boldsymbol{D}_c^{-1} \boldsymbol{F}^{\mathrm{T}} \varphi_\alpha \\ \sqrt{\beta_\alpha}\, \varphi_\alpha = \boldsymbol{D}_r^{-1} \boldsymbol{F} \phi_\alpha \end{cases}, \quad \alpha = 1,2,\cdots,l_0 \qquad (3.10.8)$$

或

$$\begin{cases} \phi_\alpha = \beta_\alpha^{-\frac{1}{2}} \boldsymbol{D}_c^{-1} \boldsymbol{F}^{\mathrm{T}} \varphi_\alpha \\ \varphi_\alpha = \beta_\alpha^{-\frac{1}{2}} \boldsymbol{D}_r^{-1} \boldsymbol{F} \phi_\alpha \end{cases}, \quad \alpha = 1,2,\cdots,l_0 \qquad (3.10.9)$$

也称之为相应分析的联立表示。当 $\alpha$ 依次取 $1,2,\cdots$ 时, 称之为依次最优联立表示。

### (3) 图示和进一步分析

在相应分析中, 我们通常给定常数 $c_0$ (常取 $80\%$ ), 然后取使得 $\sum_{i=1}^{l} \beta_i \Big/ \sum_{i=1}^{l_0} \beta_i$ $\geqslant c_0$ 的 $l$ , 则可得到在 $l$ 维子空间的最优联立表示:

$$\begin{cases} \sqrt{\beta_\alpha}\, \phi_\alpha = \boldsymbol{D}_c^{-1} \boldsymbol{F}^{\mathrm{T}} \varphi_\alpha \\ \sqrt{\beta_\alpha}\, \varphi_\alpha = \boldsymbol{D}_r^{-1} \boldsymbol{F} \phi_\alpha \end{cases}, \quad \alpha = 1,2,\cdots,l \qquad (3.10.10)$$

特别地, 当 $l = 2$ 时, 可在同一平面上画出两组因素点的投影坐标:

$$(\sqrt{\beta_1}\, \phi_{1j}, \sqrt{\beta_2}\, \phi_{2j}), \quad j = 1,2,\cdots,c$$
$$(\sqrt{\beta_1}\, \varphi_{1i}, \sqrt{\beta_2}\, \varphi_{2i}), \quad i = 1,2,\cdots,r \qquad (3.10.11)$$

在联立表示和图示的基础上分析两因素之间的关系, 包括聚类和判别分析等。

### 3.10.4 相应分析与独立性检验的内在关系

在此, 我们将讨论相应分析适应性, 以奠定理论基础, 主要从两个方面剖析列联表, 一是二维列联表的独立性检验; 二是相应分析中总信息变差的内涵。很少有人在严格意义上把二者联系起来, 现在我们联系起来分析, 将能揭示出独立性检验与相应分析的内在关系。

#### 1. 二维列联表的独立性检验

根据 3.10.3 节的内容可知, 频率矩阵 $\boldsymbol{F}$ 相应的经验联合抽样分布为

$$P\{\xi = i, \eta = j\} = P\{\xi = i\} P\{\eta = j\}, \quad i = 1,2,\cdots,r; \quad j = 1,2,\cdots,c$$

式中，$\xi$ 和 $\eta$ 为因素 $A$ 和 $B$ 的随机变量。则根据数理统计理论（陈希孺、倪国熙，1988），检验两个变量的独立性用如下统计量：

$$W_0 = \sum_{i=1}^{r} \sum_{j=1}^{c} \frac{(kf_{ij} - kf_{i.}f_{.j})^2}{kf_{i.}f_{.j}}$$

$$= k \sum_{i=1}^{r} \sum_{j=1}^{c} \frac{(f_{ij} - f_{i.}f_{.j})^2}{f_{i.}f_{.j}}$$

$$\triangleq k \sum_{i=1}^{r} \sum_{j=1}^{c} (z_{ij})^2 \tag{3.10.12}$$

式中，$z_{ij} = (f_{ij} - f_{i.}f_{.j}) / \sqrt{f_{i.}f_{.j}}$。当假设 $H_0$：两变量 $\xi$ 和 $\eta$ 独立成立时，随着 $k \to \infty$ 时，统计量 $W_0$ 服从自由度为 $(n-1)(p-1)$ 的 $\chi^2$ 分布。

### 2. 总信息变差的量度

我们已经接触到总信息变差的形式，如式（3.10.5）所示，本部分将详细讨论总信息变差的量度问题。

① 在 $\chi^2$ 距离下，以重心计算因素 $A$ 分布轮廓的量度协差阵为

$$S_r D_c^{-1} = F^{\mathrm{T}} D_r^{-1} F D_c^{-1} - f_c f_c^{\mathrm{T}} D_c^{-1} \triangleq \widetilde{S} \tag{3.10.13}$$

式中，

$$S_r = \sum_{i=1}^{r} f_{i.} (f_c^i - f_c)(f_c^i - f_c)^{\mathrm{T}}$$

$$= \sum_{i=1}^{r} f_{i.} f_c^i (f_c^i)^{\mathrm{T}} - f_c f_c^{\mathrm{T}}$$

$$= F^{\mathrm{T}} D_r^{-1} F - f_c f_c^{\mathrm{T}} \tag{3.10.14}$$

$$f_c = \sum_{i=1}^{r} f_{i.} f_c^i = (f_{.1}, f_{.2}, \cdots, f_{.c})^{\mathrm{T}} = \mathbf{1}^{\mathrm{T}} D_c \tag{3.10.15}$$

并且称 $f_c$ 为关于因素 $A$ 分布轮廓的重心。

在 $\chi^2$ 距离下，以原点计算因素 $A$ 分布轮廓的量度协差阵为

$$F^{\mathrm{T}} D_r^{-1} F D_c^{-1} \triangleq S \tag{3.10.16}$$

② 在 $\chi^2$ 距离下，以重心计算因素 $B$ 分布轮廓的量度协差阵为

$$S_c D_r^{-1} = F D_c^{-1} F^{\mathrm{T}} D_r^{-1} - f_r f_r^{\mathrm{T}} D_r^{-1} \triangleq \widetilde{Q} \tag{3.10.17}$$

式中，

$$S_c = \sum_{j=1}^{c} f_{.j} (f_r^j - f_r)(f_r^j - f_r)^{\mathrm{T}}$$

$$= \sum_{i=1}^{r} f_{.j} f_r^j (f_r^j)^{\mathrm{T}} - f_r f_r^{\mathrm{T}}$$

$$= F D_c^{-1} F^{\mathrm{T}} - f_r f_r^{\mathrm{T}} \tag{3.10.18}$$

$$f_r = \sum_{j=1}^{c} f_{.j} \, \boldsymbol{f}_r^j = (f_{.1}, f_{.2}, \cdots, f_{.c})^{\mathrm{T}} = \mathbf{1}^{\mathrm{T}} \boldsymbol{D}_r \tag{3.10.19}$$

并且称 $\boldsymbol{f}_r$ 为关于因素 $B$ 分布轮廓的重心。

在 $\chi^2$ 距离下，以原点计算因素 $B$ 分布轮廓的量度协差阵为

$$\boldsymbol{F} \boldsymbol{D}_c^{-1} \boldsymbol{F}^{\mathrm{T}} \boldsymbol{D}_r^{-1} \triangleq \boldsymbol{Q} \tag{3.10.20}$$

那么，以重心量度的总信息变差为 $\mathrm{tr}(\widetilde{\boldsymbol{S}})$ 和 $\mathrm{tr}(\widetilde{\boldsymbol{Q}})$；以原点量度的总信息变差为 $\mathrm{tr}(\boldsymbol{S})$ 和 $\mathrm{tr}(\boldsymbol{Q})$。这里应该注意到，$\mathrm{tr}(\widetilde{\boldsymbol{S}}) = \mathrm{tr}(\widetilde{\boldsymbol{Q}})$，$\mathrm{tr}(\boldsymbol{S}) = \mathrm{tr}(\boldsymbol{Q})$。

### 3. 相应分析的有关性质及与独立性检验的关系

由上面的分析可知，从因素 $A$ 出发和从因素 $B$ 出发量度总信息变差是一样的，为了叙述方便，我们就因素 $A$ 的分布轮廓展开讨论。

**定理 1** $\boldsymbol{f}_c$ 是 $\widetilde{\boldsymbol{S}} = \boldsymbol{S}_r \boldsymbol{D}_c^{-1}$ 的特征值等于 0 时相应的特征向量；$\boldsymbol{f}_c$ 是 $\boldsymbol{S} = \boldsymbol{F}^{\mathrm{T}} \boldsymbol{D}_r^{-1} \boldsymbol{F} \boldsymbol{D}_c^{-1}$ 的特征值等于 1 时相应的特征向量。

**证：** 由于 $(\boldsymbol{f}_c^i - \boldsymbol{f}_c)^{\mathrm{T}} \boldsymbol{D}_c^{-1} \boldsymbol{f}_c = 0$，由式(3.10.14)知

$$\widetilde{\boldsymbol{S}} \boldsymbol{f}_c = \boldsymbol{S}_r \boldsymbol{D}_c^{-1} \boldsymbol{f}_c = \sum_{i=1}^{r} f_{i.} (\boldsymbol{f}_c^i - \boldsymbol{f}_c)(\boldsymbol{f}_c^i - \boldsymbol{f}_c)^{\mathrm{T}} \boldsymbol{D}_c^{-1} \boldsymbol{f}_c = 0 \tag{3.10.21}$$

说明 $\boldsymbol{f}_c$ 是 $\widetilde{\boldsymbol{S}}$ 的特征值等于 0 时相应的特征向量。

再根据式(3.10.13)、式(3.10.16)及式(3.10.21)，有

$$\begin{aligned} 0 = \widetilde{\boldsymbol{S}} \boldsymbol{f}_c &= \boldsymbol{F}^{\mathrm{T}} \boldsymbol{D}_r^{-1} \boldsymbol{F} \boldsymbol{D}_c^{-1} \boldsymbol{f}_c - \boldsymbol{f}_c \boldsymbol{f}_c^{\mathrm{T}} \boldsymbol{D}_c^{-1} \boldsymbol{f}_c \\ &= \boldsymbol{S} \boldsymbol{f}_c - \boldsymbol{f}_c \end{aligned} \tag{3.10.22}$$

即

$$\boldsymbol{S} \boldsymbol{f}_c = \boldsymbol{f}_c$$

从而，$\boldsymbol{f}_c$ 是 $\boldsymbol{S}$ 的特征值等于 1 时相应的特征向量。定理 1 得证。

**定理 2** 除 $\boldsymbol{f}_c$ 以外，原点协差阵 $\boldsymbol{S} = \boldsymbol{F}^{\mathrm{T}} \boldsymbol{D}_r^{-1} \boldsymbol{F} \boldsymbol{D}_c^{-1}$ 的特征向量 $\boldsymbol{u}_k$ 及其所对应的特征根与重心协差阵 $\widetilde{\boldsymbol{S}} = \boldsymbol{S}_r \boldsymbol{D}_c^{-1}$ 是完全一致的。

**证：** 取重心协差阵 $\widetilde{\boldsymbol{S}}$ 的任一特征向量 $\boldsymbol{u}_k (\boldsymbol{u}_k \neq \boldsymbol{f}_c)$，根据式(3.10.13)和式(3.10.16)有

$$\widetilde{\boldsymbol{S}} \boldsymbol{u}_k = \boldsymbol{S} \boldsymbol{u}_k - \boldsymbol{f}_c \boldsymbol{f}_c^{\mathrm{T}} \boldsymbol{D}_c^{-1} \boldsymbol{u}_k = 0$$

由定理 1 知，$\boldsymbol{f}_c$ 与 $\boldsymbol{u}_k$ 均为 $\widetilde{\boldsymbol{S}}$ 的特征向量，那么，$\boldsymbol{f}_c^{\mathrm{T}} \boldsymbol{D}_c^{-1} \boldsymbol{u}_k = 0$，则

$$\widetilde{\boldsymbol{S}} \boldsymbol{u}_k = \boldsymbol{S} \boldsymbol{u}_k$$

令 $\boldsymbol{u}_k$ 对应的特征值为 $\beta_k$，于是

$$\widetilde{\boldsymbol{S}} \boldsymbol{u}_k = \beta_k \boldsymbol{u}_k$$

相应地，亦有

$$S u_k = \beta_k u_k$$

从而，定理 2 得证。

**定理 3** 在 $\chi^2$ 距离意义下，以重心距离反映 $F$ 的总信息变差与以原点距离反映 $F$ 的总信息变差之间相差单位 1，即 $\operatorname{tr}(S) - \operatorname{tr}(\widetilde{S}) = 1$。

**证：** 由于 $\operatorname{tr}(f_c f_c^T D_c^{-1}) = \operatorname{tr}(f_c^T D_c^{-1} f_c) = \operatorname{tr}(1) = 1$，再由式（3.10.13）和式（3.10.16）得到

$$\operatorname{tr}(\widetilde{S}) = \operatorname{tr}(F^T D_r^{-1} F D_c^{-1}) - \operatorname{tr}(f_c f_c^T D_c^{-1})$$
$$= \operatorname{tr}(S) - 1$$

从而 $\operatorname{tr}(S) - \operatorname{tr}(\widetilde{S}) = 1$。这样，定理 3 得证。

这里我们应该注意到，在 $\chi^2$ 距离意义下，以原点距离反映 $F$ 的总信息变差为 $\sum_{i=1}^r f_{i.} \, d^2(f_c^i, 0) = \operatorname{tr}(F^T D_r^{-1} F D_c^{-1})$，而以重心距离反映 $F$ 的总信息变差为 $\sum_{i=1}^r f_{i.} \, d^2(f_c^i, f_c) = \operatorname{tr}(S_r D_c^{-1})$。

**定理 4** 设二维列联表的频率矩阵为 $F = (f_{ij})_{r \times c}$，样本容量为 $k$，检验两因素独立性的 $\chi^2$ 统计量为 $W_0$，以重心和原点计算因素 $A$ 分布轮廓的量度协差阵分别为 $S_r D_c^{-1}$ 和 $F^T D_r^{-1} F D_c^{-1}$，则

$$k \operatorname{tr}(S_r D_c^{-1}) = W_0 \quad \text{或} \quad k(\operatorname{tr}(F^T D_r^{-1} F D_c^{-1}) - 1) = W_0$$

**证：** 在此我们对用重心距离的表示详细证明，这一距离相应的总信息变差为

$$\operatorname{tr}(S_r D_c^{-1}) = \sum_{i=1}^r f_{i.} \, d^2(f_J^i, f_J)$$
$$= \sum_{i=1}^r f_{i.} \sum_{j=1}^c \frac{1}{f_{.j}} \left( \frac{f_{ij}}{f_{i.}} - f_{.j} \right)^2$$
$$= \sum_{i=1}^r \sum_{j=1}^c \frac{(f_{ij} - f_{i.} \, f_{.j})^2}{f_{i.} \, f_{.j}}$$
$$= \sum_{i=1}^r \sum_{j=1}^c (z_{ij})^2$$
$$= \frac{W_0}{k}$$

即

$$k \operatorname{tr}(S_r D_c^{-1}) = W_0 \qquad (3.10.23)$$

根据上面的结论，由定理 3 容易得到 $\operatorname{tr}(F^T D_r^{-1} F D_c^{-1}) = \left( \dfrac{W_0}{k} \right) + 1$。从而

$$k(\operatorname{tr}(F^T D_r^{-1} F D_c^{-1}) - 1) = W_0 \qquad (3.10.24)$$

这样，定理 4 得证。

这里需要说明的是，如果以重心和原点计算因素 $B$ 分布轮廓的量度协差阵分别为 $S_c D_r^{-1}$ 和 $F^T D_c^{-1} F D_r^{-1}$，同样亦有：

$$k \, \mathrm{tr}(S_c D_r^{-1}) = W_0$$
$$k(\mathrm{tr}(F D_c^{-1} F^T D_r^{-1}) - 1) = W_0 \tag{3.10.25}$$

### 3.10.5　相应分析的适应性检验

#### 1. 适应性检验的基本思想

根据数理统计理论，检验两个变量的独立性用式(3.10.12)所示统计量，即

$$W_0 = k \left( \sum_{i=1}^{r} \sum_{j=1}^{c} \frac{f_{ij}^2}{f_{i.} f_{.j}} - 1 \right) \tag{3.10.26}$$

另外，我们注意到总信息变差

$$\mathrm{tr}(F^T D_r^{-1} F D_c^{-1}) = \mathrm{tr}(D_c^{-\frac{1}{2}} F^T D_r^{-1} F D_c^{-\frac{1}{2}}) = 1 - \sum_{i=1}^{l_0} \beta_i \tag{3.10.27}$$

式中，$\beta_i$，$i = 1, 2, \cdots, l_0$ 均为非零特征值，且要求 $1 > \beta_1 \geqslant \cdots \geqslant \beta_{l_0} > 0$。由定理 4 知

$$W_0 = k(\mathrm{tr}(F^T D_r^{-1} F D_c^{-1}) - 1) = k \sum_{i=1}^{l_0} \beta_i \tag{3.10.28}$$

即统计量 $W_0$ 就是相应分析中小于 1 的特征值和的 $k$ 倍。因此，检验零假设 $H_0$：两变量(两因素)独立是否成立，完全取决于抽样大小 $k$ 和小于 1 的特征值和的大小。给定显著性水平 $\alpha$，如果 $k \sum_{i=1}^{l_0} \beta_i < \chi^2_{(r-1)(c-1), \alpha}$，则认为在显著性水平 $\alpha$ 下两组因素是独立的，也就是说没有必要做相应分析，或者说不值得进行上述的相应分析了。这说明所得到的列联表数据仅仅是反映随机误差的，而没有包含两组因素的关联信息，这时如果仍然进行相应分析的话，所得的结果只能是虚假的。

如果拒绝了零假设，则认为适合用相应分析来讨论两组因素之间的关联关系。那么，人们会进一步问，在适合用相应分析的条件下，应该用分析中的多少个特征值或在多少维投影子空间才能反映两组因素的关联关系，而其余的则不是呢？这就需要进一步检验了。

#### 2. 相应分析的适应性检验

我们对频率矩阵 $F$ 进行进一步的分析(张润楚、朱建平，2002)，根据相应分析的求解步骤和式(3.10.26)与式(3.10.27)知，统计量 $W_0$ 就是下列矩阵的迹：

$$T^T T$$

其中，

$$T = \left( \frac{f_{ij}}{\sqrt{f_{i.} f_{.j}}} - \frac{f_{i.} f_{.j}}{\sqrt{f_{i.} f_{.j}}} \right)_{r \times c} = D_r^{-\frac{1}{2}} F D_c^{-\frac{1}{2}} - D_r^{\frac{1}{2}} 1_r 1_c^T D_c^{\frac{1}{2}} \tag{3.10.29}$$

在此我们引入如下定义。

**定义1** 设二维列联表的频率矩阵为 $\boldsymbol{F}$，相对于因素 $A$ 与因素 $B$ 的权重矩阵为 $\boldsymbol{D}_r$ 和 $\boldsymbol{D}_c$，则称 $\boldsymbol{D}_r^{-\frac{1}{2}} \boldsymbol{F} \boldsymbol{D}_c^{-\frac{1}{2}}$ 为 $\chi^2$ 标准化频率矩阵。

**定理5** 独立性检验的 $\chi^2$ 统计量 $W_0$ 是 $\chi^2$ 标准化频率矩阵在正交于矩阵 $\boldsymbol{S}$ 或 $\boldsymbol{Q}$ 的最大特征值为1时对应的平凡子空间的空间的 $k$ 倍变差。

**证**：对 $\chi^2$ 标准化频率矩阵 $\boldsymbol{D}_r^{-\frac{1}{2}} \boldsymbol{F} \boldsymbol{D}_c^{-\frac{1}{2}}$ 进行奇异值分解：

$$\boldsymbol{D}_r^{-\frac{1}{2}} \boldsymbol{F} \boldsymbol{D}_c^{-\frac{1}{2}} = \boldsymbol{D}_r^{\frac{1}{2}} \boldsymbol{1}_r \boldsymbol{1}_c^{\mathrm{T}} \boldsymbol{D}_c^{\frac{1}{2}} + \sum_{i=1}^{l_0} \sqrt{\beta_i} \, \boldsymbol{D}_r^{-\frac{1}{2}} \boldsymbol{v}_i \boldsymbol{u}_i^{\mathrm{T}} \boldsymbol{D}_c^{-\frac{1}{2}} \tag{3.10.30}$$

这里 $\boldsymbol{u}_i$ 和 $\boldsymbol{v}_i$ 分别是矩阵 $\boldsymbol{S}$ 和 $\boldsymbol{Q}$ 对应于小于1的第 $i$ 大特征值 $\beta_i$ 的特征向量，且满足

$$\boldsymbol{u}_i^{\mathrm{T}} \boldsymbol{D}_c^{-1} \boldsymbol{u}_j = \begin{cases} 0, & i \neq j \\ 1, & i = j \end{cases} \quad \text{和} \quad \boldsymbol{v}_i^{\mathrm{T}} \boldsymbol{D}_r^{-1} \boldsymbol{v}_j = \begin{cases} 0, & i \neq j \\ 1, & i = j \end{cases}$$

式中，$\boldsymbol{D}_c^{-\frac{1}{2}} \boldsymbol{u}_i$ 和 $\boldsymbol{D}_r^{-\frac{1}{2}} \boldsymbol{v}_i$ 分别为矩阵 $\boldsymbol{S}^* = \boldsymbol{D}_c^{-\frac{1}{2}} \boldsymbol{F}^{\mathrm{T}} \boldsymbol{D}_r^{-1} \boldsymbol{F} \boldsymbol{D}_c^{-\frac{1}{2}}$ 和 $\boldsymbol{Q}^* = \boldsymbol{D}_r^{-\frac{1}{2}} \boldsymbol{F} \boldsymbol{D}_c^{-1} \boldsymbol{F}^{\mathrm{T}} \boldsymbol{D}_r^{-\frac{1}{2}}$ 对应于小于1的第 $i$ 大特征值的标准特征向量，特别地，$\boldsymbol{D}_c^{\frac{1}{2}} \boldsymbol{1}_c$ 和 $\boldsymbol{D}_r^{\frac{1}{2}} \boldsymbol{1}_r$ 分别为 $\boldsymbol{S}^*$ 和 $\boldsymbol{Q}^*$ 对应于最大特征值1的标准化特征向量。

从而可知式(3.10.30)就是 $\chi^2$ 标准化频率矩阵在依特征值大小排序的正交特征子空间的奇异分解。

又由于式(3.10.30)中第一项是在最大特征值1对应的子空间的投影，具有变差1，显然这一项是平凡的。由定理4知，独立性检验的 $\chi^2$ 统计量 $W_0$ 正是 $\chi^2$ 标准化频率矩阵在正交于这一平凡子空间的空间的 $k$ 倍变差。从而，定理5得证。

针对独立性检验，在两组因素独立的零假设下，即假设总体分布 $\boldsymbol{F} = (f_{ij})_{r \times c}$ 时，根据拟合优度检验的有关理论（陈希孺、倪国熙，1988），统计量 $W_0$ 渐近服从自由度为 $(r-1)(c-1)$ 的 $\chi^2$ 分布。由定理5知，独立检验的零假设 $H_0$ 可表达为总体的 $\chi^2$ 标准化分布，有分解：

$$\boldsymbol{D}_r^{-\frac{1}{2}} \boldsymbol{F} \boldsymbol{D}_c^{-\frac{1}{2}} = \boldsymbol{D}_r^{\frac{1}{2}} \boldsymbol{1}_r \boldsymbol{1}_c^{\mathrm{T}} \boldsymbol{D}_c^{\frac{1}{2}} \tag{3.10.31}$$

如果假设被拒绝，则认为至少可进行一步相应分析，即认为至少变差 $\beta_1$ 是反映两组因素有关联关系的。

如果仅这一个变差反映这两组因素有关联关系（记为零假设 $H_{10}$），即假设总体 $\chi^2$ 标准化分布矩阵有分解：

$$\boldsymbol{D}_r^{-\frac{1}{2}} \boldsymbol{F} \boldsymbol{D}_c^{-\frac{1}{2}} = \boldsymbol{D}_r^{\frac{1}{2}} \boldsymbol{1}_r \boldsymbol{1}_c^{\mathrm{T}} \boldsymbol{D}_c^{\frac{1}{2}} + \sqrt{\beta_1} \, \boldsymbol{D}_r^{-\frac{1}{2}} \boldsymbol{v}_1 \boldsymbol{u}_1^{\mathrm{T}} \boldsymbol{D}_c^{-\frac{1}{2}} \tag{3.10.32}$$

假设 $H_{10}$ 可表达为：总体分布矩阵 $\boldsymbol{F} = (f_{i.} f_{.j} + \sqrt{\beta_1} \, v_{1i} u_{1j})_{r \times c}$，其中 $\boldsymbol{v}_1 = (v_{11}, v_{12}, \cdots, v_{1r})^{\mathrm{T}}$ 和 $\boldsymbol{u}_1 = (u_{11}, u_{12}, \cdots, u_{1c})^{\mathrm{T}}$ 分别为分布总体下对应矩阵 $\boldsymbol{S}$ 和 $\boldsymbol{Q}$ 小于1的最大特征值 $\beta_1$ 的特征向量，且满足式(3.10.6)和式(3.10.7)，其他参数也为总体参数。

为检验该假设，取统计量
$$W_1 = W_0 - k\beta_1$$
记式 (3.10.32) 两边的样本之差为
$$T_1 = D_r^{-\frac{1}{2}} F D_c^{-\frac{1}{2}} - D_r^{\frac{1}{2}} \mathbf{1}_r \mathbf{1}_c^{\mathrm{T}} D_c^{\frac{1}{2}} - \sqrt{\beta_i} D_r^{-\frac{1}{2}} v_1 u_1^{\mathrm{T}} D_c^{-\frac{1}{2}}$$
则有
$$W_1 = k\,\mathrm{tr}(T_1^{\mathrm{T}} T_1) = k \sum_{i=1}^{r} \sum_{j=1}^{c} \frac{(f_{ij} - f_{i.} f_{.j} - \sqrt{\beta_1}\, v_{1i}\, u_{1j})^2}{f_{i.} f_{.j}}$$

根据拟合优度检验的有关理论（陈希孺、倪国熙，1988）可知，统计量 $W_1$ 渐近服从自由度为 $(r-2)(c-2)$ 的 $\chi^2$ 分布。

一般地，考虑零假设 $H_{l0}$：有且仅有前 $l(\leqslant l_0)$ 个变差 $\sum\limits_{i=1}^{l} \beta_i$ 反映两组因素关联关系，即其总体的分布矩阵满足

$$F = \left( f_{i.} f_{.j} + \sum_{m=1}^{l} \sqrt{\beta_m}\, v_{mi}\, u_{mj} \right)_{r \times c} \tag{3.10.33}$$

或者说，总体 $\chi^2$ 标准化分布矩阵有分解

$$D_r^{-\frac{1}{2}} F D_c^{-\frac{1}{2}} = D_r^{\frac{1}{2}} \mathbf{1}_r \mathbf{1}_c^{\mathrm{T}} D_c^{\frac{1}{2}} + \sum_{i=1}^{l} \sqrt{\beta_i}\, D_r^{-\frac{1}{2}} v_i u_i^{\mathrm{T}} D_c^{-\frac{1}{2}} \tag{3.10.34}$$

为检验该假设，取统计量

$$W_l = W_0 - k \sum_{m=1}^{l} \beta_m \tag{3.10.35}$$

则有

$$W_l = k \sum_{i=1}^{r} \sum_{j=1}^{c} \frac{(f_{ij} - f_{i.} f_{.j} - \sum\limits_{m=1}^{l} \sqrt{\beta_m}\, v_{mi}\, u_{mj})^2}{f_{i.} f_{.j}} \tag{3.10.36}$$

同样根据拟合优度检验的有关理论可知，统计量 $W_l$ 渐近服从自由度为 $(r-l-1)(c-l-1)$ 的 $\chi^2$ 分布。

综上，这样就得到了相应分析的依次检验程序：对于给定的显著性水平 $\alpha$，首先对零假设 $H_0$ 检验，计算统计量 $W_0$，判断 $W_0$ 是否大于临界值 $\chi^2_{(r-1)(c-1),\alpha}$，如果否，则检验结束，认为两因素之间不存在关联关系，并称因素 $A$ 和因素 $B$ 具有零度关联性，不必进行相应分析；如果是，则对零假设 $H_{10}$ 进行检验，计算统计量 $W_1$，判断 $W_1$ 是否大于临界值 $\chi^2_{(r-2)(c-2),\alpha}$，如果否，则检验结束，并称两因素具有一度关联性，可取一个特征值 $\beta_1$ 进行相应分析；重复上述检验和相应分析，直到对某个 $l$，算得统计量 $W_l$ 对检验假设 $H_{l0}$ 被拒绝，而统计量 $W_{l+1}$ 对检验假设 $H_{(l+1)0}$ 被接受，则结束检验，称两因素有 $l$ 度关联性，这时可选取 $l$ 个特征值 $\beta_1, \beta_2, \cdots, \beta_l$ 进行相应分析，描述因素之间的关联关系。

**2. 移动通信用户话费多度相应分析**

某地区中国移动通信用户数据库中，某年 7 个月的用户缴费资料共计 149632

条信息，由于用户信息可能随时有变动，如用户转机（用户类型发生变化），为了更清楚地反映属性项的变动情况，我们按月建立数据库，并根据消费分类（见表3-4）构造列联资料。为了具有针对性，我们将对某年1月的移动通信用户本地（$X$）与长途话费（$Y$）进行多度关联相应分析。在此对于本地话费的欠费一类不加考虑，这是十分异常的情形。

表3-4　某地区中国移动通信消费分类

| 项　　目 | 类　　别 | | | | | |
|---|---|---|---|---|---|---|
| | 1 | 2 | 3 | 4 | 5 | 6 |
| 本地话费（元） | 0 | 0～100 | 100～300 | 300～500 | 500～1000 | 1000以上 |
| 长途话费（元） | 0 | 0～100 | 100～300 | 300～500 | 500～1000 | 1000以上 |
| 漫游费（元） | 0 | 0～100 | 100～300 | 300～500 | 500～1000 | 1000以上 |

针对资料提供的参数 $k = 21053$，$n = 5$，$p = 5$，进行多度相应分析，得到移动通信用户本地与长途话费的适应性检验（见表3-5）、多度关联图及三维关联相应分析图（见图3.19），通过分析我们挖掘出许多有价值的知识：

① 从1度关联图和2度关联图可以看到，3档长途与4档本地话费、4档长途与5档本地话费关联性极强；两种话费的其他类关联性较强。

② 从3度关联图和4度关联图知，长途话费的5、6档与本地话费的6档出现离群现象。说明本地话费与移动通信的高消费还有一定的距离。

③ 用三维关联相应分析图进行可视化，可进一步描述长途话费和本地话费不同档次的分布，从全局的角度把握两因素之间各类的关联性。例如，本地话费1档（$x_1$），从不同的角度看，它有离群性，但是与本地话费（$x_6$）相比，离群性就弱得多，针对这种情形，我们就要借助高度关联进行分析。

通过相应分析的适应性研究的具体应用，我们发现原有的相应分析结果有片面性，进行多度关联分析和多维相应分析可视化，不仅可以弥补原有相应分析的不足，而且可以从不同的角度把握因素之间细微的关联关系。

表3-5　移动通信用户某年1月本地话费与长途话费的适应性检验

| 假 设 检 验 | 统 计 量 值 | $\chi^2$自由度 | 显著性水平 $\alpha$ | 临 界 值 | 检 验 结 果 |
|---|---|---|---|---|---|
| $H_0$ | $W_0 = 3.4277e + 3$ | 25 | 0.05 | 14.61 | 拒绝 |
| $H_{10}$ | $W_1 = 253.6108$ | 16 | 0.05 | 7.96 | 拒绝 |
| $H_{20}$ | $W_2 = 53.3531$ | 9 | 0.05 | 3.33 | 拒绝 |
| $H_{30}$ | $W_3 = 8.1850$ | 4 | 0.05 | 0.71 | 拒绝 |
| $H_{40}$ | $W_4 = 2.2342$ | 1 | 0.05 | 0.01 | 拒绝 |

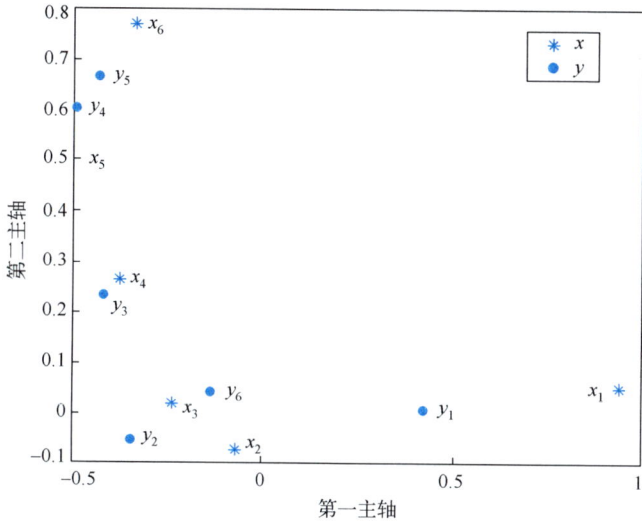

(a)1度关联相应分析

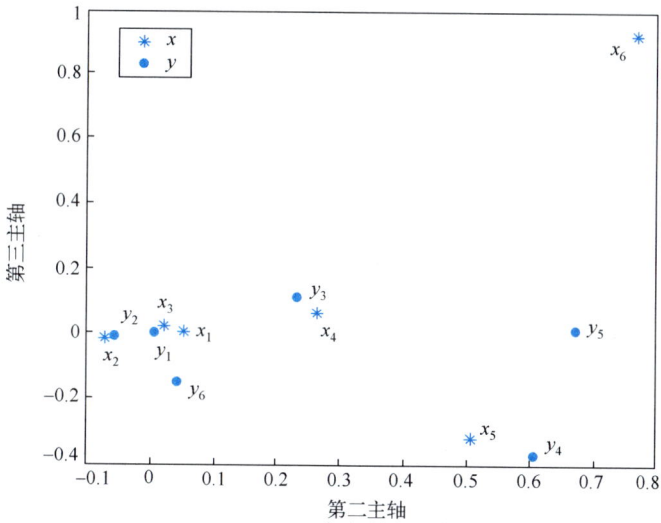

(b)2度关联相应分析

**图3.19 移动通信用户本地话费与长途话费多度相应分析图**

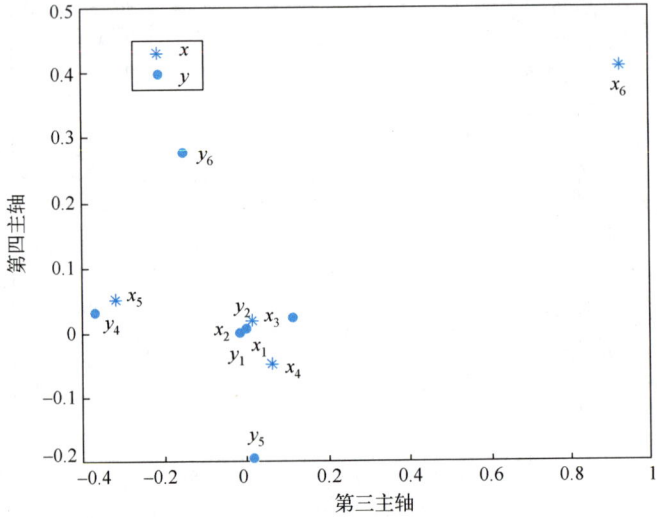

(c) 3度关联相应分析

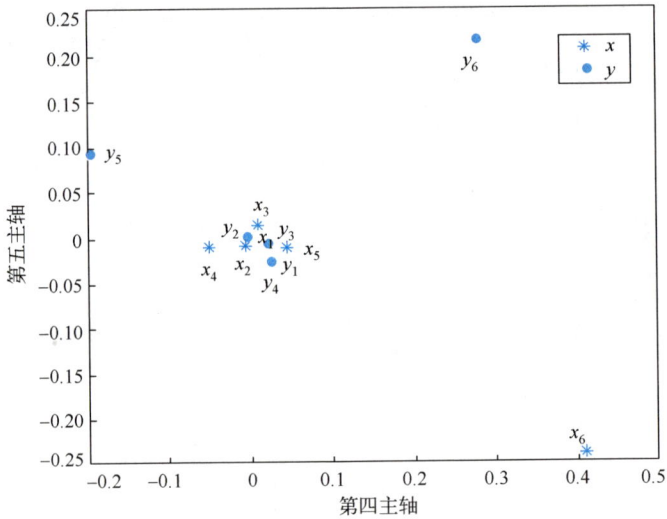

(d) 4度关联相应分析

图 3.19（续） 移动通信用户本地话费与长途话费多度相应分析图

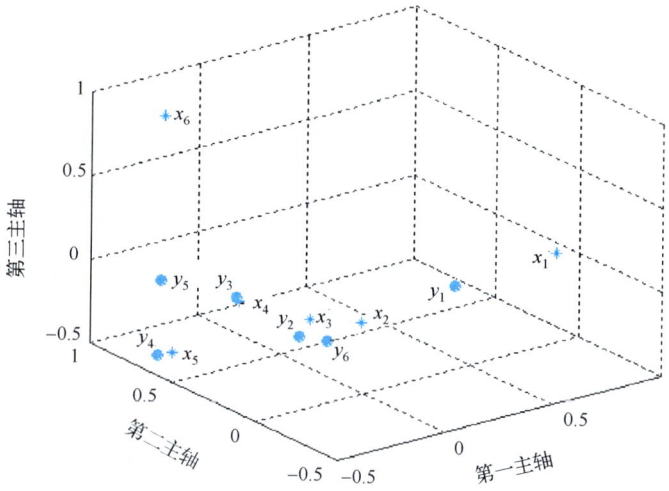

(e)三维关联相应分析

**图 3.19（续）　移动通信用户本地话费与长途话费多度相应分析图**

# 第 4 章

# 计算社会经济学应用研究

# 4.1 新冠肺炎疫情新闻对原油期货价格波动率的预测研究

## 4.1.1 案例背景

随着信息技术的大幅升级,新闻和观点的传播几乎是瞬时发生的。研究表明,使用移动设备进行互动并根据新闻和观点做出财务决策已成为一种可行且常规的交易策略(Groß-Klußmann,2011)。近年来,新型冠状病毒肺炎(新冠肺炎)的暴发引起了全世界媒体的广泛关注,媒体报道倾向于强调严重性(Blendon 等,2004;Mairal,2011;Younget 等,2013)。与新冠肺炎相关的新闻和观点会引起公众恐慌并影响投资者的情绪(Tetlock,2007)。新冠肺炎疫情和铺天盖地的相关消息,使得原油期货市场遭受了巨大损失。例如,2020 年 3 月 19 日,西德克萨斯中质原油(WTI)期货价格为 25.16 美元/桶,布伦特原油期货价格为 27.91 美元/桶,创下 2002 年以来的历史新低。更令人震惊的是,原油期货价格首次跌至 0 美元/桶,然后跌至负值(-37.63 美元/桶)。这在全球原油期货交易市场上是罕见的,凸显了供需严重失衡和库存即将告罄,对市场的每个参与者都产生了巨大影响。

近几年来,新闻报道对原油期货市场的影响越来越受到学者们的关注。人们的共识是,新闻具有预测能力,在预测原油期货未来市场动态时,尤其是在经济不确定时期,新闻的作用是不可忽视的(Narayan,2019)。事实上,价格压力假说指出,个人投资者没有足够的时间、知识、经验或精力来考察所有的原油期货,他们一般会购买吸引他们注意的或正在被广泛讨论的原油期货(Nofsinger 和 Sias,1999;Barber 和 Odean,2008)。可以合理地得出结论,新闻可以吸引投资者的注意力,并且往往会产生一定的收益(Takeda 和 Wakao,2014)。此外,网络分析背后的理论基础强调,个人投资者主要依靠新闻反馈策略来判断股票的未来前景(Bange,2000)。

可观的新闻一般与重大事件有关,重大事件引发的新闻瞬间就能成为热点。一方面,重大事件可能影响原油期货市场。先前的研究已经确定了原油期货市场对灾难、政治事件等的反应(Kowalewski 和 Spiewanowski,2020;Bash 和 Alsaifi,2019;Shanaev 和 Ghimire,2019)。此外,关于流行性疾病(特别是新冠肺炎)对原油期货市场的影响的研究很少。新冠肺炎疫情已经持续很长时间,投资和商业环境受到大量与新冠肺炎疫情有关的公共新闻的影响。越来越多的经验和理论研究证明,新冠肺炎疫情期间的信息在原油期货价格波动率预测方面很有价值。然而,据我们所知,更具挑战性的问题,即新闻展示了多少预测力,还没有得到令人满意的回答。

例如,一些学者试图探究股市收益与新冠肺炎疫情新闻之间的关系(Albulescu,

2020；Baker 等，2020；Lopatta 等，2020；Onali，2020）。此外，与新冠肺炎疫情相关的新闻与股市波动有关。Cepoi 等（2020）认为，股票市场表现出与新冠肺炎疫情相关新闻的不对称依赖性。然而，早期文献主要集中于新冠肺炎疫情期间新闻对股票市场的作用，其预测能力和应用仍有待进一步探索，特别是针对原油期货市场。这项研究通过关注原油期货价格的波动性预测来努力缩小差距，原油期货价格是压力、金融风险或金融投资不确定性的晴雨表。这项研究对于原油期货市场的所有利益相关者理解新冠肺炎疫情期间原油期货价格的波动性具有深远意义。

为了研究新冠肺炎疫情期间新闻对原油期货价格波动性的影响和预测能力，本文使用了关于新冠肺炎疫情新闻的实时媒体分析的相关变量，例如恐慌指数（PI）、媒体炒作指数（HY）、假新闻指数（FNI）和国家情绪指数（CSI），这些指数来自斯托克顿智慧公司、道琼斯通讯社和华尔街日报等（Blitzetal，2019 年）。实证结果表明，本节提出的 GA-RFOS-ELM（遗传算法-带遗忘因子的正则化在线学习机）模型在预测精度上明显优于其他基准模型。实证结果还表明，新闻对于原油期货价格的波动性预测是有价值的，这与现有文献一致（Haroon 和 Rizvi，2020）。特别地，遗忘机制对于利用新冠肺炎疫情期间的新闻来预测原油期货价格的波动性是适当和必要的。

### 4.1.2　数据来源

以 WTI 原油期货价格数据为例，验证 GA-RFOS-ELM 模型的有效性。我们使用从 2006 年 1 月 3 日到 2020 年 7 月 24 日的每日原油期货价格收盘价，这些价格是从 Wind 网站获得的。采用原油期货价格 $r_t$ 的绝对收益作为波动率，即 $r_t = |100\ln(P_t/P_{t-1})|$，其中 $P_t$ 为第 $t$ 日收盘价。

此外，我们引入 2020 年 1 月 1 日至 2020 年 7 月 24 日的 4 个新冠肺炎疫情新闻相关变量对原油期货价格波动率进行预测。具体地，恐慌指数（PI）评估媒体中提及恐怖和对新冠肺炎疫情讨论的程度，数值越大，表示新闻中与恐慌相关的越多。新闻讨论新冠肺炎疫情的程度由媒体炒作指数（HY）来评估，其值的范围在 0~100 之间，例如，值为 5 意味着有 5% 的新闻在讨论新冠肺炎疫情。假新闻指数（FNI）评估媒体对新冠肺炎疫情的讨论中的虚假信息，其值也定义在 0~100 之间，指数越大，说明假新闻越多。国家情绪指数（CSI）评估媒体对新冠肺炎疫情讨论的情绪程度，值的范围在 0~100 之间。

### 4.1.3　技术方法

#### 1. 在线顺序极限学习机

在线顺序极限学习机（OS-ELM）是一种快速有效的算法，可以通过在线学习机制更新网络参数（Liang 等，2006）。该算法主要包含两个阶段：初始化阶段和顺序更新阶段，初始化阶段使用小规模数据集获得模型的输出权重 $\beta$，该阶段学习的模型输

出权重 $\beta$ 将在顺序更新阶段通过固定或变化的组块大小学习机制进行更新。

假设有 $n$ 个随机训练数据集 $(X_i, t_i)$，$X_i = (x_{i1}, x_{i2}, \cdots, x_{in})^{\mathrm{T}}$ 和 $t_i = (t_{i1}, t_{i2}, \cdots, t_{im})^{\mathrm{T}}$，OS-ELM 模型可以描述为以下过程。

### （1）初始化阶段

步骤1　基于初始训练样本集 $S_0 = \{(X_i, t_i)\}_{i=1}^{N_0}$ 随机确定初始输入权重 $\alpha_i$ 和隐藏层阈值 $b_i$，$i = 1, 2, \cdots, L$；

步骤2　获得隐藏层和输出层之间的初始矩阵 $H_0$：

$$H_0 = \begin{bmatrix} (\alpha_1, b_1, X_1^{\mathrm{T}}) & \cdots & (\alpha_L, b_L, X_1^{\mathrm{T}}) \\ \vdots & & \vdots \\ (\alpha_1, b_1, X_{N_0}^{\mathrm{T}}) & \cdots & (\alpha_L, b_L, X_{N_0}^{\mathrm{T}}) \end{bmatrix}_{N_0 \times L}$$

步骤3　计算输出权重 $\beta^{(0)}$：

$$\beta^{(0)} = P_0 H_0^{\mathrm{T}} T_0$$

式中，$P_0 = (H_0^{\mathrm{T}} H_0)^{-1}$，$T_0 = (t_1, t_2, \cdots, t_{N_0})^{\mathrm{T}}$。

### （2）顺序更新阶段

步骤4　基于步骤2的公式计算隐藏层的输出矩阵 $H_0$；

步骤5　计算模型的输出：$\hat{t}_k = H_k \beta^{(k-1)}$；

步骤6　更新输出权重 $\beta^{(k)}$；

其中，逐块学习机制为

$$P_{k+1} = P_k H_{k+1}^{\mathrm{T}} (I + H_{k+1} P_k H_{k+1}^{\mathrm{T}}) H_{k+1} P_k$$

$$\beta^{(k+1)} = \beta^{(k)} + P_{k+1} H_{k+1}^{\mathrm{T}} (T_{k+1} - H_{k+1} \beta^{(k)})$$

而逐一学习机制为

$$P_{k+1} = P_k - \frac{P_k H_{k+1} H_{k+1}^{\mathrm{T}} P_k}{I + H_{k+1}^{\mathrm{T}} P_k H_{k+1}}$$

$$\beta^{(k+1)} = \beta^{(k)} + P_{k+1} H_{k+1} (t_{k+1}^{\mathrm{T}} - H_{k+1}^{\mathrm{T}} \beta^{(k)})$$

步骤7　返回步骤5。

### 2. 预测原油期货价格波动率的 GA-RFOS-ELM 算法

OS-ELM 模型在更新过程中涉及反演的计算，对此已经证明，一旦出现奇异或病态的隐藏层矩阵，其泛化能力将严重下降（Huynh 和 Won，2011）。为了克服这一弱点，我们开发了一种新的混合方法来预测原油期货价格的波动率。

之前的研究表明，通过在第一阶段获得高质量的特征图，可以有效提高极限学习机（ELM）的稳定性（Huang 等，2015），对于 OS-ELM 模型也是如此。因此，我们在在线学习的初始阶段引入遗传算法来确定最优输入权重和隐藏层的阈值。

　　首先，通过遗传算法获得隐藏层的最优输入权重和阈值。具体来说，原油期货价格波动率的求解可以看作遗传算法中的一个种群。我们把输入权重和隐藏层偏置作为染色体的基因。此外，我们使用绝对误差来测度适应度函数：

$$F = \sum_{i=1}^{N_0} |\boldsymbol{X}_i - \hat{\boldsymbol{X}}_i|$$

式中，$N_0$ 为 OS-ELM 中初始样本集的数量，$\boldsymbol{X}_i$ 和 $\hat{\boldsymbol{X}}_i$ 为模型的实际值和输出值。

　　因此，求输入权重和隐藏层偏置问题的最优解可以转化为降低适应度函数和选择最佳染色体问题。也就是说，我们通过遗传算法获取输入层 $\alpha_i$ 和隐藏层偏置 $b_i$ 的权重，而不是随机获取。

　　更重要的是，加入遗忘因子和正则化机制后，模型的损失函数如下（Celaya 和 Agostini，2015；Guo 等，2018）：

$$J(\beta_k) = \sum_{i=1}^{k} \lambda^{k-i} |\boldsymbol{t}_i - \boldsymbol{H}_i \beta_k|^2 + \delta \lambda^k \| \beta_k \|^2$$

式中，$l$ 为遗忘因子参数，$\delta$ 为正则化系数。

　　根据文献（Guo et al，2018），可以推导出 GA-RFOS-ELM 算法顺序更新阶段的 $\beta_k$。

$$\boldsymbol{P}_k^* = \frac{1}{\lambda} \boldsymbol{P}_{k-1} - \frac{\delta(1-\lambda)}{\lambda^2} \boldsymbol{P}_{k-1} (\boldsymbol{I} - \frac{\delta(1-\lambda)}{\lambda} \boldsymbol{P}_{k-1}) \boldsymbol{P}_{k-1}$$

$$\boldsymbol{P}_k = \boldsymbol{P}_k^* - \frac{\boldsymbol{p}_k^* \boldsymbol{H}_k^{\mathrm{T}} \boldsymbol{H}_k \boldsymbol{P}_k^*}{\boldsymbol{I} + \boldsymbol{H}_k \boldsymbol{P}^* \boldsymbol{H}_k^{\mathrm{T}}}$$

$$\beta_k = \beta_{k-1} + \boldsymbol{P}_k \boldsymbol{H}_k^{\mathrm{T}} (\boldsymbol{t}_k - \boldsymbol{H}_k \beta_{k-1}) - \delta(1-\lambda) \boldsymbol{P}_k \beta_{k-1}$$

因此，假设有 $n$ 个随机训练样本 $(\boldsymbol{X}_i, \boldsymbol{t}_i)$，其中 $\boldsymbol{X}_i = (x_{i1}, x_{i2}, \cdots, x_{in})^{\mathrm{T}}$，$\boldsymbol{t}_i = (t_{i1}, t_{i2}, \cdots, t_{im})^{\mathrm{T}}$。GA-RFOS-ELM 算法可以描述为以下步骤。

(1) 初始化阶段

给定初始训练子集 $S_{k-1} = \{(\boldsymbol{X}_j, \boldsymbol{t}_j)\}_{j=1}^{N_{k-1}}$，它具有 $L$ 个隐藏层神经元。

步骤 1　使用遗传算法，基于初始训练数据集计算输入权重 $\alpha_i$ 和隐藏层阈值 $b_i$；

步骤 2　确定隐藏层 $\boldsymbol{H}_{k-1}$ 的输出矩阵：

$$\boldsymbol{H}_{k-1} = [\boldsymbol{H}_1^{\mathrm{T}} \boldsymbol{H}_2^{\mathrm{T}} \cdots \boldsymbol{H}_{k-1}^{\mathrm{T}}]^{\mathrm{T}}$$

步骤 3　获得输出权重 $\beta_{k-1}$：

$$\beta_{k-1} = \boldsymbol{P}_{k-1} \boldsymbol{H}_{k-1}^{\mathrm{T}} \boldsymbol{T}_{k-1}$$

注意，$\boldsymbol{P}_0 = (\boldsymbol{H}_0^{\mathrm{T}} \boldsymbol{H}_0 + \lambda \boldsymbol{I})^{-1}$，$\boldsymbol{T}_{k-1} = [\boldsymbol{t}_1 \boldsymbol{t}_2 \cdots \boldsymbol{t}_{k-1}]^{\mathrm{T}}$。

(2) 顺序更新阶段

步骤 4　计算隐藏层的输出矩阵 $\boldsymbol{H}_k$：

$$\boldsymbol{H}_k = \begin{bmatrix} (\alpha_1, b_1, \boldsymbol{X}_1^{\mathrm{T}}) & \cdots & (\alpha_L, b_L, \boldsymbol{X}_1^{\mathrm{T}}) \\ \vdots & & \vdots \\ (\alpha_1, b_1, \boldsymbol{X}_k^{\mathrm{T}}) & \cdots & (\alpha_L, b_L, \boldsymbol{X}_k^{\mathrm{T}}) \end{bmatrix}_{k \times L}$$

步骤5 计算模型的输出：

$$\hat{t}_k = \boldsymbol{H}_k\boldsymbol{\beta}_{k-1}$$

步骤6 根据上述更新公式，输出权重 $\boldsymbol{\beta}_k$；

步骤7 返回步骤5。

GA-RFOS-ELM 模型的预测框架如图 4-1 所示。历史价格波动和量化新冠肺炎疫情影响的几个指数被认为是预测未来原油期货价格波动率的输入变量。经过相关分析，最终确定输入变量。在初始化阶段，利用遗传算法优化初始参数，计算初始输出权重，从而确定初始网络。在顺序更新阶段，GA-RFOS-ELM模型的机制为在实际学习的同时进行预测。一旦预测了时间 $k$ 的价格波动率，则使用时间 $k+1$ 之前的变量和实际值来更新网络，直到输出所有的价格波动率预测结果。

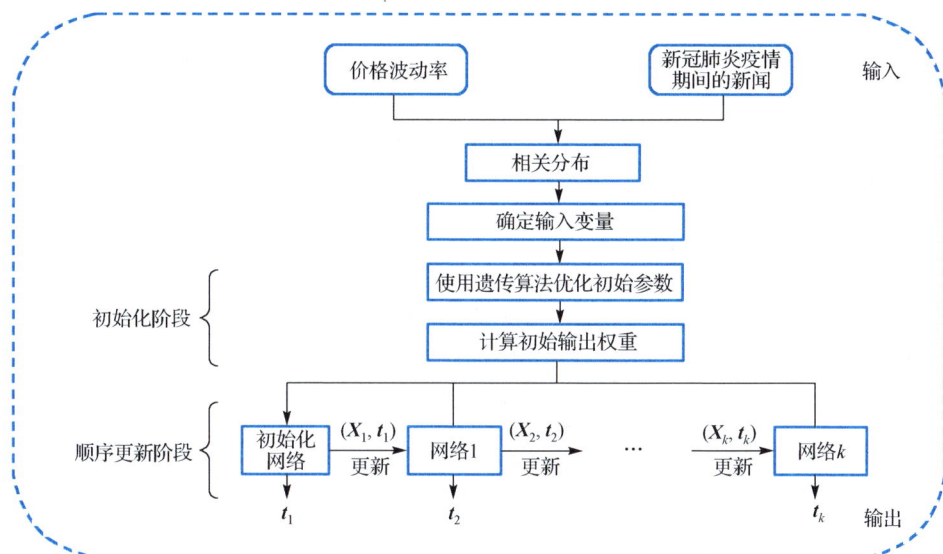

**图 4-1  GA-RFOS-ELM 模型预测框架**

## 4.1.4 分析结果

综上所述，为了验证模型的有效性以及新冠肺炎疫情新闻对原油期货价格波动率的影响，通过 3 个不同的数据集进行仿真实验。数据集 1 包含 2006 年 1 月 3 日至 2019 年 12 月 31 日的原油期货价格波动率，它将前 5 天的原油期货价格波动率作为输入变量。数据集 2 包含 2020 年 1 月 1 日至 2020 年 7 月 24 日新冠肺炎疫情期间的原油期货价格波动率，也将前 5 天的原油期货价格波动率作为输入变量。与数据集 2 不同，预测中考虑了 2020 年 1 月 1 日至 2020 年 7 月 24 日的 PI、HY、FNI、CSI 共 4 个量化指标。因此，共有 9 个指标作为数据集 3 的输入变量。

将 AR（自回归）、RT（回归树）、Bayes（贝叶斯）、SVR（支持向量回归）、ELM、OS-ELM（遗传算法-在线顺序极限学习机）和 GA-OS-ELM 作为基准模型，与我们提出的 GA-RFOS-ELM 模型进行比较。AR 模型的阶数是通过最小化 Akaike 信息准则（AIC）来确定的（Akaike，1974）。RT 模型采用最小成本复杂度修剪算法（Loh，2011）来修剪树。Bayes 模型中伽马先验分布的 4 个超参数 $\alpha_1$、$\alpha_2$、$\lambda_1$ 和 $\lambda_2$ 通常选择非信息的。我们在 SVR 模型中选择径向基函数核，其中 $c$ 和 $\gamma$ 的正确选择对其性能至关重要，可通过网格搜索获得最佳参数对。对于 ELM 和 OS-ELM 模型，隐藏层数选为 30，与 GA-OS-ELM 和 GA-RFOS-ELM 模型相同。此外，运行模型 200 次后，获得了 ELM、OS-ELM、GA-OS-ELM 和我们提出的 GA-RFOS-ELM 模型的平均预测精度。

表 4-1 显示了损失函数的性能，例如 RMSE（均方根误差）、MAE（平均绝对误差）、MAPE（平均绝对百分比误差）和 MdE（中位数误差），在数据集 1 的测试样本上，所提出的 GA-RFOS-ELM 模型与其他 7 个基准模型之间进行预测准确性比较。很明显，所提出的 GA-RFOS-ELM 模型在 RMSE、MAE、MAPE 和 MdE 得分的性能测试方面比其他 7 个基准模型表现更好，得分分别为 1.1693、0.8924、2.1639 和 0.6414。在 RMSE 得分性能方面，GA-OS-ELM 模型和 Bayes 模型仅次于 GA-RFOS-ELM 模型，得分分别为 1.3533 和 1.4262。至于 MAE 和 MdE 的得分，SVR 模型比除 GA-RFOS-ELM 模型外的其他 6 个都要好。如果不考虑耗时，一般情况下，SVR 模型是解决各种问题的较好选择。

表4-1    原油期货价格波动率预测结果——数据集1

| 模 型 | RMSE | MAE | MAPE | MdE |
|---|---|---|---|---|
| AR | 1.4898 | 1.1189 | 3.2019 | 1.0013 |
| RT | 2.0871 | 1.4887 | 3.2453 | 1.0486 |
| Bayes | 1.4262 | 1.0765 | 2.9336 | 0.9059 |
| SVR | 1.4657 | 1.0178 | 2.5039 | 0.7375 |
| ELM | 1.5734 | 1.1948 | 3.3247 | 0.9650 |
| OS-ELM | 1.4378 | 1.0857 | 2.6872 | 0.8157 |
| GA-OS-ELM | 1.3533 | 1.0324 | 2.3469 | 0.7846 |
| GA-RFOS-ELM | 1.1693 | 0.8924 | 2.1639 | 0.6414 |

据观察，GA-RFOS-ELM 模型也比数据集 2 的其他 7 个基准模型得出的预测结果更准确（见表 4-2）。与 AR、RT、Bayes、SVR 和 ELM 模型相比，OS-ELM、GA-OS-ELM 和 GA-RFOS-ELM 模型的结果更相似。综上所述，数据集 1 和数据集 2 具有相同的投入产出结构，两者都以前 5 天的原油期货价格波动率为输入变量来预测未来的波动率。然而，与数据集 1 相比，数据集 2 为小样本数据集，新冠肺炎疫情期间原油期货价格波动更为剧烈。

表 4-2 原油期货价格波动率预测结果——数据集 2

| 模 型 | RMSE | MAE | MAPE | MdE |
|---|---|---|---|---|
| AR | 3.1155 | 2.8651 | 4.0479 | 3.0376 |
| RT | 4.2159 | 2.7427 | 2.8124 | 1.6067 |
| Bayes | 2.9548 | 2.6771 | 3.7840 | 2.7598 |
| SVR | 2.0675 | 1.5708 | 1.7722 | 1.3139 |
| ELM | 4.3781 | 3.4024 | 2.5649 | 3.0802 |
| OS-ELM | 1.8894 | 1.4244 | 1.6960 | 1.1707 |
| GA-OS-ELM | 1.6163 | 1.2806 | 1.4468 | 1.1304 |
| GA-RFOS-ELM | 1.4485 | 1.1759 | 1.3028 | 1.0560 |

总而言之，与新冠肺炎疫情相关的新闻由越来越多的关于公众新闻情绪的经验和理论研究组成，对原油期货价格的波动率预测更为关键，对股票回报预测也很有价值。另外，对于时变变量，全局学习预测精度较低，基于长短期记忆模型的局部学习更适合。这些实证结果表明，新冠肺炎疫情期间的新闻影响了个人投资者的决策。

### 4.1.5 小结

近几年来，公众新闻对原油期货价格的影响越来越受到关注。关于社会、经济或政治驱动的新闻与金融市场变化之间关系的理论和实证研究越来越多。本小节研究新冠肺炎疫情相关事件产生的新闻如何与原油期货价格的波动性相关联。虽然当前的新冠肺炎疫情给全世界的投资者带来了巨大的损失，但是现有的关于原油期货价格和新冠肺炎疫情的研究是有限的。因此，衡量对新冠肺炎疫情影响的预测能力成为一个深刻而紧迫的问题。

本文建立了一个新的模型，并为新冠肺炎疫情相关新闻对原油期货价格的波动性预测提供了经验证据。GA-RFOS-ELM 模型表明，原油期货价格呈现出对传染病、媒体报道、假新闻和其他与新冠肺炎疫情有关的信息的依赖性。这一结果表明，新冠肺炎疫情相关信息影响原油期货价格，对原油期货价格的波动有一定的解释力。此外，这些结果也与新冠肺炎疫情新闻和金融动荡期间股市收益之间的相关性吻合。这与研究情绪一致，即新冠肺炎疫情相关新闻与股票市场的波动有关。因此，我们建议政府和社交媒体更频繁地利用积极信息和适用的互动交流平台，缓解与新冠肺炎疫情相关的金融市场动荡。

本文主要在两个方面做出了贡献。一方面，我们扩展了波动预测的文献，引入了一种新的 GA-RFOS-ELM 模型。新冠肺炎疫情期间的新闻呈现出时效性，新数据更受重视，而旧数据逐渐被遗忘。考虑到新冠肺炎疫情相关新闻的时效性，GA-RFOS-ELM 模型增强了遗传算法的最优搜索能力。利用块大小固定或变化的逐块学习机制可能是有效和高效的，这说明模型需要在线更新学习能力。此外，原油期货价格波动是非线性和非平稳的。面对这些问题，本文利用 GA-RFOS-ELM 模型，研究了新冠肺炎疫情新闻对原油期货价格波动率预测的影响。这些经验结果表明，该模型的预测性能优于基本预测技术。我们展示了新闻在新冠肺炎疫情期间改善预测性能的力量，这表明新闻有助于预测新冠肺炎疫情期间原油期货价格波动性和量化投资者情绪。

另一方面，本文补充了关于商品期货市场应对新冠肺炎疫情影响的研究。大量证据表明，重大事件的新闻通常包含关于未来市场回报的重要增量预测信息。本文的结论是，与新冠肺炎疫情相关的信息为原油期货价格的波动性提供了重要线索。这项研究具有重要意义。关于政策洞察，监管机构在制定政策措施以缓解原油期货市场的动荡和不稳定时，必须考虑新冠肺炎疫情期间新闻的影响。关于市场洞察，投资者应该判断新冠肺炎疫情期间新闻对市场的影响程度，并分析未来原油期货市场回报的潜力。

总体而言，本节内容对于利用互联网信息建立更准确的原油期货价格预测模型具有一定的参考价值。此外，GA-RFOS-ELM 模型可以应用于其他时间变量或其他市场的预测，如玉米、铜和黄金，从而为未来研究中的波动预测提供其他更准确的模型，特别是考虑其他变量的情况。此外，通过对新冠肺炎疫情相关新闻的文本挖掘来构建其他指数，将是特别令人感兴趣的。

## 4.2  金融系统性风险分析

### 4.2.1  案例背景

随着经济全球化、金融市场一体化的推进，国家或地区之间的金融活动相互渗透、相互影响，不同金融市场的联系日趋紧密。金融市场不仅存在资产价格方面的相互影响，而且存在资产波动率方面的相互影响，即一个金融市场的波动可能迅速传导至另一个金融市场，这被称为"波动溢出效应"。近些年来，发生了多次金融危机，例如亚洲金融危机、互联网泡沫危机、美国次贷危机等，金融波动或风险都是从一个市场产生，然后传导至另一个市场，并且在金融危机时期具有明显的加剧和共振现象的。准确地度量金融市场波动溢出效应并识别其产生过程，不仅有助于深入理解金融危机及其传播机制，而且有助于决策者进行政策制定与实施，引导投资者的决策行为。

常见的系统性风险度量模型包括 MES（边际期望损失）、SRISK（资本短期期望）、ΔCoVaR（条件在险价值）、格兰杰因果检验和高维 VAR 等。其中，MES 和 SRISK 模型需要将机构的日收益数据结合季度会计报表中的机构资产头寸数据来构造[1]，而 ΔCoVaR、格兰杰因果检验和高维 VAR 模型构建的系统性风险网络则只需要日收益率数据即可。在经济含义上，由 MES 和 SRISK 指标得到的系统重要性机构是受系统性风险影响最大、最脆弱的。而由 ΔCoVaR 指标得到的系统重要性机构则是对系统性风险具有最大影响的。DEMIRER 等（2018）由高维 VAR 模型预测误差的方差分解得到的是两两机构之间的关联，由此可以分别得到受系统性风险影响最大、对系统性风险影响最大的两类具有系统重要性的机构。

本节将构建不同时段 69 个上市金融机构波动率的关联网络，即金融系统性风险网络。具体而言，以各家机构的波动率估计为基础，将其作为高维 VAR 模型的输入，使用 LASSO 惩罚法进行估计，由高维 VAR 模型的预测误差的方差分解得到关联网络（DEMIRER，2018）。

### 4.2.2 数据来源

系统性风险指标的来源数据主要是股市日交易数据，具体而言，就是各家金融机构的日收益率或者日收益的波动率数据。本案例对包含 69 个上市金融机构波动率的数据集进行分析。

### 4.2.3 技术方法

按照 DEMIRER 等（2018）提出的理论，两两机构之间的关联需要使用向前 $H$ 步[2]的预测误差的方差分解得到。VAR（$p$）模型如下：

$$x_t = \sum_{i=1}^{p} \boldsymbol{\Phi}_i x_{t-i} + \boldsymbol{\varepsilon}_t, \quad \boldsymbol{\varepsilon}_t \sim (0, \boldsymbol{\Sigma}) \tag{4.2.1}$$

其移动平均的表现形式为 $x_t = \sum_{i=0}^{\infty} \boldsymbol{A}_i \boldsymbol{\varepsilon}_{t-i}$，对于 $k \times k$ 维矩阵 $\boldsymbol{A}_i$ 和 $\boldsymbol{\Phi}_i$ 而言，两者存在以下关系：

$$\boldsymbol{A}_i = \boldsymbol{\Phi}_1 \boldsymbol{A}_{i-1} + \boldsymbol{\Phi}_2 \boldsymbol{A}_{i-2} + \cdots + \boldsymbol{\Phi}_p \boldsymbol{A}_{i-p} \tag{4.2.2}$$

式中，$\boldsymbol{A}_0$ 为单位阵，$i < 0$ 时 $\boldsymbol{A}_i = \boldsymbol{0}$。

机构 $j$ 对于机构 $i$ 向前 $H$ 步预测误差的方差的贡献率记为

$$\theta_{ij}^g(H) = \frac{\sigma_{ij}^{-1} \sum_{h=0}^{H-1} (\boldsymbol{e}_i^{\mathrm{T}} \boldsymbol{A}_h \boldsymbol{\Sigma} \boldsymbol{e}_j)^2}{\sum_{h=0}^{H-1} (\boldsymbol{e}_i^{\mathrm{T}} \boldsymbol{A}_h \boldsymbol{\Sigma} \boldsymbol{A}_h^{\mathrm{T}} \boldsymbol{e}_i)}, \quad H = 1, 2, \cdots \tag{4.2.3}$$

式中，$\boldsymbol{\Sigma}$ 为扰动项 $\boldsymbol{\varepsilon}$ 的协方差阵，$\sigma_{ij}$ 为式（4.2.1）中第 $j$ 个等式的扰动项的标准差，而 $\boldsymbol{e}_i$ 为第 $i$ 项是 1、其他项都是 $\boldsymbol{0}$ 的 $k$ 维向量。将式（4.2.3）标准化：

---

[1] 需要进行混频数据处理方可建模。

[2] 本案例的实证部分使用的是向前十步的预测误差方差分解。

$$\widetilde{\theta}_{ij}^{g}(H) = \frac{\theta_{ij}^{g}(H)}{\displaystyle\sum_{j=1}^{k}\theta_{ij}^{g}(H)} \tag{4.2.4}$$

从而有 $\displaystyle\sum_{j=1}^{k}\widetilde{\theta}_{ij}^{g}(H) = 1$ 和 $\displaystyle\sum_{i,j=1}^{k}\widetilde{\theta}_{ij}^{g}(H) = k$。

由式（4.2.4）中两两机构的关联，构建机构与系统总体之间的关联指标。

① 其他所有机构对机构 $i$ 的影响力。该指标越大，说明机构 $i$ 受系统的影响越大。

$$C_{i\leftarrow\bullet}^{H} = \frac{\displaystyle\sum_{j=1,j\neq i}^{k}\widetilde{\theta}_{ij}^{g}(H)}{\displaystyle\sum_{i,j=1}^{k}\widetilde{\theta}_{ij}^{g}(H)} = \frac{\displaystyle\sum_{j=1,j\neq i}^{k}\widetilde{\theta}_{ij}^{g}(H)}{k} \tag{4.2.5}$$

② 机构 $i$ 对其他所有机构的影响力。该指标越大，说明机构 $i$ 对系统的影响越大。

$$C_{\bullet\leftarrow i}^{H} = \frac{\displaystyle\sum_{j=1,j\neq i}^{k}\widetilde{\theta}_{ji}^{g}(H)}{\displaystyle\sum_{i,j=1}^{k}\widetilde{\theta}_{ji}^{g}(H)} = \frac{\displaystyle\sum_{j=1,j\neq i}^{k}\widetilde{\theta}_{ji}^{g}(H)}{k} \tag{4.2.6}$$

③ 机构 $i$ 对其他所有机构的净影响力，即机构 $i$ 对其他所有机构的影响力与其他所有机构对机构 $i$ 的影响力的差。

$$C_{i,\text{Net}}^{H} = C_{\bullet\leftarrow i}^{H} - C_{i\leftarrow\bullet}^{H} == \frac{\displaystyle\sum_{j=1,i\neq j}^{k}\widetilde{\theta}_{ji}^{g}(H) - \sum_{j=1,i\neq j}^{k}\widetilde{\theta}_{ij}^{g}(H)}{k} \tag{4.2.7}$$

④ 所有机构排除自身影响之后的总关联度量。该指标越大，说明系统之间的关联程度越大。

$$C^{H} = \frac{\displaystyle\sum_{i,j=1,i\neq j}^{k}\widetilde{\theta}_{ij}^{g}(H)}{\displaystyle\sum_{i,j=1}^{k}\widetilde{\theta}_{ij}^{g}(H)} = \frac{\displaystyle\sum_{i,j=1,i\neq j}^{k}\widetilde{\theta}_{ij}^{g}(H)}{k} \tag{4.2.8}$$

### 4.2.4 分析结果

#### 1. 影响力较大的机构

某个时段内某个机构影响力的度量，参见式（4.2.6）。基于重要法规分段的大时段内，各个时段影响力较大的前 5 家机构如表 4-3 所示。简单来看，在美国次贷危机时段具有较大影响力的机构是银行，而在"2015 中国股灾"时段则是证券公司。总体来看，对于大时段而言，随着时间的推移，影响力较大的机构从金融控股公司和银行业非存款类机构逐渐变为银行和证券公司。

表 4-3　各个大时段影响力较大的前 5 家机构

| 大　时　段 | 1st | 2nd | 3rd | 4th | 5th |
|---|---|---|---|---|---|
| 1995-01-20：1997-07-03 | 平安银行 | 爱建集团 | 陕国投 A | 绿庭投资 | 香溢融通 |
| 1997-07-04：1999-05-27 | 东北证券 | 广发证券 | 国投资本 | 陕国投 A | 国元证券 |
| 1999-05-28：2000-03-16 | 爱建集团 | 东北证券 | 陕国投 A | 国元证券 | 安信信托 |
| 2000-03-17：2007-01-12 | 锦龙股份 | 陕国投 A | 平安银行 | 国海证券 | 浦发银行 |
| 2007-01-15：2008-11-24 | 民生银行 | 招商银行 | 浦发银行 | 工商银行 | 国投资本 |
| 2008-11-25：2014-12-08 | 兴业银行 | 浦发银行 | 招商银行 | 南京银行 | 北京银行 |
| 2014-12-09：2016-03-01 | 广发证券 | 平安银行 | 光大证券 | 西南证券 | 招商证券 |
| 2016-03-02：2019-11-19 | 申万宏源 | 东吴证券 | 东北证券 | 兴业证券 | 华夏银行 |

由表 4-3 可以发现，第一个大时段从 1995 年 1 月 20 日至 1997 年 7 月 3 日，这一时段除表中的 5 家机构以外，关联网络中还有安信信托和海通证券两家。影响力较大的前 5 家机构除平安银行外，都是银行业非存款类机构。这一时段已上市的 5 类金融机构中数量最多的两类机构是银行业非存款类机构和证券公司，分别有 7 家。但证券业机构(除海通证券外)都是 1997 年之后才密集上市的，故在该时段因缺失值过多而被排除在关联网络分析之外。

第二个大时段从 1997 年 7 月 4 日至 1999 年 5 月 27 日，影响力较大的前 5 家机构中有 3 家证券公司。这一时段关联网络中有 15 家机构，已上市的金融机构有 16 家，只有绿庭 B 股因为停牌次数超过 5% 而被排除在关联网络分析之外。

第三个大时段从 1999 年 5 月 28 日至 2000 年 3 月 16 日，影响力较大的前 5 家机构中有 3 家银行业非存款类机构和两家证券公司。这一时段起始时间前已上市 19 家机构，两家机构(海通证券、绿庭 B 股)因停牌次数过多而被排除在关联网络分析之外。

第四个大时段时间跨度长，从 2000 年 3 月 17 日至 2007 年 1 月 12 日，影响力较大的前 5 家机构中有两家银行、两家银行业非存款类机构和一家证券公司。这一时段起始时间之前已上市的机构有 20 家，其中广发证券、海通证券、安信信托和绿庭投资因缺失值过多而被排除在关联网络分析之外。

第五个大时段从 2007 年 1 月 15 日至 2008 年 11 月 24 日，与美国次贷危机时间重合，该时段关联网络中影响力较大的前 5 家机构中有 4 家银行和一家金融控股公司。2007 年 1 月之前上市的机构有 32 家，其中有广发证券、国金证券等 7 家证券公司，爱建集团、绿庭投资等 7 家银行业非存款类机构，以及西水股份渤海金控、中航资本等 3 家金融控股公司，平安银行等因停牌过多而被排除在关联网络分析之外。

第六个大时段从 2008 年 11 月 25 日至 2014 年 12 月 8 日，时间跨度长，关联网络中影响力较大的前 5 家机构全是银行。2008 年 11 月之前上市的机构有 42 家，因停牌过多而被排除在关联网络分析之外的有 11 家，主要为证券公司和金融控股公司。

第七个大时段从2014年12月9日至2016年3月1日。影响力较大的前5家机构中除平安银行外全是证券公司。2014年12月之前上市的机构有55家，因停牌次数超过5%而被排除在关联网络分析之外的有熊猫金控、西水股份等8家金融控股公司，新力金融、锦龙股份、爱建集团3家银行业非存款类机构，以及浦发银行、新华保险等14家机构。

第八个大时段从2016年3月2日至2019年11月19日，影响力较大的前5家机构中有4家证券公司和一家银行。在2016年3月之前上市的机构有60家，该时段因停牌次数过多而被排除在关联网络分析之外的机构有9家，包括4家金融控股公司和5家银行业非存款类机构。

比较两个重要的大时段，如2007年1月15日至2008年11月24日的美国次贷危机，2014年12月9日至2016年3月1日的"2015中国股灾"，其前后过渡的各个分段时间长度为120个交易日的小时段，滚动时间窗口中各个小时段影响力最强的前5家机构（节选）如表4-4所示。

美国次贷危机大时段的开始时间是2007年1月15日，由前一个大时段过渡到美国次贷危机大时段的7个小时段为"2006-07-19：2007-01-12"～"2007-01-15：2007-07-13"；而从美国次贷危机大时段过渡到下一个大时段的7个小时段为"2008-05-30：2008-11-24"～"2008-11-25：2009-05-22"。

从表4-3可知，在美国次贷危机大时段中，影响力较大的机构主要是银行类机构；而从由之前一个大时段过渡到该时段的7个小时段（滚动时间窗口）（见表4-4）来看，则是从金融控股公司过渡到银行和银行业非存款类机构；从由该时段过渡到后一个大时段的7个小时段来看，影响力较大的机构仍主要是银行，只有最后一个小时段中银行业非存款类机构居多。而"2015中国股灾"大时段中，影响力较大的机构主要是证券公司；从表4-4所示由之前的大时段过渡到该时段的7个小时段来看，前5个小时段中影响力较大的机构绝大多数是证券公司，后两个小时段中则主要是银行，其次是证券公司。从"2015中国股灾"过渡到后一个大时段的7个小时段来看，保险公司逐渐成为影响力较大的机构。

表4-4　各个小时段影响力较大的前5家机构（节选）

| 小　时　段 | 1st | 2nd | 3rd | 4th | 5th |
|---|---|---|---|---|---|
| 1996-12-27：1997-07-03 | 香溢融通 | 爱建集团 | 中航资本 | 陕国投 A | 安信信托 |
| ⋮ | ⋮ | ⋮ | ⋮ | ⋮ | ⋮ |
| 2006-07-19：2007-01-12 | 国投资本 | 中航资本 | 西水股份 | 渤海金控 | 锦龙股份 |
| 2006-08-16：2007-02-09 | 爱建集团 | 新力金融 | 招商银行 | 华夏银行 | 民生银行 |
| 2006-09-13：2007-03-16 | 招商银行 | 华夏银行 | 平安银行 | 民生银行 | 浦发银行 |
| 2006-10-18：2007-04-13 | 爱建集团 | 绿庭投资 | 民生银行 | 招商银行 | 华夏银行 |

| 小　时　段 | 1st | 2nd | 3rd | 4th | 5th |
|---|---|---|---|---|---|
| 2006-11-15：2007-05-18 | 中信证券 | 中国银行 | 香溢融通 | 爱建集团 | 绿庭投资 |
| 2006-12-13：2007-06-15 | 浦发银行 | 爱建集团 | 绿庭投资 | 香溢融通 | 陕国投 A |
| 2007-01-15：2007-07-13 | 工商银行 | 华夏银行 | 香溢融通 | 渤海金控 | 中国银行 |
| 2008-05-30：2008-11-24 | 民生控股 | 民生银行 | 中信银行 | 中国银行 | 北京银行 |
| 2008-06-30：2008-12-22 | 中国太保 | 西水股份 | 陕国投 A | 宁波银行 | 浦发银行 |
| 2008-07-28：2009-01-21 | 中信银行 | 绿庭投资 | 民生银行 | 越秀金控 | 建设银行 |
| 2008-08-25：2009-02-25 | 中信银行 | 民生银行 | 交通银行 | 建设银行 | 中国银行 |
| 2008-09-23：2009-03-25 | 中信银行 | 北京银行 | 交通银行 | 宁波银行 | 民生银行 |
| 2008-10-28：2009-04-23 | 华夏银行 | 工商银行 | 交通银行 | 南京银行 | 中国平安 |
| 2008-11-25：2009-05-22 | 民生银行 | 新力金融 | 绿庭投资 | 西水股份 | 长江证券 |
| ⋮ | ⋮ | ⋮ | ⋮ | ⋮ | ⋮ |
| 2014-06-16：2014-12-08 | 招商证券 | 海通证券 | 中信证券 | 山西证券 | 中国人寿 |
| 2014-07-14：2015-01-07 | 招商证券 | 山西证券 | 海通证券 | 兴业证券 | 光大证券 |
| 2014-08-11：2015-02-04 | 招商证券 | 方正证券 | 中国平安 | 浦发银行 | 山西证券 |
| 2014-09-09：2015-03-11 | 方正证券 | 光大证券 | 山西证券 | 广发证券 | 海通证券 |
| 2014-10-14：2015-04-09 | 山西证券 | 方正证券 | 长江证券 | 光大证券 | 广发证券 |
| 2014-11-11：2015-05-08 | 方正证券 | 宁波银行 | 南京银行 | 华夏银行 | 浦发银行 |
| 2014-12-09：2015-06-05 | 工商银行 | 民生银行 | 北京银行 | 农业银行 | 西南证券 |
| 2015-08-28：2016-03-01 | 中航资本 | 西南证券 | 招商证券 | 申万宏源 | 新华保险 |
| 2015-09-29：2016-03-29 | 中国人寿 | 东方证券 | 陕国投 A | 香溢融通 | 光大证券 |
| 2015-11-03：2016-04-27 | 中国平安 | 国泰君安 | 中国太保 | 招商证券 | 申万宏源 |
| 2015-12-01：2016-05-26 | 华夏银行 | 新华保险 | 交通银行 | 光大银行 | 平安银行 |
| 2015-12-29：2016-06-27 | 平安银行 | 华夏银行 | 西南证券 | 太平洋 | 中信证券 |
| 2016-01-27：2016-07-25 | 东方证券 | 中国人寿 | 新华保险 | 安信信托 | 太平洋 |
| 2016-03-02：2016-08-22 | 广发证券 | 申万宏源 | 海通证券 | 西南证券 | 太平洋 |

## 2. 受影响较大的机构

　　某个时段中某个机构受其他机构影响的度量参见式（4.2.5）。基于重要法规分段的大时段内，各个大时段受其他机构影响最大的前 5 家机构如表 4-5 所示。简单来看，在美国次贷危机大时段受其他机构影响较大的机构是银行和证券公司，而在"2015 中国股灾"大时段则全是证券公司。总体来看，对于大时段而言，随着时间往后推移，受到较大影响的机构由金融控股公司和银行业非存款类机构逐渐变为银行，直至全为证券公司。

表4-5　各个大时段受影响较大的前5家机构

| 大 时 段 | 1st | 2nd | 3rd | 4th | 5th |
|---|---|---|---|---|---|
| 1995-01-20：1997-07-03 | 爱建集团 | 陕国投A | 平安银行 | 海通证券 | 香溢融通 |
| 1997-07-04：1999-05-27 | 民生控股 | 国投资本 | 陕国投A | 东北证券 | 国元证券 |
| 1999-05-28：2000-03-16 | 陕国投A | 爱建集团 | 安信信托 | 国海证券 | 国投资本 |
| 2000-03-17：2007-01-12 | 锦龙股份 | 国海证券 | 爱建集团 | 浦发银行 | 陕国投A |
| 2007-01-15：2008-11-24 | 中国银行 | 中信证券 | 华夏银行 | 民生银行 | 海通证券 |
| 2008-11-25：2014-12-08 | 华夏银行 | 兴业银行 | 招商银行 | 北京银行 | 浦发银行 |
| 2014-12-09：2016-03-01 | 海通证券 | 光大证券 | 长江证券 | 广发证券 | 东北证券 |
| 2016-03-02：2019-11-19 | 国泰君安 | 锦龙股份 | 东北证券 | 兴业证券 | 申万宏源 |

由表4-5可知，在美国次贷危机大时段中，受其他机构影响较大的机构主要是银行和证券公司，而从由之前一个大时段过渡到该时段的7个小时段（见表4-6）来看，则是从银行过渡到金融控股和银行业非存款类机构；从该时段过渡到后一个大时段的7个小时段来看，受其他机构影响较大的机构主要是银行，只有最后两个小时段中才是银行业非存款类机构和保险公司。在"2015中国股灾"大时段中，受影响较大的机构主要是证券公司，而从表4-6所示由之前的大时段过渡到该时段的7个小时段来看，前5个小时段中绝大多数是银行，后两个小时段中则是证券公司和保险公司。从"2015中国股灾"大时段过渡到后一个大时段的7个小时段来看，证券公司、金融控股和银行业非存款类机构都是受影响较大的机构。

表4-6　各个小时段受影响较大的前5家机构（节选）

| 小 时 段 | 1st | 2nd | 3rd | 4th | 5th |
|---|---|---|---|---|---|
| 1996-12-27：1997-07-03 | 安信信托 | 中航资本 | 渤海金控 | 爱建集团 | 陕国投A |
| ⋮ | ⋮ | ⋮ | ⋮ | ⋮ | ⋮ |
| 2006-07-19：2007-01-12 | 华夏银行 | 中国银行 | 平安银行 | 招商银行 | 浦发银行 |
| 2006-08-16：2007-02-09 | 华夏银行 | 锦龙股份 | 民生银行 | 招商银行 | 平安银行 |
| 2006-09-13：2007-03-16 | 民生控股 | 招商银行 | 渤海金控 | 民生银行 | 华夏银行 |
| 2006-10-18：2007-04-13 | 新力金融 | 中信证券 | 绿庭投资 | 民生银行 | 民生控股 |
| 2006-11-15：2007-05-18 | 绿庭投资 | 爱建集团 | 国投资本 | 香溢融通 | 中国银行 |
| 2006-12-13：2007-06-15 | 民生控股 | 国投资本 | 浦发银行 | 爱建集团 | 香溢融通 |
| 2007-01-15：2007-07-13 | 华夏银行 | 渤海金控 | 民生控股 | 香溢融通 | 中信证券 |
| 2008-05-30：2008-11-24 | 交通银行 | 中国银行 | 安信信托 | 新力金融 | 华夏银行 |
| 2008-06-30：2008-12-22 | 海通证券 | 长江证券 | 兴业银行 | 越秀金控 | 平安银行 |
| 2008-07-28：2009-01-21 | 中信证券 | 北京银行 | 兴业银行 | 长江证券 | 中信银行 |
| 2008-08-25：2009-02-25 | 兴业银行 | 中信证券 | 招商银行 | 民生银行 | 宁波银行 |

续表

| 小 时 段 | 1st | 2nd | 3rd | 4th | 5th |
|---|---|---|---|---|---|
| 2008-09-23：2009-03-25 | 长江证券 | 太平洋 | 国元证券 | 陕国投 A | 国金证券 |
| 2008-10-28：2009-04-23 | 绿庭投资 | 国元证券 | 中信证券 | 香溢融通 | 国投资本 |
| 2008-11-25：2009-05-22 | 太平洋 | 中国平安 | 平安银行 | 熊猫金控 | 香溢融通 |
| ⋮ | ⋮ | ⋮ | ⋮ | ⋮ | ⋮ |
| 2014-06-16：2014-12-08 | 华夏银行 | 光大银行 | 交通银行 | 建设银行 | 平安银行 |
| 2014-07-14：2015-01-07 | 华夏银行 | 平安银行 | 建设银行 | 农业银行 | 兴业银行 |
| 2014-08-11：2015-02-04 | 华夏银行 | 平安银行 | 兴业银行 | 宁波银行 | 浦发银行 |
| 2014-09-09：2015-03-11 | 华夏银行 | 平安银行 | 建设银行 | 兴业银行 | 浦发银行 |
| 2014-10-14：2015-04-09 | 交通银行 | 华夏银行 | 建设银行 | 招商银行 | 民生银行 |
| 2014-11-11：2015-05-08 | 国海证券 | 交通银行 | 太平洋 | 中信证券 | 民生银行 |
| 2014-12-09：2015-06-05 | 绿庭 B 股 | 方正证券 | 中国人寿 | 兴业证券 | 中国太保 |
| 2015-08-28：2016-03-01 | 越秀金控 | 陕国投 A | 东方证券 | 光大证券 | 华泰证券 |
| 2015-09-29：2016-03-29 | 华夏银行 | 招商银行 | 民生银行 | 中国人寿 | 东方证券 |
| 2015-11-03：2016-04-27 | 国投资本 | 东兴证券 | 新华保险 | 光大证券 | 东方证券 |
| 2015-12-01：2016-05-26 | 华泰证券 | 东北证券 | 广发证券 | 方正证券 | 光大证券 |
| 2015-12-29：2016-06-27 | 熊猫金控 | 陕国投 A | 绿庭投资 | 中航资本 | 国投资本 |
| 2016-01-27：2016-07-25 | 东北证券 | 光大证券 | 陕国投 A | 中航资本 | 国金证券 |
| 2016-03-02：2016-08-22 | 越秀金控 | 东吴证券 | 锦龙股份 | 光大证券 | 国金证券 |

### 3. 网络社群分析

在网络中，通常可以将各个节点按照其连通的紧密程度划分为不同的社群，社群内部节点之间的连通远比和社群外部节点之间的连通密切。以使用 DEMIR-ER 等（2018）所提出方法构建的"强连通"关联网络为可视化对象，使用 CSARDI 等（2006）编写的 R 包 igraph 中的 cluster_walktrap 函数，对以重要法规发布日进行分段的各个大时段的关联网络进行社群可视化分析，美国次贷危机及之后大时段的社群可视化如图 4-2 所示。

图 4-2 中被算法判定为同一个社群的节点，用同一种颜色覆盖。同一个社群的节点之间的边是蓝色的，而不同社群的节点之间的边则是白色的。可以发现，相同类别的金融机构在同一个社群的可能性很大。图 4-2 所示的 4 个大时段中，除美国次贷危机大时段比较不明显以外，其他时段都呈现出明显的同类聚集现象。例如，在右下方的 2016 年 3 月 2 日到 2019 年 11 月 19 日时段，关联网络分成了两个主要的社群，蓝色社群中是所有的证券公司、金融控股公司和银行业非存款类机构，而白色社群中则是所有的银行和保险公司。蓝色社群中的锦龙股份、西水股份、香溢融通和中信证券与白色社群中的机构有直接联系，而白色社群中的北京银行、南京银行、交通银行、华夏银行和中国人寿等机构与蓝色社群有直接联系。

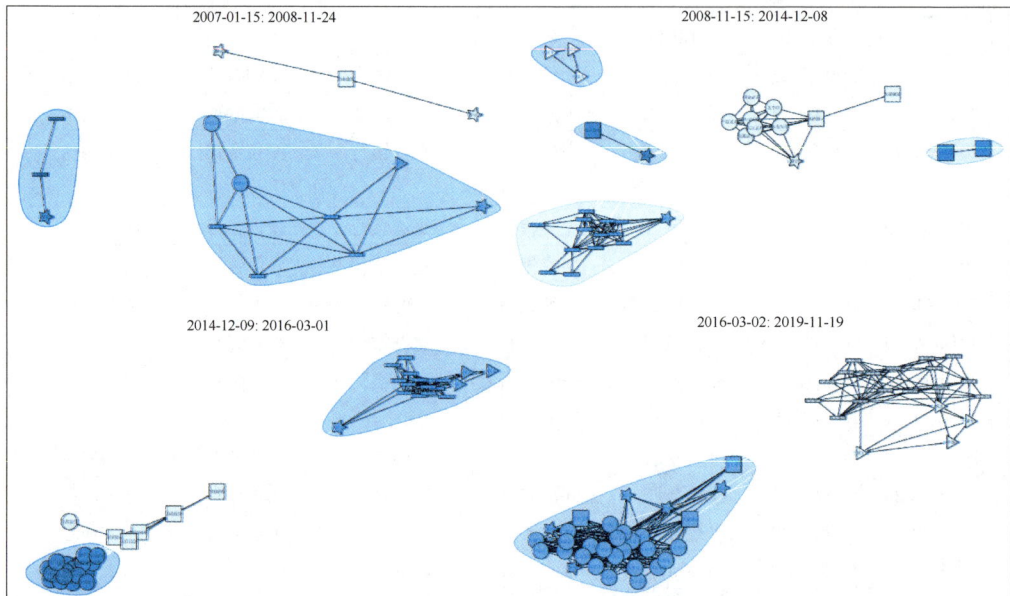

**图 4-2　美国次贷危机及之后大时段关联网络社群可视化（节选）**

图 4-3 所示为"前—2015 中国股灾"过渡期内前 4 个小时段的关联网络社群可视化。从小时段中依然可以看到同类机构聚集在同一个社群的现象，只是相较于大时段，这一现象稍微弱化。但无论是大时段还是过渡的小时，四大国有银行几乎一直在同一个社群之中。

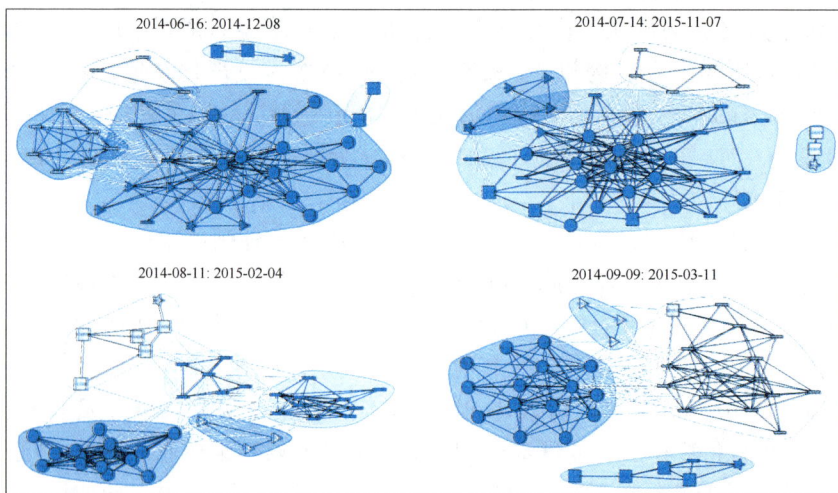

**图 4-3　"前—2015 中国股灾"过渡期内前 4 个小时段的关联网络社群可视化**

### 4.2.5 小结

在美国次贷危机和"2015 中国股灾"两个接近整体性金融危机的大时段中，分析了关联网络中影响力较大和受影响较大的机构，即具有系统重要性的机构。在美国次贷危机大时段具有系统重要性的机构多为银行，而在"2015 中国股灾"大时段则变为证券公司。另外，大时段前后过渡的小时段中的系统重要性机构，符合过渡的规律，例如，"前—美国次贷危机"的系统重要性机构由银行业非存款类机构由过渡到银行类机构，而在"美国次贷危机—后"，大时段的系统重要性机构仍主要是银行，小时段也反映了相同的趋势。在经过关联网络社群可视化之后，发现同类金融机构倾向于聚集在同一个社群中，这是以往研究中所未见的。

## 4.3 新战略背景下城市经济发展状况测度研究

### 4.3.1 案例背景

城市作为国家发展的重要实践主体，其经济发展对带动国家整体发展建设的意义不言而喻。城市经济发展内涵随国家的经济战略背景需求不断变化，理解并把握这一变化，科学合理地构建紧跟经济战略背景需求的城市经济发展状况测度指标体系，对准确认识城市经济发展状况，明确城市经济发展定位与方向具有重要意义。因此，本案例尝试在梳理具有城市经济发展状况测度指标体系文献的基础上，解读经济新战略背景下高质量发展、城市群协同发展及健康中国等战略规划的具体要求，结合指标体系理论与实际需求，构建反映当前经济背景要求的城市经济发展状况测度指标体系，并融合社会网络分析研究适合的指标测度方法，为我国经济新战略背景下城市经济发展状况的综合测度提供依据。

### 4.3.2 数据来源

本案例数据来源为《中国城市统计年鉴》及各城市地方统计年鉴，以 2017 年数据为例进行实证测度。副省级城市的概念出自 1994 年中央机构编制委员会文件明确定义的"副省级市"，当时共有包含重庆在内的 16 个城市，至 1997 年重庆成为直辖市后，副省级城市减为 15 个，自此之后一直延续下来未再变动。依据国家相关政策、学术研究资料及不重复原则，本案例针对 15 个副省级城市进行了城市群范围的确定，其中厦门所属城市群为海峡西岸城市群，武汉所属城市群为长江中游城市群，哈尔滨和长春所属城市群为哈长城市群，成都所属城市群为成渝城市群，南京、杭州和宁波所属城市群为长江三角洲城市群，西安所属城市群为关中平原城市群，广州和深圳所属城市群为粤港澳大湾区城市群，沈阳和大连所属城市群为辽中南城市群，济南和青岛所属城市群为山东半岛城市群，各城市群具体构成如表4-7所示。

**表4-7 副省级城市所属城市群构成**

| 副省级城市<br>所属城市群 | 包含的城市 |
| --- | --- |
| 海峡西岸<br>城市群 | 衢州、丽水、福州、厦门、莆田、三明、泉州、漳州、南平、龙岩、宁德、赣州、抚州、上饶、鹰潭、汕头、梅州、温州、潮州、揭阳 |
| 长江中游城市群 | 武汉、黄石、鄂州、孝感、黄冈、咸宁、仙桃、潜江、天门、襄阳、宜昌、荆州、荆门、长沙、株洲、湘潭、岳阳、益阳、常德、衡阳、娄底、南昌、九江、景德镇、新余、宜春、萍乡、吉安 |
| 哈长城市群 | 哈尔滨、大庆、齐齐哈尔、绥化、牡丹江、长春、吉林、四平、辽源、松原、延边 |
| 成渝城市群 | 重庆、成都、遂宁、内江、资阳、自贡、德阳、乐山、南充、眉山、宜宾、广安、泸州、绵阳、达州、雅安 |
| 长江三角洲<br>城市群 | 上海、南京、无锡、常州、苏州、南通、盐城、扬州、镇江、泰州、杭州、宁波、嘉兴、湖州、绍兴、金华、舟山、台州、合肥、芜湖、马鞍山、铜陵、安庆、滁州、池州、宣城 |
| 关中平原城市群 | 西安、宝鸡、咸阳、铜川、渭南、商洛、运城、临汾、天水、平凉、庆阳 |
| 粤港澳大湾区城市群 | 香港、澳门、广州、深圳、佛山、东莞、中山、珠海、江门、肇庆、惠州 |
| 辽中南城市群 | 沈阳、大连、鞍山、抚顺、本溪、丹东、辽阳、营口、盘锦 |
| 山东半岛城市群 | 济南、青岛、淄博、东营、烟台、潍坊、威海、日照 |

### 4.3.3 技术方法

#### 1. 融合社会网络分析的城市群经济联系网络构建

当前，应用引力模型测度城市间经济联系的研究已较为普遍，其主要思想是认为城市间的经济联系实质是它们在经济上的相互作用与影响，与它们的经济水平及人口规模关系最为密切，城市间的经济联系规律与万有引力类似，即城市间的经济联系强度与它们对应的人口数成正比，与它们间距离的平方成反比。设待测度的城市为 $i$，其所属城市群共有 $n$ 座城市，则基于引力模型可得到城市 $j$ 对城市 $k$ 的经济引力联系 $R_{jk}$ 的测度公式：

$$R_{jk} = l_{jk}R'_{jk}, \quad j,k = 1,2,\cdots,n; \quad j \neq k \tag{4.3.1}$$

式中，

$$R'_{jk} = (\sqrt{P_j V_j} \cdot \sqrt{P_k V_k})/D_{jk}^2 \tag{4.3.2}$$

$$l_{jk} = V_j / (V_j + V_k) \qquad (4.3.3)$$

式中，$P_j$ 和 $P_k$ 分别为城市 $j$ 和城市 $k$ 的人口数，$V_j$ 和 $V_k$ 分别为城市 $j$ 和城市 $k$ 的经济水平，实际研究中常以 GDP 或工业总产值等经济指标来代替；$D_{jk}$ 为从城市 $j$ 到城市 $k$ 间的地理距离。式(4.3.2)反映了城市 $j$ 和城市 $k$ 间的经济引力联系，这一模型建立在城市内部经济均衡、城市间经济往来方式相同且无其他障碍等假设条件之下，其测度结果将所有城市所属城市群看作一个整体，主要用于分析城市间的经济联系强度差异而非城市间的经济联系强度本身，因此就判断城市在城市群中的地位等问题而言具有实际运用的可取性。考虑到两个城市相互之间对对方的经济引力作用与经济贡献会受城市自身发展水平的影响，实际上是有差异的，因此城市间的经济引力联系应是双向的，即城市 $j$ 对城市 $k$ 的经济引力联系与城市 $k$ 对城市 $j$ 的经济引力联系是不同的。进一步引入反映城市 $j$ 相比城市 $k$ 的相对经济发展程度的修正参数，即式(4.3.3)。

基于上述公式，以 $n$ 个城市为网络节点，以计算出的两两城市间的经济联系 $R_{jk}$ 为网络节点的连边，即可构建关于待测度城市 $i$ 的城市群经济联系网络。结合社会网络分析中的网络指标，可进一步对城市群经济联系网络结构进行分析，据此测度城市 $i$ 在城市群支撑作用方面的相关指标。

### 2. 融合社会网络分析的城市群支撑作用方面的指标测度

#### (1)城市在城市群中的经济辐射能力

对待测度的城市 $i$，给定阈值 $\phi$，其在城市群中的经济辐射能力体现为该城市在城市群经济联系网络中对其他多少个城市具有较强的经济引力联系，即该城市节点 $i$ 在整个城市群经济联系网络中有多少指向其他城市的连边，该指标在社会网络分析中称为点出度：

$$output_i = \sum_{j=1}^{n} I(R_{ij} \geq \phi), \quad j = 1, 2, \cdots, n; \quad j \neq i$$

式中，$I(R_{ij} \geq \phi)$ 为判断城市 $i$ 对城市 $j$ 是否具有不小于 $\phi$ 的经济引力联系的示性函数。$output_i$ 值越大，意味着该城市在所属城市群中的经济辐射能力越强。

#### (2)城市在城市群中的经济集聚能力

对待测度的城市 $i$，给定阈值 $\phi'$，其在城市群中的经济集聚能力体现为该城市在城市群经济联系网络中受到其他多少城市的较强经济引力联系，即在整个城市群经济联系网络中有多少其他城市指向该城市节点 $i$ 的连边，该指标在社会网络分析中称为点入度：

$$input_i = \sum_{j=1}^{n} I(R_{ji} \geq \phi'), \quad j = 1, 2, \cdots, n; \quad j \neq i$$

式中，$I(R_{ji} \geq \phi')$ 为判断城市 $j$ 对城市 $i$ 是否具有不小于 $\phi'$ 的经济引力联系的示性函数。$input_i$ 值越大，意味着该城市在所属城市群中的经济集聚能力越强。

### (3)城市在城市群中的经济地位

对待测度的城市 $i$，其在城市群中的经济地位体现为该城市在城市群经济联系网络中的中心地位，除城市 $i$ 外的其他 $n-1$ 个城市节点两两联系时通过城市 $i$ 的最短路径的数目越多，说明该城市节点 $i$ 对其他 $n-1$ 个城市相互间的经济联系越重要，从而反映该城市 $i$ 在城市群经济联系网络中的重要程度以及处于何种地位。该指标主要通过计算所属城市群除待测度城市 $i$ 外的所有城市中，任意两个城市经过该城市节点 $i$ 的最短路径数目与这两个城市间的最短路径总数的比值之和来进行测度，在社会网络分析中称为中间中心性。

设城市 $j$ 与城市 $k$ 间的最短路径数目为 $s_{jk}$，其中有 $s_{jk}^i$ 条最短路径经过城市节点 $i$，则城市 $i$ 在城市群中的经济地位 $C_i$ 的测度公式为

$$C_i = \sum_j^n \sum_k^n \frac{s_{jk}^i}{s_{jk}}, \quad j,k = 1,2,\cdots,n; \quad j \neq k$$

为确保可比性问题，本案例进行标准化，可得城市 $i$ 在城市群中的经济地位 $C_i'$ 为

$$C_i' = \frac{C_i - \bar{C}}{\sigma_C}, \quad i = 1,2,\cdots,n$$

式中，$\bar{C}$ 为城市群中所有城市经济地位指标值的均值，$\sigma_C$ 为城市群中所有城市经济地位指标值的标准差。$C_i'$ 值越大，意味着该城市在所属城市群中的经济地位越高。

### (4)城市群空间经济联系紧密程度

对待测度的城市 $i$，城市群空间经济联系紧密程度体现为该城市所属城市群经济联系网络整体结构的联系紧密程度，一般通过计算网络中城市间实际具有经济联系的连边数目与该网络理论上可能拥有的最大连边数目的比值进行测度，该指标在社会网络分析中称为网络密度。

设网络中城市间实际具有经济联系的连边数目为 $m$，则对应共拥有 $n$ 个城市的城市群经济联系有向网络图 $G$ 理论上可能拥有最大连边数目为 $n(n-1)$，对应城市群空间经济联系紧密程度 $d(G)$ 的测度公式为

$$d(G) = \frac{m}{n(n-1)}$$

$d(G)$ 值越大，意味着城市 $i$ 所属城市群的空间经济联系越紧密，城市群中的经济资源越易于流通，能够为该城市提供越多的经济支撑与贡献。

### (5)城市群空间经济联系集中趋势

对待测度的城市 $i$，城市群空间经济联系集中趋势体现为该城市所属城市群经济联系网络整体的集中趋势，反映的是城市群中城市群体整体经济联系的不对称和不均衡程度，一般在城市群中各城市中心度的基础上计算得到，该指标在社会网络分析中称为点度中心势，依据使用城市点入度还是点出度数据可具体分为

点入度中心势和点出度中心势。

设城市 $j$ 的绝对中心度（对应城市群中该城市节点的点入度或点出度）为 $\mathrm{cd}_{\alpha,j}(\alpha = \text{input}, \text{output})$，则城市 $j$ 的相对中心度 $\mathrm{cr}_{\alpha,j}$ 为

$$\mathrm{cr}_{\alpha,j} = \frac{\mathrm{cd}_{\alpha,j}}{n-1}, \quad j = 1, 2, \cdots, n; \quad \alpha = \text{input}, \text{output}$$

式中，$n$ 为城市群中包含的城市数目。对应城市群空间经济联系集中趋势 $\mathrm{cp}_\alpha$ 的测度公式为

$$\mathrm{cp}_\alpha = \frac{\sum_{j=1}^{n}(\mathrm{cr}_{\max} - \mathrm{cr}_{\alpha,j})}{\max\left[\sum_{j=1}^{n}(\mathrm{cr}_{\max} - \mathrm{cr}_{\alpha,j})\right]}, \quad j = 1, 2, \cdots, n; \quad \alpha = \text{input}, \text{output}$$

式中，$\mathrm{cr}_{\max} = \max(\mathrm{cr}_{\alpha,j})$ 为网络图中最大中心度数值。点入度中心势 $\mathrm{cp}_{\text{input}}$ 越大，意味着城市群中各城市提供给周边城市的经济贡献越多；点出度中心势 $\mathrm{cp}_{\text{output}}$ 越大，意味着城市群中各城市受周边城市的经济影响以及与周边城市的资源共享情况越多。这里，城市群空间经济联系集中趋势指标取二者均值来测度：

$$\mathrm{cp} = \frac{1}{2}\sum_{\alpha}\mathrm{cp}_\alpha, \quad \alpha = \text{input}, \text{output}$$

cp 值越大，意味着整体上该城市所属城市群的空间经济联系的集中趋势越明显，其中包含的各城市与周边的经济联系越多，其经济联系范围越有扩大趋势。

### 3. 统计测度指标体系

为客观反映经济新战略背景下城市经济发展状况，构建测度指标体系应遵循以下原则。①要全面反映城市经济发展状况的各个维度。构建测度指标体系时，要确保选取的指标能够尽量兼顾城市经济发展的数量、质量及效率等各个方面。其中，在数量维度上，应既体现出发展的总量水平，也体现出发展的增量水平；在质量维度上，应能体现高质量发展的特征与要求；在效率维度上，应能同时体现城市自身储备资源以及所属城市群的经济资源对城市经济发展的影响。②要构成不可分割的综合测度系统框架。选取各项指标时，既要考虑表征出城市经济发展各方面的总体水平，也要考虑体现各方面内部结构的协调发展程度，特别注重包含生产、收入、消费、投资等各个角度及其相互间的有机联系与数量关系，统筹兼顾以达成整体综合测度指标体系系统、全面的测度作用。③要客观、真实地反映城市经济发展状况。选取各项指标时要在结合前人研究的理论与经验基础上进行，同时要结合当前国家经济战略背景需求。除经济发展规模、发展速度等常规指标外，还应考虑在经济新战略背景下，体现高质量发展、城市群协同发展及健康中国发展要求，抓住这些要求背后的城市经济发展内涵，加入创新、协调、绿色、开放、共享以及城市群支撑作用等方面的相关指标，以期对经济新战略背景下城市的经济发展状况给出更为客观、合理的测度标准。城市经济发展状况测度指标体系如表4-8所示。

表4-8　城市经济发展状况测度指标体系

| 一级指标 | 二级指标 | 三级指标 |
|---|---|---|
| 城市经济发展数量 | 发展规模 | GDP（＋） |
| | | 一般公共预算收入（＋） |
| | | 城镇职工年人均工资（＋） |
| | 发展速度 | GDP增速（＋） |
| | | 一般公共财政收入增长率（＋） |
| 城市经济发展质量 | 创新发展 | R&D经费支出占GDP比重（＋） |
| | | 每万人发明专利拥有量（＋） |
| | | 高新技术企业增加数（＋） |
| | 协调发展 | 第三产业增加值占GDP比重（＋） |
| | | 工业投资占固定资产投资比重（＋） |
| | | 城镇居民人均消费支出占人均GDP比重（＋） |
| | 绿色发展 | 社会用电量与GDP的比值（－） |
| | | 单位GDP工业废水排放量（－） |
| | | 一般固体废弃物综合利用率（＋） |
| | | 生活垃圾无害化处理率（＋） |
| | | 空气质量达标（AQI＜100）天数（＋） |
| | | 建成区绿化覆盖率（＋） |
| | 开放发展 | 进出口额占GDP比重（o） |
| | | 外商直接投资占GDP比重（o） |
| | | 实际使用外资增长速度（＋） |
| | 共享发展 | 城乡居民人均可支配收入比（o） |
| | | 城镇登记失业率（－） |
| | | 高等教育院校数（＋） |
| | | 人均公共图书馆总藏量（＋） |
| | | 人均城市道路面积（＋） |
| | | 每万人拥有医院床位数（＋） |
| | | 每万常住人口全科医生数（＋） |
| | | 城镇职工基本医疗保险参保覆盖率（＋） |
| | | 城镇职工基本养老保险参保覆盖率（＋） |
| | | 人均预期寿命（＋） |
| | | 卫生、社会保障和社会福利业从业人员占常住人口比重（＋） |

| 一级指标 | 二级指标 | 三级指标 |
|---|---|---|
| 城市经济发展效率 | 资源拉动效率 | GDP 增量与第三产业增加值增量比值（＋） |
| | | GDP 增长率与消费增长率比值（＋） |
| | | GDP 与固定资产投资额比值（＋） |
| | | GDP 与从业人数比值（＋） |
| | 资源利用效率 | GDP 与建成土地面积比值（＋） |
| | | 单位 GDP 能耗（－） |
| | 城市群支撑作用 | 城市在城市群中的经济辐射能力（＋） |
| | | 城市在城市群中的经济集聚能力（＋） |
| | | 城市在城市群中的经济地位（＋） |
| | | 城市群空间经济联系紧密程度（＋） |
| | | 城市群空间经济联系集中趋势（＋） |
| | | 所属城市群 GDP 增速与城市 GDP 增速的比值（＋） |
| | | 所属城市群第三产业占比与城市第三产业占比的比值（＋） |

### 4.3.4 分析结果

#### 1. 副省级城市经济发展综合状况测度结果

由图 4-4 可知，在 15 个副省级城市中，杭州经济发展综合状况最好，哈尔滨最差，整体来说，南方城市经济发展明显高于东北城市，存在一定地区差异。其中，杭州、深圳和南京得分超过 0.55，经济发展综合水平较高，领先幅度较大，兼顾了数

图 4-4 副省级城市经济发展综合状况测度结果

量、质量及效率等多个方面，有较好表现。其他城市，特别是长春、沈阳和哈尔滨，经济发展综合水平相对较低，具有一定提升空间，应适应经济新战略背景要求，调整城市具体经济发展规划，综合考虑各方面以进一步推动城市经济健康持续发展。

### 2. 副省级城市经济发展各子系统状况测度结果

从各副省级城市经济发展子系统状况来看，由表4-9可知，比较15个副省级城市，城市经济发展数量方面，在发展规模上，排首位的深圳是排末位的哈尔滨的24.62倍，各城市间差距较为明显，特别是东北地区城市发展规模普遍较小；在发展速度上，杭州、广州、南京和深圳等南方城市发展较快，而沈阳由于在GDP增速和一般公共财政收入增长率两方面均处于15个副省级城市的末位，因而相比其他城市而言发展较慢，仍有较大追赶空间。城市经济发展质量方面，在创新发展上，各城市呈现出一定两极分化现象，其中深圳、西安、杭州等城市排名靠前，这些城市均是各自所属地区大力创新的代表，创新能力较强，而哈尔滨和长春创新能力则较为一般，其他城市处于中等水平，相互间差异较小；在协调发展上，作为哈长城市群核心城市之一的哈尔滨表现较为突出，沈阳、济南、长春和青岛紧随其后，其余城市间差距不大；在绿色发展上，各城市得分几乎均超过0.55，整体绿色发展程度较好，大致可分为两个层次，其中高层次包括青岛、长春、广州、武汉、南京、大连、济南和成都，这些城市的绿色发展有一定成效，一般层次包括沈阳、西安等其他城市，与高层次城市差距较小，发展势头看好；在开放发展上，成都在外商直接投资占GDP比重和实际使用外资增长速度方面名列前茅，外资吸引力较强，开放程度最高，大连、宁波和广州等港口城市名列前茅，西北城市西安则相对一般；在共享发展上，杭州共享发展水平最高，广州、长春和哈尔滨较低，需加大推进力度以提升水平，其他城市共享发展水平中等，可持续稳步推进。城市经济发展效率方面，在资源拉动效率上，长春、大连、青岛和宁波表现更好，其中长春在投资和消费方面受益最大，大连和宁波在产业和人力资本方面受益更大，青岛则主要受益于投资及人力资本方面；在资源利用效率上，深圳、杭州和广州等经济发展规模大、发展速度快的城市资源利用效率也较高，而哈尔滨、武汉、济南、南京和长春与之相比差距还比较大，资源利用可能存在一定浪费；在城市群支撑作用上，各城市较明显地分为三个层次，其中高层次包括武汉和南京，一般层次包括大连、广州、深圳和济南，其他各城市集中在中间层次。

表4-9 副省级城市经济发展子系统状况测度结果 （单位：分）

| 副省级城市 | 发展规模 | 发展速度 | 创新发展 | 协调发展 | 绿色发展 | 开放发展 | 共享发展 | 资源拉动效率 | 资源利用效率 | 城市群支撑作用 |
|---|---|---|---|---|---|---|---|---|---|---|
| 厦门 | 0.1083 | 0.6210 | 0.3413 | 0.3279 | 0.5431 | 0.4733 | 0.4325 | 0.4530 | 0.5448 | 0.4583 |
| 武汉 | 0.4092 | 0.6687 | 0.3813 | 0.2968 | 0.7826 | 0.3595 | 0.5519 | 0.5245 | 0.2458 | 0.7309 |

续表

| 副省级城市 | 发展规模 | 发展速度 | 创新发展 | 协调发展 | 绿色发展 | 开放发展 | 共享发展 | 资源拉动效率 | 资源利用效率 | 城市群支撑作用 |
|---|---|---|---|---|---|---|---|---|---|---|
| 哈尔滨 | 0.0401 | 0.4262 | 0.0968 | 0.7481 | 0.4361 | 0.5128 | 0.2651 | 0.4650 | 0.2538 | 0.4650 |
| 长春 | 0.1101 | 0.5506 | 0.0029 | 0.4858 | 0.8264 | 0.4206 | 0.3094 | 0.7402 | 0.1829 | 0.4047 |
| 成都 | 0.4029 | 0.6826 | 0.2098 | 0.3512 | 0.7222 | 0.9368 | 0.5350 | 0.4578 | 0.5933 | 0.5993 |
| 南京 | 0.5700 | 0.7070 | 0.2615 | 0.3444 | 0.7703 | 0.5404 | 0.5982 | 0.5120 | 0.2027 | 0.7002 |
| 杭州 | 0.5714 | 0.9308 | 0.4251 | 0.3461 | 0.5693 | 0.5509 | 0.7435 | 0.4467 | 0.7343 | 0.5502 |
| 宁波 | 0.4340 | 0.6366 | 0.2791 | 0.2223 | 0.6581 | 0.5934 | 0.4250 | 0.6351 | 0.5835 | 0.5259 |
| 西安 | 0.1921 | 0.5820 | 0.5436 | 0.3879 | 0.6831 | 0.1310 | 0.5124 | 0.5116 | 0.4954 | 0.5169 |
| 广州 | 0.7743 | 0.7256 | 0.3109 | 0.3656 | 0.8212 | 0.5553 | 0.3707 | 0.3770 | 0.6001 | 0.2866 |
| 深圳 | 0.9873 | 0.7030 | 0.9245 | 0.2103 | 0.6670 | 0.4907 | 0.4442 | 0.3401 | 0.9033 | 0.3006 |
| 沈阳 | 0.1240 | 0.0000 | 0.2065 | 0.5396 | 0.6893 | 0.4134 | 0.5193 | 0.2154 | 0.4006 | 0.4362 |
| 大连 | 0.2296 | 0.4291 | 0.1827 | 0.3788 | 0.7625 | 0.7238 | 0.5007 | 0.6437 | 0.4486 | 0.2528 |
| 济南 | 0.2546 | 0.6402 | 0.2873 | 0.4935 | 0.7311 | 0.4424 | 0.5300 | 0.4748 | 0.2418 | 0.3132 |
| 青岛 | 0.3720 | 0.4524 | 0.3288 | 0.4431 | 0.8635 | 0.4325 | 0.4172 | 0.6364 | 0.5651 | 0.3771 |

### 3. 副省级城市对应城市群支撑作用指标测度结果

进一步细分副省级城市对应城市群支撑作用指标，由表 4-10 可知，比较 15 个副省级城市，在城市在城市群中的经济辐射能力上，可以分为三个层次，其中高层次包括武汉、南京和杭州，均属于自身经济实力较强的省会城市，对周边城市的经济辐射能力较强；中间层次包括厦门、哈尔滨、成都、宁波、西安和沈阳，多为经济崛起中的城市，对周边城市的经济辐射能力有增强趋势；一般层次包括长春、广州、深圳、大连、济南和青岛，这些城市中部分自身经济实力有待加强，部分对周边城市经济带动能力有待加强。在城市在城市群中的经济集聚能力上，整体层次划分与经济辐射能力情况较为吻合，只有南京变化稍大，可能是由于周边城市与上海、苏州等城市的经济联系更为密切，因此整体对南京的经济支撑作用不突出。在城市在城市群中的经济地位上，武汉、哈尔滨、成都、南京、西安、广州和沈阳在城市群经济发展中处于较为核心的位置，是打通周边城市经济联系的重要枢纽，其他城市在所属城市群中的经济地位则相对落后。在城市群空间经济联系紧密程度上，厦门、武汉、西安、济南和青岛所属城市群地理范围较为集中，所属城市群中的经济资源易于流通，能够为对应城市提供较多经济支撑与贡献，而成都、广州和深圳等所属城市群仍处于建设发展之中，其城市间实际联系尚显不足，紧密程度有待提升。在城市群空间经济联系集中趋势，大部分城市所属城市群内部的经济联系增多趋势明显，经济联系范围较为均衡且有扩大趋势，而广州、深圳、沈阳、大连、济南和青岛所属城市群发展均衡性相对一般，整体集中趋势不明显。由此，可对各副省级城市的城市群支撑作用强弱项有较为明确的测度，并进一步有针对性地制订适合的城市发展计划。

表4-10　副省级城市对应城市群支撑作用指标测度结果　（单位：分）

| 副省级城市 | 在城市群中的经济辐射能力 | 在城市群中的经济集聚能力 | 在城市群中的经济地位 | 城市群空间经济联系紧密程度 | 城市群空间经济联系集中趋势 |
|---|---|---|---|---|---|
| 厦门 | 0.5385 | 0.4615 | 0.1347 | 0.6078 | 0.5758 |
| 武汉 | 0.9231 | 1.0000 | 1.0000 | 0.5963 | 0.4703 |
| 哈尔滨 | 0.3846 | 0.3077 | 0.8458 | 0.4731 | 0.5723 |
| 长春 | 0.2308 | 0.2692 | 0.3197 | 0.4731 | 0.5723 |
| 成都 | 0.4615 | 0.5769 | 0.8488 | 0.2903 | 1.0000 |
| 南京 | 1.0000 | 0.5385 | 0.9797 | 0.4996 | 0.7063 |
| 杭州 | 0.7692 | 0.5385 | 0.2671 | 0.4996 | 0.7063 |
| 宁波 | 0.5385 | 0.3846 | 0.1865 | 0.4996 | 0.7063 |
| 西安 | 0.3846 | 0.3462 | 0.8396 | 0.6882 | 0.5468 |
| 广州 | 0.2308 | 0.1538 | 0.7173 | 0.0000 | 0.3058 |
| 深圳 | 0.1538 | 0.1538 | 0.4522 | 0.0000 | 0.3058 |
| 沈阳 | 0.3077 | 0.1538 | 0.7813 | 0.3429 | 0.3333 |
| 大连 | 0.0000 | 0.0000 | 0.0294 | 0.3429 | 0.3333 |
| 济南 | 0.2308 | 0.1154 | 0.0000 | 1.0000 | 0.0000 |
| 青岛 | 0.1538 | 0.1538 | 0.3753 | 1.0000 | 0.0000 |

### 4.3.5　小结

本案例针对我国高质量发展、城市群协同发展及"健康中国"行动要求背后的城市经济发展内涵进行了解读，在参考前人相关研究成果的基础上构建了涉及数量、质量和效率三个方面，包含创新发展、协调发展、绿色发展、开放发展、共享发展和城市群支撑作用等10个维度，共44个三级指标的城市经济发展状况测度指标体系，同时融合社会网络分析给出了反映城市群协同战略相关指标的测度方法，并以副省级城市为例进行了实证测度。本案例设计的指标体系紧扣高质量发展、城市群协同发展及"健康中国"行动，旨在全面、系统地监测当前我国经济新战略背景下城市的经济发展状况，所提出的指标测度方法旨在准确反映城市所属城市群情况对城市经济发展的贡献，以期为经济新战略背景下城市经济发展状况测度体系的构建与完善提供参考，整体上实证结果与大众认知较为吻合，验证了所构建指标体系的实用性与有效性。

# 4.4 基于公共服务单位分布的均衡化研究

## 4.4.1 案例背景

21世纪以来，我国经济高速发展，对应经济社会的基本需求也随之发生了深刻变化，在这一经济发展进程中，社会民众对公共服务的需求全面、快速增长，现有的基本公共服务却难以满足，这种供需不平衡状况引起了国家的重点关注。国务院先后出台了包括《国家基本公共服务体系"十二五"规划》《"十三五"推进基本公共服务均等化规划》和《关于建立健全基本公共服务标准体系的指导意见》等在内的多项文件，党的十九大报告更提出了到2035年"基本公共服务均等化基本实现"的具体目标，这一指示将推进基本公共服务均等化纳入了我国经济社会发展亟待解决的重要任务。研究基本公共服务单位分布的均衡化情况，正是实现基本公共服务均等化的关键，可为进一步优化公共资源配置、提升公共服务质量提供现实依据。

## 4.4.2 数据来源

本案例针对福建省进行基本公共服务单位分布的均衡化研究，以厦门、福州、漳州和泉州四个福建省的主要城市为例进行评价与比较分析。以多源数据为支撑，融合了线下宏观数据与线上微观数据两部分，利用线上微观数据颗粒度高、更为详细全面的优势，与线下宏观数据互补，形成完整、全面的数据来源，为更加细致地刻画福建省基本公共服务单位分布的均衡化情况提供依据。这里选取厦门、福州、漳州和泉州四个福建省主要城市的2018年统计年鉴数据以及福建省第四次经济普查数据，以权威数据整体刻画福建省基本公共服务的投入情况及产出数量与质量实际情况；线上微观数据以网络大数据为主，这里选取厦门、福州、漳州和泉州四个福建省主要城市对应的基本公共服务单位地理分布的网络爬虫数据，充分发挥网络爬虫微观大数据颗粒度高的优势特点，通过网络爬虫收集四个城市对应的基本公共服务单位的地理分布规模信息，并计算区域间公共服务失衡程度及区域内公共服务失衡程度等基本公共服务范围产出中的系列指标，以准确识别基本公共服务在地理范围上的分布格局与均衡化情况。

## 4.4.3 技术方法

### 1. 统计测度指标体系

在整合前人相关研究的基础上，本案例依据投入产出基本框架，对基本公共服务单位分布均衡化研究构建基本公共服务水平评价指标体系。该指标体系具体可分解为2个一级指标、6个二级指标和47个三级指标，其中，一级指标包括基本公共服务投入水平与基本公共服务产出水平；二级指标则包括从财政、人力、技术出发的投入层面，以及从规模、质量、范围出发的产出层面，具体如表4-11所示。

表4-11　基本公共服务水平评价指标体系

| 一级指标 | 二级指标 | 三级指标 |
|---|---|---|
| 基本公共服务投入水平 | 基本公共服务财政投入 | 教育支出占财政支出比重 |
| | | 医疗卫生支出占财政支出比重 |
| | | 社会保障和就业支出占财政支出比重 |
| | | 城乡社区事务支出占财政支出比重 |
| | | 文化体育与传媒支出占财政支出比重 |
| | 基本公共服务人力投入 | 教育从业人员占常住人口比重 |
| | | 卫生和社会工作从业人员占常住人口比重 |
| | | 公共管理、社会保障和社会组织从业人员占常住人口比重 |
| | | 居民服务、修理和其他服务业从业人员占常住人口比重 |
| | | 文化、体育和娱乐业从业人员占常住人口比重 |
| | 基本公共服务技术投入 | 卫生技术人员数 |
| | | 信息传输、软件和信息技术服务业单位数 |
| 基本公共服务产出水平 | 基本公共服务规模产出 | 教育单位资产总计 |
| | | 卫生和社会工作单位资产总计 |
| | | 公共管理、社会保障和社会组织单位资产总计 |
| | | 居民服务、修理和其他服务业单位资产总计 |
| | 基本公共服务质量产出 | 文化、体育和娱乐业单位资产总计 |
| | | 5G基站与营业厅数 |
| | | 新能源汽车充电桩数 |
| | | 特高压变电站数 |
| | | 数据中心与计算中心数 |
| | | 小学平均每专任教师负担学生数 |
| | | 中学平均每专任教师负担学生数 |
| | | 人均公共图书馆总藏量 |
| | | 每万常住人口全科医生数 |
| | | 每千人医疗卫生机构床位数 |
| | 基本公共服务范围产出 | 城镇登记失业率 |
| | | 基本医疗保险参保覆盖率 |
| | | 基本养老保险参保覆盖率 |
| | | 人均体育场地面积 |
| | | 人均公园绿地面积 |
| | | 区域间新基建公共服务失衡程度 |

| 一 级 指 标 | 二 级 指 标 | 三 级 指 标 |
| --- | --- | --- |
| 基本公共服务产出水平 | 基本公共服务范围产出 | 区域内新基建公共服务失衡程度 |
| | | 区域间教育公共服务失衡程度 |
| | | 区域内教育公共服务失衡程度 |
| | | 区域间健康医疗公共服务失衡程度 |
| | | 区域内健康医疗公共服务失衡程度 |
| | | 区域间体育和娱乐公共服务失衡程度 |
| | | 区域内体育和娱乐公共服务失衡程度 |
| | | 区域间社会保障公共服务失衡程度 |
| | | 区域内社会保障公共服务失衡程度 |
| | | 区域间交通公共服务失衡程度 |
| | | 区域内交通公共服务失衡程度 |
| | | 区域间购物公共服务失衡程度 |
| | | 区域内购物公共服务失衡程度 |
| | | 区域间金融公共服务失衡程度 |
| | | 区域内金融公共服务失衡程度 |

### 2. 福建省基本公共服务单位分布大数据平台构建

基本公共服务单位在地理范围上分布的均衡化情况是本案例研究中不可或缺的重要部分，一定程度上可以反映民众不同群体（如市区或县乡的对应群体）对基本公共服务所能享有的机会均等性。本案例创新性地以网络爬虫大数据搜集了福建省四个主要城市（厦门、福州、漳州和泉州）对应新基建、教育、健康医疗、体育和娱乐、社会保障、交通、购物和金融8个基本公共服务细分领域的基本公共服务单位地理位置数据，并据此构建了福建省基本公共服务单位分布大数据平台，高颗粒度可视化呈现了福建省四个主要城市的基本公共服务单位地理分布情况，同时结合这一平台数据计算了公共服务失衡程度指数，同步显示在平台上以方便比较。

该平台名为"基本公共服务单位分布大数据平台"，具体内容按照城市及对应基本公共服务细分领域进行分类展示，主要包括8个基本公共服务细分领域。

厦门市对应各公共服务领域的总失衡程度指数、区域间失衡程度指数和区域内失衡程度指数，主要用于刻画厦门市不同区域或范围下各公共服务供给的不均衡程度，数值均大于等于0，数值越小，说明不均衡程度越低，均衡化程度越高；数值越大，说明不均衡程度越高，均衡化程度越低。其中，厦门市新基建总失衡程度指数反映的是，从厦门市整体来看，市内所有居民能够享有新基建公共服务的相对不均衡程度；厦门市新基建区域间公共服务失衡程度指数反映的是，厦门市岛内与岛外两个区域的居民所能享有的新基建公共服务的相对差异或不均衡程度；厦门市新基建区域内公共服务失衡程度指数反映的是，厦门市岛内居民所能享有的岛内新基建公共服务的不均衡程度，与岛外居民所能享有的岛外新基建公共服务的不均衡程度的加权和。这三个指数共同构成了刻画厦门市新基建公共服务在城市整体以及内部的供给均衡化情况的完整系统。

### 4.4.4  分析结果

#### 1. 福建省四个主要城市的基本公共服务投入水平比较结果

2018年福建省四个主要城市基本公共服务投入水平指数如图4-5所示。基本公共服务投入水平得分最高的是福州，达到0.6141分，得分最低的是漳州，为0.3655分，二者差距较为明显。从整体上看，在投入水平上，福建省四个主要城市得分在0.3~0.7区间各占一档，城市间差异明显，作为省会的福州与作为经济特区的厦门对基本公共服务的投入相对较大，漳州的基本公共服务投入在四个城市中相对较小，省内基本公共服务投入资源配置一定程度上不均衡，有待进一步调整。

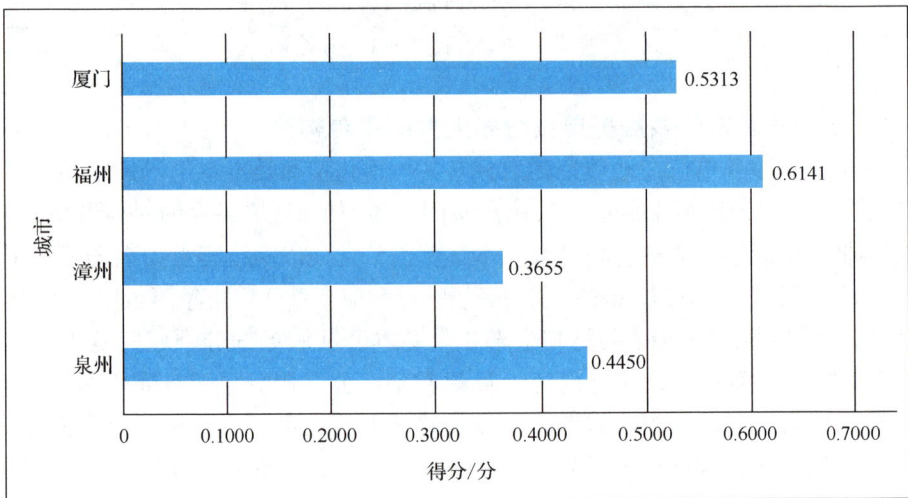

图4-5  2018年福建省四个主要城市基本公共服务投入水平指数

细分基本公共服务投入水平指标，可以看出，这一差距主要体现在以下几个方面。图4-6展示了2018年福建省四个主要城市基本公共服务财政投入、基本公共服务人力投入和基本公共服务技术投入二级指标的具体情况。在财政投入上，2018年福建省四个主要城市中GDP相对较高的泉州对基本公共服务的财政投入最多，GDP相对一般的厦门投入则较少，福建省内各城市对公共服务的财政投入在一定程度上受城市经济发展水平影响，趋势较为一致。在人力投入上，2018年福建省四个主要城市中厦门对基本公共服务的人力投入得分最高，福州以 0.7507 分位居第二，而漳州和泉州得分不到厦门的五分之一，省内人力投入不均衡情况较为明显。考虑到在福建省四个主要城市中，泉州与漳州属于人口总数较多的城市，这种人力投入与人口总数不成比例的情况体现出，两个城市中公共服务人力供给跟不上人口增长需求，需要福建省重点关注。在技术投入上，2018 年福建省四个主要城市两极分化情况较为突出，大致可分为三个层次。其中，福州属于高层次，得分超过了0.85，大幅高于其他三个城市，相对而言，厦门与泉州差距不大，属于中间层次，而漳州由于在技术投入等具体方面均位于四个城市的末尾，因此得分为 0，处于较低层次。说明福建省公共服务技术投入不均衡情况较为突出，特别是漳州，与其他三个城市相比，在技术投入上存在较大追赶空间，是福建省基本公共服务技术投入方面不均衡的短板所在，应在推动基本公共服务发展的技术层面引起重视。

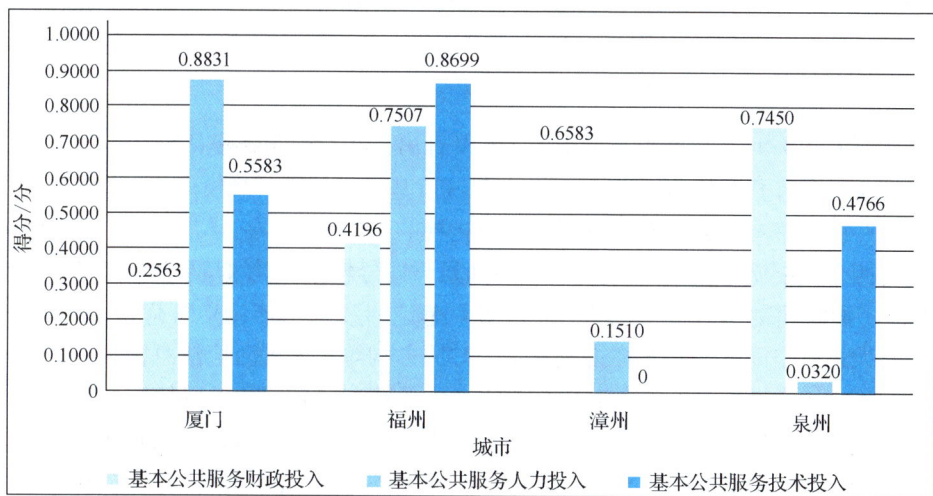

图 4-6　2018 年福建省四个主要城市基本公共服务投入水平二级指标情况

### 2. 福建省四个主要城市的基本公共服务产出水平比较结果

2018 年福建省四个主要城市基本公共服务产出水平指数如图 4-7 所示。基本公共服务产出水平得分最高的是厦门，高达 0.6776 分，得分最低的是漳州，为 0.3026分，前者得分超过后者的两倍，其他两个城市得分介于这二者之间。说明福建省基本公共服务产出水平不均衡情况较为明显。这里注意到，与前面的投入水平相比，厦门与漳州在产出水平上的得分差距比在投入水平上的得分差距要大，且福州尽管具有较高的基本公共服务投入水平，但在产出上却表现一般，反映出高投入不一定有高产出，因此在推进基本公共服务均等化时，投入过程与产出供给结果均需要加以追踪，且一定程度上产出结果更需引起注意，需注重发展基本公共服务产出，确保实际供给质量，以实现基本公共服务实际供给结果的均等化。

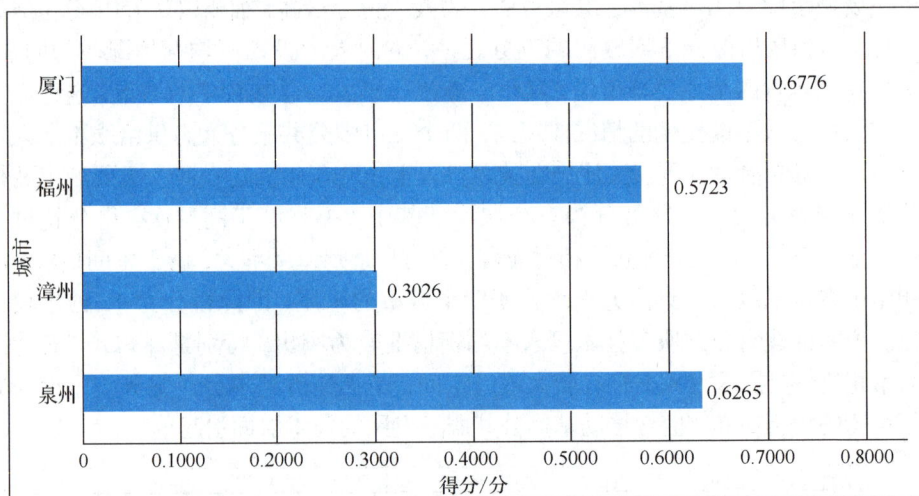

图 4-7　2018 年福建省四个主要城市基本公共服务产出水平指数

细分基本公共服务产出水平指标，可以看出，这一差距主要体现在以下几个方面。图 4-8 展示了 2018 年福建省四个主要城市基本公共服务规模产出、基本公共服务质量产出和基本公共服务范围产出二级指标的具体情况。在规模产出上，2018 年福建省四个主要城市中 GDP 较高的福州和泉州得分较高，厦门与泉州得分接近，差距较小，而漳州则相差较大，基本公共服务单位的数量与体量均有待进一步增加，存在较大追赶空间。福建省在推进基本公共服务均等化发展时应注意区域间的协调发展，考虑到漳州的投入与产出均位于四个主要城市的尾部，可以从增加漳州投入入手来扩大公共服务整体规模。在质量产出上，2018 年福建省四个主要城市中除漳州稍弱外，其余三个城市间差距不大。对比前面的规模产出结果，发现福州尽管供给数量较多，但供给质量并不高，说明公共服务单位的利用不够充分，有效惠及率不高。因此，福建省在推进基本公共服务均等化时，要着重注意这一现象，切实提升公共服务单位的服务质量。在范围产出上，2018 年福建省四个主要城市中厦门得分最高，为 0.8937 分，其次是泉州，福州和漳州得分相近，均在 0.4 分左右，位列其后。四个主要城市之间差距较大，反映出福建省基本公共服务单位分布的范围不均衡程度较为显著，各城市对应民众群体所能享受到公共服务的机会不够均等。

### 4.4.5　小结

本案例为基本公共服务均等化问题的相关研究提供了新分析思路，也为经济普查成果在公共服务均等化方面的运用提供了新思路，奠定了一定理论基础，有利于福建省加强对自身基本公共服务分布均衡性情况的把握，并为推进基本公共服务均等化目标的实现提供决策建议与信息参考。

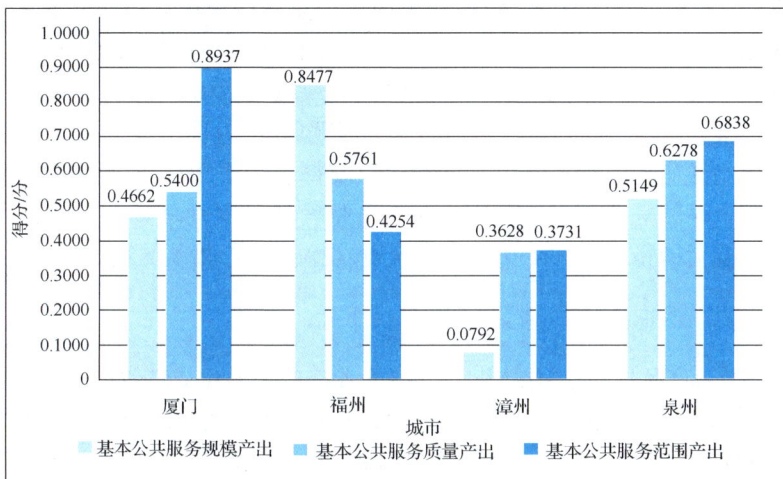

图 4-8　2018 年福建省四个主要城市基本公共服务产出水平二级指标情况

## 4.5　基于粗糙集的游戏核心竞争要素与购买模式挖掘

### 4.4.1　案例背景

《2019 年中国游戏产业报告》显示，2019 年中国游戏用户规模已达到 6.4 亿人，市场实际销售收入为 2308.8 亿元，实现了 7.7% 的同比增长。同时，中国游戏出口的市场规模正在急速扩张，表明游戏行业处于高速发展时期。然而，伴随市场成长的机遇，游戏行业同质化趋势和强烈竞争问题愈发凸显。《2020 年游戏市场竞争报告》表明，游戏企业数量众多，但产品区分不明显，为抢占市场份额，部分企业竞相降价销售。在此背景下，为获得自身竞争优势，企业必须基于市场需求和消费者偏好提高产品差异化程度。

因此，面临市场成熟度不同状况和文化差异的挑战，游戏行业亟待挖掘产品核心竞争力。产品核心竞争力是能够为企业带来持续市场优势的能力或资源集合。但是，企业竞争力往往难以持续。根据企业成长理论，当外部环境改变时，企业的战略行为通常会发生突变，这要求企业能够根据市场变化匹配、整合及重组竞争性资源。一般而言，竞争性资源可以通过多样性和稀缺性提升企业市场适应能力，但当产品细分市场和文化背景异质化程度较高时，追求产品属性的多样化和不可替代性必须筛选产品细分市场核心竞争要素，以通过对产品要素重构实现产品质量的差异化战略，从而提升企业竞争力。

鉴于此，本案例利用粗糙集理论，在对某大型网络游戏信息系统描述的基础上，挖掘影响企业商业模式的核心产品竞争要素，并使用粗糙集上、下近似，探讨了通过不同类型核心竞争要素组合判断玩家游戏产品购买行为的确定性。依据市场特征和需求动态调整企业竞争要素、资源和结构是企业获得市场优势的方式之一，而以产品为核心增强企业与消费者的联系，可进一步促进企业品牌形象的建立。因此，在产品同质化程度较高和市场差异较大的情形下，依据消费者的购买决策明确产品核心竞争要素，以及不同要素组合对推断玩家购买行为确定性的差异，可以为游戏企业实现差异化战略和提升动态能力提供支撑。基于粗糙集规则提取获得消费者购买游戏产品的规律和决策规则，游戏企业可准确识别玩家动态特征，有针对性地实行精准营销策略，从而支持游戏企业获得消费者驱动的竞争优势。

### 4.5.2 数据来源

为挖掘游戏产品核心竞争要素，向游戏企业实施差异化战略并构建消费者驱动的竞争优势提供参考，本案例利用粗糙集理论，采用某大型网络游戏玩家数据集进行实证分析。该数据集共包含玩家充值、角色信息、升级数据、在线数据、成就、任务状况、好友列表、金币获得与消耗、工会共9个子数据集。鉴于数据产权问题，本案例所用的原始数据无法进行共享和公开，但由于游戏同质化程度较高，因此该网络游戏玩家数据属性具备一般性，可以用来说明如何基于粗糙集探讨游戏企业产品核心竞争要素、挖掘玩家购买决策模式和规律，从而支持游戏企业获得消费者驱动的竞争优势。

本案例在属性选取时，剔除了与玩家产品购买行为相关性极小的和数据缺失严重的属性，如地图id、登录IP、网吧疲劳度等，最终选取了22个属性进行分析，其中条件属性有21个，决策属性($D$)有1个，如表4-12所示。本案例使用玩家"角色ID"($A_1$)和"账号名"($A_5$)对原始数据进行匹配、整合，并删除缺失数据之后，共得到1998条有效数据。其中存在玩家游戏产品购买行为的数据有147条，无玩家游戏产品购买行为的数据有1851条。

表 4-12　网络游戏信息系统属性表

| 属 性 变 量 | 属 性 名 称 | 属 性 变 量 | 属 性 名 称 |
| --- | --- | --- | --- |
| $A_1$ | 角色 ID | $A_{12}$ | 累积上线时间 |
| $A_2$ | 区 ID | $A_{13}$ | 游戏好友数量 |
| $A_3$ | 组 ID | $A_{14}$ | 成就数量 |
| $A_4$ | pt 账号 | $A_{15}$ | 完成任务数量 |
| $A_5$ | 账号名 | $A_{16}$ | 日均金币收入 |
| $A_6$ | 等级 | $A_{17}$ | 日均金币支出 |
| $A_7$ | 职业 | $A_{18}$ | 等级提升 |
| $A_8$ | 持有金币 | $A_{19}$ | 日均等级提升 |
| $A_9$ | 仓库拥有金币 | $A_{20}$ | 个人工会点数 |
| $A_{10}$ | 技能点 | $A_{21}$ | 工会职位 |
| $A_{11}$ | 任务积分 | $D$ | 是否购买游戏产品 |

### 4.5.3 技术方法

本案例分析可分为三个部分。首先，构建游戏信息系统，明确所有可能影响产品盈利的要素。其次，使用粗糙集属性约简，探讨影响企业盈利的核心竞争要素。最后，基于粗糙集上、下近似和规则提取，探索消费者产品购买行为中蕴含的必然性和决策规则，为企业在不同细分市场完成产品要素重构、实施差异化战略并最终构建消费者驱动的竞争优势提供支持。

### 1. 游戏信息系统构建

记 $S = (U, A, V, F)$ 为游戏信息系统，其中 $U$ 为非空有限对象论域，即

$$U = \{x_1, x_2, \cdots, x_n\}$$

$U$ 中的任一元素 $x_i$, $i = 1, 2, \cdots, n$ 为游戏信息系统中玩家的行为或特征记录。$A$ 为玩家属性的非空有限集，即

$$A = \{a_1, a_2, \cdots, a_m\}$$

$A$ 中的任意元素 $a_l$, $l = 1, 2, \cdots, m$ 为玩家的一个特定属性。

$$V = \bigcup_{a_l \in A} V_{a_l}, \quad l = 1, 2, \cdots, m$$

式中，$V_{a_l}$ 为属性 $a_l$ 的值域。$F$ 为 $U$ 和 $A$ 之间的关系集，即

$$F = \{f_l : U \rightarrow V_{a_l}, \quad l = 1, 2, \cdots, m\}$$

游戏信息系统能够提供完备的玩家游戏数据库，解决玩家属性的复杂性和干扰性问题，构成挖掘玩家游戏数据的基础。

### 2. 游戏盈利核心竞争因素挖掘

在游戏信息系统 $S = (U, A, V, F)$ 中，对于任意的 $B \subseteq A$，由 $B$ 产生的等价类 $U/R_B$ 为

$$U/R_B = \{[x_i]_{R_B} \mid x_i \in U, \quad i = 1, 2, \cdots, n\}$$

$$[x_i]_{R_B} = \{(x_i, x_j) \in U \times U : f_l(x_i) = f_l(x_j), \quad i, j = 1, 2, \cdots, n; \quad l = 1, 2, \cdots, m\}$$

式中，$R_B$ 为论域 $U$ 的一个划分，并称 $[x_i]_{R_B}$ 等价类中的任意对象是不可分辨的。

对于游戏信息系统中任意的对象集合 $X \subseteq U$，记

$$\underline{R}(X) = \cup \{x_i : [x_i]_R \subseteq X, i = 1, 2, \cdots, n\}$$

$$\overline{R}(X) = \cup \{x_i : [x_i]_R \cap X \neq \Phi, i = 1, 2, \cdots, n\}$$

$\underline{R}(X)$ 为对象 $X$ 的下近似，称为 $X$ 的正域，记为 $\mathrm{POS}_B(X)$，代表根据已有知识或划分可以明确属于 $X$ 的对象最大集合。$\overline{R}(X)$ 为对象 $X$ 的上近似，$\Phi$ 为空集。$\overline{R}(X)$ 是可能属于 $X$ 的对象最小集合。$\mathrm{NEG}_B(X) = U - B^-(X)$ 称为对象 $X$ 的负域，为论域中确定不属于 $X$ 的对象集合。

$\mathrm{BN}_B(X) = B^-(X) - B_-(X)$ 为对象 $X$ 的边界域，边界域包含对象数量越多，表示对对象 $X$ 的认知越粗糙，也可以利用近似精度描述对对象 $X$ 认知不精确的程度，即

$$\alpha_B(X) = \frac{|B_-(X)|}{|B^-(X)|}$$

式中，$|B^-(X)|$ 和 $|B_-(X)|$ 分别为对象 $X$ 上近似和下近似包含对象的个数。显然 $0 \leqslant \alpha_B(X) \leqslant 1$。当 $\alpha_B = 1$ 时，对象 $X$ 的认知不存在任何粗糙成分；而当 $\alpha_B = 0$ 时，则意味着属性集 $B$ 完全无法解释对象 $X$。

更进一步，若游戏信息系统 $S = (U,A,V,F)$ 中 $A = C \cup D$，$C \cap D = \Phi$，这里 $D$ 为信息系统 $S$ 的决策属性，$C$ 为条件属性。若对于 $B \subseteq C$，满足 $R_B = R_C$，即由划分 $R_B$ 和 $R_C$ 得到的等价类相同，同时，若 $\forall q \in B, R_{B-|q|} \neq R_C$，则称 $B$ 为信息系统 $S$ 的一个约简集。游戏信息系统 $S$ 所有约简的交集称为核，记为 $\text{Core}(C)$。通过属性约简，可以筛选出影响玩家购买行为的核心竞争要素 $\text{Core}(C)$，核是企业是否能够盈利的最关键要素，构成企业重组游戏元素、获得竞争力的来源。

为挖掘游戏盈利的核心竞争要素，本案例中，例游戏信息系统决策属性 $D$ 为玩家是否发生购买行为，条件属性 $C$ 为所有可能影响玩家购买行为的要素集合。如果 $X$ 为具有购买行为的玩家对象集合，$R_B$ 为根据玩家任一条件属性子集进行的划分，例如，根据玩家线上社交属性，即拥有游戏好友数量及是否参加工会划分等价类，那么 $\underline{R}(X)$ 为 $R_B$ 划分下必定会产生购买行为的玩家集合，$\overline{R}(X)$ 为目前所有可能购买游戏产品的玩家集合。利用上、下近似集能够充分挖掘各玩家属性集合与产品购买行为的关联。

### 3. 玩家购买模式挖掘

粗糙集规则提取的核心原则是通过属性和属性值约简消除决策非必要条件。利用粗糙集数据挖掘所获取的知识通常以决策规则的形式表述，包含条件和决策两部分，即以"如果……，就……"的格式表示。若游戏信息系统 $S$ 的属性全集 $A = C \cup D$，且 $C \cap D = \Phi$，这里 $D$ 为信息系统 $S$ 的决策属性，$C$ 为条件属性，则决策规则为

$$\varphi_{x_i}: [x_i]_{R_C} \rightarrow [x_i]_{R_D}, \quad i = 1, 2, \cdots, n$$

式中，$[x_i]_{R_C}$ 为条件属性 $C$ 产生的 $x_i$ 等价类，$[x_i]_{R_D}$ 为决策属性 $D$ 产生的 $x_i$ 等价类。进一步，可由支持度衡量任意属性子集 $B \subseteq C$ 对于决策属性 $D$ 的重要程度，即

$$\text{suppport}(\varphi_{x_i}, B) = \frac{|[x_i]_{R_C} \cap [x_i]_{R_D}|}{|[x_i]_{R_C}|}, \quad i = 1, 2, \cdots, n$$

式中，$|[x_i]_{R_C}|$ 为等价类 $[x_i]_{R_C}$ 包含的对象个数，$|[x_i]_{R_C} \cap [x_i]_{R_D}|$ 为等价类 $[x_i]_{R_C}$ 和 $[x_i]_{R_D}$ 交集的个数。

利用粗糙集提取游戏玩家产品购买规则具备以下几个特征：

① 能够很好地处理大型数据集合；

② 完全利用数据本身提供的信息，无须任何统计假设和先验信息；

③ 能够较好地表达不确定或不精确的知识，分析不一致信息；

④ 所挖掘出的每一条决策规则都由实际玩家数据予以支持；

⑤ 提取的规则与实践联系紧密。

决策规则能够很好地表述决策中玩家条件属性和游戏产品购买决策间的内在关系，为识别玩家产品购买特征、建立以玩家为中心的精确营销提供了重要的依据。

### 4.5.4 分析结果

#### 1. 游戏盈利核心竞争要素

对于不同的产品细分市场，相同产品要素可能具有不同的消费者感知。通过随机抽取样本能够帮助游戏企业形成市场基本认知，但难以深入挖掘消费者对游戏产品的认知和偏好信息。然而，只有在对产品特质、价值感知满意的基础上，消费者才能够逐步认同企业产品的品牌价值，从而改变自身消费行为。因此，本案例将消费者是否购买游戏产品作为决策属性，对某大型网络游戏属性集进行约简，以明确该游戏的核心竞争要素。结果显示，该大型网络游戏属性共存在两个约简集中，如表4-13所示。

表4-13 游戏属性约简集

| 约 简 集 | 属 性 集 |
|---|---|
| 约简集1 | $\{A_7, A_8, A_{10}, A_{11}, A_{12}, A_{14}, A_{15}, A_{16}, A_{17}, A_{18}, A_{19}, A_{21}\}$ |
| 约简集2 | $\{A_6, A_7, A_8, A_{10}, A_{11}, A_{12}, A_{14}, A_{15}, A_{16}, A_{17}, A_{19}, A_{21}\}$ |
| 核 | $\{A_7, A_8, A_{10}, A_{11}, A_{12}, A_{14}, A_{15}, A_{16}, A_{17}, A_{19}, A_{21}\}$ |

表4-13显示，该网络游戏信息系统的两个约简集分别由12个属性构成。对比约简集1和约简集2可以发现，二者仅"等级（$A_6$）"和"等级提升（$A_{18}$）"两个属性有差异，这也意味着两约简集能够相互替代。约简集未包含的属性为冗余属性，即"区ID（$A_2$）""游戏好友数量（$A_{13}$）""个人工会点数（$A_{20}$）"等，冗余属性无法影响玩家购买游戏产品的决策。通过游戏社交属性吸引玩家是游戏企业常用的营销手段，但网络游戏信息系统属性约简结果表明，"社交玩家"消费更多的是游戏免费服务，而不产生购买行为。

网络游戏信息系统的核心竞争要素是促使消费者购买产品的关键，也是游戏企业完善商业模式、实施差异化战略的基石。如表4-13所示，两个约简集的交集构成了游戏盈利的11项核心竞争要素，即"职业（$A_7$）""持有金币（$A_8$）""技能点（$A_{10}$）""任务积分（$A_{11}$）""累积上线时间（$A_{12}$）""成就数量（$A_{14}$）""完成任务数量（$A_{15}$）""日均金币收入（$A_{16}$）""日均金币支出（$A_{17}$）""日均等级提升（$A_{19}$）"和"工会职位（$A_{21}$）"。面临游戏出口市场差异的挑战，游戏企业应根据消费者的偏好动态调整竞争资源，在平衡服务多样性的基础上，增加核心竞争要素的投入和研发。

表4-14 总结了该网络游戏信息系统属性的相对重要程度。冗余属性中"游戏好友数量($A_{13}$)""个人工会点数($A_{20}$)"等社交类属性是吸引玩家、扩大游戏企业市场占有率的关键,而核心竞争属性则能够决定企业是否盈利和生存。在企业实施游戏差异化战略的过程中,可通过优化游戏核心要素或加强核心竞争要素之间的联系,给予玩家更好的游戏体验。另外,不付费玩家规模越大,游戏企业运营成本越高,因此,通过适度控制冗余游戏属性的成本投入,增强游戏核心竞争要素的研发,可以促进玩家购买游戏产品,提升企业盈利能力和市场竞争力。

表4-14　网络游戏信息系统属性的相对重要程度

| 相对重要程度 | 属 性 集 |
| --- | --- |
| 冗余属性 | $\{A_1,A_2,A_3,A_4,A_5,A_9,A_{13},A_{20}\}$ |
| 相对重要属性 | $\{A_6,A_{18}\}$ |
| 核心竞争属性 | $\{A_7,A_8,A_{10},A_{11},A_{12},A_{14},A_{15},A_{16},A_{17},A_{19},A_{21}\}$ |

### 2. 游戏产品核心竞争要素组合与购买行为识别

精准营销是企业开发市场的理想状态。一般情形下,企业会通过广告、产品推广等方式向消费者传递产品信息,促进消费者购买行为。然而,传统方法无法准确识别消费者偏好和特征,因此,本案例在筛选游戏产品核心竞争要素的基础上,进一步利用粗糙集上、下近似探讨不同要素组合对消费者游戏产品购买行为的影响差异。根据该网络游戏对属性模块的划分,可将其核心竞争要素分为三个维度,即"角色信息""任务与成就"和"金币获得与消耗",如表4-15所示。

表4-15　游戏盈利核心竞争要素维度划分

| 核心竞争要素 | 属 性 集 |
| --- | --- |
| 角色信息 | $\{A_7,A_{10},A_{12},A_{19},A_{21}\}$ |
| 任务与成就 | $\{A_{11},A_{14},A_{15}\}$ |
| 金币获得与消耗 | $\{A_8,A_{16},A_{17}\}$ |

三个维度核心竞争要素各自蕴含了玩家游戏产品消费的部分确定性信息,基于各维度的上、下近似集有助于我们从不同角度认知消费者的购买行为。该网络游戏信息系统存在的不同对象划分方式中,每一种划分代表一种认知研究对象的视角,而该划分下的下近似集意味着对研究对象认知的确定性部分,上、下近似集的边界则表示认知不确定的程度。

表4-16展示了各维度玩家产生或不产生消费行为的上近似集与下近似集中包含的玩家个数。其中购买游戏产品的下近似集为在某种划分下,肯定会产生购买行为的玩家集合,上近似集为所有可能产生购买行为的玩家集合,不购买游戏产品的下近似集和上近似集含义与之类似,这里不再赘述。表4-16显示,由"角色

信息"推测玩家购买行为，共有 44 人肯定会购买游戏产品，503 人可能会产生购买行为，而 1459 人一定不会购买游戏产品。而若由游戏"金币获得与消耗"推测玩家购买行为，则不存在肯定购买游戏产品的玩家，共计 1846 人可能会购买。

表 4-16　核心竞争要素与玩家购买行为近似集划分

| 核心竞争要素 | 购买游戏产品 | | 不购买游戏产品 | |
|---|---|---|---|---|
| | 下 近 似 集 | 上 近 似 集 | 下 近 似 集 | 上 近 似 集 |
| 角色信息 | 44 | 503 | 1495 | 1954 |
| 任务与成就 | 2 | 651 | 1347 | 1996 |
| 金币获得与消耗 | 0 | 1846 | 152 | 1998 |

本案例使用近似精度来衡量由各维度属性推测玩家购买行为的确定性大小。结果显示，"角色信息""任务与成就"和"金币获得与消耗"中蕴含的玩家产品购买确定性大小分别为 0.087、0.003 和 0。对比各维度结果，可以发现，由"角色信息"推测玩家是否会购买游戏产品的确定性最高，而"金币获得与消耗"的确定性最低。这表明，通过挖掘玩家角色信息可以更明确地划分一定会和可能会购买游戏产品玩家的特征，提升企业玩家转化策略的有效性。为进一步探讨玩家属性与游戏产品购买行为的关联，本案例继而使用规则提取算法挖掘游戏玩家购买行为模式，确定企业应何时对玩家采取营销策略。

### 3. 游戏产品购买规则提取

鉴于约简集 1 和约简集 2 中仅"等级（$A_6$）"和"等级提升（$A_{18}$）"属性有差异，二者存在较强的可替代性，因此本案例将约简集 2 作为研究对象，提取玩家购买游戏产品的模式和规律。

为验证本案例属性约简和规则提取的有效性，我们使用十折交叉验证法划分该网络游戏信息系统的训练集和测试集，预测精度如表 4-17 所示。平均而言，利用粗糙集提取的玩家购买行为规则预测精度达到 92.7%，结果可以较好地应用于游戏企业划分玩家群体，并实施精准营销策略。

表 4-17　预测精度

| 测 试 集 | 预测精度 | 测 试 集 | 预测精度 |
|---|---|---|---|
| 1 | 0.925 | 6 | 0.930 |
| 2 | 0.925 | 7 | 0.935 |
| 3 | 0.930 | 8 | 0.925 |
| 4 | 0.925 | 9 | 0.930 |
| 5 | 0.920 | 10 | 0.925 |

进一步，本案例使用该网络游戏信息系统数据提取玩家游戏产品购买规则。在 0.9 置信水平下，玩家游戏购买决策共存在 87 条规则，其中 67 条为游戏产品购买规则，20 条为无购买行为规则，限于篇幅，本案例只呈现 5 条无购买行为规则和支持度最高的 5 条游戏产品购买规则。

表 4-18 显示，无购买行为玩家识别条件更加简短。通常而言，营销投入中仅 10% 能够提升消费者转化率，其余浪费部分源于"生产驱动"的营销方式，而粗糙集规则提取为企业筛选高转化率用户、降低营销成本提供了盈利实现途径。通过工会参与、金币持有、技能点数量和成就数量等要素，游戏企业能够准确筛选只使用免费服务的玩家群体，而玩家购买行为发生条件则更加复杂，通常需要组合玩家角色累积上线时间、日均升级速度、角色等级、金币持有与消耗等要素。充分利用提取出的玩家购买规则，游戏企业营销活动将转变为"消费驱动"，营销投入将更及时、更准确。

表 4-18　玩家游戏产品购买规则

| | | |
|---|---|---|
| **无购买**<br>**行为规则** | 规则 1 | 如果玩家"职位"等于 5，则不会产生购买行为； |
| | 规则 2 | 如果玩家"持有金币"小于 4320，则不会产生购买行为； |
| | 规则 3 | 如果玩家"职业"代码为"1"，则不会产生购买行为； |
| | 规则 4 | 如果玩家"技能点"在[78，106）之间，则不会产生购买行为； |
| | 规则 5 | 如果玩家"成就数量"在区间[29,38）之间，则不会产生购买行为 |
| **购买**<br>**行为规则** | 规则 1 | 如果玩家"累积上线时间"大于 1570，"日均等级提升"在[1.6，4.33）之间，"技能点"小于 51，并且"职业"代码为"14"，则会产生购买行为； |
| | 规则 2 | 如果玩家"等级"在[13,20）之间，"日均金币收入"在[13500，24800）之间，并且"职业"代码为"14"，则会产生购买行为； |
| | 规则 3 | 如果玩家"日均等级提升"在[4.33,8）之间，"等级"在[13,20）之间，"累积上线时间"在[88.5,1570）之间，并且"技能点"小于 51，则会产生购买行为； |
| | 规则 4 | 如果玩家"职业"代码为"2"，"持有金币"小于 4320，"日均金币支出"大于 22700，则会产生购买行为； |
| | 规则 5 | 如果玩家"任务积分"在[5,32）之间，"职业"代码为"18"，"日均等级提升"小于 1.6，则会产生购买行为 |

总体来看，本案例基于粗糙集探讨了游戏企业应如何获得消费者驱动的竞争优势。通过对玩家购买行为影响因素的筛选和约简，本案例挖掘了该大型网络游戏的核心竞争要素，为企业根据市场需求动态调整竞争性资源提供了支持。在玩家属性约简基础上，本案例进一步探讨了根据不同核心竞争要素分类推测玩家购买行为的确定性，明确了游戏企业应着重关注哪些要素。另外，玩家游戏产品购买规则更加具体地显示游戏企业应何时、对谁开展营销活动。通过核心竞争要素

与玩家购买行为关联的讨论，本案例为游戏企业精准实施营销策略，从而获得消费者驱动的竞争优势提供了证据和参考。

### 4.5.5　小结

基于某大型网络游戏数据，首先，本案例使用粗糙集对影响玩家游戏产品购买行为的要素进行约简，结果显示，"职业""持有金币""技能点""任务积分""累积上线时间""成就数量""完成任务数量""日均金币收入""日均金币支出""日均等级提升"和"工会职位"构成该游戏的核心竞争要素。其次，本案例使用粗糙集规则提取算法挖掘玩家购买游戏产品的模式和规律。在 0.9 置信水平下，玩家游戏购买决策共存在 87 条规则，其中 67 条为购买行为规则，20 条为无购买行为规则。为提升消费者转化率，游戏企业营销活动应排除不会产生购买行为的玩家，精准、及时地对可能有购买行为的玩家实施促销活动。根据不同细分市场的玩家游戏产品购买规则，游戏企业能够大幅度降低营销成本投入，动态识别玩家特征，提升营销活动中消费者的转化率。

消费者驱动的游戏企业竞争优势的获得需要平衡不同消费者的需求和偏好。按照是否发生购买行为，可以将游戏玩家分为两部分，即消费型玩家和免费型玩家。为获得更高的收益，游戏企业更倾向于关注和满足消费型玩家的需求。然而，免费型玩家构成了游戏市场的主体。本案例发现，免费型玩家更偏好游戏的社交属性，这也意味着企业在实施精准营销策略提升玩家转化率的同时，要兼顾免费型的需求，打造秩序良好的工会、游戏好友等线上社交功能。通过平衡消费型玩家和免费型玩家的偏好，游戏企业能够在扩大市场份额占有率的前提下增加营收，从而获得竞争优势。

## 4.6　基于函数型数据分析方法的高频资产价格波动率测度研究

### 4.6.1　案例背景

近年来，随着资产收益高频数据的快速便捷获取，学者和投资者对波动率建模给予了越来越多的关注（Weng 等，2021；Duttilo 等，2021），例如，使用 ARCH（自回归条件异方差）类模型和已实现波动率模型来计算波动率（Anderssen 等，2001；Bollerslev 等，1986；Hansen 等，2012）。然而，这些模型通过收益率间接描述波动性，不能描述日内水平的动态变化。特别是，每日波动建模通常使用连续时间随机过程方法（Poon 等，2005；Andersen 等，2010；Hurvich 等，2005），它假设波动性是由一个潜在的未知扩散过程产生的。然而，这些方法无法描述并表征每日波动的长记忆性和周期性，它们的共性取决于进行测量的离散时间点，通常称为基于点的已实现波动率计算模型（Liu 等，2008）。当数据采集频率足够高且采样数据不会引起微观市场干扰时，这些计算已实现波动率的方法在理论上是真实波动率的一致估计值。

随着数据采集技术的发展，金融数据采集的频率越来越高。而随着数据采集频率的提高，市场微观结构噪声对数据的干扰也越来越明显，如买卖价差、交易不频繁等（Bandi 等，2006；Hansen 等，2006；Zhang 等，2005）。如果每个样本都有噪声，基于点的已实现波动率计算模型就会受到挑战。例如，收益平方和强依赖于从 $t-1$ 到 $t$ 的两个连续的价格采样点，其中 $t$ 为时间变量。采样点本身是有偏差的，不同的采样点可能导致不同的计算结果（Duong 等，2015）。另外，高频数据具有长记忆性，这表明过去的冲击会持续到未来，并对预期的未来产生很大影响（Breidt 等，1998；Baillie 等，2000；Granger 等，1980）。在这个框架下，应该考虑交易中的系统性变化。从时间演变的角度来看，如果价格被视为离散的时间序列，其潜在的随机过程便不能用统计分析方法正确地确定，也就是说，从时间 $t-1$ 到 $t$ 的资产价格转移不是独立于当前特征的，而应该被视为系统性变化。因此，面对这些挑战，有必要对高频数据的波动性建模分析。

一种基于曲线的已实现波动率计算模型的方法定义离散时间序列为一组采样曲线，可以随着时间的推移进行观察（Alvarez 等，2012；Muller 等，2011）。一方面，函数型数据分析（FDA）方法通常可用于从离散时间序列中提取额外的信息，如它们的导数，以测量时间价格曲线的速度和加速度（Shang 等，2017）。另一方面，应用 FDA 方法有助于识别金融市场价格变化的重复模式（Kokoszka 等，2017）。高频数据隐含丰富的信息来源，为分析短时间间隔的动态变化提供了机会。然而，这些研究没有考虑从离散时间序列中分离噪声。假设价格变化遵循布朗半鞅过程，积分波动率可以用已实现波动率代替（Yu 等，2014）。基于此，首先，本案例在离散观察的基础上，通过伯恩斯坦基函数，采用 FDA 方法构建了时间—价格曲线。其次，借鉴微分几何理论，本案例将时间—价格曲线的曲率积分作为高频数据在一定时期内的已实现波动率，称为函数波动率（FV）。此外，时间段可以任意设置，因此我们可以计算任何时间尺度的已实现波动率，即使时间尺度足够小，也可以估计瞬时已实现波动率。

与基于点的已实现波动率计算方法不同，基于曲线的已实现波动率计算方法有三个优点。①基于曲线的已实现波动率计算方法可以从 $t-1$ 和 $t$ 获得关于采样时间点的信息，其中 $t$ 为时间变量。基于点的已实现波动率计算方法忽略了价格从一个时间点到下一个时间点的潜在动态变化。例如，如果两个相邻的时间点价格相同，则回报将为零。然而，从一个时间点到下一个时间点的转变包含了许多关于价格变化的信息。②基于曲线的已实现波动率计算方法可以有效消除市场微观结构噪声对数据的干扰。FDA 方法通过渐近收敛将资产价格分解为一个连续项和一个噪声项，从而将噪声从离散时间序列中分离出来。③基于曲线的已实现波动率计算方法将整个曲线视为单一实体，也没有考虑重复、混合频率和不等间隔采样问题之间的相关性（Wang 等，2016）。基于点的已实现波动率的计算方法受限于重复样本的相关性、不规则数据的采样过程。FDA 方法放松了数据获取的结构约束和分布设置。

### 4.6.2　数据来源

本案例的数据是从 Thompson Ruter Tick 历史数据库（TRTH）获得的，该数据库拥有以秒为单位的资产价格数据，并且原始数据是等距的。我们随机选取 1000 天，用上述模型计算每日的功能波动率并作为"金标准"。图 4-9 所示为本案例使用的 2012 年至 2016 年的资产价格数据。

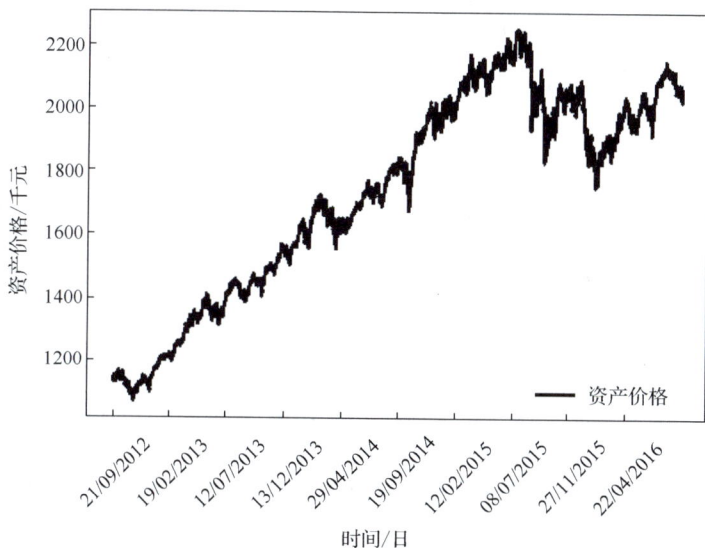

图 4-9　2012—2016 年资产价格数据

### 4.6.3　技术方法

#### 1. 基函数的确定

FDA 方法以函数型数据为研究对象，将观察到的数据视为一个整体（Ramsay 等，1982）。考虑一维函数型数据 $X_1(t),X_2(t),\cdots,X_n(t)$ ，它是随机过程 $X_t$ 在闭区间 $F$ 上的实现，从时间 $t$ 的维度来看，函数型数据是一种无限维的数据（Kokoszka 等，2017）。在现实中，很难获得观测完整且没有测量误差的曲线。因此，我们首先假设

$$W_{ij} = X_i(T_{ij}) + U_{ij}, \quad T_{ij} \in \mathcal{F}; \quad 1 \leqslant i \leqslant n; \quad 1 \leqslant j \leqslant M_i$$

式中，$U_{ij}$ 是独立的同分布观测误差，与 $X_i$ 无关，满足 $E(U_{ij}) = 0$ ，$E(U_{ij}^2) = \sigma_u^2$ 。

实际观测数据是 $(T_{ij}, W_{ij})$ ，$i = 1,2,\cdots,n$ ；$j = 1,2,\cdots,M_i$ 。

由于函数型数据的维度是无限的，因此降维具有重要意义。常用的方法是使用一组基来扩展函数型数据。具体地说，假设 $\phi_1(t),\phi_2(t),\cdots$ 是定义在闭区间 $F$ 上的一组正交基：

$$X(t) = \sum_{k=1}^{\infty} \xi_k \phi_k(t)$$

式中，$\xi_k = \int_I X(t)\phi_k(t)\,\mathrm{d}t$ 是 $X(t)$ 在 $\phi_k(t)$ 上的投影。在实际应用中，需要截断展开式的个数，即 $X(t) \approx \sum_{k=1}^{K} \xi_k \phi_k(t)$ 。这样，无穷维泛函数据 $X(t)$ 就近似为有限项展开式的和。无穷维函数型数据中包含的信息可以用有限维向量 $(\xi_1,\xi_2,\cdots,\xi_K)^{\mathrm{T}}$ 来表示，以达到降维的目的。

设时间序列数据 $Y_i, i = 0,1,\cdots,n$ ，拟合模型构建如下：

$$Y(t) = \sum_{j=0}^{m} \boldsymbol{\beta}_j \varphi_j(t) + \varepsilon(t), \quad 0 \leq t \leq 1; \quad m < n$$

式中，$\varphi_j(t), j = 0,1,\cdots,m$ 为一组基函数；$\boldsymbol{\beta}_j, j = 0,1,\cdots,m$ 为待确定的系数向量；$\varepsilon_j(t), j = 0,1,\cdots,m$ 为噪声。

这里给出的时间序列数据 $Y(t)$ 是对原始时间序列数据 $Y_i, i = 0,1,\cdots,n$ 进行参数化处理的结果。确定的参数分为 $\Delta_t : t_0 < t_1 < \cdots < t_n$ 。这样，我们就面临着选择哪种基函数的问题。需要注意的是，多项式函数能够满足从复杂数据中挖掘有用信息的要求，并且易于计算函数值和各阶导数值，实现可视化。

$m$ 次多项式构成了 $m$ 次多项式空间，$M$ 次多项式空间中任意一组 $M + 1$ 个线性无关的多项式都可以看作一组基（Ler 等，2001）。为了更好地反映复杂数据的规律性，数据转换峰和谷的个数用 $m$ 来描述，通过计算机输入和交互修改拟合曲线，可以达到描述的目的。

同一条曲线可以用不同的多项式基函数来表示，它们具有不同的性质。幂多项式 $t^j, j = 1,2,\cdots,m$ 反映了最简单的多项式基础幂基（Beaton 等，1974）。拟合的曲线具有形式简单、易于计算的优点；然而，在基于幂次的多项式曲线方程中，系数向量的几何平均值并不明显。此外，当阶数较大时，由于需要求解的线性方程组很大（Hatefi 等，2022），因此系数矩阵是病态的。拉格朗日基函数 $L_j(t) = \prod_{j \neq i = 0}^{m}$ $\dfrac{(t - t_i)}{(t_j - t_i)}, j = 0,1,\cdots,m$ 是正则的，具有明显的规律性（Dahiya 等，2014），但其推导复杂，每次添加数据时都需要重新计算所有的数据点。这并不满足数据挖掘的需求。傅里叶基 $e^{i\omega t}$ 可以揭示时间和频谱之间的内在联系，但是，在使用傅里叶变换时，我们需要使用信号的所有时域信息，缺少时域定位函数（Wang 等，2022）。

考虑到人机交互和数据挖掘的特点，本文选择了伯恩斯坦基函数。作为一个基函数，伯恩斯坦多项式是经典的 Bézier 曲线，并成为发展复杂曲线和曲面的基础。它具有归一化、对称性、递归性、分割性等优点（Farouki 等，2012）。伯恩斯坦基函数拟合的模型为

$$Y(t) = \sum_{j=0}^{m} \boldsymbol{\beta}_j B_{j,m}(t) + \varepsilon(t), \quad 0 \leqslant t \leqslant 1$$

式中，$\boldsymbol{\beta}_j, j = 0,1,\cdots,m$ 为系数向量，称为拟合曲线控制点。基函数

$$B_{j,m}(t) = C_m^j t^j (1-t)^{m-j}, \quad 0 \leqslant t \leqslant 1; \quad j = 0,1,\cdots,m$$

称为伯恩斯坦基函数。

伯恩斯坦基函数除具有上述优点外，还具有凸包性质（Farouki 等,1996）。点集的凸包定义为点集元素构成的所有凸组合的集合。伯恩斯坦基函数拟合曲线的凸包特性意味着曲线始终位于其控制点的凸包内（见图 4-10）。

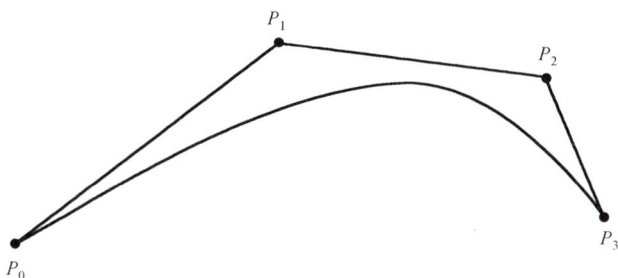

**图 4-10** 带有 4 个控制点 $P_0, P_1, P_2, P_3$ 的凸包图

## 2. 伯恩斯坦基函数建模

对于时间序列数据 $Y(t), 0 \leqslant t \leqslant 1$，设 $m$ 次伯恩斯坦多项式为基函数：

$$B_{j,m}(t) = C_m^j t^j (1-t)^{m-j}, \quad 0 \leqslant t \leqslant 1; \quad j = 0,1,\cdots,m$$

构建实际模型

$$Y(t) = \sum_{j=0}^{m} \beta_j B_{j,m}(t) + \varepsilon(t)$$

拟合时间序列数据点，样本回归方程为

$$\hat{Y}(t) = \sum_{j=0}^{m} \hat{\beta}_j B_{j,m}(t), \quad 0 \leqslant t \leqslant 1$$

式中，$\beta_j$ 的参数估计表示为 $\hat{\beta}_j$。因此，基于伯恩斯坦基函数的模型为

$$Y(t) = \sum_{j=0}^{m} \hat{\beta}_j B_{j,m}(t) + e(t)$$

式中，$\hat{\beta}_j, j = 0,1,\cdots,m$ 为控制点的估计量；$B_{j,m}(t)$ 为伯恩斯坦基函数；$e(t)$ 为误差项，表示为 $e(t) = Y(t) - \hat{Y}(t)$。我们可以进一步利用所构造曲线的性质来分

析所研究现象的发展规律。

值得注意的是，$\hat{Y}(t)$ 为曲线上数据点 $Y(t)$ 的拟合值，实际值记为 $Y(t)$。随机变量 $\varepsilon(t)$ 为误差，包括数据测量误差和随机误差。假设当 $t_1 \neq t_2$ 时，$\varepsilon(t) \sim N(0, \sigma^2)$，$\mathrm{cov}[\varepsilon(t_1), \varepsilon(t_2)] = 0$。

本案例利用最小二乘法估计控制点 $\beta_j, j = 0, 1, \cdots, m$。首先，对时间序列数据 $Y_i, i = 0, 1, \cdots, n$ 进行参数化。设 $\tau_i$ 为 $Y_i$ 对应的指标，$i = 0, 1, \cdots, n; \tau_i \geq 0$。

将上述参数化结果归一化，得到归一化参数化结果：

$$t_i = \frac{\tau_i}{\max(\tau_i)}, \quad i = 0, 1, \cdots, n$$

在测量高频资产波动时，$n$ 为每天的样本个数。然后，利用最小二乘法拟合时间-价格曲线，令拟合曲线保持不变：

$$\hat{Y}(t_i) = \sum_{j=0}^{m} \hat{\beta}_j B_{j,m}(t_i), \quad i = 0, 1, \cdots, n$$

样本模型为

$$Y(t_i) = \sum_{j=0}^{m} \hat{\beta}_j B_{j,m}(t_i) + e(t_i)$$

通过最小化以下公式计算控制点：

$$E = \sum_{i=0}^{n} (Y(t_i) - \hat{Y}(t_i))^2$$

也就是

$$E(\hat{\beta}_0, \hat{\beta}_1, \cdots, \hat{\beta}_m) = \sum_{i=0}^{n} \left( Y(t_i) - \sum_{j=0}^{m} \hat{\beta}_j B_{j,m}(t_i) \right)^2$$

根据最小二乘法，可以得到控制点

$$\begin{bmatrix} \hat{\beta}_0 \\ \hat{\beta}_1 \\ \vdots \\ \hat{\beta}_m \end{bmatrix} = (\Phi^{\mathrm{T}} \Phi)^{-1} \Phi^{\mathrm{T}} \begin{bmatrix} Y(t_0) \\ Y(t_1) \\ \vdots \\ Y(t_n) \end{bmatrix}$$

式中，

$$\Phi = \begin{bmatrix} B_{0,m}(t_0) & B_{1,m}(t_0) & \cdots & B_{m,m}(t_0) \\ B_{0,m}(t_1) & B_{1,m}(t_1) & \cdots & B_{m,m}(t_1) \\ \vdots & \cdots & \ddots & \cdots \\ B_{0,m}(t_n) & B_{1,m}(t_n) & \cdots & B_{m,m}(t_n) \end{bmatrix}$$

$\Phi^{\mathrm{T}}$ 为 $\Phi$ 的转置。

于是可估计 $m + 1$ 个控制点 $\hat{\beta}_0, \hat{\beta}_1, \cdots, \hat{\beta}_m$。该模型要求拟合曲线必须与原始

曲线的起点和终点重合。因此，我们对头尾控制点 $\hat{\beta}_0 \to Y(t_0)$，$\hat{\beta}_m \to Y(t_n)$ 进行修改，以保证分段拟合曲线成功拼接，形成代表整个数据样本的整体拟合曲线。

接着，我们可以得到拟合曲线：

$$\hat{Y}(t) = \sum_{j=0}^{m} \hat{\beta}_j B_{j,m}(t), \quad 0 \leq t \leq 1$$

模型中，唯一需要确定的参数是 $m$，通过最小广义交叉验证准则（GCV）最终得到最优值：

$$\mathrm{GCV}(m) = \frac{\sum_{i=1}^{N}\left(Y(t) - \sum_{j=0}^{m}\hat{\beta}_j\beta_{j,m}(t_i)\right)^2}{(1 - M(m)/N)^2}$$

式中，$M(m)$ 为模型中有效参数个数，$N$ 为实际观测样本个数。

### 3. 波动率测量

直观地说，在构建高频数据的函数曲线后，通过函数的特征来量化波动率比衡量已实现波动率更自然。由此，我们可以自然地通过衡量时间－价格曲线的波动程度来衡量资产价格的波动性。

函数的曲率可用于确定曲线的波动程度。曲线的曲率是该曲线上一点的切线方向角度相对于弧长的旋转率。它由微分定义，表示曲线在某一点的弯曲程度。曲率越大，曲线弯曲程度越大，即波动程度越大（Kuhnel 等，2015）。

设构造的曲线方程为 $Y = f(t)$，其中含有二阶导数。曲线在点 $M$ 处的曲率定义为

$$K = \frac{|Y''|}{(1 + Y'^2)^{\frac{3}{2}}}$$

根据拟合曲线，我们可以计算曲线的一阶和二阶导数如下：

$$Y' = \frac{\partial \hat{Y}(t)}{\partial t} = \sum_{j=0}^{m} \hat{\beta}_j \left[\frac{tm - j}{t(t-1)}\right] B_{j,m}(t)$$

$$Y'' = \frac{\partial^2 \hat{Y}(t)}{\partial t^2} = \sum_{j=0}^{m} \hat{\beta}_j \left[\frac{m^2 + m}{(t-1)^2} + \frac{j^2 - j}{t^2(t-1)^2} + \frac{2j(1-m)}{t(t-1)^2}\right] B_{j,m}(t)$$

式中，$0 \leq t \leq 1$。根据微分几何理论，曲线的总曲率等于曲率的积分：

$$\mathrm{FV}_t = \int_{t_j}^{t_{j+1}} \frac{|Y''|}{(1 + Y'^2)^{\frac{3}{2}}} \mathrm{d}t$$

上式可以表征高频资产价格的波动性，被用作波动性度量，我们称之为函数波动性（FV）。注意，这里的时间间隔可以是任何时期。

### 4.6.4 分析结果

为了验证模型的有效性，我们使用真实数据进行实证分析，并在高频资产数据集上测试非等间距样本和带噪声的情况。由于数据量大，不可能用低次多项式

很好地拟合，因此，根据参考文献（Jianping 等，2003；Shaojun 等，2015），每次使用
200 个数据样本点进行拟合。图 4-11 所示为由原始数据集得到的日波动率。

本案例选择相对误差作为评价标准：

$$\mathrm{Error} = \frac{1}{N}\sum_{i=1}^{N}\frac{|\hat{\mathrm{FV}}_i - \mathrm{FV}_i|}{\mathrm{FV}_i}$$

式中，$\mathrm{FV}_i, i = 0,1,\cdots,N$ 为由原始数据集得到的日波动率，$\hat{\mathrm{FV}}_i$ 为模拟条件下对应
的日波动率。

具体做了以下两项仿真设置：

① 从原始数据中随机去除一定比例的数据，即产生非等距高频数据。相应比
例由丢弃率（DropRate）控制。

② 在原始数据中随机加入噪声 $r \cdot \mathrm{sigma}$，其中 $r$ 是从 0 到 1 之间随机选取的。
参数 sigma 决定附加噪声的程度。

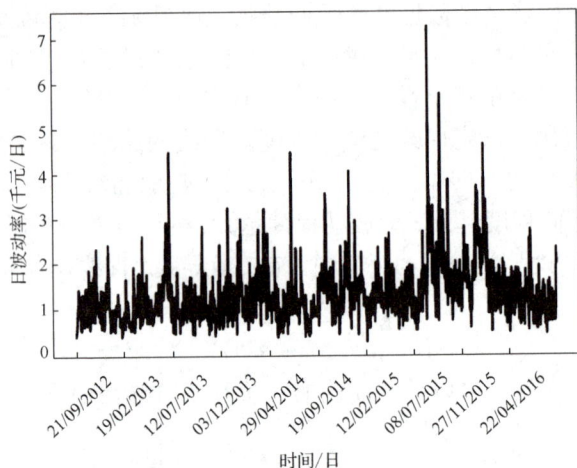

图 4-11　由原始数据集得到的日波动率

表 4-19 和表 4-20 给出了真实数据上相对误差的最大值（Sub）、平均值（Avg）
和标准值（Std）。结果表明，我们的方法可以有效地处理非等距样本和带噪声的
情况，其中平均误差和相对误差小于 10%。当丢弃率等于 0.3 或 sigma 超过 0.4
时，最大相对误差超过 10%。

表 4-19　真实数据上不同丢弃率下的相对误差结果

| 丢　弃　率 | 最　大　值 | 平　均　值 | 标　准　值 |
|---|---|---|---|
| 0.1 | 0.003993 | 0.000017 | 0.000192 |
| 0.2 | 0.035771 | 0.000225 | 0.001836 |
| 0.3 | 0.115362 | 0.000767 | 0.006560 |

表 4-20　真实数据上不同 sigma 值下的相对误差结果

| sigma | 最　大　值 | 平　均　值 | 标　准　值 |
|---|---|---|---|
| 0.1 | 0.032560 | 0.016152 | 0.009657 |
| 0.2 | 0.065114 | 0.031076 | 0.019011 |
| 0.3 | 0.097928 | 0.049194 | 0.029173 |
| 0.4 | 0.130392 | 0.064272 | 0.038869 |

通常，资产价格根据对数正态分布建模（Wang 等，2000），因此，我们通过对数正态分布生成 500 天的高频资产价格数据来进一步验证模型的有效性。根据上述设置，考虑样本随机丢失和添加噪声情况下的模型误差。表 4-21 和表 4-22 给出了不同丢弃率和 sigma 下的相对误差结果。结果表明，该方法具有良好的鲁棒性。

表 4-21　仿真数据上不同丢弃率下的相对误差结果

| 丢　弃　率 | 最　大　值 | 平　均　值 | 标　准　值 |
|---|---|---|---|
| 0.1 | 0.001301 | 0.000209 | 0.000108 |
| 0.2 | 0.012924 | 0.000368 | 0.000861 |
| 0.3 | 0.239079 | 0.001688 | 0.012562 |

表 4-22　模拟数据上不同 sigma 下的相对误差结果

| sigma | 最　大　值 | 平　均　值 | 标　准　值 |
|---|---|---|---|
| 0.1 | 0.000072 | 0.00004 | 0.000571 |
| 0.2 | 0.000145 | 0.000114 | 0.002248 |
| 0.3 | 0.097928 | 0.000116 | 0.001764 |

## 4.6.5　小结

近几十年来，金融数据收集技术已经发展到允许对时间、空间和其他连续测量进行更密集采样的程度。与此同时，可用的财务数据变得越来越复杂，例如在某个时间间隔连续记录的数据和在几个离散时间点间歇记录的数据。面对现实情况，本案例提出用 FDA 方法来衡量波动性指标。

FDA 方法代表了金融时间序列数据处理理念的改变。经典的多元统计技术只能从采样时间点获得信息，没有利用时间点之间的采样信息所隐含的额外信息。FDA 方法表明，金融时间序列数据反映了某些平滑函数的影响，这些函数被认为是观察结果的基础。可以从基础函数的平滑度中提取一些附加信息（Levitin 等，2007）。例如，提取拓扑信息，如导数和曲率，这可以通过曲线计算获得（Ferraty

等,2007；Mas 等,2009）。因此,我们开发了一套基于曲率积分概念的波动率计算模型。

　　基于 FDA 方法的波动性测量可以为学者、投资者和政策管理者提供一种新的金融市场分析思路。一方面,FDA 方法可以测量任何时期的波动性,尤其是瞬时波动性。这有助于我们深入研究微观时间,探索金融市场。特别是对于政策管理者来说,可以实时监控市场。另一方面,FDA 方法将金融时间序列数据表示为一条完整的曲线。时间序列数据是金融市场的一种常见形式。因此,在对金融市场的研究中,使用 FDA 方法或在现有方法（如降维、聚类和分类）中嵌套 FDA 方法是一个很好的选择,可能会出现一些新的、有价值的、有趣的分析和发现。关于本案例的更多细节,可查阅论文（Lian 等, 2020）。

# 第 5 章

# 计算社会医学应用研究

# 5.1　健康服务资源均衡指数

## 5.1.1　案例背景

改变贫困和不公正现象，保障人人享有健康、公正是人类可持续发展目标（Sustainable Development Goals，SDGs）之一。全民健康（Health Forall）不止着重于医疗卫生方面，还同时兼顾"经济""社会""环境"三大方面。在这些健康愿景蓝图之下，各国政府纷纷结合本国实际采取目标趋近战略，有计划地制定阶段性目标。美国于1979年起推行"健康国民"战略规划，每十年发布一次，旨在解决国民健康问题。英国国家健康战略的制定以国家卫生服务体系（National Health Service，NHS）的改革与发展为导向，其战略重点的基础已经由原来的医疗与卫生保健，转变到公共卫生服务。作为最早推行国家健康战略的国家之一，1978年起，日本陆续实行"第一次增进国民健康十年运动""活力80健康计划"和"健康日本21"三个十年的国民健康促进运动。2008年，我国启动"健康中国2020"战略研究，并发布《"健康中国2020"战略研究报告》。2016年，中共中央、国务院印发并实施《"健康中国2030"规划纲要》。《"健康中国2030"规划纲要》主要遵循健康优先、改革创新、科学发展、公平公正原则，贯穿"共建共享，全民健康"战略主题，强调普及健康生活、优化健康服务、完善健康保障、建设健康环境、发展健康产业、健全支撑与保障、强化组织实施。

健康产出所需的投入十分复杂且庞大，可大致分为人力、财力、物力、系统、科技五个方面，如何优化投入产出比，提高健康投入产出效率，一直是世界各国的重要研究课题。各国一直不吝健康领域的投入，但巨大的投入是否达到了预期目标，除从医疗机构和医务人员数量、健康设施设备的更新和增加、科技创新和突破等来衡量以外，公民对健康系统各方面的主观感受是直接有效的衡量标准。公民参与是健康目标实现的强大动力，仅依靠行政机构的力量是不够的，充分发挥每一位个体的参与性和能动性是健康目标实现的关键一环。因此，本案例从《"健康中国2030"规划纲要》的战略目标出发设计调查问卷，对中国健康服务现状进行截面分析。

## 5.1.2　数据来源

本案例问卷设计遵循可信、有效、适度原则，按照问卷标题、问卷填写说明、基本信息、问题的顺序设计问卷，共32题，其中基本信息部分有10个问题。问题设计具有普适性，发放范围为全人群，包含多省份、不同年龄段、不同健康状况人群。问题的表述力求言简意赅、准确无疑义、无诱导性或暗示性用语；问题的形式包括封闭式、量表式、开放式三种，封闭式问题的答案设置分定类、定序和定距三种，其中定序类问题答案设置五个级别，定距类问题答案设置依据官方定义或通识标准。问卷形成后经多轮试答、讨论、修改、完善后定稿。采用在线问卷调查方式在全国范围内收集问卷，回收有效问卷（样本）2488 份，基本信息构成情况见表5-1，数据来源分布见图5-1。

表5-1　基本信息构成情况表（N=2488）

| 变　　量 | 取　　值 | 样本数量/份 | 样 本 比 例 |
|---|---|---|---|
| 性别 | 男 | 1100 | 44.21% |
| | 女 | 1388 | 55.79% |
| 年龄结构 | 20 岁以下 | 121 | 4.86% |
| | 20～35 岁以下 | 1218 | 48.95% |
| | 35～45 岁以下 | 614 | 24.68% |
| | 45～60 岁以下 | 501 | 20.14% |
| | 60 岁以上 | 34 | 1.37% |
| 生活地区 | 城市 | 1941 | 78.01% |
| | 乡镇 | 293 | 11.78% |
| | 农村 | 254 | 10.21% |
| 职业类别 | 党政机关、群众团体和社会组织、企事业单位人员 | 510 | 20.5% |
| | 教师及专业技术人员 | 750 | 30.14% |
| | 商业、服务业人员 | 389 | 15.64% |
| | 生产操作人员 | 48 | 1.93% |
| | 其他（学生、军人等） | 791 | 31.79% |
| 文化程度 | 小学 | 7 | 0.28% |
| | 初中 | 50 | 2.01% |
| | 中专或高中 | 85 | 3.42% |
| | 大专或本科 | 1077 | 43.29% |
| | 研究生及以上 | 1269 | 51.00% |
| 健康状况 | 很好 | 948 | 38.10% |
| | 好 | 1060 | 42.61% |
| | 一般 | 405 | 16.28% |
| | 不佳 | 16 | 0.64% |
| | 患有慢性病 | 59 | 2.37% |

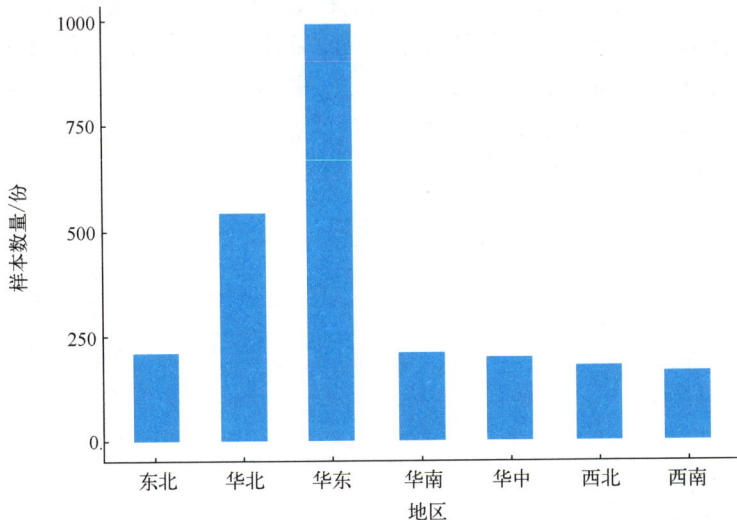

图 5-1　数据来源分布

　　"健康中国"战略的根本目的可理解为包含以下三个方面的指向，一是目标指向：健康和发展。健康指"更高水平的健康"，主要包括提高人群健康水平、减少健康不平等两层含义，使全体人民能够公平享有可及的、系统的、连续的预防、保健、治疗、康复等健康服务；发展不单指经济发展，而是指环境、社会与经济的协调发展，三者具有内在联系，是不可分割的有机体，面对从疾病源起到疾病预防和治疗的各项挑战，不能从单一方面解决矛盾，需要从系统的角度，认识矛盾的驱动因子和因子间的相互关联，经政府、企业、团体和个人的通力协作方能实现。二是人群指向：全人群。这包括健康人群、亚健康人群、患病人群、康复人群，既要实现全民健康覆盖、确保公平可及，又要聚焦重点人群，特别关注高风险人群和弱势人群，做到点与面之间的结合和平衡，平衡点的寻找并非易事，加上不同地区情况存在差异，立足实际、寻求共同发展需要不懈努力。三是内容指向：立足全方位。将生活行为方式、生产生活环境、医疗卫生服务等各种健康影响因素全部纳入健康建设和管理范围，从主要依靠医疗卫生系统转变到社会整体联动；从疾病治疗转向疾病预防为主，通过健康行为、健康心理、健康环境、健康生态、健康产业合力实现更高水平的健康。

　　本案例根据以上基础设计调查问卷指标（见表5-2），从8个维度、21项指标展开设计，从认知到行为改变，结合健康环境、健康保障制度、健康服务、医疗服务、健康产业这些健康影响因素，内因与外因结合，服务与保障兼顾，力求构建系统完整的社会、经济与环境统筹的健康目标体系。

表 5-2 调查问卷指标

| 维　　度 | 指　　标 |
|---|---|
| 规划认知程度 | 对"健康中国 2030"规划目标的了解程度 |
| 健康状况 | 健康状况自我评价；<br>过去一年中身体感觉不舒服的天数；<br>影响健康的疾病 |
| 健康生活 | 以何种方式收集健康资讯；<br>为改善健康状况做过的努力 |
| 健康环境 | 对当前环境治理状况的满意度 |
| 健康保障制度 | 对当前基本医疗保障制度的满意度 |
| 健康服务 | 基本公共卫生服务；<br>突发公共卫生事件应急处理；<br>食品药品安全保障；<br>生活和工作环境周边的公共健身活动场所 |
| 医疗服务 | 就医便捷性；<br>大型综合性公立医院看病的难易程度；<br>医患关系的紧张程度；<br>当前医疗服务收费的合理性；<br>过去一年家庭所有成员个人自付的总医疗费用占家庭收入的比例；<br>就医困境有哪些 |
| 健康产业 | 互联网、大数据、区块链领域；<br>智慧医疗领域；<br>健康产业发展的关注点 |

## 5.1.3 技术方法

本案例构建均衡指数(Balanced Indices，BI)并进行分析，具体计算步骤如下：

### (1)构建单向有序列联表资料

$X$ 取 $c$ 个不同水平，分别记为 $X_1, X_2, \cdots, X_5$，表示 5 个满意度水平，按由低到高的顺序排列；$Y$ 取 $r$ 个不同水平，记为 $Y_1, Y_2, \cdots, Y_8$，表示 8 个维度，观测频数记为 $\{a_{ij}, i = 1, 2, \cdots, 8, j = 1, 2, \cdots, 5\}$。

### (2)计算有序因素 $X$ 的平均秩次

由于 $X$ 是有序因素，如果把任一水平的 $X$ 表示为 $\boldsymbol{X}_j = (a_{1j}, a_{2j}, \cdots, a_{8j})^{\mathrm{T}}$，$\left[\sum_{t=1}^{j-1} n_{.t} + 1, \sum_{t=1}^{j} n_{.t}\right]$，$j = 1, 2, \cdots, 5$ 看作一个特定的取值区间，即秩区间，表示

为 $R_j$，该区间的平均秩次记为 $\overline{R_j} = \left( 2\sum_{t=1}^{j=1} n_{.t} + n_{.j} + 1 \right)/2，j = 1,2,\cdots,5$。

(3)计算维度 $Y$ 的秩和

将维度 $Y$ 的第 $i$ 水平相对于有序因素 $X$ 的秩和记为 $R_i = \sum_{J=1}^{5} \overline{R_j} \cdot a_{ij}，i = 1,2,\cdots,8，j = 1,2,\cdots,5$。$R_i$ 为第 $i$ 个维度 $Y$ 受有序因素 $X$ 影响的秩效应。

(4)计算秩效应权重

$$\omega_i = R_i \bigg/ \sum_{i=1}^{r} R_i$$

(5)均衡指数

由于 8 个维度可视为一个系统，各维度间相互不独立，经归一化计算得到的维度权重可以进行相互比较，按各维度的满意度状况排序。本案例共涉及 8 个维度，故平均预期权重为 1/8，将每一个维度的权重 $\omega_i$ 与平均预期权重 1/8 相比 $\{\omega_i / (1/8)\} \times 100\%$，得分越高，表示满意度状况越好。该均衡指数不是满意度状况的直接反映，而是系统内排序的体现，可以反映人们对所研究维度主观认知的满意度情况，进而作为健康产出情况的一个客观体现。

### 5.1.4 分析结果

根据研究方法，均衡指数分析结果如表5-3所示。得分在100分以上者，其满意度高于平均预期，包括突发公共卫生事件应急处理满意度、基本医疗保障制度满意度、基本公共卫生服务满意度和环境治理状况满意度，其中突发公共卫生事件应急处理满意度均衡指数明显高于其他3项指数。得分在100分以下者，其满意度低于平均预期，包括就医便捷性满意度、周边公共健身活动场所满意度、医疗服务收费合理性满意度、食品药品安全保障满意度4项，其中医疗服务收费合理性满意度、食品药品安全保障满意度两项均衡指数明显低于平均预期，如图5-2所示。

表5-3　均衡指数分析结果　　　　　　（单位：分）

| | 很不满意 | 不满意 | 一般 | 基本满意 | 很满意 | 均衡指数 |
|---|---|---|---|---|---|---|
| 突发公共卫生事件应急处理满意度 | 18 | 98 | 392 | 1188 | 792 | 134 |
| 基本医疗保障制度满意度 | 25 | 182 | 794 | 1255 | 232 | 105 |
| 基本公共卫生服务满意度 | 28 | 196 | 812 | 1260 | 192 | 103 |

续表

| | 很不满意 | 不满意 | 一般 | 基本满意 | 很满意 | 均衡指数 |
|---|---|---|---|---|---|---|
| 环境治理状况满意度 | 44 | 227 | 801 | 1165 | 251 | 102 |
| 就医便捷性满意度 | 51 | 320 | 765 | 1125 | 227 | 98 |
| 周边公共健身活动场所满意度 | 44 | 300 | 839 | 1101 | 204 | 96 |
| 医疗服务收费合理性满意度 | 103 | 471 | 886 | 928 | 100 | 81 |
| 食品药品安全保障满意度 | 123 | 450 | 925 | 855 | 135 | 81 |

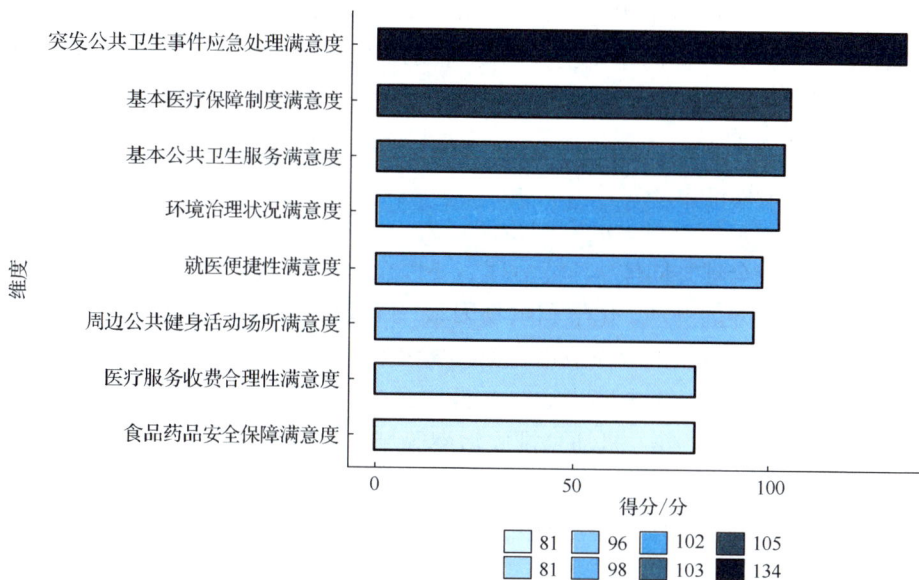

图 5-2　健康保障满意度均衡指数

### 1. 公共卫生服务体系保障有力

本案例中突发公共卫生事件应急处理满意度得分最高，这一指数显然受新冠肺炎疫情的影响最大。武汉发生疫情后，中国政府及时启动最高应急响应，迅速采取有力、有效的防控措施，号召全国人民做好防控，牢牢控制传播环节，全力控制新发病例的发生，在短时间内有效遏制疫情汹涌传播的势头。全国各地的医护人员主动齐集疫情重症区，奋战在抗疫一线，担负感染病例的治疗护理工作，争分夺秒寻求有效治疗方法，中西医结合，中西药并重，采取有效治疗的同时尽量减轻病人的不良反应。这次的全国一心抗击疫情既最大程度保护了人民的生命财产安全，也极大提振了全国人民对我国突发公共卫生事件应急处理的信心，增强了民族荣誉感。当前疫情仍在威胁全球人民的生命安全，需要加强全球协作，有效阻断疫情的传播和发展，生命安全、经济繁荣、环境美好需要大家的持续努力。

### 2. 基本公共卫生服务满意度、基本医疗保障制度满意度、环境治理状况满意度表现良好

基本公共卫生服务满意度、基本医疗保障制度满意度、环境治理状况满意度分别从广义的预防、治疗、环境三个维度反映我国基本健康保障状况，均衡指数得分高于平均预期。医疗保障体制改革是各国政府面临的一道难题，交出让人民满意的答卷十分不易，克林顿政府声势浩大的医疗改革提案的落空从一个侧面反映了医疗改革阻力之大，不断增长的医疗卫生支出不能有效满足需求缺口的现象令社会各界深感困扰并为之持续探索。我国现行医疗保障体系为以基本医疗保障为主体、以医疗救助为托底、其他多种形式补充保险和商业健康保险为补充的多层次医疗保障体系。当前来看，我国基本医疗保障制度满意度状况令人欣慰，但随着医疗卫生支出占比达到制高点，未来对医疗保障体系的效率性要求将更高，可努力的空间依旧很大。

环境是一个全球共同体，环境治理需要以全球的视角，可能影响健康的环境因素涉及个人以外的物理、化学和生物因素，以及影响行为的相关因素，中国积极履行与世界卫生组织的合作战略，在大气污染治理、水污染治理等环境治理领域进行了大量投入，但生态环境质量的改善还有待进一步提升，城市黑臭水体、垃圾处理、工矿企业污染、机动车排放污染等城市环境突出问题仍未得到根本解决，而且由于国家以重化工为主的产业结构和以煤为主的能源结构以及环境事件多发频发的高风险态势没有根本改变，环境治理征途漫漫。

### 3. 便捷性满意度有待进一步提高

便捷性满意度包括周边公共健身活动场所满意度与就医便捷性满意度，两者均略低于平均预期指数。随着我国医疗卫生服务体系的改革推进，医疗卫生服务设施配备不断完善，民众就医便捷性得到提升，但由于我国医疗资源区域化差异明显，基层医疗卫生服务基础薄弱，且存在预约挂号难、排队时间长、床位紧张等现实难题，由于薪酬待遇、个人发展等因素，基层医疗卫生服务难以在短时间内快速提高，优质高效的资源整合和利用非常关键。

周边公共健身活动场所指工作或生活场所周围配备的公共健身设施，如健身步道、骑行道、全民健身中心、体育公园、社区多功能运动场等场地设施，《健康

中国行动（2019—2030年）》提出到2022年和2030年，城乡居民达到《国民体质测定标准》合格以上的人数比例分别不少于90.86%和92.17%。目前，青少年学生肺活量、速度、爆发力、力量、耐力素质水平近年来持续下降，肥胖和视力不良检出率明显升高，糖尿病、高血压等慢性病患病人数增多等健康问题日益突出，做好体育设施建设、提高全民体质素质是健康保障的重要方面，近年来陆续出台的多部健康行动指南指导各地体育设施项目建设取得了长足进展，从而也提高了公众对周边公共健身活动场所的满意度。

### 4. "看病贵"难题与食品药品安全形势严峻

在对基本医疗保障制度基本满意的总体情形下，"看病贵"依然是实现全民健康的巨大阻碍。纵观我国卫生体制改革，1978年，改革开放带来医疗机构所有制形式的多样化，医疗机构职责发生演变；1992年，医院的效益性目标开始凸显，患者医疗负担加重；2000年至今，医疗卫生体制处于不断探索优化的过程中。如何优化资源配置，提高国民对必需医疗资源获取的易行性，减轻国民医疗负担，一直是历届政府致力解决的重要课题。

"国以民为本，民以食为天"，饮食是人类赖以生存和发展的物质基础和不竭动力，是关乎民生的第一要事；药品作为人们预防和治疗疾病的实践和智慧结晶，其受关注度与食品类同。由于食品药品安全处于如此重要的位置，国际食品法典委员会（CAC）、世界卫生组织（WHO）以及其他相关组织分别颁布了一系列法律法规，为食品药品安全保障提供法律依据。我国食品药品安全主要存在以下问题：源头污染，包括农业生态环境污染、非法添加和制假售假；食品产业基础薄弱，生产经营企业多、小、散；食品安全标准与发达国家和国际食品法典标准尚有差距；药品疗效与安全性尚未达到国际先进水平，缺乏专利药和创新药。除这些问题造成的食品药品安全满意度指数不高以外，对比其他指数可以发现以下特征：人群依赖性强——对比公共健身设施，人们对食品药品的依赖性更强，且具有不可替代性。发生频率高——与突发公共卫生应急事件相比，食品药品伴随人们身边。流动性大——与就医便捷性或看病难易程度比，食品药品安全事件较少局限于小范围内。事件影响具有广泛性和深远性——相比于大自然对环境污染具有自净能力，食品药品事件不可逆地直接危害人体健康。一件不良食品药品安全事件的发生可以广泛地、彻底地、难以挽回地摧毁民众的信任感。2008年的52857名儿童因食入含三聚氰胺的配方奶粉中毒事件让中国的乳制业信誉一落千丈。接下来加快食品药品安全与国际接轨、完善法律法规制度、严格源头治理和过程监管、创新科技支持、形成社会共治是提高民众满意度的关键。

### 5.1.5　小结

本案例纳入的人口统计学特征包括生活地区、性别、年龄、职业、文化程度、政治面貌、经济状况，同时结合行为习惯与认知模式对健康的重要性，将"健康 APP 使用频率"作为"健康认知"的一项指标。根据世界卫生组织的定义，"健康认知"为影响个体获取、理解及应用健康信息的意识和社会技能。本案例调查结果显示，所研究特征中"健康 APP 使用频率"与"规划目标了解程度"之间相关性最高，进一步印证了健康认知对健康影响的重要性。对规划目标的了解将进一步与健康行为方式、公共健康服务设施的利用、公共健康服务体系的认知等密切相关。

由于健康素养与健康认知高度相关，因此提高居民的健康素养可以激励人们参与健康行动，这对健康中国的建设起着积极和促进的作用。与其他 7 个均衡指数相比，新冠肺炎疫情对突发公共卫生事件应急处理满意度的均衡指数影响最大，这表明与流行病对人们健康和生活带来的影响相比，公众对我国突发公共卫生事件应急处理的主观感觉要好于平均预期水平。但是，这种流行病带来的巨大影响提醒我们，为改善健康和健康保障所做的努力没有止境，我们可以做得更好。基本医疗体系满意度的均衡指数，从基本保健、疾病预防和环境改善三个方面对基本公共卫生服务满意度和环境治理状况满意度进行评估，总体得分接近，均略高于平均预期满意度，说明基本医疗体系基本满足了人们的需求。就医便捷性满意度和周边公共健身活动场所满意度的均衡指数均略低于平均预期水平，仍需得到进一步改善。均衡指数得分最低的是医疗服务收费合理性满意度和食品药品安全保障满意度，这意味着当前"看病贵"的问题仍然很突出，医疗费用改革还需要进一步探索。食品和药品安全问题关系到国家安全和人民生计，具有举足轻重的基础性和重要作用，提高我国食品和药品安全性将是一项艰巨的任务。

## 5.2　器官移植舆情分析

### 5.2.1　案例背景

目前，中国的器官移植种类、移植能力、移植相关研究、移植质量和数量均居世界第一方阵，已成为名实相符的器官移植大国（黄洁夫，2020）。在技术水平上，相比其他国家或地区，中国的器官移植技术已达到较高水平，部分甚至达到世界先进水平，实现了技术突破（Shi BY 等，2020）。在管理体系上，中国近年来虽然有明显的进步，但与美国、西班牙、日本等器官捐献与移植程序更成熟的国家仍有一定差距，比如，国内器官需求缺口巨大的情况下仍有大量器官浪费。

中国要实现从移植大国到移植强国的跨越式转变，一方面，器官移植事业还需要不断地由数量规模型发展向高质量、高科技含量型发展转变，缩小器官的需求缺口，实现质的飞跃(石炳毅，2019)。另一方面，中国急需建立一套完善的国家器官捐献与移植体系，不断推进建设和改革"中国模式"(黄洁夫，2017；Guo Y，2019)。

随着近年来中国器官捐献与移植事业的迅速发展，器官捐献与移植的相关话题也不断受到公众热议，呈现出鲜明的舆情特征，揭示了当前社会中存在的一些影响器官捐献与移植事业发展的问题。网络舆情是中国舆情的重要组成部分，具有能迅速形成舆论焦点、舆情实时动态变化等特点，它对中国器官捐献与移植事业的发展具有一定的参考价值，故对其分析显得尤为关键。

### 5.2.2　数据来源

本案例以器官捐献与移植为主线，通过对文献的梳理，利用修正的德尔菲法确定社会关注度较高的十大话题，具体包括"供体补偿""活体捐献""器官分配""器官供体""器官捐献登记""器官捐献法规""器官捐献流程""器官配型""移植伦理"和"遗体捐献"，利用这些热点话题，分别对国内大型门户信息网站新闻板块、医学论坛和卫生健康门户网站进行基于热点话题百度搜索结果的网络爬取。经数据预处理、文本降噪后，时间窗口截选自2017年1月1日至2020年1月19日，共得到3475条有效的舆情语料，并构建舆情语料库。舆情语料的网站百分比分布如图5-3所示，舆情语料的时间频数分布和舆情语料的年份百分比分布如图5-4和图5-5所示。

从图5-3中不难得到，搜狐是本次网络舆情语料来源的最主要网站，其语料(1644条)占总语料库(3475条)的百分比最高，超过47%；其次是凤凰网的17.7%(共615条)、中国网的11.94%(共415条)、人民网的10.59%(共368条)等。从图5-4和图5-5中不难看出，舆情语料从2017年到2019年逐年增加，2019年(1418条)的占比高达40.81%，2018年为30.45%(共1058条)，2017年为27.42%(共953条)，其中，舆情语料数量最多的为2019年8月，其次为2019年4月和3月。注意到，2019年8月初在广州召开《2019中国器官移植大会暨第六届中国器官移植医师年会》，2019年4月中、下旬在潍坊召开《2019器官移植与捐献新进展高峰论坛》，2019年还出现了被《科技日报》称为"2019年国际十大科技新闻"之一的《3D打印出会"呼吸"的人造器官》新闻等，不难理解器官移植相关话题会引起公众的热议。

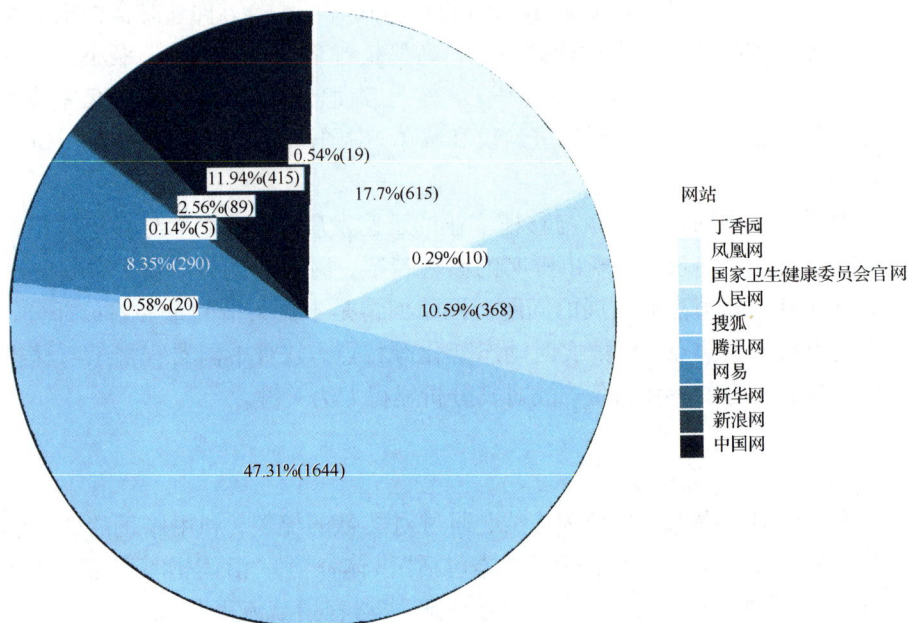

图 5-3　舆情语料的网站百分比分布

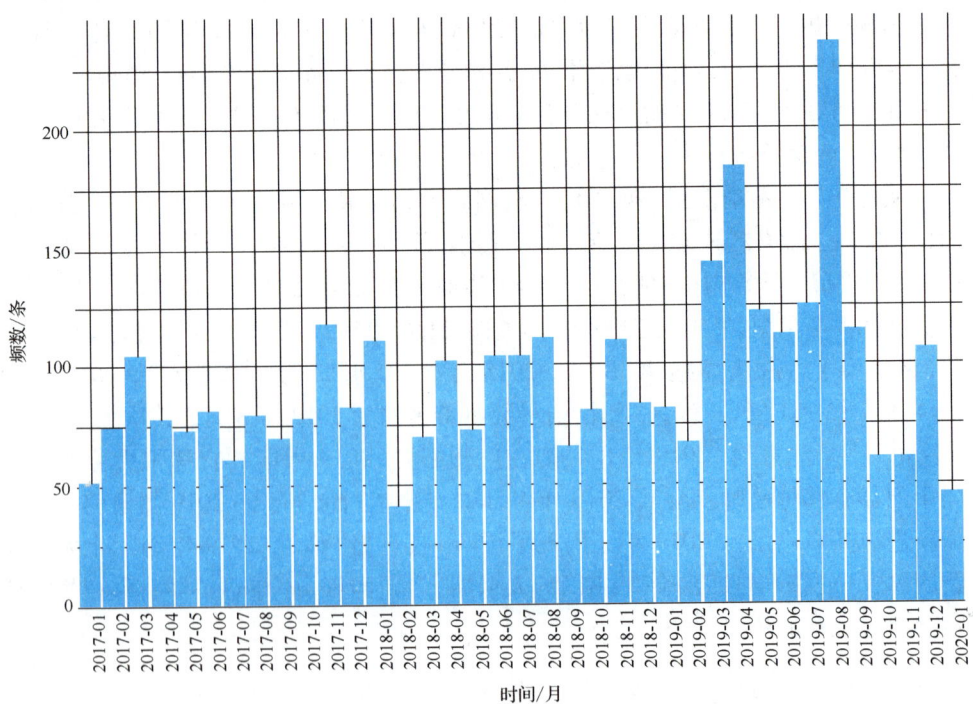

图 5-4　舆情语料的时间频数分布

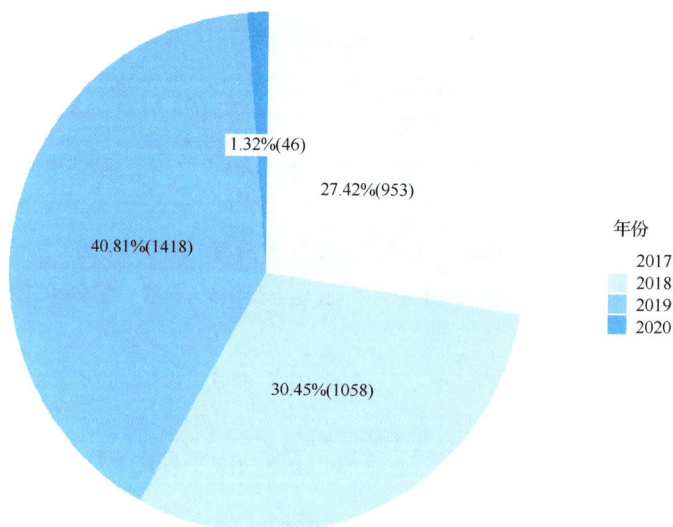

1.32%(46)

27.42%(953)

40.81%(1418)

30.45%(1058)

年份
2017
2018
2019
2020

图 5-5　舆情语料的年份百分比分布

### 5.2.3　技术方法

网络爬取的数据是非结构化的，存在许多问题，不能直接进行分析。首先，经过数据预处理，得到半结构化的数据，具体如下：整合构建数据库，去除重复的语料，删除缺失正文的语料，根据有效字符数的分布过滤出现频数小于 50 的语料、利用正则表达式剔除广告和正文中无意义的特殊字符（如空格、"＋"等）。其次，基于热点话题来配置规则并进行语料筛选，得到与热点话题相关的舆情语料，本案例结合数据质量和热点话题关键词的常用组合与近义词，以尽可能保留更多的、相关的语料为原则，利用修正的德尔菲法分别确定了舆情语料筛选规则（见表 5-4）。再次，对语料正文分词，得到大量词集合，即每篇正文生成一个词集合，该集合的维度即词的个数，以此对文本进行表示。本案例采用 R 语言 jiebaR 包进行分词。最后，对文本降噪，文本通常可以理解为由部分特征词进行表意，故分词后会产生大量无意义的词，又称停用词，如"这些""人们"等，不仅会降低分析效率，还占用大量内存空间。因此，本案例过滤了大量停用词，包括新闻惯用语，如"作者""编辑"等。为进一步获取关键的特征词，根据词频分布，本案例还过滤了大量出现频数小于 40 的词，最终得到进行下一步文本挖掘分析的基础数据库。

227

表 5-4　基于热点话题的舆情语料筛选规则

| 热 点 话 题 | 关键词筛选舆情语料的规则 |
|---|---|
| 供体补偿 | 含关键词"供体｜器官｜捐献｜捐赠"中任意一个词,且含"补偿｜补助｜买卖｜交易｜救助"中任意一个词的舆情语料 |
| 活体捐献 | 含关键词"活体｜器官｜移植"中任意一个词,且含"捐献｜捐赠"中任意一个词的舆情语料 |
| 器官分配 | 含关键词"器官｜移植"中任意一个词,且含"分配｜共享"中任意一个词的舆情语料 |
| 器官供体 | 含关键词"器官｜移植"中任意一个词,且含"供体｜捐献｜捐赠"中任意一个词的舆情语料 |
| 器官捐献登记 | 含关键词"器官｜移植"中任意一个词,且含"捐献｜共享"和"登记｜申请｜条件"中各任意一个词的舆情语料 |
| 器官捐献法规 | 含关键词"器官｜移植"中任意一个词,且含"捐献｜共享"和"法规｜法律｜条例"中各任意一个词的舆情语料 |
| 器官捐献流程 | 含关键词"器官｜移植"中任意一个词,且含"捐献｜共享"和"流程｜程序｜过程"中各任意一个词的舆情语料 |
| 器官配型 | 含关键词"器官｜移植｜配体"中任意一个词,且含"配型｜存活"中任意一个词的舆情语料 |
| 移植伦理 | 含关键词"生命｜移植｜捐献｜捐赠"中任意一个词,且含"伦理"的舆情语料 |
| 遗体捐献 | 含关键词"遗体｜死亡后｜逝后｜器官｜移植"中任意一个词,且含"捐献｜捐赠"中任意一个词的舆情语料 |

常见文本挖掘技术主要为文本分类、文本聚类、文本情感分析等,本案例主要使用词频分析、文本聚类分析和关联规则分析。

词频分析,借助词云图可视化可以更加直观、清晰地突出高频词,词频越高,字号越大。

文本聚类分析,将未知类别的文本进行分组,形成具有某些相同特征或相似性的多个类,即不依赖文本集合划分的先验知识,仅根据文本集合内部的文本对象之间的相似度关系,并按某种准则进行文本集合划分。本案例通过 LDA(Latent Dirichlet Allocation)主题模型进行文本聚类分析和主题挖掘。LDA 主题模型是一种考虑了语义信息的三层贝叶斯概率主题模型,包括词层、主题层和文本层。该模型将每个文本表示为多个按一定比例混合而成的主题,这个比例是从 Dirichlet(Dir)分布中抽样产生的,假设词是由一个主题混合生成的,每个主题是固定词汇表中的一个多项式分布,并且被文本集合所共享(蔡皖东,2018)。Dir 分布是一种有限维度的指数分布,共轭于多项式分布。主题分布超参数 $\alpha$ 和词分布超参数 $\beta$ 常取值: $\alpha = 50/T + 1$, $\beta = 200/N$(Asuncion A 等,2009),经验设定 $\alpha = 50/T$, $\beta = 0.1$(Griffiths T 等,2004)。

关联规则分析，用于挖掘隐含在大型事务或关系数据集中项集间的有趣模式，主要包括两个过程：第一，找出所有支持度大于最小支持度阈值的项集（又称为频繁项集）；第二，由这些频繁项集产生满足最小支持度和最小置信度的强关联规则。关联规则除了可以用支持度和置信度度量，还可用项集间的相关性（又称为提升度）度量。

### 5.2.4　分析结果

#### 1. 基于向量空间模型的舆情语料词频分析

为了得到各个热点话题词频分布的特征，本案例对舆情语料分词后的特征词，分别基于词频绘制热点话题前 500 个特征词的词云图，如图 5-6 至图 5-15 所示。然后进一步基于向量空间模型，筛选出各个热点话题中 TF-IDF（Term Frequency - Inverse Document Frequency）权重排前 10 位的词，并可视化该词频排前 10 位的频数分布，如图 5-16 所示。其中，TF-IDF权重不仅能提高在舆情语料库中出现频率较高的特征对权重的影响，也能降低在舆情语料库中不同语料多次出现的特征对权重的影响。这种权重计算方法快速简便，词项越多，计算越准确；权重越大，表示对应特征在舆情语料中的重要性越大。

#### （1）供体补偿

由图 5-6 和图 5-16 可以看出，热点话题"供体补偿"受关注程度较高的词重合度高，且相同的词分别为"医院""器官""细胞""手术""治疗""捐献""移植""费用"，不同的词包括图 5-6 中的"患者"与"医保"，以及图 5-16 中的"干细胞"与"谣言"。这表明"供体补偿"话题的舆论焦点很大程度上集中在，患者在医院进行器官移植所花费的手术、治疗等医疗费用和医保所报销的费用与供体补偿之间的联系，即器官移植过程中产生的费用是否可以作为对供体进行经济补偿的根据之一。

图 5-6　"供体补偿"话题的词云图

### （2）活体捐献

由图 5-7 和图 5-16 可以看出，两图中的热点话题"活体捐献"受关注程度较高的词同样有较高的重合度，其中，相同的词包括"移植""器官""捐献""手术""患者""医院""肝脏""肾脏"，不同的词分别有图 5-7 中的"器官移植"与"活体"，以及图 5-16 中的"等待"与"肝移植"。这说明公众对于"活体捐献"话题的相关讨论主要聚焦于活体的肝、肾脏器官捐献与移植，此外公众还提到关于患者等待捐献的内容，反映出国内器官移植需求大于供给的现状。

图 5-7　"活体捐献"话题的词云图

### （3）器官分配

由图 5-8 与图 5-16 可以看出，热点话题"器官分配"受关注程度较高的词重合度较高，其中，重合的词有"器官""捐献""中国""医院""器官移植""全国"，不同的词为图 5-8 中的"移植""服务""患者""机构"，图 5-16 中的"中共党员""彩票""事迹""简介"。这反映了公众对器官分配的相关内容讨论的主要焦点在于国内器官捐献与移植机构，此外公众还提及彩票公益金对人体器官捐献事业所做贡献的相关话题。

图 5-8　"器官分配"话题的词云图

### （4）器官供体

热点话题"器官供体"在图 5-9 与图 5-16 中受关注程度较高的词几乎完全重合，重合的词为"器官""手术""医院""捐献""患者""移植""器官移植""中国""心脏"，而不同的词分别为图 5-9 中的"供体"与图 5-16 中的"肝移植"。这表明有关器官供体近三年来的舆论焦点很大程度上为心脏捐献与移植。

图 5-9 "器官供体"话题的词云图

### （5）器官捐献登记

由图 5-10 和图 5-16 不难得到，热点话题"器官捐献登记"在两图中受关注程度较高的词完全重合，主要包括"捐献""器官""登记""人体器官""生命""遗体""医院""中国""志愿者""器官移植"。这说明公众对于"器官捐献登记"相关内容的讨论主要聚焦于志愿者在红十字会的人体器官捐献登记，同时还提到遗体捐献的相关话题。

图 5-10 "器官捐献登记"话题的词云图

### （6）器官捐献法规

由图 5-11 和图 5-16 不难得到，热点话题"器官捐献法规"在两图中受关注程度较高的词几乎完全重合，相同的词包括"捐献""器官""中国""器官移植""医院""红十字会""服务""患者""移植""医疗"，此外，图 5-16 中还有"处罚"。这反映了"器官捐献法规"话题的舆论焦点很大程度上为两大器官捐献与移植机构——红十字会与医院，以及在器官捐献与移植方面的一些标准化和规范化管理。

图 5-11 "器官捐献法规"话题的词云图

### (7) 器官捐献流程

热点话题"器官捐献流程"在图 5-12 与图 5-16 中受关注程度较高的词几乎完全重合，相同的词包括"捐献""器官""中国""器官移植""医院""红十字会""服务""患者""移植""医疗"，此外，图 5-16 中还有"遗体"与"登记"。这表明公众对于器官捐献流程的相关内容讨论的主要焦点在于红十字会的器官捐献登记与医院的器官移植前、后流程。

图 5-12 "器官捐献流程"话题的词云图

### (8) 器官配型

从图 5-13 与图 5-16 中可得到，两图中热点话题"器官配型"受关注程度较高的词重合度较高，相同的词包括"捐献""造血干细胞""医院""移植""孩子""患者""配型""手术""骨髓"，不同的词包括图 5-13 中的"成功"和图 5-16 中的"器官"。这说明公众对于器官配型相关内容的讨论聚焦于造血干细胞捐献、移植及配型，此外公众还提到患者直系孩子配型成功率高的话题。

图 5-13　"器官配型"话题的词云图

（9）移植伦理

由图 5-14 和图 5-16 可以看出，热点话题"移植伦理"受关注程度较高的词重合度较高，相同的词为"研究""技术""中国""基因""医院""人类""器官""伦理""移植""胚胎"，不同的词分别为图 5-14 中的"胚胎"和图 5-16 中的"代孕"。这表明公众对"移植伦理"相关内容的讨论聚焦于移植技术研究和应用的话题，包括由人类基因编辑和移植、胚胎移植以及代孕等引发的对人类伦理的思考。

图 5-14　"移植伦理"话题的词云图

（10）遗体捐献

由图 5-15 与图 5-16 不难得到，热点话题"遗体捐献"在两图中受关注程度较高的词完全重合，分别为"捐献""遗体""器官""红十字会""生命""角膜""医院""老人""捐献者""志愿者"。这反映了公众对遗体捐献相关内容的讨论聚焦于老人的遗体捐献，特别是角膜捐献，实际上国内捐献遗体的还是老人居多，捐献一般需要通过红十字会办理登记手续及相关流程。

图 5-15 "遗体捐献"话题的词云图

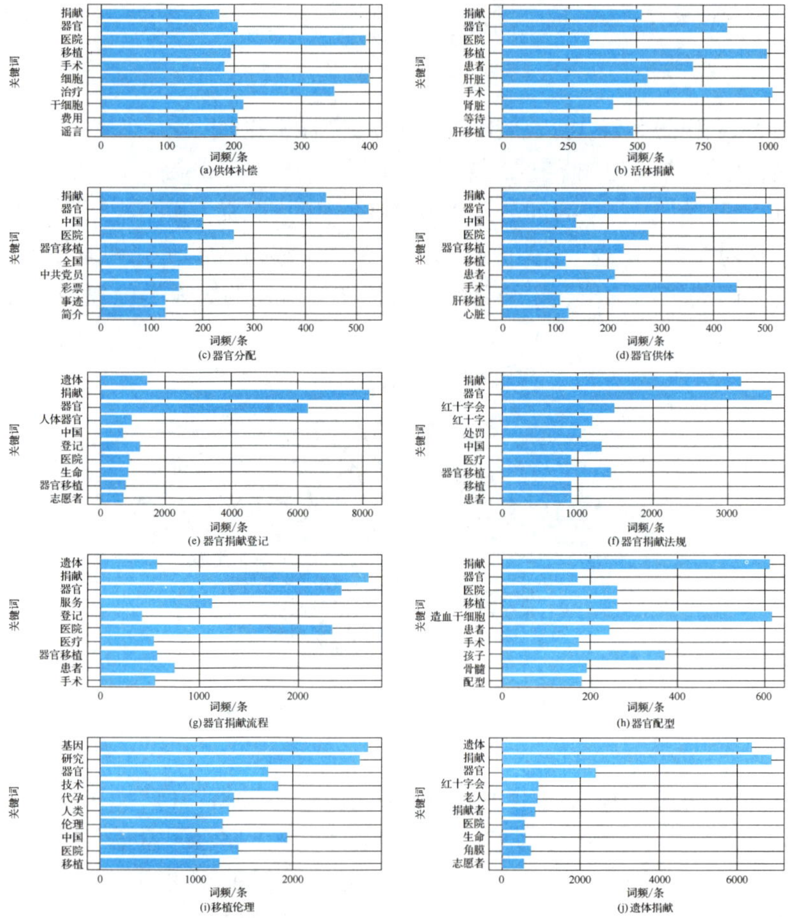

图 5-16 基于 TF-IDF 权重的词频分布图

## 2. 基于 Apriori（先验）算法的舆情语料关联规则挖掘

为了分析各个热点话题舆情语料之间的关联性，本案例利用基于 Apriori 算法的关联规则挖掘热点话题之间的联系，同时，获取了整个器官移植主题的核心关注点。关联规则主要用于挖掘隐含在事务或关系数据库中的项集间有趣的关联或相关性。

### （1）整体关联规则下的热点话题关键词分析

运用 Apriori 算法对器官移植热点话题舆情语料库进行关联规则挖掘，通过设置支持度最小阈值和置信度最小阈值对规则筛选，将阈值放宽能得到更多规则。先对全部词进行整体关联分析以查找频繁项集，调整阈值得到支持度较高的频繁项集。最终设定模型最小支持度阈值为 0.4，最小置信度阈值为 0.5，得到 30 条规则并可视化，如图 5-17 所示。图中，箭头方向表示关联规则的指向，圆点越大代表该规则的支持度越高，圆点颜色越深则代表规则的提升度越高。

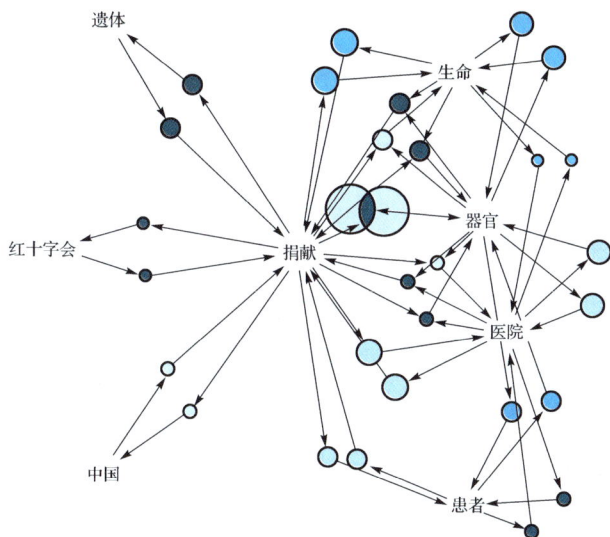

图 5-17　器官移植热点话题的关联规则

从图 5-17 不难看出，处于关联规则中关键位置的，首先是"捐献体"一词，其次为"器官"与"医院"，再次为"患者"与"生命"等。在所有的 30 条关联规则中，一方面，有 6 条指向关键词"捐献"，各有 3 条分别指向"器官""医院""患者"。另一方面，规则的出发点也有相似的规律，"捐献"和"器官"为大多数规则产生的先导。因此，可以初步推定本次器官移植网络舆情的焦点在"器官捐献"上。

### （2）热点话题关键词的关联规则分析

首先需要进一步定义并删除冗余规则。

**定义 1**　若同时存在规则 1：｛A，B｝ => ｛D｝和规则 2：｛A，B，C｝ => ｛D｝，则

规则1是冗余规则，删除规则1。

**定义2** 若同时存在规则1：{A，B} => {C}和规则2：{A，B，C} => {D}，则规则1是冗余规则，删除规则1。

删除冗余规则后，筛选出提升度大于1、置信度大于0.75的规则，并按置信度降序进行排列，得到9条关联规则，如表5-5所示。

由表5-5可知，规则1的提升度1.252大于1，表明规则前项与后项呈正相关，即当器官移植舆情语料提及捐献的相关话题时，也会提到红十字会的相关话题。支持度40.2%表明，所有器官移植的舆情语料中，有40.2%的语料同时提及红十字会和捐献的相关话题。置信度99.6%则表明，提及红十字会的所有舆情语料中，有99.6%的语料也提及了捐献的相关话题。同理，分析其他规则后综合归纳得到，网络舆情重点关注器官捐献方面，主要提及器官捐献管理与器官移植和治疗的两大机构，分别为红十字会与医院，还涉及器官来源与接收的两大对象，分别为遗体与患者。

**表5-5 按置信度排序的关联规则**

| 编　　号 | 规　则　前　项 | => | 规　则　后　项 | 支　持　度 | 置　信　度 | 提　升　度 |
|---|---|---|---|---|---|---|
| 1 | {红十字会} | => | {捐献} | 0.402 | 0.996 | 1.252 |
| 2 | {遗体} | => | {捐献} | 0.444 | 0.969 | 1.219 |
| 3 | {器官，生命} | => | {捐献} | 0.437 | 0.923 | 1.161 |
| 4 | {器官，医院} | => | {捐献} | 0.422 | 0.916 | 1.152 |
| 5 | {捐献，生命} | => | {器官} | 0.437 | 0.860 | 1.208 |
| 6 | {捐献，医院} | => | {器官} | 0.422 | 0.840 | 1.179 |
| 7 | {患者} | => | {捐献} | 0.442 | 0.809 | 1.018 |
| 8 | {患者} | => | {器官} | 0.438 | 0.801 | 1.125 |
| 9 | {患者} | => | {医院} | 0.412 | 0.754 | 1.230 |

### 3. 基于LDA主题模型的热点话题主题挖掘

前面从词频或频繁项集的角度分析了热点话题舆情语料的特征，都忽略了特征词内部的语义关系。因此，本节通过LDA主题模型对特征词中潜在的语义关系进行主题挖掘，探讨热点话题在语义层面的内容特征。其中，针对每个热点话题归纳出8个主题，筛选其中后验概率较大的8个词作为主题词，每一个主题中词的后验概率越大，表示主题产生该词的概率越大，如表5-6至表5-15所示。根据生成的词—主题分布，归纳每个主题并命名。

#### (1)供体补偿

由"供体补偿"的舆情语料大致可以归纳出8大主题，分别为"标准""家属""真相""保险""技术与项目""治疗研究""器官捐献""检测"，如表5-6所示。这些主题和词反映出，公众主要关注我国器官捐献法规对捐献家属经济补偿标准的界定，包括经济补偿是否与检测、治疗、保险等项目费用挂钩，以及如何防止发生以攫取高额经济补偿为目的的不良事件，这些事件会导致对供体的经济补偿丧失原来的精神抚慰与社会鼓励作用。实际上，供体补偿作为一种激励措施，确实能快速提高器官捐献率，但同时也滋生了"器官黑市"。

表5-6 "供体补偿"的词—主题分布

| 主题 | 1 | 2 | 3 | 4 | 5 | 6 | 7 | 8 |
| --- | --- | --- | --- | --- | --- | --- | --- | --- |
| | 标 准 | 家 属 | 真 相 | 保 险 | 技术与项目 | 治疗研究 | 器官捐献 | 检 测 |
| 词 | 标准 | 家属 | 孩子 | 费用 | 转化 | 治疗 | 器官 | 细胞 |
| | 空间 | 万元 | 信息 | 医疗保险 | 产品 | 干细胞 | 捐献 | 基因 |
| | 中国 | 器官 | 危害 | 住院 | 技术 | 粪菌 | 器官移植 | 植物 |
| | 保护 | 中介 | 真相 | 医保 | 透析 | 研究 | 人体器官 | 检测 |
| | 管理 | 湘潭市 | 医师 | 治疗 | 我国 | 粪便 | 母亲 | 生物 |
| | 价格 | 肾脏 | 类别 | 机构 | 血液透析 | 肠道 | 新京报 | 动物 |
| | 项目 | 肾移植 | 欺骗 | 待遇 | 服务 | 临床 | 肝脏 | 含有 |
| | 心脏 | 换肾 | 配型 | 参保 | 模式 | 菌群 | 捐献者 | 浓度 |

## （2）活体捐献

由"活体捐献"的舆情语料大致可以归纳出8大主题，分别为"肝脏移植""遗体捐献""来源""转运""风险""器官分配""小肠移植""肾脏移植"，如表5-7所示。可见，公众更担心的是活体捐献中器官来源、转运以及移植风险问题，特别反映在肝脏、肾脏、肺脏以及小肠等脏器移植方面的话题讨论中。同时，公众对遗体捐献也有一定讨论，主要集中在器官捐献的登记方面。器官移植常以采用遗体器官为主，以活体器官捐献为辅。

表5-7 "活体捐献"的词—主题分布

| 主题 | 1 | 2 | 3 | 4 | 5 | 6 | 7 | 8 |
| --- | --- | --- | --- | --- | --- | --- | --- | --- |
| | 肝脏移植 | 遗体捐献 | 来 源 | 转 运 | 风 险 | 器官分配 | 小肠移植 | 肾脏移植 |
| 词 | 肝移植 | 中国 | 子宫 | 人体 | 风险 | 肝脏 | 儿子 | 肾脏 |
| | 肝脏 | 我国 | 女性 | 保障 | 研究 | 评分 | 小肠 | 肾移植 |
| | 孩子 | 公民 | 研究 | 航班 | 受者 | 分配 | 小肠移植 | 捐赠 |
| | 儿童 | 逝世 | 实验 | 转运 | 证据 | 连接 | 教授 | 尿毒症 |
| | 教授 | 自愿 | 捐赠者 | 人体器官 | 血压 | 肾脏 | 父亲 | 透析 |
| | 妈妈 | 人体器官 | 男性 | 服务 | 妊娠 | 匹配 | 一院 | 肾病 |
| | 患儿 | 登记 | 婴儿 | 运输 | 肿瘤 | 关系 | 孔鸣 | 延续 |
| | 妻子 | 遗体 | 大学 | 绿色通道 | 加拿大 | 朋友 | 浙大 | 公众 |

### (3) 器官分配

由"器官分配"的舆情语料大致可以归纳出8大主题，分别为"死亡""技术创新""机构""医生""供体""救助""红十字会""器官移植"，如表5-8所示。其中，公众更关注器官分配系统的技术创新。另外，舆论焦点还有器官捐献与移植机构的监管力度情况，包括服务、资质、申请等，对困难供体来源家属必要的人道主义救助，以及世界器官移植普遍存在的问题，即死囚器官移植、器官买卖等，需要通过不断改革来解决器官短缺的世界难题。

表5-8 "器官分配"的词—主题分布

| 主题 | 1 | 2 | 3 | 4 | 5 | 6 | 7 | 8 |
|---|---|---|---|---|---|---|---|---|
|  | 死 亡 | 技术创新 | 机 构 | 医 生 | 供 体 | 救 助 | 红十字会 | 器官移植 |
| 词 | 死亡 | 全国 | 机构 | 医生 | 孩子 | 万元 | 红十字会 | 器官移植 |
|  | 美国 | 成立 | 服务 | 获取 | 妻子 | 救助 | 肝移植 | 黄洁夫 |
|  | 大学 | 技术 | 卫生 | 捐献者 | 延续 | 项目 | 我国 | 世界 |
|  | 教授 | 先进 | 技术 | 安徽省 | 家人 | 公益 | 捐赠 | 死囚 |
|  | 客户 | 生前 | 监管 | 肺移植 | 病情 | 生活 | 条例 | 调查 |
|  | 保障 | 群众 | 方案 | 团队 | 角膜 | 申请 | 术后 | 世界卫生组织 |
|  | 研究 | 感动 | 省级 | 北京 | 家属 | 执行 | 江西省 | 改革 |
|  | 目标 | 服务 | 人体 | 转运 | 治疗 | 困难 | 感染 | 峰会 |

### (4) 器官供体

由"器官供体"的舆情语料大致可以归纳出8大主题，分别为"肾脏移植""捐献供体""技术创新""捐献活动""心脏移植""肺移植""技术研究""感染"，如表5-9所示。由此可以判断，舆论焦点为捐献供体的来源与职业、捐献激励，以及关于移植技术的研究。其中，有关捐献激励的讨论主要集中在以宣传的方式，通过组织一些爱心公益活动，激励更多人加入器官捐献的行列。

表5-9 "器官供体"的词—主题分布

| 主题 | 1 | 2 | 3 | 4 | 5 | 6 | 7 | 8 |
|---|---|---|---|---|---|---|---|---|
|  | 肾脏移植 | 捐献供体 | 技术创新 | 捐献活动 | 心脏移植 | 肺 移 植 | 技术研究 | 感 染 |
| 词 | 肾脏 | 捐献 | 肝移植 | 中国 | 心脏 | 肺移植 | 研究 | 感染 |
|  | 万元 | 家属 | 技术 | 角膜 | 心脏移植 | 陈静瑜 | 细胞 | 父亲 |
|  | 组织 | 登记 | 首例 | 黄洁夫 | 广州 | 分配 | 生物 | 爸爸 |
|  | 肾移植 | 协调 | 国内 | 捐赠 | 航班 | 脑死亡 | 基因 | 妈妈 |
|  | 出卖人 | 公民 | 实验 | 活动 | 换心 | 诊断 | 技术 | 女儿 |
|  | 湘潭市 | 志愿者 | 重庆 | 附属 | 心血管 | 经历 | 干细胞 | 父母 |
|  | 肾源 | 中国 | 儿童 | 平台 | 救命 | 绿色通道 | 组织 | 孩子 |
|  | 负责 | 广东省 | 一院 | 志愿 | 心衰 | 血型 | 人类 | 妻子 |

（5）器官捐献登记

由"器官捐献登记"的舆情语料大致可以归纳出8大主题，分别为"平台""遗体捐献""捐献登记""违规捐献""来源""红十字会""捐献激励""捐赠者"，如表5-10所示。其中，中国红十字会作为国内器官捐献的重要机构之一，兼有知识与能力培训、应急救护、捐献激励的功能。随着"施予受"器官捐献志愿者登记平台上线，接入支付宝与微信，并与公立医院对接，国内器官捐献登记数量井喷式增加。另外，舆论焦点还有关于器官违规捐献和来源的话题。

表5-10 "器官捐献登记"的词—主题分布

| 主题 | 1 | 2 | 3 | 4 | 5 | 6 | 7 | 8 |
|---|---|---|---|---|---|---|---|---|
| | 平 台 | 遗体捐献 | 捐献登记 | 违规捐献 | 来 源 | 红十字会 | 捐献激励 | 捐 赠 者 |
| 词 | 平台 | 娄滔 | 儿子 | 祥林 | 孩子 | 红十字 | 遗体 | 老人 |
| | 施予受 | 女儿 | 妻子 | 李萍 | 妈妈 | 叶沙 | 缅怀 | 捐赠者 |
| | 分配 | 海燕 | 毛豆 | 怀远县 | 女儿 | 篮球 | 纪念碑 | 研究 |
| | 黄洁夫 | 丈夫 | 车祸 | 杨素 | 女士 | 造血干细胞 | 红十字 | 菲利普 |
| | 发展基金 | 回报 | 武汉大学 | 万元 | 爸爸 | 中国红十字会 | 副会长 | 人类 |
| | 肝移植 | 同事 | 湖北 | 安徽 | 青岛 | 培训 | 纪念活动 | 反对 |
| | 教授 | 学院 | 杭州 | 尸体 | 天使 | 群众 | 办理 | 注册 |
| | 肺移植 | 遗愿 | 心脏移植 | 儿子 | 小天使 | 救护 | 大连市 | 美国 |

（6）器官捐献法规

由"器官捐献法规"的舆情语料大致可以归纳出8大主题，分别为"权利与义务""监管""红十字会""公益""改革立法""器官移植""遗体捐献""移植条例"，如表5-11所示。其中，公众更关注的是器官捐献机构与患者的权利与义务、改革立法、器官移植的监管与条例，以及红十字会的公益性。

表5-11 "器官捐献法规"的词—主题分布

| 主题 | 1 | 2 | 3 | 4 | 5 | 6 | 7 | 8 |
|---|---|---|---|---|---|---|---|---|
| | 权利与义务 | 监 管 | 红十字会 | 公 益 | 改革立法 | 器官移植 | 遗体捐献 | 移植条例 |
| 词 | 处罚 | 医疗 | 红十字会 | 服务 | 深圳 | 器官移植 | 遗体 | 中国 |
| | 患者 | 机构 | 红十字 | 社区 | 立法 | 移植 | 娄滔 | 器官移植 |
| | 信息 | 检测 | 服务 | 公益 | 改革 | 手术 | 捐献者 | 移植 |
| | 人格权 | 临床 | 人道 | 项目 | 中国 | 患者 | 家属 | 文明 |
| | 权利 | 市场 | 中国红十字会 | 儿童 | 城市 | 伦理 | 孩子 | 黄洁夫 |
| | 机构 | 实验室 | 救助 | 中医 | 法治 | 人体 | 患者 | 条例 |
| | 医疗 | 监管 | 群众 | 志愿者 | 深圳市 | 分配 | 医生 | 国际 |
| | 隐私 | 执业 | 国际 | 志愿 | 审议 | 人类 | 女儿 | 死囚 |

## （7）器官捐献流程

由"器官捐献流程"的舆情语料可以大致归纳出 8 大主题，分别为"城市服务""医学学科""器官移植""遗体捐献""捐赠者""红十字会""全球""公益"，如表 5-12 所示。其中，舆论焦点在于，器官捐献与移植需要有一定的城市服务设施、医疗水平以及政府对公益事业的投入。同时，公众还提及了器官捐献的具体流程，包括遗体捐献前的协调工作和红十字会登记等相关手续。

表 5-12 "器官捐献流程"的词—主题分布

| 主题 | 1 | 2 | 3 | 4 | 5 | 6 | 7 | 8 |
|---|---|---|---|---|---|---|---|---|
| | 城市服务 | 医学学科 | 器官移植 | 遗体捐献 | 捐赠者 | 红十字会 | 全球 | 公益 |
| 词 | 服务 | 附属 | 移植 | 遗体 | 陆继春 | 红十字会 | 研究 | 公益 |
| | 城市 | 外科 | 手术 | 协调 | 退役 | 登记 | 美国 | 项目 |
| | 文明 | 手术 | 器官移植 | 捐献者 | 中共党员 | 志愿者 | 支付 | 浙江 |
| | 殡仪馆 | 专科 | 心脏 | 孩子 | 老人 | 角膜 | 活动 | 荣誉 |
| | 文化 | 广东省 | 病人 | 捐赠 | 军人 | 志愿 | 台湾 | 按压 |
| | 老年人 | 学科 | 心脏移植 | 人体器官 | 杭州 | 红十字 | 全球 | 浙江省 |
| | 深圳 | 内科 | 供体 | 病人 | 好人 | 社区 | 论坛 | 大赛 |
| | 设施 | 教授 | 肺移植 | 家人 | 最美 | 活动 | 产品 | 年级 |

## （8）器官配型

由"器官配型"的舆情语料大致可以归纳出 8 大主题，分别为"受体""器官移植""救助""干细胞捐献""干细胞""器官捐献""配型""供体"，如表 5-13 所示。其中，公众更加关注受体移植的配型、供体器官捐献后的经济救助以及干细胞捐献的相关话题。

表 5-13 "器官配型"的词—主题分布

| 主题 | 1 | 2 | 3 | 4 | 5 | 6 | 7 | 8 |
|---|---|---|---|---|---|---|---|---|
| | 受体 | 器官移植 | 救助 | 干细胞捐献 | 干细胞 | 器官捐献 | 配型 | 供体 |
| 词 | 孩子 | 肾脏 | 救助 | 造血干细胞 | 干细胞 | 器官 | 基因 | 女儿 |
| | 妈妈 | 肾移植 | 万元 | 捐献 | 脐带血 | 捐献 | 检测 | 父亲 |
| | 哥哥 | 肝移植 | 医疗 | 捐献者 | 造血干细胞 | 器官移植 | 血小板 | 骨髓移植 |
| | 爸爸 | 肝脏 | 公益 | 志愿者 | 采集 | 台湾 | 治愈 | 儿子 |
| | 母亲 | 教授 | 机构 | 采集 | 供者 | 捐赠 | 成分 | 妹妹 |
| | 弟弟 | 团队 | 服务 | 红十字会 | 细胞 | 同胞 | 情绪 | 北京 |
| | 妻子 | 技术 | 管理 | 大河 | 男孩 | 人体器官 | 输血 | 姐姐 |
| | 儿童 | 大学 | 检验 | 献血 | 上海 | 协调 | 血型 | 亲生父母 |

## （9）移植伦理

由"移植伦理"的舆情语料大致可以归纳出 8 大主题，分别为"干细胞""生殖技术""人工智能""文化""克隆""器官移植""器官捐献""基因编辑",如表 5-14 所示。其中,舆论焦点在于干细胞移植伦理、生殖技术伦理、人工智能伦理、克隆技术伦理、基因编辑伦理以及中西方对于移植伦理的文化差异。有关生殖技术的讨论主要集中在近年来需求增加的代孕、试管婴儿等。关于基因编辑伦理的讨论以代表性事件"基因编辑婴儿"引爆全球,并引发公众对该事件强烈的反对与谴责,该事件指贺建奎团队于 2018 年 11 月 26 日对外宣布一对基因编辑婴儿诞生,而国家明令禁止以生殖为目的的人类胚胎基因编辑活动。

表 5-14 "移植伦理"的词—主题分布

| 主题 | 1 | 2 | 3 | 4 | 5 | 6 | 7 | 8 |
|---|---|---|---|---|---|---|---|---|
| | 干细胞 | 生殖技术 | 人工智能 | 文 化 | 克 隆 | 器官移植 | 器官捐献 | 基因编辑 |
| 词 | 干细胞 | 代孕 | 附属 | 文化 | 基因 | 手术 | 器官 | 医疗 |
| | 研究 | 胚胎 | 人工智能 | 教育 | 研究 | 孩子 | 捐献 | 基因 |
| | 临床 | 生殖 | 科技 | 工程 | 克隆 | 大脑 | 器官移植 | 研究 |
| | 细胞 | 生育 | 外科 | 西方 | 细胞 | 神经 | 人体器官 | 临床 |
| | 项目 | 女性 | 智能 | 精神 | 科学家 | 换头术 | 分配 | 机构 |
| | 再生 | 孩子 | 研究 | 政治 | 动物 | 实验 | 黄洁夫 | 贺建奎 |
| | 造血干细胞 | 卵子 | 人工 | 思想 | 胚胎 | 心脏 | 公民 | 婴儿 |
| | 艾滋病 | 机构 | 肿瘤 | 理论 | 实验 | 任晓平 | 捐献者 | 审查 |

## (10)遗体捐献

由"遗体捐献"的舆情语料大致可以归纳出 8 大主题,分别为"受体""供体""法律法规""捐献激励""人体解剖""救助""捐献善后""遗体捐献",如表 5-15 所示。其中,公众主要关注遗体捐献的相关法律法规、激励、去向、善后以及一定的人道主义救助。关于捐献激励探讨的多是红十字会的器官捐献相关激励、宣传工作,包括建立器官捐献纪念碑,开展缅怀纪念器官捐献者活动等。关于遗体去向讨论较多的是人体解剖,以及捐赠给学校作为教学资源。捐献善后问题引起舆论关注源自"杨家珊事件",2019 年,杨家珊遗体捐献于成都医学院供教学使用,此后火化,但捐献期满后接收单位却以让家属自行领取而不亲自送回来处理骨灰,该事件导致公众对捐献善后工作进行人性化思考。

表 5-15 "遗体捐献"的词—主题分布

| 主 题 | 1 | 2 | 3 | 4 | 5 | 6 | 7 | 8 |
|---|---|---|---|---|---|---|---|---|
| | 受 体 | 供 体 | 法律法规 | 捐献激励 | 人体解剖 | 救 助 | 捐献善后 | 遗体捐献 |
| 词 | 孩子 | 老人 | 信息 | 捐献者 | 人体 | 群众 | 父亲 | 吴思 |
| | 女儿 | 母亲 | 红十字 | 红十字 | 解剖 | 党员 | 杨家 | 卢永根 |
| | 妻子 | 父亲 | 草案 | 缅怀 | 女士 | 救助 | 骨灰 | 教授 |

续表

| 主 题 | 1 | 2 | 3 | 4 | 5 | 6 | 7 | 8 |
| --- | --- | --- | --- | --- | --- | --- | --- | --- |
| | 受 体 | 供 体 | 法律法规 | 捐献激励 | 人体解剖 | 救 助 | 捐献善后 | 遗体捐献 |
| 词 | 丈夫 | 社区 | 法律 | 纪念碑 | 临床 | 万元 | 造血干细胞 | 院士 |
| | 母亲 | 老伴 | 夫妻 | 器官移植 | 标本 | 同志 | 成都 | 祖国 |
| | 妈妈 | 奶奶 | 调查 | 文明 | 接受站 | 文明 | 接收 | 湘雅医学院 |
| | 爸爸 | 遗嘱 | 器官移植 | 博爱 | 娄滔 | 好人 | 献血 | 母校 |
| | 医护人员 | 孩子们 | 人体 | 逝者 | 北京 | 村民 | 无偿献血 | 中南大学 |

## 5.2.5 小结

本案例以捐献与移植为主线，分析基于"器官移植"主题拟定的近三年十大热点话题，得到了器官移植网络舆情的特征，反映了器官移植热点话题的舆情深度与广度，对理解我国器官移植的相关内容具有一定现实意义。

由本案例的研究结果可知，网络舆情反映出中国近三年器官捐献与移植事业发展的八个现状。一是，移植伦理受广泛热议，议题主要围绕社会人文与政治伦理、科研伦理和移植技术伦理。国人的传统观念是中国器官捐献与移植事业发展的伦理障碍之一。此外，需求推动智能化捐献、移植和分配的发展及伦理思考，如生育需求推动了辅助生殖技术的发展，同时人工智能和3D打印器官在器官移植中的应用受到公众的青睐。二是，一方面供体补偿对器官捐献有一定激励作用，可快速提高器官捐献率，另一方面还存在少数器官买卖和骗捐假捐，以及对困难供体家庭和患者救助不足的现象。此外，治疗手段和保险费用对供体补偿有一定影响。三是，从活体和遗体捐献角度来看，中国器官捐献以遗体捐献为主要方式，遗体去向主要包括器官移植、教学解剖、标本制作等。法律法规、宣传教育、亲属意愿和救助程度对遗体捐献有一定影响。一方面，活体捐献存在敏感性，移植对象是特定关系的个人，分配机制更为严格；另一方面，中国器官捐献与移植相关法律法规不完善。四是，活体器官转运保障工作不足，引起公众对运输绿色通道的热议。五是，器官分配拥有一套完整的运行机制，创新平台、系统的数量和形式日益增加，但器官移植、分配的等待问题仍严峻，器官缺口巨大。六是，公众热议器官捐献与移植的相关国家标准，主要包括费用、组织、医院等的标准化。七是，器官捐献立法与违规处罚滞后，公众呼吁加大对相关机构和人员资质的监管以及对违规行为的处罚力度，同时保障他们的权利与义务。八是，红十字会是中国器官捐献最重要的公益性组织，具有宣传、教育、救助和器官捐献登记等重要功能。

# 5.3　健康中国舆情分析

## 5.3.1　案例背景

近年来，互联网社交工具的普及，对社会产生了巨大的影响。随着互联网技术的发展，社会舆情与之互相融合，网络舆情的概念便应运而生。由于互联网快速发展，网民数量庞大，网络舆情往往比传统社会舆情更能真实反映民众对事件的看法、态度。但是，网络的开放性和隐匿性带来便利的同时，也带来很多不确定因素，若我们能够提前防控危害社会的舆情，把握主动权，就能够更好地发挥网络优势。然而网络舆情信息相对复杂和离散，存在大量冗余、无关的内容，要从中挖掘到有价值的信息，工作难度较大。及时有效地发现舆情热点，从网络舆情中挖掘有用的信息并对舆情进行引导和控制，对于政府、企业以及科研进步都具有重大价值与意义。

健康是促进人们全面发展的基础，同时也是民族昌盛和国家富强的重要标志。随着我国经济水平的提高，人民对健康的要求越来越高，政府也高度重视人民健康。2007 年时任卫生部部长公布"健康护小康，小康看健康"三步走战略；2016 年中共中央、国务院印发《"健康中国 2030"规划纲要》；2017 年，党的十九大报告将健康中国上升为国家战略，明确规划了推进健康中国建设的宏伟蓝图和行动纲领，从国家层面统筹解决关系健康的重大和长远问题，旨在增强全社会的责任感和使命感，为实现中华民族伟大复兴和推动人类文明进步做出更大贡献。从这一系列的政策可以发现，国家层面高度重视国民健康和医疗卫生事业的发展。

本案例选取"健康"相关舆情文本，利用文本挖掘技术对健康中国的网络舆情，从不同层次做深入分析，挖掘健康中国的内在机理，并结合新冠肺炎疫情防御，有针对性地提出全民健康的理念。

## 5.3.2　数据来源

本案例以"健康"为主题，以近年来民众关注度较高的"健康产业""健康管理""健康生活""健康医疗""健康中国""人民健康""医保""医疗体系""医疗卫生"9 个健康舆情话题为出发点，利用网络爬虫技术对丁香园、凤凰网、环球网、人民网、搜狐、腾讯网、网易、国家卫生健康委员会官网、新华网、新浪网、央视网、中国网进行信息爬取，其中丁香园和国家卫生健康委员会官网是针对本次健康舆情选取的比较有代表性的专业网站，其他 10 个网站是大型门户网站。

本案例主要利用 Python 对 9 个话题进行基于百度搜索引擎的关键词爬取，获取健康舆情文本 41733 篇，经过严格筛选，最后得到 28014 篇有效文本，具体如表 5-16 所示。

表 5-16　健康舆情文本来源

| 网　站 | 文本数量/篇 | 占　比 |
|---|---|---|
| 丁香园 | 1399 | 4.99% |
| 凤凰网 | 4538 | 16.21% |
| 环球网 | 2587 | 9.23% |
| 人民网 | 2881 | 10.28% |
| 搜狐 | 285 | 1.02% |
| 腾讯网 | 1374 | 4.91% |
| 网易 | 1827 | 6.52% |
| 国家卫生健康委员会官网 | 729 | 2.60% |
| 新华网 | 2846 | 10.16% |
| 新浪网 | 2284 | 8.15% |
| 央视网 | 2284 | 8.15% |
| 中国网 | 4980 | 17.78% |

图 5-18 所示为各话题文本数的空间分布，从大到小排列为"健康产业""医保""健康医疗""健康中国""健康管理""健康生活""医疗体系""人民健康""医疗卫生"，其中"健康产业"话题文本数在健康舆情中所占比例最大，这与国内健康产业企业纷纷提出要顺应全球经济发展、实现创新发展有关。健康产业是非常有发展潜力的产业，世界各国都在关注，发达国家的健康产业 GDP 占比

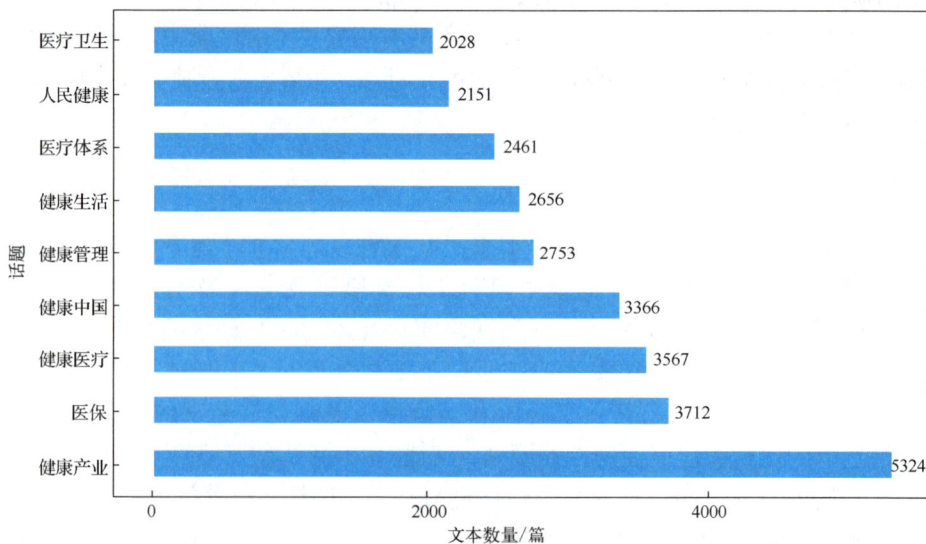

图 5-18　健康舆情各话题文本数的空间分布

超过 15%，而我国发展较慢，仅占 GDP 的 4%～5%。因此国家大力支持健康产业发展。随着人们对健康理念认识的进一步深入，"新健康"理念应运而生，它涉及范围广，从人们的衣食住行到生老病死，"新健康"也关注影响健康的各种危险因素和认识误区，同时提倡国民增强对健康的自我管理意识。在国民健康意识提升、国家政策鼓励和人口老龄化三大因素的共同促进之下，健康产业将迎来新的发展机遇。

在获取舆情文本的时间方面，如图 5-19 所示，本案例所爬取的健康舆情文本分布在 2007—2020 年，由于 2010 年前的文本数量较少，所以将其合并到 2010 年前的时间段。总的文本分布如下：2.31% 的文本分布在 2010 年前，1.61% 的文本分布在 2011 年，1.24% 的文本分布在 2012 年，1.09% 的文本分布在 2013 年，2.68% 的文本分布在 2014 年，4.03% 的文本分布在 2015 年，8.44% 的文本分布在 2016 年，10.10% 的文本分布在 2017 年，19.92% 的文本分布在 2018 年，35.05% 的文本分布在 2019 年，13.54% 的文本分布在 2020 年。

由于 2020 年的文本只收集到 2 月 17 日，所以较少，只有 3793 条。图 5-19 在一定程度上依然可以反映我国对于健康舆情的关注特征，图中显示，本案例收集的文本总条数从 2013 年开始呈指数增长，这说明近 10 年来我国越来越关注健康相关信息。这也进一步验证了本次收集文本具有一定的代表性，对后期进行关联规则提取和情感倾向性指数构造具有支撑作用。

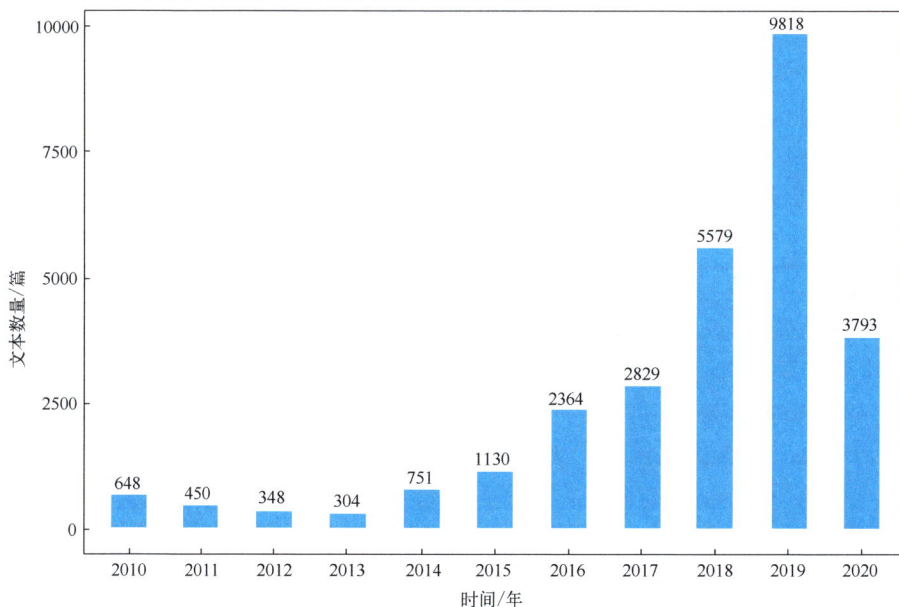

图 5-19  舆情文本的时间分布

### 5.3.3 技术方法

本案例对健康舆情大数据进行了情感倾向性研究,针对健康舆情大数据的特点,提出基于自适应权重调整法来构造情感倾向性指数。

#### 1. 健康舆情文本词典构造

为了更好地实现健康舆情文本情感分析,本案例构建了健康舆情文本词典,将一些未出现在词典中的新词语添加进去。健康舆情文本词典的组成框架如图 5-20 所示,包含基础情感词典、网络流行语词典、专业修饰词词典三部分。

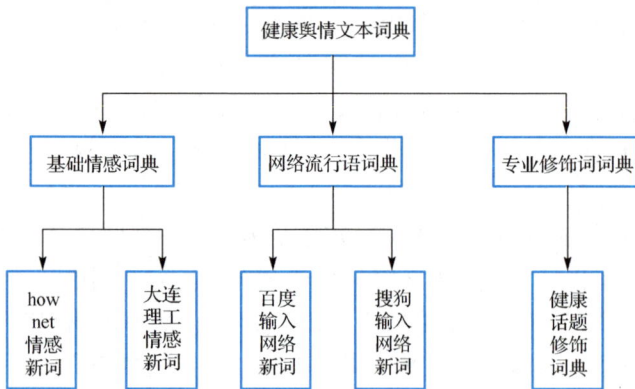

图 5-20　健康舆情文本词典的组成框架

#### 2. 基于自适应权重调整法构造情感倾向性指数

情感倾向性分析一般分为文档级、句子级和词语级。由于本案例选用的舆情信息是新闻文本,属于长文本,目前针对长文本的文档级情感倾向性分析技术还不够成熟,不像短文本,可按照句子级进行分析,即文本可以运用句子级分析方法;而长文本中的句子、段落、篇章等关系层层递进,无疑在分析过程中加大了难度,并且缺少一些分析理论和工具,这进一步提高了分析难度。针对目前的研究,本案例提出基于自适应权重调整法构造情感倾向性指数。用 Python 中的 jieba 分词模块和本案例构造的健康舆情文本词典对舆情信息进行分词,然后进行停用词过滤,完成数据预处理后,进行情感倾向性指数构造。具体分析步骤如下。

步骤一:文本长度权重。文本长度权重即 1 减去文本长度经 0-1 归一化后的值。

本案例话题总数为 9,序号记为 $i$, $i = 1, 2, \cdots, 9$,1~9 依次代表健康产业、健康管理、健康生活、健康医疗、健康中国、人民健康、医保、医疗体系、医疗卫生;各个话题的文本数记为 $n_i$,由于每个话题的文本数不一样,故用 $n_i$ 表示各个话题的文本数,文本序号记为 $j(j = 1, 2, \cdots, n_i)$;每篇文本用 jieba 分词并过滤停用词

后的长度记为 $L$，每个话题的最长词语长度记为 $\mathrm{max}L$，最短词语长度记为 $\mathrm{min}L$，每篇文本的长度权重记为 LA。

$$\mathrm{LA}_{ij} = 1 - \frac{L_i - \mathrm{min}L_i}{\mathrm{max}L_i - \mathrm{min}L_i}, \quad i = 1,2,\cdots,9; j = 1,2,\cdots,n_i \qquad (4.42)$$

**步骤二：**计算情感词权重。情感词权重即积极情感词与消极情感词赋值的绝对值之差与其和的比值。

每个积极情感词赋值为 1，消极情感词赋值为 −1，每篇文本的积极情感值为所有积极情感词赋值的总和，记为 $P_{ij}$，消极情感词赋值的总和记为 $N_{ij}$，情感词权重计算公式为

$$\mathrm{WA}_{ij} = \frac{|P_{ij}| - |N_{ij}|}{|P_{ij}| + |N_{ij}|}, \quad i = 1,2,\cdots,9; j = 1,2,\cdots,n_i \qquad (4.43)$$

**步骤三：**构造情感倾向性指数。情感倾向性指数即文本长度权重与情感词权重的乘积。

$$\mathrm{TV}_{ij} = \mathrm{LA}_{ij} \cdot \mathrm{WA}_{ij}, \quad i = 1,2,\cdots,9; j = 1,2,\cdots,n_i \qquad (4.44)$$

式中，$n_i$ 为第 $i$ 个话题的文本数。

**步骤四：**构造情感倾向性综合指数。情感倾向性综合指数即全部舆情话题的情感倾向性指数的平均值。

$$\mathrm{CI} = \frac{\sum\limits_{i=1}^{9} \sum\limits_{j=1}^{n_i} \mathrm{TV}_{ij}}{N} \qquad (4.45)$$

式中，$N$ 为舆情文本的总篇数，CI 为情感倾向性综合指数。若 CI 等于 0，则表示舆情情感倾向性为中性；若 CI 大于 0，则表示舆情情感倾向性偏向乐观，数值越大，说明乐观程度越高；若 CI 小于 0，则表示舆情情感倾向性偏向悲观，数值越大，说明悲观程度越高。

### 5.3.4　分析结果

#### 1. 文本特征提取结果分析

对本案例舆情文本选用 TF-IDF 方法进行关键词提取，对每一篇文本分别进行前 50 个关键词提取，然后针对每个话题的前 50 个关键词进行统计汇总，同时对 9 个话题总体的前 50 个关键词进行统计汇总，对关键词进行词云图可视化展示。

通过图 5-21 所示健康舆情词云图可以发现，"医疗""服务""发展""医院""管理""建设""疾病""医疗卫生""医疗机构""企业""创新"等是健康舆情文本信息中最受关注的关键词，这些词都是健康体系中的热点话题。

**图 5-21 健康舆情词云图**

(1) 健康产业

"健康产业"话题的词云图及关键词分布结果如图 5-22 所示，可以发现"医疗""服务""医院""发展""互联网""患者""建设""平台""诊疗""医疗机构"等是该话题中最受关注的关键词。随着经济水平的提高、人民生活方式的逐渐改变，国民越来越关注和重视健康。从关键词中可以看出，我国的健康产业主要集中在与医院相关的以医疗、服务为主体的医疗产业，目前我国健康产业的主要群体构成是以医疗服务应用为主的医疗产业，该产业现在正处于快速发展阶段。健康产业也将在创新上与国家发展战略保持同步发展，多地实行精准创新，精心实施科技创新，推进健康产业制度创新。

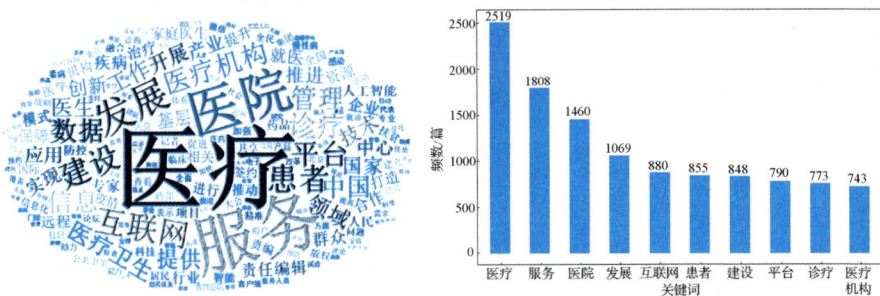

**图 5-22 "健康产业"话题的词云图及关键词分布结果**

(2) 健康管理

"健康管理"话题的词云图及关键词分布结果如图 5-23 所示，可以发现"管理""服务""医疗""医院""疾病""提供""发展""患者""中国""开展"等是该话题中最受关注的关键词。1950 年左右，"健康管理"的概念最先在美国被提出，我国早期对健康管理所做的工作主要在医疗方面，自从提出"大健康"概念,民众的自我健康管理意识不断提高,已经从治疗为方转向预防为主。

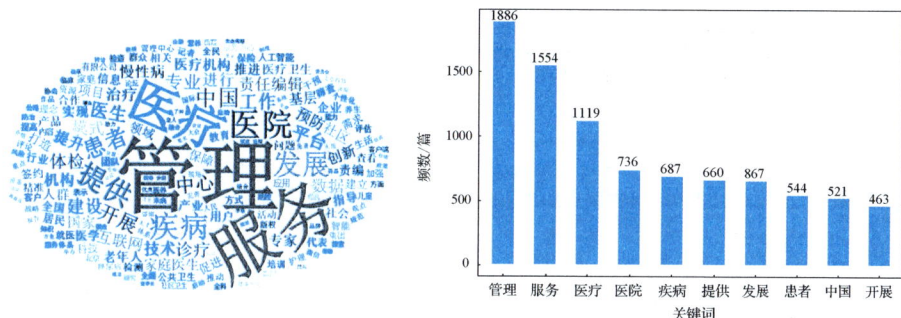

图 5-23 "健康管理"话题的词云图及关键词分布结果

（3）健康生活

"健康生活"话题的词云图及关键词分布结果如图 5-24 所示,可以发现"生活""方式""服务""活动""工作""疾病""中国""发展""医疗""运动"等是该话题中最受关注的关键词。如何健康地生活,提高生活质量,是现代社会非常关注的问题。而与健康生活息息相关的就是生活方式,关键词中"生活""方式""活动""运动"也体现了健康生活的主要核心内容。

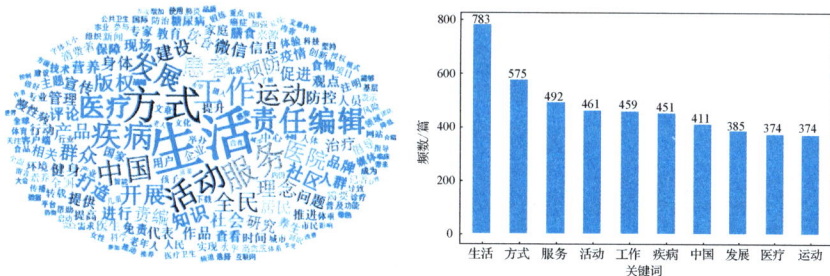

图 5-24 "健康生活"话题的词云图及关键词分布结果

（4）健康医疗

"健康医疗"话题的词云图及关键词分布结果如图 5-25 所示,可以发现"医疗""服务""医院""发展""互联网""患者""建设""平台""诊疗""医疗机构"等是该话题中最受关注的关键词。互联网快速发展产生的大数据给社会带来了深远的变革。健康医疗服务平台不仅可体现人的生命全周期和健康管理等信息,也是实现健康中国、数字中国战略的重要途径,受到高度重视,关键词体现了健康医疗的主要内容。

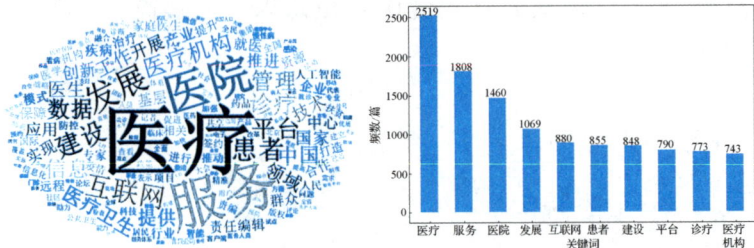

图 5-25 "健康医疗"话题的词云图及关键词分布结果

### (5)健康中国

"健康中国"话题的词云图及关键词分布结果如图 5-26 所示，可以发现"中国""发展""服务""医疗""建设""国家""全民""疾病""医疗""推进"等是该话题中最受关注的关键词。2016 年的全国卫生与健康大会提出"健康中国"的概念，医疗发展、医疗服务、医院建设都是"健康中国"的主要内容，关键词体现了这一点。

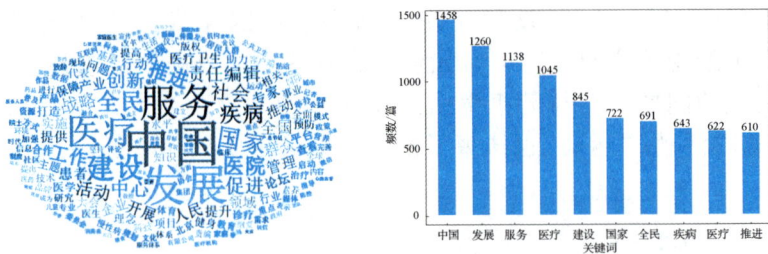

图 5-26 "健康中国"话题的词云图及关键词分布结果

### (6)人民健康

"人民健康"话题的词云图及关键词分布结果如图 5-27 所示，可以发现"人民""工作""服务""医院""医疗""群众""建设""发展""建设""中国"等是该话题中最受关注的关键词。从关键词中可以得出，人民健康与医院、医疗、服务等发展建设息息相关。人民健康是国家可持续发展能力的重要标志，提升人民健康、助力全面小康也是实现中国梦的重要部分。

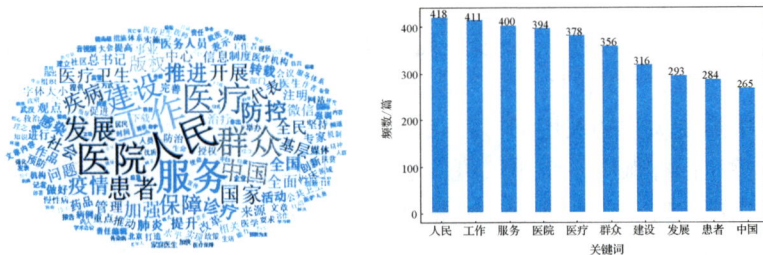

图 5-27 "人民健康"话题的词云图及关键词分布结果

### （7）医保

"医保"话题的词云图及关键词分布结果如图 5-28 所示，可以发现"医疗""医疗保险""参保""费用""报销""医院""药品""支付""医疗机构""服务"等是该话题中最受关注的词汇。我国的基本医疗保险制度改革一直在稳中求进，医保覆盖范围也在持续扩大。医保制度建立的目的就是解决过重的医疗费用导致的"因病致贫"问题。"医保"话题涉及的重要关键词也恰恰体现了我国医保的重要内容。

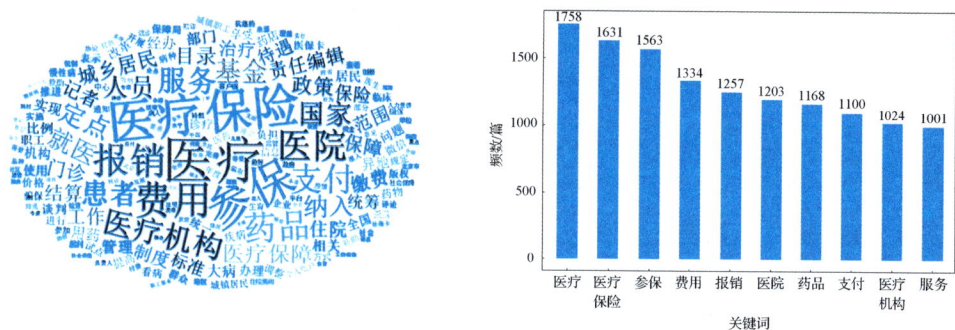

**图 5-28 "医保"话题的词云图及关键词的分布结果**

### （8）医疗体系

"医疗体系"话题的词云图及关键词分布结果如图 5-29 所示，可以发现"医疗""服务""医院""患者""医疗机构""建设""医疗卫生""发展""体系""工作"等是该话题中最受关注的关键词。我国在医疗体系建设道路上一直摸索着前进，在整个医疗体系中医疗机构和患者处于最核心的地位。

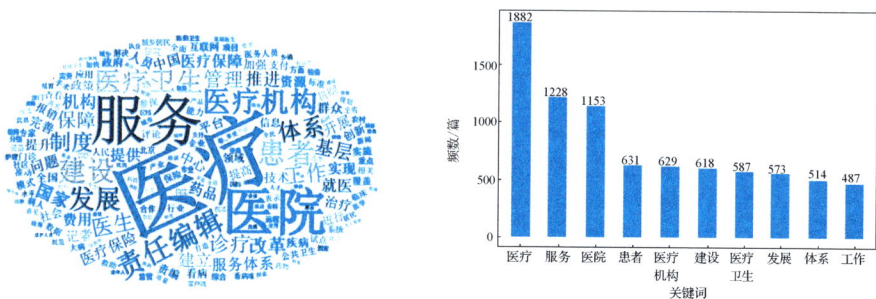

**图 5-29 "医疗体系"话题的词云图及关键词分布结**

### （9）医疗卫生

"医疗卫生"话题的词云图及关键词分布结果如图 5-30 所示，可以发现"服务""医疗""医疗卫生""医院""发展""建设""工作""推进""基层""保障"等是该话题中最受关注的关键词。人民群众对健康发展的要求迫在眉睫，国家卫健委

251

也一直在贯彻执行将医疗卫生与人民健康发展放在首位的方针，制定相关的法律法规，满足国民对健康的需求。

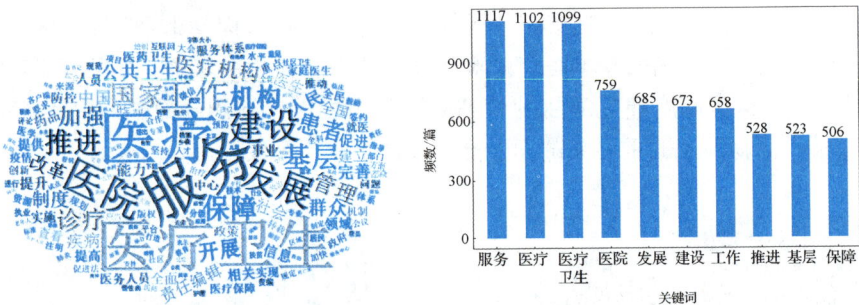

图 5-30 "医疗卫生"话题的词云图及关键词分布结果

### 2. 健康舆情话题的情感倾向性指数时态分析

为了更加科学地构建舆情话题情感倾向性指数，本案例提出用自适应权重调整法对文本长度权重以及情感词权重计算出初步结果，再计算情感倾向性指数，最后得出的结果就能更加客观准确地描述舆情的情感倾向性。

（1）每个话题的情感倾向性指数分析

图 5-31 为各话题年均情感倾向性指数的时间分布图。2007—2009 年文本数较少，并入 2010 年一起讨论，每个话题以年为单位计算平均情感倾向性指数，并且按 2010—2020 年的时间顺序描述情感倾向性指数的变化趋势。

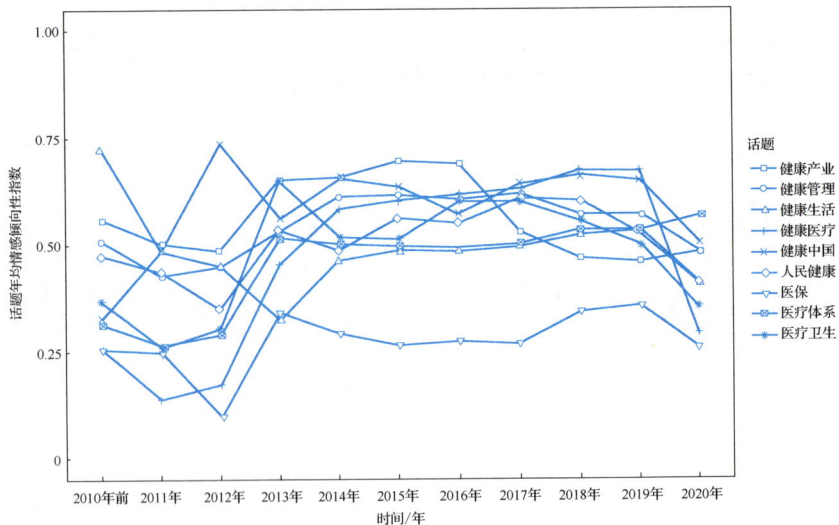

图 5-31 各话题年均情感倾向性指数的时间分布图

由图 5-31 可知，每个话题的年均情感倾向性指数都大于 0，说明近 10 年的舆情情感倾向性偏向乐观。从变化趋势看，2011 年大都出现下降趋势，向前追溯，2011 年的健康新闻事件留给公众很多问题和思考，地沟油、瘦肉精猪肉、毒燕窝、塑化剂、日本核辐射事件等，每一个事件都增加了公众的健康安全隐患意识。例如地沟油事件，2011 年 3 月，浙江公安局接到举报称有人收餐厨废弃油脂，而后与山东、河南公安局合作统一部署，查获了 2 条非法生产线、6 个销售黑窝点、食用油 100 多吨，引起全国轰动。2011 年是不平凡的一年，健康问题爆料不断，这也是导致这一年的舆情情感倾向性指数降低的主要原因。

每个话题的年均情感倾向性指数在 2014—2019 年都相对较为平缓，没有大的转折点，除了"医疗体系"和"健康产业"，其他 7 个话题在 2020 年同时出现了一个异常大拐点，呈现下滑趋势，且相比 2011 年，形式更加严峻。

（2）疫情期间的情感倾向性指数分析

为进一步研究 2020 年 1 月 1 日到 2 月 17 日健康舆情的情感倾向性指数变化，将收集到的 2020 年舆情文本按照日均情感倾向性指数进行计算分析，最后利用折线图表达其发展趋势，如图 5-32、图 5-33 所示。

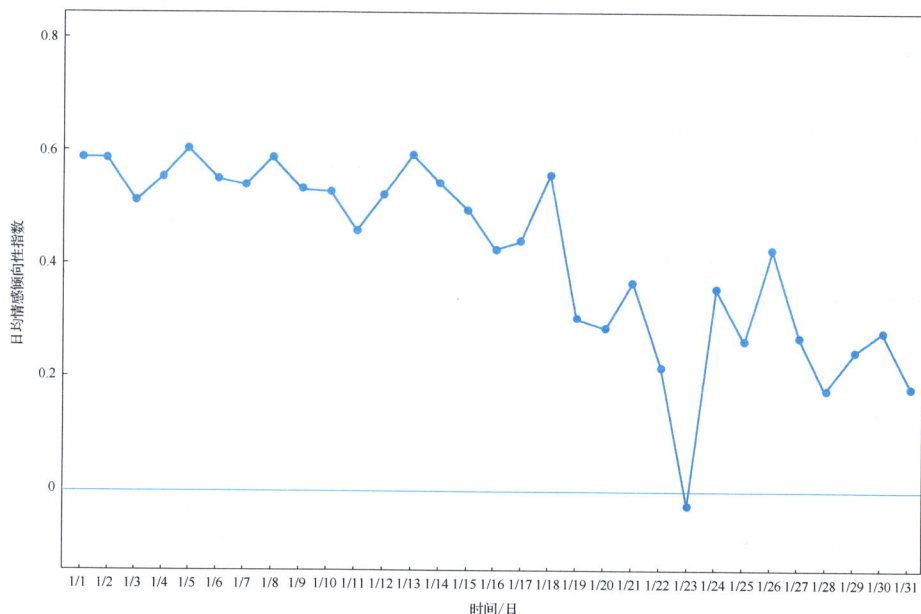

**图 5-32　2020 年 1 月健康舆情日均情感倾向性指数时间分布图**

第一，1 月 18 日之前，日均情感倾向性指数多数大于 0.5，1 月 18 日~2 月 10 日情感倾向性指数都小于 0.5，1 月 23 日出现最低值；在 2 月 10 日之后再次出现波动，但总体有回升的趋势。

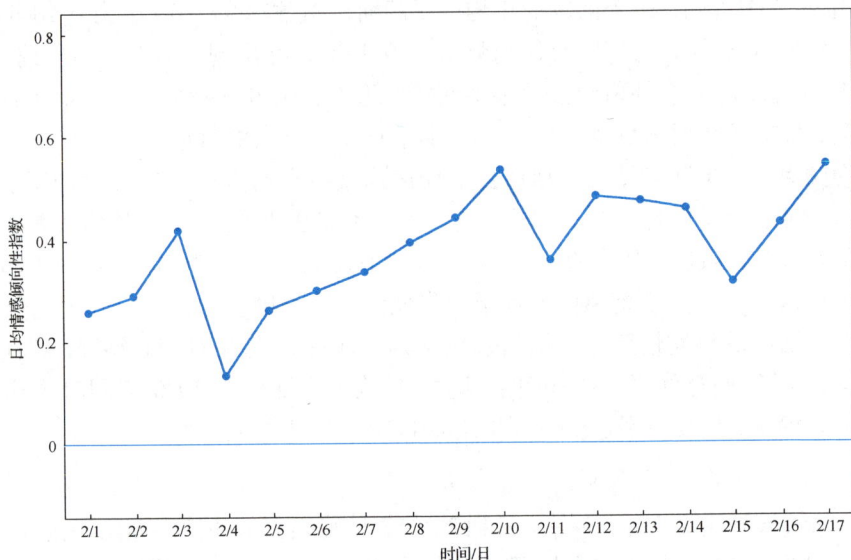

图 5-33　2020 年 2 月 1～17 日健康舆情日均情感倾向性指数时间分布图

第二，图 5-31 中"健康产业"和"医疗体系"话题的年均情感倾向性指数出现反弹。在这次疫情中，当全国人民面临重大疫情灾难和春节停产时，健康产业给出了非常好的表率作用，不仅第一时间召回员工恢复生产线，为一线医护人员和患者生产医疗设备和药物等物资，还积极提供资金、产品、研发上的支持，和全国人民一起竭尽全力对抗此次疫情。因此，新冠肺炎疫情暴发期间，国民对我国健康产业和医疗体系两个方面的情感倾向性指数较疫情之前不降反升。

第三，加大对健康医疗的建设。图 5-31 中，疫情暴发初期，"健康医疗"话题情感倾向性指数下降最明显。由于疫情暴发突然，公共医疗体系超负荷运转，被突如其来的疫情打乱阵脚，整个健康医疗服务体系并没有做到随机应变、共享医疗，医疗资源没有遵循效益最大化原则，分级诊疗医疗体系、互联网平台服务、大数据精准管理等方面都需要进一步加强建设。

此次疫情牵动全国乃至全世界人们的心，中国表现出必胜的决心，势必要打赢这一仗。虽然很多言论较为悲观，但是仍然有很多正面的新闻报道为武汉加油，按时间分布的健康舆情情感倾向性指数大都保持在 0 以上。

（3）健康舆情情感倾向性综合指数分析

图 5-34 是本次健康舆情年均情感倾向性综合指数的时间分布图，总体呈现先降后升再降的趋势。新冠肺炎疫情对健康舆情情感倾向性指数影响较大，使得指数下降，在 2020 年达到历史最低点。2011 年综合指数下降的主要原因也是当年的健康事件层出不穷，影响了大众对我国整个健康体系的信心。

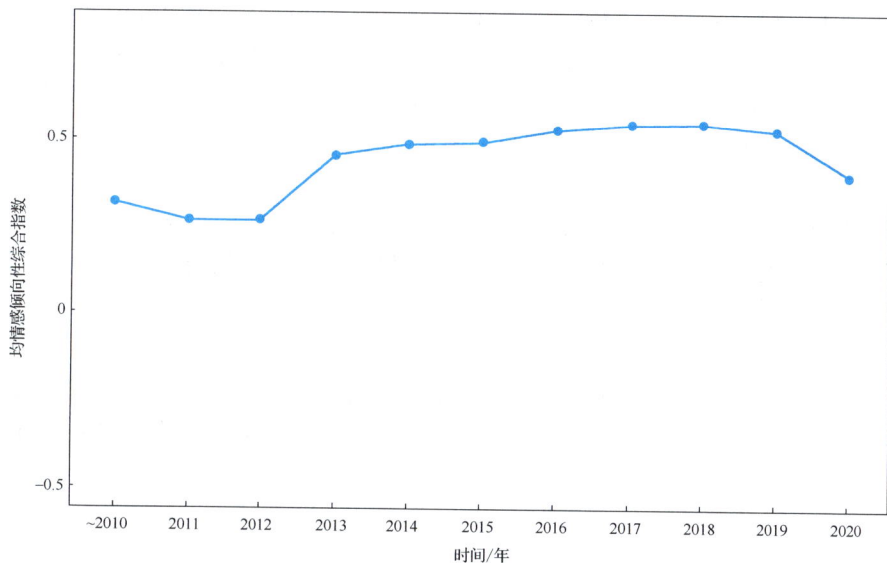

**图 5-34　健康舆情情感倾向性综合指数的时间分布图**

### 3. 健康舆情各话题情感倾向性指数比较分析

为了进一步分析 2010—2020 年各健康舆情话题情感倾向性指数之间的差异，对其进行统计描述，如图 5-35 和表 5-17 所示。

图 5-35 中，图形的形状不同，表示各个话题情感倾向性指数标准差不同。

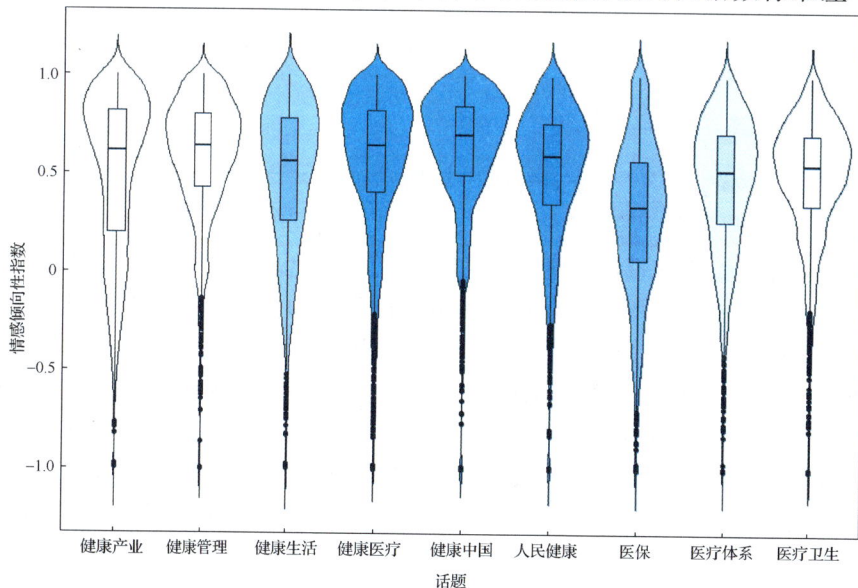

**图 5-35　健康舆情话题情感倾向性指数分布特征**

"健康中国"话题的情感倾向性指数均值高于其他 8 个话题。话题按标准差从大到小排列为"健康产业""医保""健康生活""健康医疗""人民健康""医疗体系""健康中国""医疗卫生""健康管理"。详细的统计指标如表 5-17 所示,"健康产业"话题情感倾向性指数的上下四分位数之差远大于其他话题,而"健康管理""医疗卫生""健康中国"话题情感倾向性指数的上下四分位数之差小于其他话题。"健康产业"话题情感倾向性指数标准差相对较大,说明较不稳定,分布较不均匀;而"健康中国""健康管理""医疗卫生"3 个话题的情感倾向性指数标准差较小,说明分布较均匀。

表 5-17　健康舆情话题情感倾向性指数分布特征

| 话　　题 | | 健康产业 | 健康管理 | 健康生活 | 健康医疗 | 健康中国 | 人民健康 | 医　保 | 医疗体系 | 医疗卫生 |
|---|---|---|---|---|---|---|---|---|---|---|
| 文本数量/篇 | | 5324 | 2753 | 2652 | 3567 | 3366 | 2151 | 3712 | 2461 | 2028 |
| 情感倾向性指数 | 均值 | 0.4888 | 0.5774 | 0.4877 | 0.5594 | 0.6257 | 0.5136 | 0.306 | 0.4672 | 0.4962 |
| | 标准差 | 0.4083 | 0.3125 | 0.3744 | 0.3642 | 0.318 | 0.3505 | 0.3828 | 0.3399 | 0.3125 |
| | 最小值 | -0.9963 | -0.9993 | -0.9962 | -0.9997 | -0.9989 | -0.9983 | -0.9988 | -0.9977 | -0.9991 |
| | 上四分位数 | 0.1984 | 0.4283 | 0.2631 | 0.4102 | 0.495 | 0.3537 | 0.0656 | 0.2666 | 0.3538 |
| | 中位数 | 0.6136 | 0.6381 | 0.565 | 0.6432 | 0.7014 | 0.5912 | 0.3381 | 0.5237 | 0.5545 |
| | 下四分位数 | 0.8193 | 0.8007 | 0.7823 | 0.8232 | 0.8477 | 0.7603 | 0.571 | 0.7181 | 0.7113 |
| | 最大值 | 1 | 0.9997 | 0.9999 | 0.9993 | 0.9999 | 0.9989 | 0.9995 | 0.9991 | 0.9994 |

### 5.3.5　小结

随着互联网的普及,公众对健康网络舆情的关注度越来越高,在公共卫生安全方面尤为敏感。网络舆情能够比较快速、准确地反映当下公众对社会公共卫生安全事件的态度,追踪健康舆情,不仅能够及时发现一些紧急社会公共卫生安全事件,而且能够挖掘有用的信息并对舆情进行引导和控制。本案例在对我国健康舆情深入剖析的基础上,进行了深入分析,得出以下结论:第一,热点话题关键词凸显出舆情特征。第二,舆情情感倾向性指数的变动趋势引领我国健康发展方向。第三,医保的改革与发展牵动民心。第四,医疗体系是促进我国健康发展的保障。第五,深刻认识科学预防突发疫情的重要性。第六,发展健康产业,促进健康中国建设,我国健康产业具有巨大的发展潜力,应该做大做强,使之成为我国新的经济支柱。

## 5.4 基于我国医疗卫生应急管理全过程的综合评价

### 5.4.1 案例背景

为应对突发公共卫生事件的冲击，应急管理相关研究已广泛开展。复杂系统理论认为，应急管理对应社会系统失序状态，必须通过不同主体的协同行动完成系统重构。一般而言，灾害导致的突生组织网络（未包含在制度设计内的应急主体网络）是应急管理体系调整和完善的关键推动力。我国现有的应急管理体系以"非典"为界可以划分为两个阶段。第一代应急管理体系主要以灾种管理为中心，不同类型灾害的负责主体不同。第二代应急管理体系采纳综合化管理，开始建设以应急预案、应急体制、应急机制和应急法制为核心的整合性应急管理体系。医疗卫生应急管理是综合应急管理的重要组成部分，但因为应急对象和涉及主体不同，突发公共卫生事件的应急管理更具特殊性。此次新冠肺炎疫情暴发早期，其致因和传播路径等具有高度不确定性，必须要求各级政府、专业机构及社会组织等主体共同参与，但是，由此产生的抗疫突生组织网络将增加应急管理过程的复杂性，使得均衡、协调分配资源更加困难。

面临突发公共卫生事件，应急管理过程交互形成了一个动态演进的网状结构，如何在有限资源约束下平衡各方多层次需求成为应急管理的全过程核心。由于覆盖的社会群体广泛，网络舆情已成为政策制定的重要参考，而主流媒体为民众获取科学信息并发表政策价值判断提供了平台。因此，基于系统视角，利用主流媒体舆情信息解构应急管理过程，实现对其多层次、全面的客观评估，对吸收突发公共卫生事件治理经验和优化我国应急管理过程具有重要意义。鉴于以上分析，本案例基于新冠肺炎疫情期间主流媒体舆情构建流向图，分两步实现对我国医疗卫生应急管理全过程的综合评价。第一，本案例将使用 LDA 主题模型，归纳新冠肺炎疫情应急管理的主流媒体舆情信息，分层解构我国医疗卫生应急管理全过程；第二，基于上一步的结果，本案例拟结合情感倾向性分析构造医疗卫生应急管理全过程流向图，并通过 TOPSIS(Technique for Order Preference by Similarity to an Ideal Solution)法测算各关键应急环节的综合评价指数，充分利用我国社会各群体的价值判断，实现对我国医疗卫生应急管理的全过程、多维度评价。

### 5.4.2 数据来源

为获得新冠肺炎疫情期间应急管理相关的主流媒体网络舆情数据，本案例的分析围绕监测与预警、应急处置与救援、事后恢复与重建，面向我国 9 家大型信息门户网站新闻板块、医学和卫生健康门户网站抓取信息。在数据预处理、文本

257

降噪和话题筛选之后，共得到1594条舆情信息。

本案例舆情话题筛选规则如表5-18所示。语料时间窗口截取自2019年12月1日至2020年3月17日，从语料来源分布看，新浪网在所有来源中占比最高，为37%，其次为人民网（22%）和百度（18%）等。在对舆情语料筛选之后，共得到监测与预警舆情信息349条、应急处置与救援舆情信息324条、事后恢复与重建舆情信息921条。在我国医疗卫生应急管理全过程的三个维度中，事后恢复与重建受到的关注最多，应急处置与救援所受关注较少。

表5-18　舆情话题筛选规则

| 热点话题 | 由关键词筛选舆情语料的规则 |
|---|---|
| 监测与预警 | 含关键词"传染病\|疾病\|病毒\|新冠肺炎"中任意一个词，且含"监测\|检测\|监管\|监督"中任意一个词的舆情语料 |
| 应急处置与救援 | 含关键词"防疫\|疫情"中任意一个词，且含"应急\|救急\|紧急"和"处置\|处理\|治理\|管理"中各任意一个词的舆情语料 |
| 事后恢复与重建 | 含关键词"民生\|人民生活\|社会"中任意一个词，且含"保障\|保证\|维持\|稳定"中任意一个词的舆情语料 |

### 5.4.3　技术方法

突发公共卫生事件的应急管理往往需要医疗卫生系统和全社会的参与，其多主体、多层次和相互关联的应急管理全过程形成了一个复杂系统，而要实现对我国医疗卫生应急管理全过程的综合评价，必须回答两个关键问题。一是，如何将我国医疗卫生应急管理全过程解构并获得其重要环节；二是，如何构建评价标准，分层级对我国医疗卫生应急管理关键环节进行客观、定量的评价。

#### 1. 我国医疗卫生应急管理全过程解构及流向图构造

解构我国医疗卫生应急管理全过程必须综合考虑已有应急管理体系和新冠肺炎疫情期间展现的应急特征。我国《突发事件应对法》将应急管理全过程分为预防与应急准备、监测与预警、应急处置与救援、事后恢复与重建四个维度。然而网络舆情多聚焦于突发公共卫生事件暴发后的应急管理过程，对事件暴发前的预防与应急准备关注较少。因此，本案例仅对我国医疗卫生应急管理全过程的监测与预警、应急处置与救援和事后恢复与重建三个维度展开分析，并使用LDA主题模型解构三个维度中隐含的重要应急管理环节。应注意到，LDA主题模型通过文本中词汇的共现概率推测文本的主题分布，而同一篇文本可能涉及多个主题，即包含多个应急管理过程的相关信息，不同节点间的信息流动即节点联系的紧密程度。

监测与预警、应急处置与救援和事后恢复与重建三个维度的主要构成环节及各环节的具体工作内容，共同组成了我国医疗卫生应急管理全过程，本案例依照此思路构建了我国医疗卫生应急管理全过程流向图，其框架如图 5-36 所示，流向图第 1 层由网络爬虫所得文本组成，其中蕴含了三个维度的具体决策与工作实施状况，也包含社会各群体对我国医疗卫生应急管理全过程的价值判断和偏好。但其具有规模大、碎片化和非结构化的特征，因此本案例利用 LDA 主题模型，将第 1 层的舆情信息进行聚类，获得的主题即各维度的关键应急管理环节，并将其作为流向图的第 2 层。流向图的第 4 层由正向评价和负向评价两个节点构成。流向图中其余节点至正向评价节点或负向评价节点的覆盖性系数越大，意味着社会各群体对该应急管理环节评价越正面或越负面。在对我国医疗卫生应急管理全过程解构和流向图构造的基础上，本案例进一步实现我国医疗卫生应急管理全过程综合评价模型的构建。

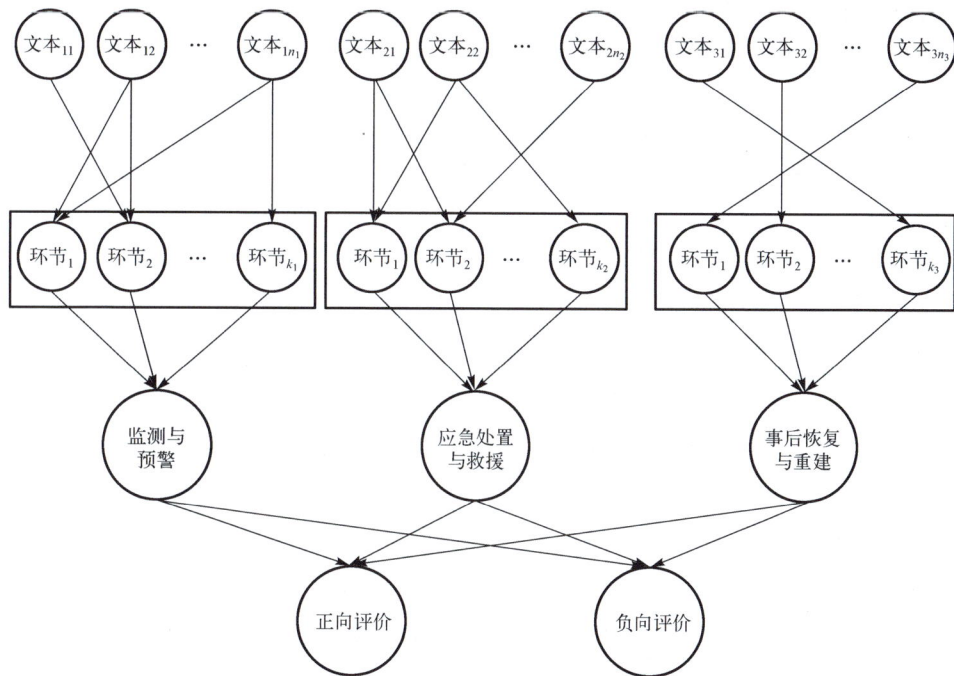

**图 5-36　我国医疗卫生应急管理全过程流向图框架**

## 2. 我国医疗卫生应急管理全过程综合评价模型构建

为实现对新冠肺炎疫情期间我国医疗卫生应急管理全过程的综合评价，本案例以流向图覆盖性系数衡量医疗卫生应急管理不同环节的关联强度，并以主流媒体舆情中蕴含的情感倾向作为评价标准，定量分析资源约束下我国医疗卫生应急管理全过程的实施状况。最后，本案例使用 TOPSIS 法，通过构造正理想解和负理想解测算各应急管理环节的综合评价指数，实现对我国医疗卫生应急管理全过程的评估与分析。

流向图由有限个节点和有向边构成，具备多层和非循环的结构。如图 5-36 所示，流向图由 3 个要素构成，即

$$G = (N, B, \varphi)$$

式中，$N$ 为所有节点的集合，$B \subseteq N \times N$ 为有向边集合。根据分支方向，节点 $N$ 可以分为输入节点 $I(x)$ 和输出节点 $O(x)$ 两类，

$$I(x) = \{x \in N : (y, x) \in B\}$$
$$O(x) = \{x \in N : (x, y) \in B\}$$

$\varphi : B \rightarrow R^+$ 为流向图的信息流函数，$R^+$ 为正实数集合。对于任意 $(x, y) \in B$，$\varphi(x, y)$ 测度了输出节点和输入节点的关联强度。基于信息熵的视角，传染病监测与预警、应急处置与救援、事后恢复与重建及其子维度的所有信息共同确定了我国医疗卫生应急管理全过程。因此，本案例以删去任一环节导致的系统不确定性程度的增加（节点的信息熵）作为 $\varphi$ 的函数形式。

若流向图 $G$ 共有 $K$ 层节点，定义第 $k$ 层节点至第 $k+1$ 层节点的信息流量矩阵为

$$\boldsymbol{\Phi}_k = (\varphi(x_{ik}, x_{j(k+1)}))_{N_k \times N_{k+1}}$$
$$k = 1, 2, \cdots, (K-1); \quad i = 1, 2, \cdots, N_k; \quad j = 1, 2, \cdots, N_{k+1}$$

式中，$\varphi(x_{ik}, x_{j(k+1)})$ 为输出节点 $x_{ik}$ 至输入节点 $x_{j(k+1)}$ 的信息流量。基于此可定义流向图 $G$ 第 $k$ 层信息流出矩阵：

$$\boldsymbol{\Phi}_k^- = (\varphi^-(x_{ik}))_{N_k \times 1}, \quad k = 1, 2, \cdots, (K-1); \quad i = 1, 2, \cdots, N_k$$

式中，$\varphi^-(x_{ik}) = \sum_{j=1}^{N_{k+1}} \varphi(x_{ik}, x_{j(k+1)})$，为节点 $x_{ik}$ 的信息流出量。若 $k \neq 1$，则节点

$x_{ik}$ 的总信息流入量 $\varphi^+(x_{ik}) = \sum_{j=1}^{N_{k-1}} \varphi(x_{j(k-1)}, x_{ik})$，即流向图 $G$ 第 $k$ 层信息流入矩阵为

$$\boldsymbol{\Phi}_k^+ = (\varphi^+(x_{ik}))_{N_k \times 1}, \quad k = 2, 3, \cdots, K; \quad i = 1, 2, \cdots, N_k$$

为消除量纲影响，流向图以标准化信息流量衡量有向分支关联强度，即

$$\boldsymbol{\Phi}_k^* = (\sigma(x_{ik}, x_{j(k+1)}))_{N_k \times N_{k+1}}$$
$$k = 1, 2, \cdots, (K-1); \quad i = 1, 2, \cdots, N_k; \quad j = 1, 2, \cdots, N_{k+1}$$

式中，$\sigma(x_{ik}, x_{j(k+1)}) = \dfrac{\varphi(x_{ik}, x_{j(k+1)})}{\varphi(G)}$，$\varphi(G)$ 为流向图第 1 层输出节点信息流出总量。$\sigma(x_{ik}, x_{j(k+1)})$ 取值范围为 $[0, 1]$，值越大，两个节点联系越紧密。

给定流向图 $G$ 第 $k$ 层标准化信息流量矩阵 $\boldsymbol{\Phi}_k^*$，可以利用确定性系数衡量第 $k$ 层任一节点的信息流出状况，即

$$\mathbf{Cer}^k = (\mathrm{cer}(x_{ik}, x_{j(k+1)}))_{N_k \times N_{k+1}}$$
$$k = 1, 2, \cdots, (K-1); \quad i = 1, 2, \cdots, N_k; \quad j = 1, 2, \cdots, N_{k+1}$$

式中，$\mathrm{cer}(x_{ik}, x_{j(k+1)}) = \dfrac{\sigma(x_{ik}, x_{j(k+1)})}{\sigma^-(x_{ik})}$，这里 $\sigma^-(x_{ik})$ 为节点 $x_{ik}$ 标准化后的信息

流出量。$\mathrm{cer}(x_{ik},x_{j(k+1)})$ 测度了节点 $x_{ik}$ 至输入节点 $x_{j(k+1)}$ 的路径信息流量占节点 $x_{ik}$ 总信息流出量的比重。

覆盖性系数可以用来衡量输出节点对输入节点的解释程度，即

$$\mathbf{Cov}^k = (\mathrm{cov}(x_{ik},x_{j(k+1)}))_{N_k \times N_{k+1}}$$
$$k = 1,2,\cdots,(K-1);\quad i = 1,2,\cdots,N_k;\quad j = 1,2,\cdots,N_{k+1}$$

式中，$\mathrm{cov}(x_{ik},x_{j(k+1)}) = \dfrac{\sigma(x_{ik},x_{j(k+1)})}{\sigma^+(x_{j(k+1)})}$，这里 $\sigma^+(x_{j(k+1)})$ 为节点 $x_{j(k+1)}$ 标准化后的信息流入量。$\mathrm{cov}(x_{ik},x_{j(k+1)})$ 为节点 $x_{ik}$ 至输入节点 $x_{j(k+1)}$ 的路径信息流量占节点 $x_{j(k+1)}$ 总信息流入量的比重。

对于流向图 $G$ 中的任意两个节点 $(x_{ik},x_{nm})$，由节点 $x_{ik}$ 至节点 $x_{nm}$ 的所有路径记为

$$[x_{ik}\cdots x_{nm}]$$
$$m \geqslant k;\quad k,m = 1,2,\cdots,K;\quad i = 1,2,\cdots,N_k;\quad n = 1,2,\cdots,N_m$$

则流向图 $G$ 第 $k$ 层节点至第 $m$ 层节点的确定性系数矩阵和覆盖性系数矩阵分别为

$$\mathbf{Cer}^{km} = \mathbf{Cer}^k \otimes \mathbf{Cer}^{k+1} \otimes \cdots \otimes \mathbf{Cer}^m,\ m \geqslant k;\ k,m = 1,2,\cdots,K$$
$$\mathbf{Cov}^{km} = \mathbf{Cov}^k \otimes \mathbf{Cov}^{k+1} \otimes \cdots \otimes \mathbf{Cov}^m,\ m \geqslant k;\ k,m = 1,2,\cdots,K$$

式中，$\mathbf{Cer}^k \otimes \mathbf{Cer}^{k+1}$，$k = 1,2,\cdots,(K-1)$ 和 $\mathbf{Cov}^k \otimes \mathbf{Cov}^{k+1}$，$k = 1,2,\cdots,(K-1)$ 分别为流向图第 $k$ 层节点和第 $k+1$ 层节点的确定性系数矩阵和覆盖性系数矩阵的克罗内克积。对于流向图的任意节点 $x_{ik}$，$i = 1,2,\cdots,N_k$；$k = 1,2,\cdots,K$，根据 $x_{ik}$ 至正向评价节点或负向评价节点路径的覆盖性系数大小，可以衡量正向评价或负向评价中该环节的解释力度，其至正向评价节点路径的覆盖性系数越大，至负向评价节点路径的覆盖性系数越小，则意味着社会群体对该环节的综合评价越高。

因此，在此基础上，本案例通过 TOPSIS 法对各节点进行综合评价。设 $x_{1K}$ 为正向评价节点，$x_{2K}$ 为负向评价节点，则第 $k$ 层节点的正理想解为

$$S_k^* = (\max_i(\mathrm{cov}^*(x_{ik},x_{1K})),\min_i(\mathrm{cov}^*(x_{ik},x_{2K})))$$
$$k = 1,2,\cdots,(K-1);\quad i = 1,2,\cdots,N_k$$

负理想解为

$$S_k' = (\min_i(\mathrm{cov}^*(x_{ik},x_{1K})),\max_i(\mathrm{cov}^*(x_{ik},x_{2K})))$$
$$k = 1,2,\cdots,(K-1);\quad i = 1,2,\cdots,N_k$$

节点 $x_{ik}$ 的综合评价覆盖性系数向量为

$$S_{ik} = (\mathrm{cov}^*(x_{ik},x_{1K}),\mathrm{cov}^*(x_{ik},x_{2K}))$$
$$k = 1,2,\cdots,(K-1);\quad i = 1,2,\cdots,N_k$$

式中，$\mathrm{cov}^*(x_{ik},x_{jK})$ 为消除语料数量影响并规范化向量之后的各节点覆盖性系数。记 $S_{ik}$ 与 $S_k^*$ 和 $S_k'$ 的欧氏距离分别为 $d_{ik}^*$ 和 $d_{ik}'$，则可获得流向图第 $k$ 层节点的综合评价指数矩阵，即

$$I_k = \{I_{ik}\}_{N_k \times 1}, \quad i = 1, 2, \cdots, N_k; \quad k = 1, 2, \cdots, (K-1)$$

式中，$I_{ik} = \dfrac{d'_{ik}}{d^*_{ik} + d'_{ik}}$，$I_{ik}$ 值越大，表示社会各群体对该环节的综合评价越高。

### 5.4.4 分析结果

#### 1. 我国医疗卫生应急管理全过程解构

本案例使用 LDA 主题模型实现对我国医疗卫生应急管理全过程的分层解构。LDA 主题模型广泛应用于知识发现和文本聚类，但必须事先给定模型中的文本主题分布超参数 $\alpha$、词汇主题分布超参数 $\beta$ 和主题数。借鉴 Hao 等（2017）的研究，本案例取 $\alpha$ 为 0.1，$\beta$ 为 0.01。主题数可由困惑度（Perplexity）确定，但较低的困惑度数值可能使得主题较多，主题可解释性差。为平衡主题解释性和区分度，参考 Ding（2011）的做法，本案例取主题数为 5，对监测与预警、应急处置与救援、事后恢复与重建三个维度进行解构。

##### （1）监测与预警关键环节

突发公共卫生事件，尤其是重大传染性疾病的监测与预警不仅包括疾病暴发之前的风险识别，也包括对疾病进展、控制和影响的监测。根据 LDA 主题聚类的结果，本案例将监测与预警分为"数据搜集""临床研究""疾病控制""检疫救援""学校监测"5个关键环节。为了将各环节的热点词更清晰地展示，图 5-37 仅展示了监测与预警维度下各环节后验概率最大的 10 个热点词。从逻辑关系来看，"数据搜集"和"临床研究"构成了突发公共卫生事件监测与预警的基础，在明确疫情特征的同时，"疾病控制""检疫救援""学校监测"展示了疫情在不同区域和场景的蔓延速度和路径。

相比一般动物疫病引发的传染性疾病，除暴发突然、传播迅速和消退缓慢等特征外，此次新冠肺炎疫情还具备涉及主体广的核心特征。其中，"数据搜集"和"疾病控制"是以政府部门为主导，由社区基层机构和医疗机构协同完成的，而临床研究和学校监测的参与主体则分别为医疗卫生机构和教育机构。面对影响范围大、传播速度快的公共卫生突发事件，疾病监测、识别和控制结果受到社会各群体的共同关注，必须发挥多主体协同的优势共同抗疫，以实现监测与预警分层、分流的目的。

##### （2）应急处置与救援关键环节

我国突发公共卫生事件的应急处置与救援呈现出抗击疫情和恢复民生并举的特征。图 5-38 展示了应急处置与救援维度下各环节后验概率最大的 10 个热点词。可以发现，应急处置与救援由"卫生防控""基层防控""交通防控""学校复课""企业复工"5 个关键环节共同构成。从行动主体上来看，在党和政府的统一领导下，我国应急管理部和卫健委主要承担疫情的应急控制职责，协调医疗部门、交通部门构筑抗击疫情的防线，在此基础上政府联合企业和教育部门致力于正常社会秩序的恢复。

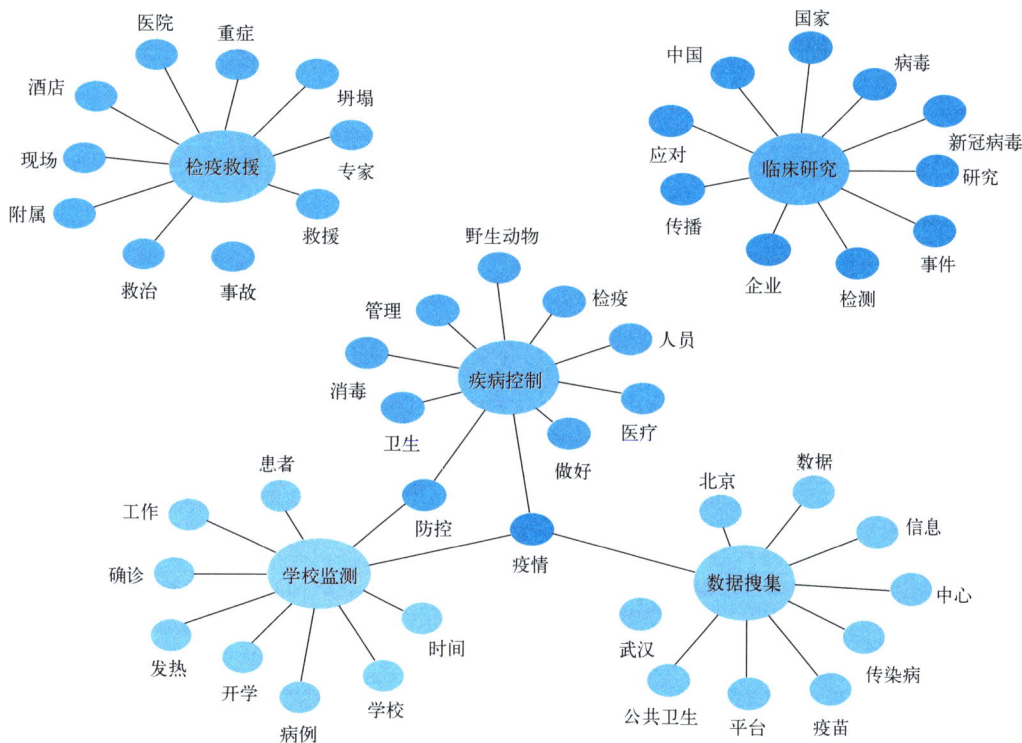

**图 5-37　监测与预警关键环节**

从图 5-38 所示各主题的热点词来看，此次新冠肺炎应急处置与救援各环节展现出一些新的特点。分析应急处置与救援各环节的具体特征，"卫生防控""基层防控""交通防控"功能互补，但又有所区分。"卫生防控"注重场所的消毒、通风，以及民众体温检测和生产安全规范。"交通防控"侧重于物流运输和人员流动安全的保证，而"基层防控"则以社区为节点，构建人民安全守护网络，控制疫情蔓延范围和速度。另外，企业和学校是防疫的重要组成部分，疫情期间社会秩序脆弱性增加，企业复工和学校复课必须支付额外的风险成本。

### （3）事后恢复与重建关键环节

如图 5-39 所示，我国医疗卫生应急管理过程中，事后恢复与重建可分为"制度建设""复工保障""物资供应""社会保障"和"服务保障"5 个环节。民生是民众维持生存所需的社会、经济生活，涵盖医疗卫生、社会保障、就业等内容。在各环节中，保障制度构成了事后恢复与重建的基础，它规定了政府对民众的责任和义务，另外，事后恢复与重建中还存在两个格外重要的环节，即"社会保障"和"物资供应"。社会保障，即对公民在暂时或永久丧失劳动能力以及由于各种原因导致生活困难时给予物质帮助，以保障其基本生活。另外，为公

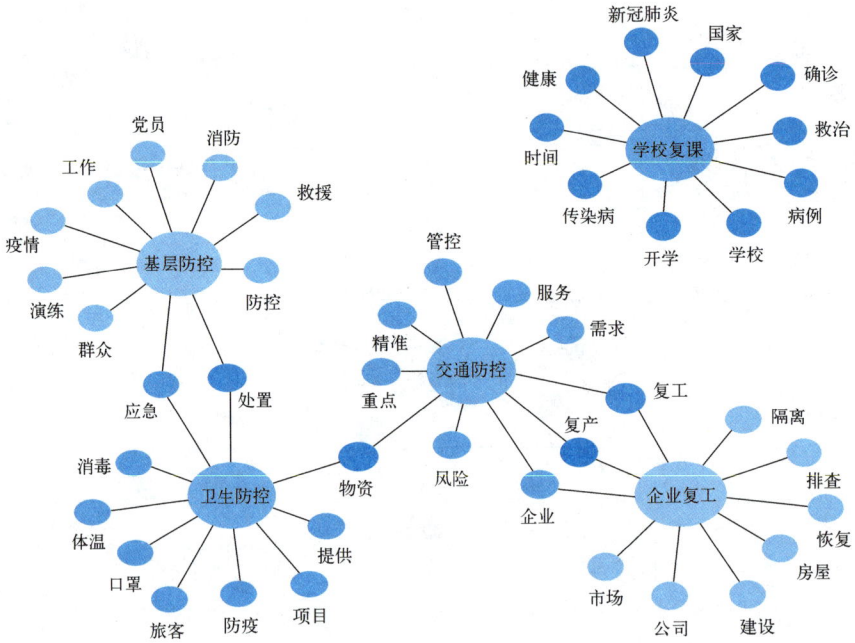

图 5-38　应急处置与救援关键环节

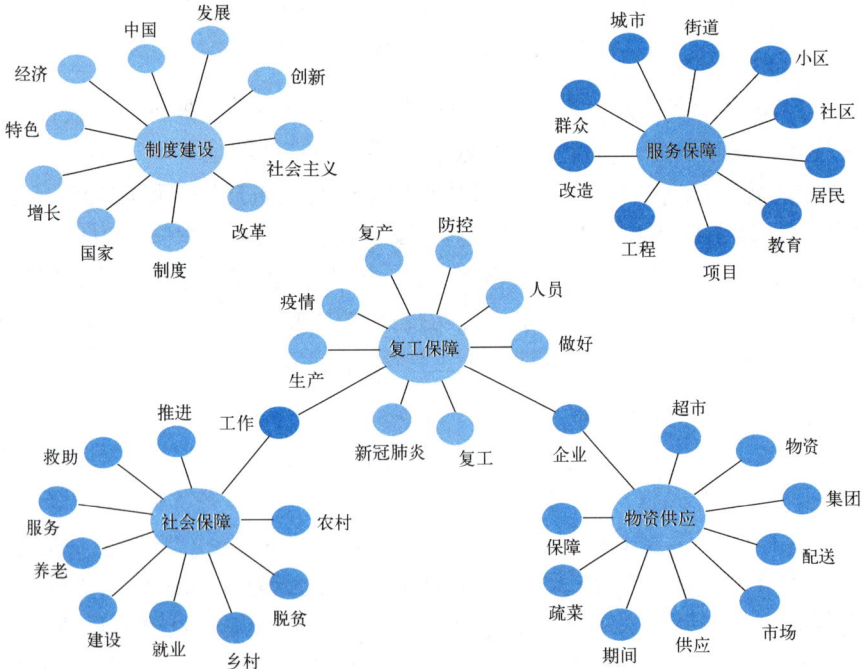

图 5-39　事后恢复与重建关键环节

民提供连续、稳定的生活物资和服务，这需要整合"复工保障""物资供应""服务保障"3 个环节的工作。同时，经济的恢复和发展能够促进就业，进一步推动社会保障工作的进行。

总体来看，制度建设是监测与预警、应急处置与救援、事后恢复与重建实施的基石，另外，多主体协同抗疫构成我国医疗卫生应急管理全过程的核心，这也表现为监测与预警、应急处置与救援、事后恢复与重建各环节工作内容的交叉和目标群体的重合性。在本案例下一部分，将进一步构建我国医疗卫生应急管理全过程流向图，并结合 TOPSIS 法分层级、定量获取社会各群体对我国医疗卫生应急管理全过程主要节点的认知和评价。

### 2. 我国医疗卫生应急管理全过程综合评价

在解构我国医疗卫生应急管理全过程之后，本案例通过构建流向图实现对其各环节的分层综合评价。根据 LDA 主题聚类结果，该流向图由监测与预警、应急处置与救援、事后恢复与重建 3 个维度，以及各维度的 15 个关键环节构成。在此基础上，本案例使用清华大学李军的中文褒贬义词典匹配各应急管理过程对应舆情中的正向词汇和负向词汇，从而测算出各节点至正向评价节点和负向评价节点的覆盖性系数，结果如图 5-40 所示。鉴于构成流向图第 1 层的文本数量多、维度高，分析具体文本与其他节点关联信息的价值较低，因此图 5-40 仅展示了流向图第 2~4 层的覆盖性系数。覆盖性系数代表了输出节点对输入节点的解释程度，各节点至正向评价节点或负向评价节点的覆盖性系数越高，则社会各群体对环节的评价越正面或越负面。

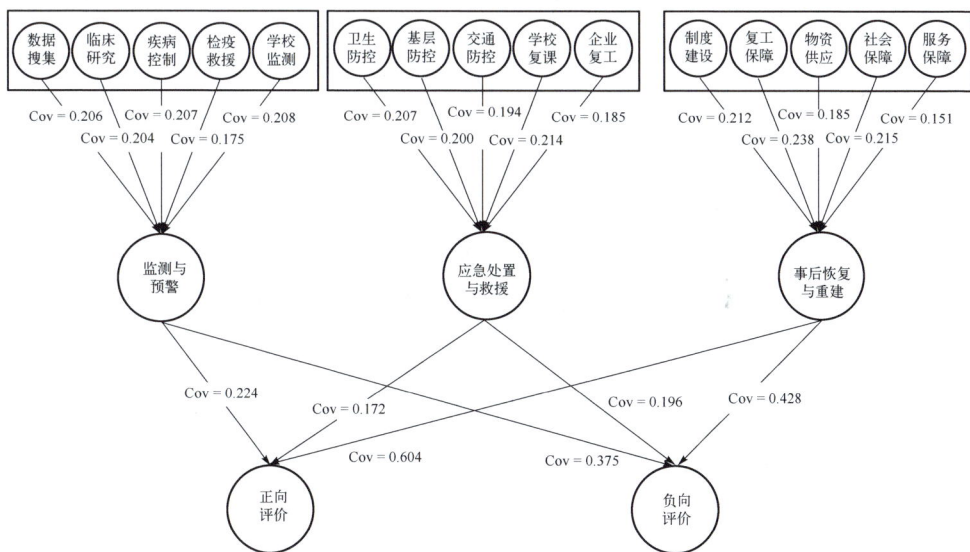

图 5-40　我国医疗卫生应急管理全过程流向图

由于监测与预警、应急处置与救援、事后恢复与重建语料数量不同，为判别三者总体评价水平是否存在显著差异，本案例利用 Bootstrap 随机重复抽取各维度相同数量的文本，分别检验其至正向评价节点和负向评价节点路径的覆盖性系数均值有无差异。因各维度置信区间数值较小，表 5-19 和表 5-20 展示了在同比例放大一万倍时，各维度至正向评价节点和负向评价节点路径的覆盖性系数均值差异在 0.05 水平下的置信区间。结果显示，社会各群体对监测与预警、应急处置与救援、事后恢复与重建的正向评价和负向评价均值并不存在显著差异。

表5-19　各维度至正向评价节点路径的覆盖性系数均值差异在 0.05 水平下的置信区间

| 维　　度 | 监测与预警 | 应急防疫措施 | 事后恢复与重建 |
| --- | --- | --- | --- |
| 监测与预警 | — | （－1.916,7.942） | （－7.528,5.150） |
| 应急处置与救援 | （－1.916,7.942） | — | （－9.625,1.236） |
| 事后恢复与重建 | （－7.528,5.150） | （－9.625,1.236） | — |

表5-20　各维度至负向评价节点路径的覆盖性系数均值差异在 0.05 水平下的置信区间

| 维　　度 | 监测与预警 | 应急防疫措施 | 事后恢复与重建 |
| --- | --- | --- | --- |
| 监测与预警 | — | （－2.890,20.658） | （－2.580,19.147） |
| 应急处置与救援 | （－2.890,20.658） | — | （－8.689,8.535） |
| 事后恢复与重建 | （－2.580,19.147） | （－8.689,8.535） | — |

这说明，流向图各维度的覆盖性系数同时反映了社会各群体对该维度的关注度，以及对正向评价节点或负向评价节点的解释程度。由图 5-40 可以看出，我国人民对事后恢复与重建最为关注，其次为监测与预警，对应急处置与救援的关注相对较少。面临突发公共卫生事件，网络舆情传播更迅速、内容更不确定，恐慌更易扩散。为稳定民心，遏制恐慌的扩散，政府应首先制定并公布物资、服务和社会保障等相关政策，并及时发布疫情蔓延和控制信息，动态把握疫情发展形势，有序做出决策。评价新冠肺炎疫情期间我国医疗卫生应急管理全过程的实施状况，需要综合考虑各维度下关键环节的正向评价和负向评价。表 5-21 和表 5-22 分别展示了我国医疗卫生应急管理关键环节至正向评价节点和负向评价节点路径的覆盖性系数。理想状态下，某环节在具有较高正向评价的同时，其负向评价也较低，此时可认为，社会各群体对该环节的综合评价水平较高。依据此原则，本案例利用 TOPSIS 法构建了我国医疗卫生应急管理全过程各关键环节的综合评价指数，如表 5-23 所示。

表5-21　我国医疗卫生应急管理关键环节（流向图第2层）
至正向评价节点路径的覆盖性系数

| 监测与预警 | | 应急处置与救援 | | 事后恢复与重建 | |
|---|---|---|---|---|---|
| 关键环节 | 覆盖性系数 | 关键环节 | 覆盖性系数 | 关键环节 | 覆盖性系数 |
| 数据搜集 | 0.046 | 卫生防控 | 0.036 | 制度建设 | 0.128 |
| 临床研究 | 0.046 | 基层防控 | 0.034 | 复工保障 | 0.144 |
| 疾病控制 | 0.046 | 交通防控 | 0.033 | 物资供应 | 0.112 |
| 检疫救援 | 0.039 | 学校复课 | 0.037 | 社会保障 | 0.130 |
| 学校监测 | 0.047 | 企业复工 | 0.032 | 服务保障 | 0.091 |

表5-22　我国医疗卫生应急管理关键环节（流向图第2层）
至负向评价节点路径的覆盖性系数

| 监测与预警 | | 应急处置与救援 | | 事后恢复与重建 | |
|---|---|---|---|---|---|
| 关键环节 | 覆盖性系数 | 关键环节 | 覆盖性系数 | 关键环节 | 覆盖性系数 |
| 数据搜集 | 0.078 | 卫生防控 | 0.041 | 制度建设 | 0.091 |
| 临床研究 | 0.077 | 基层防控 | 0.039 | 复工保障 | 0.102 |
| 疾病控制 | 0.066 | 交通防控 | 0.038 | 物资供应 | 0.079 |
| 检疫救援 | 0.077 | 学校复课 | 0.042 | 社会保障 | 0.092 |
| 学校监测 | 0.078 | 企业复工 | 0.036 | 服务保障 | 0.065 |

表5-23　我国医疗卫生应急管理全过程各关键环节的综合评价指数

| 监测与预警 | | 应急处置与救援 | | 事后恢复与重建 | |
|---|---|---|---|---|---|
| 关键环节 | 综合评价指数 | 关键环节 | 综合评价指数 | 关键环节 | 综合评价指数 |
| 数据搜集 | 0.128 | 卫生防控 | 0.360 | 制度建设 | 0.538 |
| 临床研究 | 0.142 | 基层防控 | 0.364 | 复工保障 | 0.533 |
| 疾病控制 | 0.281 | 交通防控 | 0.369 | 物资供应 | 0.561 |
| 检疫救援 | 0.025 | 学校复课 | 0.365 | 社会保障 | 0.627 |
| 学校监测 | 0.166 | 企业复工 | 0.363 | 服务保障 | 0.490 |

　　值得注意的是，监测与预警各关键环节的综合评价指数较低。监测与预警是我国医疗卫生应急管理体系追踪突发公共卫生事件发生、扩散的核心功能。在新冠肺炎疫情中，为遏制恐慌舆情的传播，我国政府坚持公开各地区疫情蔓延的动态状况，这极大提升了民众信心，表现为"监测与预警"维度中"疾病控制"的综合评价指数最高。而"检疫救援"的综合评价指数最低，这体现了我国医疗卫生资源并不充足，无法在处理突发公共卫生事件的同时，提供充足的医疗和救援服务。另外，较低的"数据搜集"综合评价指数表明，面对突发公共卫生事件，必须保证疫情数据的连续收集和及时发布，以构成民众信任和社会秩序恢复的基石。但

是，突发公共卫生事件的监测与预警需要相关主体共同参与对疾病信息长期、持续的搜集工作，而我国医院感染科和疾控中心缺乏全面联动机制，各监测系统的信息相对孤立。在大数据时代，政府部门是国家最主要的数据保有者，建设服务性、透明、高效的突发事件监测与预警机制必须以信息互通、公开和及时报告为基石。

表 5-23 显示，事后恢复与重建各关键环节的综合评价指数显著高于监测与预警和应急处置与救援各环节。保持正常的社会秩序必须兼顾经济发展、物资供应和困难救助。受此次新冠肺炎疫情影响，如何在完成社会、经济发展目标的同时保障社会各群体的正常生活，向我国的事后恢复与重建工作提出了挑战。按照综合评价指数高低，社会群体对事后恢复与重建各关键环节的评价排序为："社会保障""物资供应""制度建设""复工保障""服务保障"。其中，"社会保障"综合评价指数最高，表明我国人民对新冠肺炎疫情期间政府主持的基本生活保障工作的肯定与认可。"服务保障"的综合评价指数较低，说明在资源约束下，医疗卫生应急管理对正常生活需求产生了挤占效应。《中华人民共和国突发事件应对法》将事后恢复与重建工作界定为应急处置与救援工作的后续，然而，新冠肺炎疫情应急管理过程显示，二者相互融合，并非按顺序发生。事后恢复与重建各关键环节较大的综合评价指数，实质上是应急管理各维度工作共同作用的结果。

### 5.4.5 小结

突发公共卫生事件具有破坏性强、影响范围广和应急管理时效高等特点，充分吸收新冠肺炎疫情防控经验对优化我国医疗卫生应急管理过程具有重要意义。新冠肺炎疫情期间，主流网络媒体成为社会各群体获取应急管理信息并发表评论的主要媒介，但是研究者较少应用舆情信息分析我国医疗卫生应急管理全过程。另外，我国医疗卫生应急管理全过程构成了一个复杂系统，具备多主体、关联性、层级性和适应性等特征。然而，现有研究多针对特定应急管理环节或功能展开讨论，缺乏立足于实践的全面、定量评估。为此，本案例首先利用 LDA 主题模型将我国医疗卫生应急管理全过程分层解构，获得三个维度的关键环节；继而结合情感倾向性分析构建流向图，测算关键环节至正（负）向评价节点路径的覆盖性系数；最后，利用 TOPSIS 法测算了社会各群体对我国医疗卫生应急管理全过程的综合评价指数。

对比各关键环节的综合评价指数，可以发现，社会各群体最关注的是事后恢复与重建，其次分别为监测与预警和应急处置与救援。综合来看，事后恢复与重建各关键环节综合评价指数显著高于其他维度。其中，"社会保障"综合评价指数最高，表明民众最认可新冠肺炎疫情期间政府对人民基本生活的保障。值得注意的是，监测与预警各关键环节综合评价指数较低，这代表民众对新冠肺炎疫情期间疾病的识别、监测和控制等方面工作认可程度较低。在监测与预警维度中，"检疫救援"综合评价指数最低，这说明在有限资源约束下，政府和医疗卫生机构难以兼顾常态化医疗和应急救援服务。因此，突发公共卫生事件应对应以预防为核心，并实现应急预案常态化。而我国突发公共卫生事件的监测和预警系统敏感性和及时性相对不强，应推动疾控人才队伍建设，完善监测与预警平台，筑成突发疫情暴发预警和传播路径识别的核心防线。目前我国新冠肺炎疫情已进入常态化防控阶段，各省市已将大数据运用作为应对公共卫生事件、实现精细化管理的重要手段，凸显了大数据对于预警监测的显著作用。另外，为建立理想的医疗卫生系统，即具备向确定人口提供或安排协调、连续服务的能力，必须整合医疗卫生应急管理和常规医疗、专业公共卫生机构资源，推动我国应急管理过程优化。

## 5.5 通过可解释的机器学习方法自动鉴别克罗恩病和肠结核

### 5.5.1 案例背景

区分克罗恩病（CD）和肠结核（ITB）对胃肠道疾病治疗至关重要（Pratap 等，2017）。目前，结核病已经成为全球主要的公共卫生威胁之一，且仍然是发展中国家发病率和死亡率高的主要原因之一（Sood 等，2014）。随着肺结核患者的增加，ITB 的发病率也随之增加。CD 和 ITB 在临床症状、影像学、内镜和组织学特征上具有重叠特征，尤其是肉芽肿的存在（Gao 等，2021）。更重要的是，患者一旦被误诊为 ITB，便会由于不必要地使用抗结核药物，而增加健康风险；反之，便要使用类固醇或免疫抑制疗法来治愈 CD，这可能会导致结核病的传播（Wei 等，2016）。因此，探索一种有效的鉴别 CD 与 ITB 的方法就显得尤为重要。

现有的诊断测试难以区分 CD 和 ITB，因为它们的敏感性较低，如分枝杆菌培养、聚合酶链反应、抗酸杆菌检测（Makharia 等，2010；Fei 等，2014）。一种推荐的治疗方式是抗结核治疗（ATT）8 ~ 12 周（Ooi 等，2016），然而，ATT 治疗可能会产生一系列副作用并导致严重的并发症（Banerjee 等，2018）。因此，大量研究致力于发现可能有助于区分 CD 和 ITB 的特异性和诊断特征。众多研究表明，一些临床表现、放射学、内窥镜和组织学特征可以提高 CD 和 ITB 的诊断准确性。

此外，研究人员还探索了统计模型和评分系统，根据各种特征和模式区分这两种疾病。统计理论提供了多种方法，用于确定敏感性指标，提高 CD 和 ITB 的诊断准确性（Zhao 等，2014），其中逻辑回归模型（LOG）是最流行的。LOG 可以使用疾病概率的两个极值来估计患 CD 或 ITB 的连续概率，0 表示阴性，1 表示阳性。LOG 中放宽了多元正态性和等协方差矩阵的假设。更重要的是，LOG 模型具有易解释结果的显著优势，为个体患者提供了直接的概率。凭借这些优势，LOG 逐渐被认定为诊断疾病的一种评分方法。然而，该方法仍然存在一些局限性：

① 难以模拟变量之间复杂的非线性相互作用；② 对异常值具有很高的敏感性；③ 难以解决不平衡问题。

### 5.5.2 数据来源

本案例经中南大学湘雅二医院伦理委员会批准，所有实验均按照相关指南和规定进行，并从受试者处获得知情同意。肠道数据来自中南大学湘雅二医院，研究纳入 160 例 CD 患者和 40 例 ITB 患者，所有患者均患有活动性疾病。所有病例均结合 CD 和 ITB 的临床诊断和欧洲诊断指南（Gomollonet 等，2017）。CD 是根据临床、内镜和病理特征，以及对克罗恩治疗的临床反应来诊断的。ITB 的诊断标准包括以下情况：① 病理诊断有抗酸杆菌（AFB）或干酪样肉芽肿；② 临床恢复完全，内镜下黏膜愈合和至少 6 个月的抗结核治疗，治疗后内镜随访 2~6 个月。

我们专注于基本参数的整合，包括人口统计学数据、临床表现、生化指标和内镜表现。包含的变量在克罗恩和肠结核的诊断中广泛可用，这意味着我们的诊断模型具有较好的一般意义。数据集的描述性统计（CD 和 ITB 的人口学特征、临床表现、实验室检查、影像学特征）如表 5-24 所示。

表 5-24　CD 和 ITB 的人口学特征、临床表现、实验室检查、影像学特征

| 类　　别 | CD | ITB | $P$ 值 |
|---|---|---|---|
| 人口统计 | | | |
| 平均年龄（SD）（岁） | 31.59 ± 12.67 | 35.83 ± 13.94 | 0.071 |
| 男性（%） | 117/160 | 31/40 | 0.479 |
| 临床表现 | | | |
| 肠道手术/% | 63/160 | 9/40 | < 0.05 |
| 腹部特征/% | 138/159 | 13/31 | < 0.01 |
| 腹泻/% | 90/160 | 18/40 | 0.203 |
| 血便/% | 37/157 | 2/39 | < 0.05 |
| 便秘/% | 10/159 | 7/40 | 0.0668 |
| 产科/% | 117/155 | 24/37 | 0.1946 |
| 白细胞/($10^9$/L) | 7.56 ± 2.70 | 6.80 ± 2.39 | 0.102 |
| 中性比例/($10^9$/L) | 72.58 ± 10.38 | 68.81 ± 14.58 | 0.17 |
| 分血器/($10^9$/L) | 36.16 ± 7.09 | 34.43 ± 7.35 | 0.312 |
| 血红蛋白/（g/L） | 112.34 ± 23.35 | 113.74 ± 24.38 | 0.587 |
| 血小板/($10^9$/L) | 347.66 ± 121.75 | 333.95 ± 114.48 | 0.442 |
| 结核病史/% | 7/160 | 14/40 | 0.593 |

续表

| 类　　别 | CD | ITB | $P$ 值 |
|---|---|---|---|
| 生化指标 | | | |
| PPD/% | 4/97 | 11/22 | < 0.01 |
| 免疫球蛋白/% | 2/92 | 0/26 | 0.506 |
| IgG/% | 28/88 | 9/26 | 0.631 |
| 结节/% | 4/90 | 5/26 | < 0.05 |
| ESAT − 6/% | 17/129 | 24/26 | < 0.01 |
| CFP − 10/% | 15/129 | 23/26 | 0.102 |
| 胸部放射学/% | 52/131 | 7/34 | 0.472 |
| 血沉/(mm/h) | 35.82 ± 26.37 | 36.22 ± 20.71 | 0.086 |
| CRP/(mg/L) | 40.94 ± 42.03 | 47.77 ± 33.27 | 0.086 |
| 影像数据 | | | |
| 白蛋白/(g/L) | 33.02 ± 7.40 | 33.80 ± 6.85 | 0.484 |
| 分层加固/% | 136/146 | 29/39 | 0.14 |
| 肠壁增厚/% | 149/157 | 34/39 | 0.216 |
| 肠狭窄/% | 86/152 | 15/39 | 0.1 |
| 肠扩张/% | 34/142 | 4/39 | < 0.05 |
| 炎症肿块/% | 2/156 | 4/39 | 0.077 |
| 脓肿/% | 4/156 | 0/39 | 0.6 |
| 淋巴结病/% | 82/156 | 25/39 | 0.432 |
| 梳状标志/% | 87/156 | 3/39 | < 0.01 |

## 5.5.3　技术方法

### 1. 用于不平衡数据的 SMOTE 算法

类别不平衡是数据挖掘和机器学习领域一个具有挑战性的问题（Van 等，2010）。本案例样本包括 160 名 CD 患者和 40 名 ITB 患者，不平衡率达到 1∶4。传统模型倾向于将样本预测为样本最多的类别。因此，本案例考虑了一种不平衡数据集学习方法。

成本敏感学习方法、采样方法和集成方法是解决类别不平衡问题使用最广泛的方法（Chen 等，2021）。成本敏感学习方法将错误分类成本分配给不同的类别（Chen 等，2018），一般来说，少数样本的错误分类成本很高，而大多数样本的错误分类成本很低；然而，由于错误分类成本的准确性难以测算，成本敏感学习方法的结果通常不稳定（Bock 等，2020）。基于采样技术的方法仍然是不平衡数据处

271

理的主流方法。采样方法用于通过对少数类进行过采样或对多数类进行欠采样来改变原始类分布。尽管如此，对多数类的重采样可能是一个潜在有用的训练实例，而欠采样可能不会显著提高对少数类的识别能力（Sun 等，2015）。Rayhan 提出了基于聚类采样的 Cusboost 算法，并将其与 SMOTEboost 和 Rusboost 等几种流行的方法进行了比较，每种采样方法都有其优势。考虑到本文使用的是小样本数据，我们对不平衡数据采用 SMOTE（Synthetic Minority Oversampling Technique）算法进行平衡处理。SMOTE 算法的基本思想是，通过 KNN 技术生成一些新的样本，并将它们与原始样本组合。该算法可以描述为以下过程：

考虑一个训练数据集 $D = \{\boldsymbol{x}_i, y_i\}_1^m$，$\boldsymbol{x}_i \in \mathbb{R}^d$，$y_i \in \mathbb{R}^l$。

步骤一：使用 KNN 算法计算每个少数类样本的 $k$ 个最近邻；

步骤二：为了产生新的样本点，使用随机线性插值法从 $k$ 个最近邻中随机提取 $N$ 个样本：

$$x_{new} = x_i + \varepsilon \cdot (x_j - x_i)$$

式中，$x_i$ 为少数类样本；$x_j$ 为其相邻样本；$x_{new}$ 为新生成的样本。

步骤三：将新样本与原始样本组合，生成新的训练数据集。为了使训练过程中模型每次训练的样本都达到平衡，过采样率确定如下：

$$\text{oversampling-rate} = \frac{N_{major}}{N_{minor}} - 1$$

式中，$N_{major}$ 和 $N_{minor}$ 分别为多数类和少数类的数量。

### 2. XGBoost 算法

XGBoost 是一种在实践中大放异彩的机器学习算法，已在许多行业获得最先进的性能（Chen 等，2016）。关于该算法的详细介绍，参见本书 3.6.3 节，这里不详细阐述。

### 3. 机器学习的可解释性

理解为什么通过一个数学模型可以做出某种预测，在许多应用中都具有重要意义，尤其是在医学中（Lundberg 等，2018）。医生是否将机器学习模型预测用于临床决策的一个关键因素是，他们如何知道模型，以及如何做出预测。可解释性的定义是帮助人们理解机器学习预测的原因和程度。机器学习算法虽然可以对变量之间的复杂非线性进行建模，但不能再提供与预测变量和结果变量相关的参数估计，透明度低。

本案例融合了 Shapley 加性解释（SHAP）方法来解释我们的机器学习模型（Lundberg 等，2019）。SHAP 方法是一种受合作博弈论启发的加法解释模型。所有的特征都被认为是贡献者，并且已经在理论上证明特征的重要性是一致的。关于该方法的详细描述，可参见论文（Weng 等，2022），下面我们对其原理进行简要概述。

SHAP 方法将解释定义为 $g(z') = \phi_0 + \sum_{j=1}^{M} \phi_j z_j'$，式中，$g$ 是解释模型，$z' \in \{0,1\}^M$ 是联盟向量，$M$ 是最大联盟的大小，$\phi_j \in R$ 是特征 $j$ 的特征归因 Shapley 值。

同时设定，联盟向量输入 1 表示相应的特征存在，而输入 0 表示不存在，对于实例 $x$，联盟向量 $x'$ 是全为 1 的向量，即所有特征值均存在，于是该公式简化为

$$g(x') = \phi_0 + \sum_{j=1}^{M} \phi_j$$

通过 SHAP 方法来计算 Shapley 值，同时建立 SHAP 核：

$$\pi_x(z') = \frac{(M-1)}{\binom{M}{|z'|}|z'|(M-|z'|)}$$

式中，$M$ 是最大联盟的大小，$|z'|$ 是实例 $z'$ 中当前特征的数量。

然后建立加权线性回归模型：

$$g(z') = \phi_0 + \sum_{j=1}^{M} \phi_j z_j'$$

通过优化函数 $L$ 来训练线性模型 $g$：

$$L(f, g, \pi_x) = \sum_{z'} \left[ f(h_x(z')) - g(z') \right]^2 \pi_x(z')$$

通过对线性模型的误差平方和进行优化，得到模型的估计系数 $\phi_j$，即需要求解的 Shapley 值，也是预测模型输入样本各个特征对最终结果的贡献率。当需要输入样本各个特征的全局重要性时，根据 Shapley 值的可加性质，我们可以在数据中对每个特征的 Shapley 值的绝对值取平均值：$I_j = \sum_{i=1}^{n} |\phi_j^{(i)}|$。

#### 4. 研究设计

图 5-41 所示为使用可解释的机器学习方法提出的研究框架，主要包括数据预处理、特征选择、不平衡类别处理、模型建立与解释。

在建立机器模型之前，应用显著性检验方法获得与目标相关的显著特征。与 $t$ 检验相比，Mann-Whitney $U$ 检验适用于小样本，不要求数据符合正态分布。因此，Mann-Whitney $U$ 检验用于选择与 CD 和 ITB 识别相关的连续变量。$\chi^2$ 检验用于分类变量。然后用平均法处理连续变量的缺失值，缺失值的计数变量用其他数字标记。

在此基础上，共选择了 9 个特征作为分类模型的输入变量。具体而言，由 200 个样本组成的队列通过分层随机抽样，分为 2 个数据集——训练集（60%）和测试集（40%）。接下来，首先通过 SMOTE 算法对训练集中的次要类实例进行上

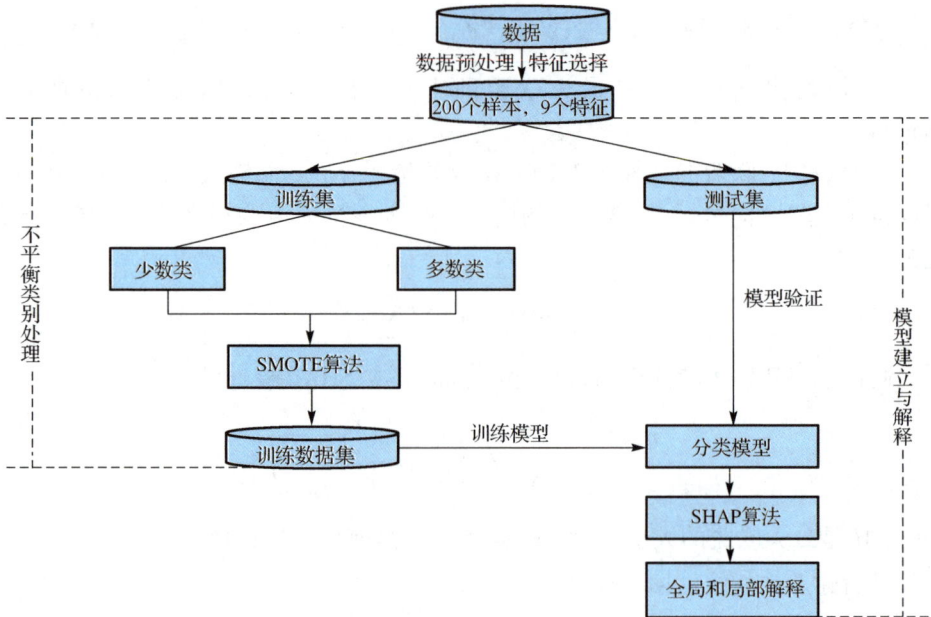

图 5-41　本案例所提出的研究框架

采样，其中训练集用于训练区分 CD 和 ITB 的分类模型，并在测试集上报告方法的评价指标；然后引入 SHAP 方法来解释模型的输出。

5. 评估指标

区分 CD 和 ITB 是一个二元分类问题。我们选择 5 种不同的标准来评估模型的性能，包括灵敏度、特异性、精确度、ROC 曲线下面积（AUC）和马修斯相关系数（MCC）。假设实例 ITB 是正类，实例 CD 是负类。根据混淆矩阵，部分评估标准可以描述如下：

$$灵敏度 = \frac{TP}{TP + FN}$$

$$特异性 = \frac{TP}{TN + FP}$$

$$精确度 = \frac{TP}{TP + FP}$$

此外，本文还引入了 MCC，这是一种适用于不平衡类别的平衡评价标准。

$$MCC = \frac{TP \cdot TN - TP \cdot FN}{\sqrt{(TP + FP)(TP + FN)(TN + FP)(TN + FN)}}$$

MCC 本质上描述了预测结果与实际值之间的相关系数。

### 5.5.4　分析结果

本文将 XGBoost 模型与两种统计模型和几种机器学习模型进行了比较，包括线性判别分析（LDA）、逻辑回归（LOG）、人工神经网络（ANN）、具有不同核函数的支持向量机（SVM-linear、SVM-sigmoid 和 SVM-rbf）、贝叶斯回归（Bayes）、随机森林（RF）和梯度提升决策树（GBDT）。作为统计模型，LDA 和 LOG 通常用于解决二分类问题。ANN、SVM 和 Bayes 是基于不同理论的经典机器学习模型，通常用作机器学习的基准方法。此外，RF 和 GBDT 被认为是树模型开发中的两种重要方法。

不同分类器之间的比较表明，XGBoost 表现出最佳的性能，平均 AUC 为 0.891。它在灵敏度、特异性、精确度和 MCC 方面也优于其他分类模型（见表 5-25）。Naive 表示模型没有应用 SMOTE 算法，即不使用类不平衡方法；Our 表示模型应用了 SMOTE 算法。结果表明，应用 SMOTE 算法可以提高预测性能。

表 5-25　鉴别 CD 和 ITB 的不同方法的性能

| 模　　型 | AUC | | 灵　敏　度 | | 特　异　性 | | 精　确　度 | | MCC | |
|---|---|---|---|---|---|---|---|---|---|---|
| | Naive | Our | Naive | Our | Naive | Our | Naive | Our | Naive | Our |
| LDA | 0.750 | 0.785 | 0.563 | 0.623 | 0.938 | 0.948 | 0.692 | 0.761 | 0.542 | 0.617 |
| LOG | 0.766 | 0.806 | 0.625 | 0.735 | 0.906 | 0.877 | 0.625 | 0.631 | 0.531 | 0.583 |
| ANN | 0.736 | 0.778 | 0.605 | 0.641 | 0.921 | 0.915 | 0.676 | 0.672 | 0.549 | 0.567 |
| SVM-linear | 0.773 | 0.798 | 0.688 | 0.754 | 0.859 | 0.842 | 0.550 | 0.560 | 0.505 | 0.641 |
| SVM-sigmoid | 0.625 | 0.670 | 0.375 | 0.701 | 0.872 | 0.838 | 0.429 | 0.330 | 0.263 | 0.227 |
| SVM-rbf | 0.812 | 0.841 | 0.750 | 0.787 | 0.875 | 0.895 | 0.600 | 0.662 | 0.577 | 0.641 |
| Bayes | 0.809 | 0.820 | 0.753 | 0.750 | 0.866 | 0.891 | 0.649 | 0.632 | 0.598 | 0.602 |
| RF | 0.829 | 0.844 | 0.702 | 0.734 | 0.956 | 0.955 | 0.625 | 0.817 | 0.699 | 0.717 |
| GBDT | 0.839 | 0.849 | 0.726 | 0.749 | 0.951 | 0.969 | 0.803 | 0.801 | 0.704 | 0.716 |
| XGBoost | 0.853 | 0.891 | 0.752 | 0.813 | 0.953 | 0.969 | 0.818 | 0.867 | 0.729 | 0.801 |

在这些模型中，RF 和 GBDT 仅次于 XGBoost。值得注意的是，在大多数模型中，特异性的表现优于灵敏度。本案例中，特异性表示正确检测 CD 的概率，而灵敏度表示正确检测 ITB 的概率。这可能意味着 ITB 的检测更具挑战性。综上所述，与传统的统计模型相比，机器学习模型在 CD 和 ITB 的分类中表现更好。

图 5-42 所示为 XGBoost 模型的 SHAP 汇总图。本案例中，CD 和 ITB 分别被编码为 0 和 1。图中每个点代表一个样本，即患者。横坐标代表每个样本的每个特征对应的 Shapley 值。正值表示 ITB 的预测概率会提高，负值表示 ITB 的预测概率会降低，CD 的预测概率会增加。图中的颜色代表特征值，黑色代表值大的特

征，而蓝色代表值小的特征。对于二元变量，黑色表示 1（正），蓝色表示 0（负）。例如，CFP－10 特征中多数黑色样本的 Shapley 值表示阳性将提高 ITB 患者的预测概率；大多数蓝色样本的 Shapley 值表示阴性将提高 CD 患者的预测概率。在颜色辨别方面，腹部特征、CFP－10 特征和梳状标志可以更有效地区分 CD 和 ITB。此外，图 5-42 中腹部特征的长右尾意味着它很少见，但可能是一个高风险因素。

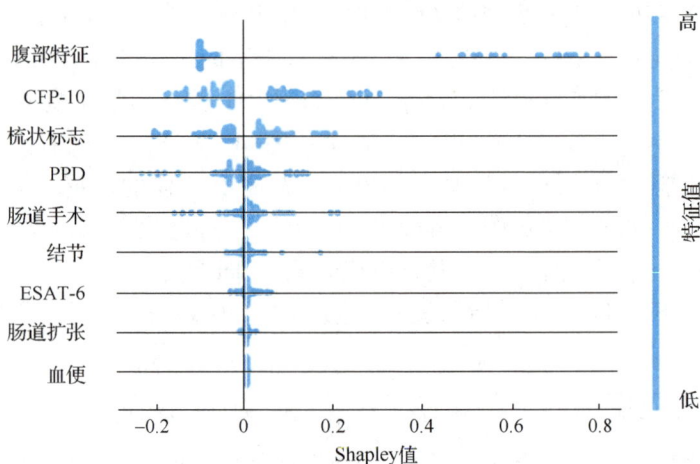

图 5-42　XGBoost 模型的 SHAP 汇总图

需要强调的是，一个特征低分化并不意味着它不重要，这反映了两种疾病中可能不会出现的一些特征。SHAP 汇总图的主要优点是，不同变量对预测的影响可以以高度可视化的方式呈现。

可以使用 SHAP 方法来获得预测的全局解释。全局解释是通过计算所有个体患者的 SHAP 解释，然后对全部特征进行平均获得的。图 5-43 所示为有助于 XGBoost模型预测识别 CD 和 ITB 的 9 个变量的重要性条形图。线条越长，变量的重要性值越大。可见腹部特征、CFP－10 特征、梳状特征、PPD 和肠道手术是区分 CD 和 ITB 的更重要的预测指标。

更重要的是，SHAP 方法可以可视化输入变量对每个患者的影响变量的全局重要性，如图 5-44 所示。基值是模型在测试集上所有预测值的平均值。红色和蓝色的特征表示预测与其基线相比增加（正值）和减少（负值）。

第一名患者被诊断为 CD，模型预测概率为 0.97（1－0.03）。该患者肠道手术、CFP－10、梳状标志和腹部特征为阳性。其中，梳状标志和腹部特征降低 ITB 的预测概率，其他特征相反。对该患者来说，梳状标志和腹部特征在降低预测概率中起着更重要的作用。这就是模型诊断该患者为 CD 的原因。

第二名患者被诊断为 ITB，模型预测概率为 0.85（1－0.15）。对于该患者，腹部特征（阳性）和结节（阴性）降低了 ITB 的预测概率。然而，ESAT－6（阳性）、肠道手术(阳性)、PPD(阳性)、梳状标志(阴性)和 CFP - 10(阳性)在提高预测概率方面起着更重要的作用。

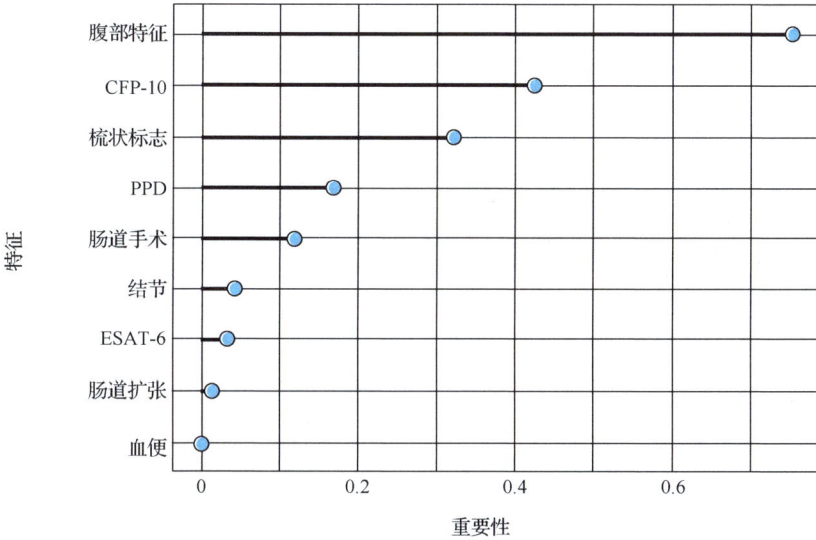

图 5-43　变量重要性条形图

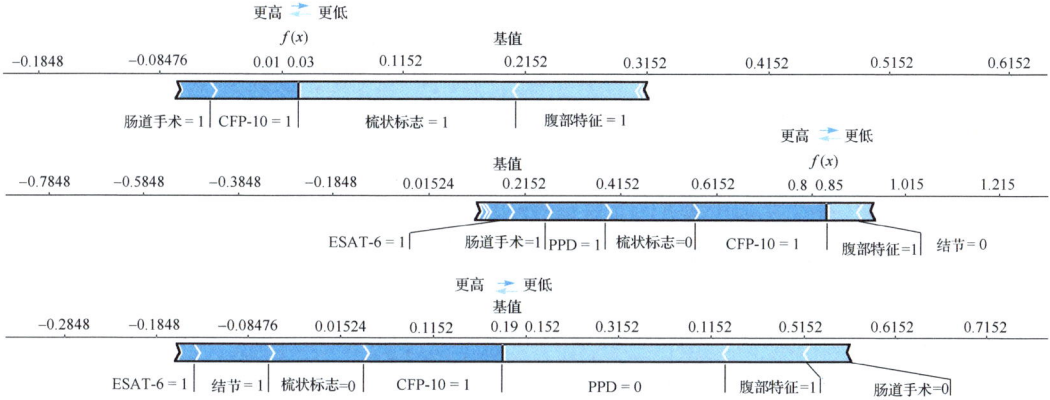

图 5-44　变量的全局重要性

第三名患者被诊断为 CD,预测概率为 0.81 (1 - 0.19)。该患者 ESAT - 6、结节、CFP - 10、腹部特征为阳性,梳状标志、PPD、肠道手术为阴性。具体而言,PPD、腹部特征和肠道手术提高了对 CD 的预测概率,而其他特征相反。

值得注意的是,相同特征对不同个体的影响是不同的。比如,第一名患者和第三名患者的 CFP - 10(阳性)都提高了 ITB 的预测概率,但贡献强度(对应图中颜色的长度)不同。

### 5.5.5 小结

近年来，随着许多国家的工业化进展，CD 的发病率显著增加。与此同时，ITB 的发病率也在增加。区分 CD 和 ITB 一直是发展中国家临床医生面临的挑战。PPD 和结核病（TB）干扰素 – γ（IFN – γ）释放试验（TB – IGRA）均与分枝杆菌相关，对 ITB 的诊断具有较高的灵敏度和特异性。然而，除活动性 TB 感染外，潜伏感染或既往感染的个体也可能有 TB – IGRA 和 PPD 阳性结果。众所周知，结核病在发展中国家仍然普遍存在，因此，我国相当一部分人群，包括部分 CD 患者，都可以检测到 TB – IGRA 和 PPD 阳性结果。由于 TB – IGRA 和 PPD 在区分活动性 TB 感染与潜伏性或既往 TB 感染方面存在一些困难，因此仍有相当一部分患者需要进行经验性抗结核治疗（ATT）试验以及对 ATT 的临床和内镜反应进行观测以确认诊断。本案例中，部分表型不足且 PPD 或 TB – IGRA 阳性的 CD 患者通过 ATT 试验确定了 CD 的最终诊断。然而，ATT 试验与 CD 诊断延迟有关，这可能导致患者预后不良甚至产生严重的副作用，需要更好的方法来改善分化，以减少对 ATT 试验的需求。

在方法方面，LOG 模型是医疗保健领域最流行的模型之一。通过方程中的权重很容易理解结果。然而，从预测能力的角度来看，LOG 模型通常并不好。不同分类器之间的比较表明，XGBoost 模型产生了有效的性能，平均 AUC 为 0.891，它在灵敏度、特异性、精确度和 MCC 方面也优于其他分类模型。在这些模型中，RF 和 GBDT 仅次于 XGBoost。值得注意的是，在大多数模型中，特异性的表现优于灵敏度。本案例中，特异性表示正确检测 CD 的概率，而灵敏度表示正确检测 ITB 的概率。这可能意味着 ITB 的检测更具挑战性。此外，当变量中出现相关或复杂关系时，对权重的解释也不直观。先前的研究已经注意到机器学习模型在拟合预测变量和目标之间复杂关系方面的优势。因此，机器学习模型在样本外的表现优于传统的静态方法。然而，由于透明度低，其预测结果很难被医学界接受，尽管许多研究人员致力于帮助人们理解机器学习模型（如部分依赖图、累积局部效应、特征交互、特征重要性、全局代理模型和树模型）是如何做出这样的预测的。这些方法仍然存在一些限制：① 只有单一的特征解释有效；② 必须满足独立条件；③ 只能得到全局解释。此外，它们都没有可靠的理论，无法合理计算特征的贡献。本案例中，模型的可解释性使得确定单个变量在预测中的贡献率成为可能，这反映了预测模型的个性化。综上所述，与传统的统计方法相比，机器学习在区分 CD 和 ITB 方面表现更好。

基于此，我们提出了一种可解释的机器学习框架，将 SMOTE 模型和 XGBoost 模型与 SHAP 模型相结合，用于区分 CD 和 ITB。结果证明，机器学习在区分 CD 和 ITB 方面优于传统方法。更重要的是，SHAP 方法可以有效地获得全局解释，也可以对个体患者进行解释。此外，本案例提出的模型可以在不牺牲准确性的情况下，通过机器学习提高医务人员对预测结果的接受度。关于本案例的具体细节，可以查阅论文（Weng 等，2022）。

## 5.6 我国医疗卫生服务体系演化路径分析

### 5.6.1 案例背景

我国医疗卫生服务体系正面临艰巨挑战。截至 2018 年，我国 60 周岁以上老年人占比 17.9%，老年人医疗、康复、生活照料需求逐年递增，医疗卫生服务体系压力更为凸显。与此同时，2020 年我国计划实现 1 亿人在城镇落户，随着人民收入和政府保障水平的提高，医疗服务需求将进一步释放，这对我国医疗卫生服务体系的资源优化提出了新的要求。然而，尽管新医改以来我国医疗卫生投入持续增加，医疗资源闲置与过度利用并存的冲突仍亟待解决。2018 年，我国卫生总费用达 57998.3 亿元，人均卫生总费用 4148.1 元，较 2017 年增长 9.6%。伴随我国基层医疗卫生机构数量的迅速增加，大型公立医院规模急剧扩张与基层医疗卫生机构资源闲置的冲突却愈加剧烈。

我国通过纵向整合医疗服务资源，来提供系统性、连续性的整合医疗服务。但是，由于整合医疗核心概念边界的模糊，尽管整合医疗研究领域已存在众多测度模型，但往往只关注整合医疗的部分构念，缺乏对整合医疗全面、系统、动态的描述和测度。为解决这一问题，众多学者在系统层面建立模型，力图更好地理解整合医疗构成和各组成部分之间的交互。我国医疗卫生服务体系主要由医院、基层医疗卫生机构、专业公共卫生机构等组成，各部门共同构成动态、统一的整体。面临外部环境的高度复杂和不确定性，医疗卫生服务体系具有多单元、多层次、多功能和多目标的复杂特性，协作是唯一长期目标，而在短期内，各部门必须兼顾自身利益并相互协作，必须区分医疗卫生服务体系的总体特征和部门特征，科学统筹政府医疗卫生的资源配置。因此，对服务体系的研究应抓住关键问题，分析服务体系和各部门的关系网络，并从服务体系整体出发，综合考虑短期和长期不同部门之间的交互。鉴于我国医疗卫生宏观数据指标数量多、时间维度短的特点，经典小模型方法有明显的局限性，因此，本案例结合复杂系统理论和多层动态因子模型，刻画医疗卫生服务体系的动态演化路径——将服务体系特征分解为影响所有部门的全局因子、影响单个部门的局部因子以及仅影响单个指标的特质性因子，并利用脉冲响应探究复杂外部环境对服务体系各部门的不同影响以及不同部门间存在的反馈回路。本案例模型可以更加准确地估计医疗卫生服务体系外部环境冲击的作用方向，同时检验服务体系不同部门的关联和协作性，更好地为我国整合医疗模式的实施和评估提供依据。

### 5.6.2 数据来源

我国《卫生健康事业发展统计公报》内容涵盖了我国医疗卫生服务体系中各部门的卫生资源数量、医疗服务状况、门诊和住院费用等方面情况，能够较好地反映我国医疗卫生系统的运行状况。鉴于数据的可得性和我国医疗卫生服务体系分工的差异性，本案例将我国医疗卫生服务体系分解为医院、社区卫生服务中心（站）、乡镇卫生院和专业公共卫生机构四类部门，并选取"新医改"之后，2009 年至 2018 年的《卫生健康事业发展统计公报》作为案例分析数据，各指标的数据描述如表 5-26 所示。

表 5-26　指标数据描述

| 部门 | 指标名 | 最大值 | 最小值 | 均值 | 标准差 |
|------|--------|--------|--------|------|--------|
| 医院 | 机构数/个 | 33009 | 20291 | 25771.90 | 4133.16 |
| | 床位数/张 | 6519749 | 3120773 | 4757431.80 | 1106850.69 |
| | 人员数/万人 | 737.50 | 395.80 | 557.89 | 111.62 |
| | 卫生技术人员数/万人 | 612.90 | 320.00 | 459.69 | 95.30 |
| | 医师日均担负诊疗人次/人次 | 7.50 | 6.40 | 7.05 | 0.34 |
| | 诊疗人次数/亿人次 | 35.80 | 19.20 | 27.84 | 5.53 |
| | 入院人数/万人 | 20017 | 8488 | 14342.30 | 3747.67 |
| | 病床使用率/% | 90.10 | 84.20 | 86.70 | 1.95 |
| | 医师日均担负住院床日/床日 | 2.60 | 2.10 | 2.49 | 0.16 |
| | 次均门诊费用/元 | 274.10 | 152.00 | 212.80 | 38.25 |
| | 人均住院费用/元 | 9291.90 | 5684.10 | 7582.06 | 1141.41 |
| | 日均住院费用/元 | 1002.80 | 540.30 | 777.84 | 150.58 |
| 社区卫生服务中心（站） | 机构数/个 | 34997 | 27308 | 33296.90 | 2112.06 |
| | 床位数/张 | 231274 | 168814 | 200289.33 | 16736.50 |
| | 人员数/万人 | 58.30 | 29.50 | 47.02 | 7.94 |
| | 卫生技术人员数/万人 | 49.90 | 25.00 | 40.10 | 6.87 |
| | 医师日均担负诊疗人次/人次 | 30.50 | 27.20 | 29.29 | 1.23 |
| | 诊疗人次/亿人次 | 8.00 | 3.80 | 6.36 | 1.25 |
| | 入院人数/万人 | 344.20 | 247.30 | 300.86 | 31.01 |
| | 病床使用率/% | 57.00 | 52.00 | 54.97 | 1.31 |
| | 医师日均担负住院床日/床日 | 0.70 | 0.60 | 0.68 | 0.04 |
| | 门诊病人次均医药费用/元 | 132.30 | 81.50 | 96.59 | 16.27 |
| | 住院病人人均医药费用/元 | 3194.00 | 2315.10 | 2641.20 | 302.42 |
| | 住院病人日均医药费用/元 | 323.20 | 218.50 | 265.64 | 36.81 |

续表

| 部　　门 | 指　标　名 | 最　大　值 | 最　小　值 | 均　　值 | 标　准　差 |
|---|---|---|---|---|---|
| 乡镇卫生院 | 机构数/个 | 38475.00 | 36461.00 | 37124.40 | 582.55 |
| | 床位数(张) | 1333909 | 994329.00 | 1163281.89 | 106780.63 |
| | 人员数/万人 | 139.10 | 113.10 | 124.84 | 8.43 |
| | 卫生技术人员数/万人 | 118.10 | 95.00 | 105.44 | 7.36 |
| | 医师日均担负诊疗人次/人次 | 9.60 | 8.20 | 9.18 | 0.47 |
| | 诊疗人次/亿人次 | 11.20 | 8.66 | 10.11 | 0.89 |
| | 入院人数/万人 | 4047.00 | 3449.00 | 3791.22 | 179.24 |
| | 病床使用率/% | 62.80 | 58.10 | 60.46 | 1.33 |
| | 医师日均担负住院床日/床日 | 1.60 | 1.30 | 1.51 | 0.12 |
| | 住院病人人均医药费用/元 | 71.50 | 46.20 | 56.11 | 8.45 |
| | 住院病人人均医药费用/元 | 1834.20 | 897.20 | 1339.92 | 303.91 |
| | 住院病人日均医药费用/元 | 285.30 | 187.30 | 224.74 | 33.19 |
| 专业公共卫生机构 | 机构数 | 35029 | 11665.00 | 20841.60 | 8814.97 |
| | 床位数 | 274394 | 153964.00 | 215324.10 | 39069.46 |
| | 人员数/万人 | 88.30 | 60.10 | 77.41 | 11.62 |
| | 卫生技术人员数/万人 | 67.80 | 46.60 | 58.49 | 7.63 |

### 5.6.3　技术方法

分层动态因子模型假设不同层次的不可观测因素具有差异化的观测变量。本案例模型将卫生医疗服务体系各指标的波动来源分解为全局因子、局部因子和特质性因子，即

$$y_{jt}^k = \lambda_{j1}^G g_{1t} + \lambda_{j2}^G g_{2t} + \cdots + \lambda_{jM}^G g_{Mt} + \lambda_{j1}^F f_{1t}^k + \lambda_{j2}^{Fk} f_{2t}^k + \cdots + \lambda_{jN_k}^F f_{N_k t}^k + \mu_{jt}^k$$

$$k = 1,2,\cdots,K; \quad j = 1,2,\cdots,J_k; \quad t = 1,2,\cdots,T \qquad (5.6.1)$$

式中，$y_{jt}^k$ 为我国医疗卫生服务体系部门 $k$ 在时期 $t$ 的第 $j$ 个观测指标，$g_{it}$ 为我国医疗卫生服务体系在时期 $t$ 的第 $i$ 个全局因子，$f_{it}^k$ 为部门 $k$ 在时期 $t$ 的第 $i$ 个局部因子，$\mu_{jt}^k$ 为部门 $k$ 在时期 $t$ 的第 $j$ 个观测指标的特质性因子，$\lambda_{ji}^G$ 和 $\lambda_{ji}^F$ 分别为相应观测指标的全局因子和局部因子载荷。

记：

$$\boldsymbol{Y}^k = (y_{jt}^k)_{J_k \times T}, \quad k = 1,2,\cdots,K; \quad j = 1,2,\cdots,J_k; \quad t = 1,2,\cdots,T$$

$$\boldsymbol{G} = (g_{mt})_{M \times T}, \quad m = 1,2,\cdots,M; \quad t = 1,2,\cdots,T$$

$$\boldsymbol{F}^k = (f_{jt}^k)_{N_k \times T}, \quad k = 1,2,\cdots,K; \quad j = 1,2,\cdots,N_k; \quad t = 1,2,\cdots,T$$

$$\boldsymbol{\mu}^k = (\mu_{jt}^k)_{J_k \times T}, \quad k = 1,2,\cdots,K; \quad j = 1,2,\cdots,J_k; \quad t = 1,2,\cdots,T$$

则公式(5.6.1)可以表示为如下形式：

$$Y^k = \Lambda^k \begin{bmatrix} G \\ F^k \end{bmatrix} + \mu^k, \quad k = 1, 2 \cdots, K \tag{5.6.2}$$

式中，$\Lambda^k = [\Lambda_G^k, \Lambda_F^k]$，$k = 1, 2, \cdots, K$，其中，$\Lambda_G^k = (\lambda_{ji}^G)_{J_k \times M}$，$\Lambda_F^k = (\lambda_{ji}^F)_{J_k \times N_k}$。分层动态因子模型假设：

① $\Lambda_G^k$ 和 $\Lambda_F^k$ 为下三角矩阵，对角线元素严格为正，$\Lambda^k$ 为列满秩；

② $E(\mu^k \mid f^1, f^2, \cdots, f^K) = 0$，$k = 1, 2, \cdots, K$；

③ 不同部门之间及相同部门不同特质性因子之间不相关，即
$$E(\mu^k \mu^i \mid f^1, f^2, \cdots, f^K) = 0, \quad i \neq k = 1, 2, \cdots, K$$
且
$$E(\mu_{jt}^k \mu_{it}^k \mid f^1, f^2, \cdots, f^K) = 0$$
$$k = 1, 2, \cdots, K; \quad i \neq j = 1, 2, \cdots, J_k; \quad t = 1, 2, \cdots, T$$

④ 不同时期 $\mu_{jt}^k$ 间可能存在序列相关。

另外，全局因子 $G_t$、局部因子 $F_t$ 服从 VAR(1) 过程：

$$\begin{bmatrix} G_t \\ F_t \end{bmatrix} = \Psi \begin{bmatrix} G_{t-1} \\ F_{t-1} \end{bmatrix} + \eta_t, \quad t = 1, 2, \cdots, T \tag{5.6.3}$$

式中，$F_t = (F^1, F^2, \cdots, F^K)^{\mathrm{T}}$。为使模型(5.6.1)、(5.6.2)可识别，进一步假设：

① $\eta_t = \begin{bmatrix} \eta_{tG} \\ \eta_{tF} \end{bmatrix} \overset{\text{iid}}{\sim} N(0, \begin{bmatrix} \sigma_G^2 & 0 \\ 0 & \sigma_F^2 \end{bmatrix})$，$t = 1, 2, \cdots, T$；

② $\eta_t$ 与特质因子 $\mu_t$ 及其滞后阶相独立，并且 $\eta_{tG}$ 和 $\eta_{tF}$ 的方差皆为单位矩阵。

$\Psi$ 元素非零的假设使得本案例可评估某部门所受外部冲击对其他部门带来的影响，即溢出效应或部门之间的协调性。医疗卫生服务体系是由相互关联和相互作用的四类部门所组成的有机整体，医疗卫生服务体系的结构与环境共同决定其功能，功能反过来也会影响其结构和环境。例如，对医疗卫生服务需求的增加会提高医疗卫生服务体系中各部门指标的表现，但不可忽视的是，部门 $i$ 对部门 $j$ 可能存在负向作用，即医院增加设备投资可能负向作用于乡镇卫生院，或者人们就医观念的改变可能会促进"小病在社区，大病在医院"格局的形成，因此，本案例采用分层动态因子模型，分离全局因子和局部因子，探究我国医疗卫生服务体系的演化路径和部门间的反馈回路。

### 5.6.4 分析结果

在本案例中，除专业公共卫生机构外，医疗卫生服务体系其余部门皆有 12 个观测指标，共 40 个观测指标，即式(5.6.1)中 $T = 10$，$K = 4$，$\sum_{k=1}^{4} J_k = 40$。另外，

为使得局部因子有更强的经济含义，本案例取 $G_t$ 和各部门 $F_t^k$ 皆为一维。本案例模型的参数通过 Gibbs 抽样获得。

图 5-45 展示了"新医改"以来，样本期内各部门局部因子随时间的波动状况，即 2009 年至 2018 年我国医疗卫生服务体系各部门的演化路径。图中显示，全局因子（GloFactor）和医院局部因子（HosFactor）走势高度一致，呈不断上升趋势。全局因子代表我国医疗卫生服务体系的整体运行状况，医疗服务需求的增加或服务效率的提升皆会导致全局因子的增加。医院局部因子则显示了医院部门的建设状况。2009 年是我国"新医改"元年，医疗卫生服务体系重点推进我国基层医疗服务体系建设和基本公共卫生服务的均等化。从全局因子和医院局部因子的演化特征来看，我国"新医改"取得了显著的成效，十年间医疗卫生服务体系整体和医院部门建设状况不断提升。但医院局部因子和全局因子的高度一致也反映出，"新医改"的主体仍然是医院部门，这也体现在社区卫生服务中心（站）局部因子（CumnFactor）、专业公共卫生机构局部因子（PubFactor）和乡镇卫生院局部因子（TownFactor）的不同演化路径上。

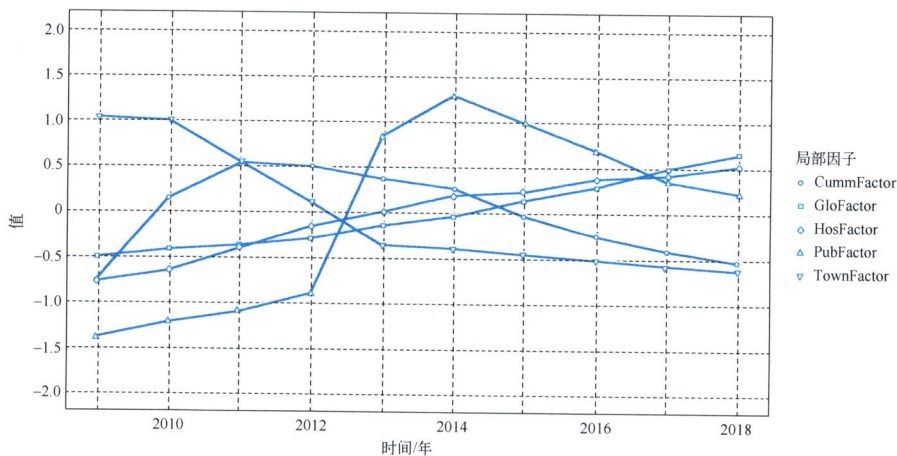

**图 5-45 医疗卫生服务体系各部门演化路径**

复杂系统理论将系统不同部门之间的作用分为正反馈和负反馈。正反馈反映了不同部门间的正向促进作用，而负反馈体现了部门间的短期利益冲突。医疗卫生服务体系中，全局因子与局部因子之间、各局部因子之间存在自然的约束和协调，图 5-46 至图 5-50 展示了医疗卫生服务体系各层因子之间的脉冲响应（IMP），揭示了我国医疗卫生服务体系的正、负反馈回路及系统结构特征。

### 1. 全局因子与局部因子反馈回路

图 5-46 显示，对全局因子的单位正冲击能够引起医院和专业公共卫生机构局部因子的提高，社区卫生服务中心（站）和乡镇卫生院局部因子则受到轻

度反向抑制。假如全局因子的单位正冲击为某流行疾病的暴发，这将导致医疗卫生服务体系整体需求增加。从图5-46所示脉冲响应结果来看，对医院和专业公共卫生机构的医疗服务需求有所提高，此时医院和专业公共卫生机构存在较强的负反馈作用，短期内会负向影响社区卫生服务中心（站）和乡镇卫生院的发展。

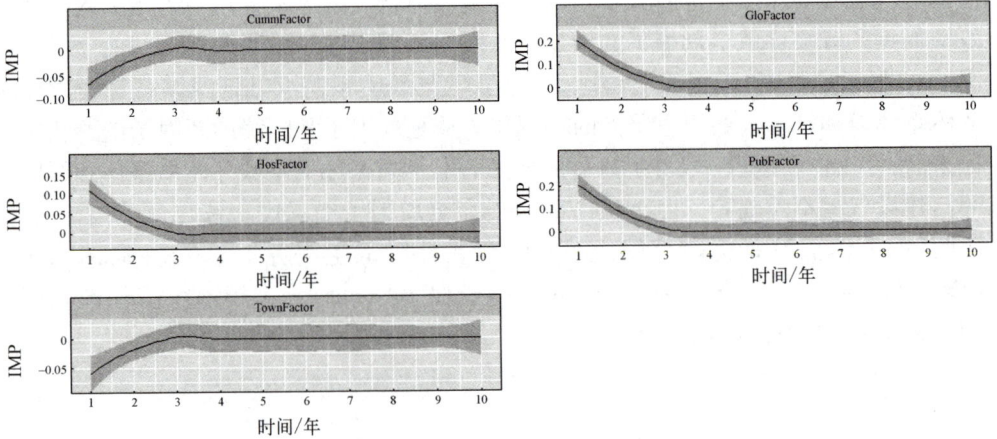

图 5-46　全局因子脉冲响应

## 2. 局部因子间反馈回路

图5-47和图5-48分别为医院和专业公共卫生机构受到单位正冲击时，医疗卫生服务体系各部门的脉冲响应。通过分析医院与专业公共卫生机构的双向脉冲响应，可以发现二者的脉冲响应皆为正，反映二者已具有良好的分工协作机制。如果医院经过调查，发现医疗需求的突增源于某种流行性疾病的暴发，通过与专业卫生机构的资源共享和分工协作，可以为民众提供系统、全面的医疗服务，这表现为图5-47中专业公

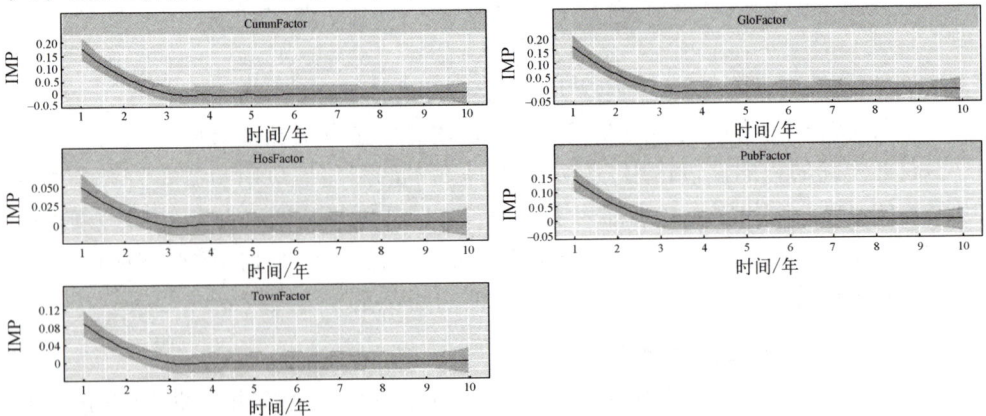

图 5-47　医院局部因子脉冲响应

共卫生机构的正向脉冲响应。另外，面对流行性疾病的暴发，专业公共卫生机构通过对疾病的监测、管理，引导民众正确就医，表现为图 5-48 中医院的正向脉冲响应。由此可以发现，我国医院和专业卫生机构之间已形成分工较为明确的作用机制。

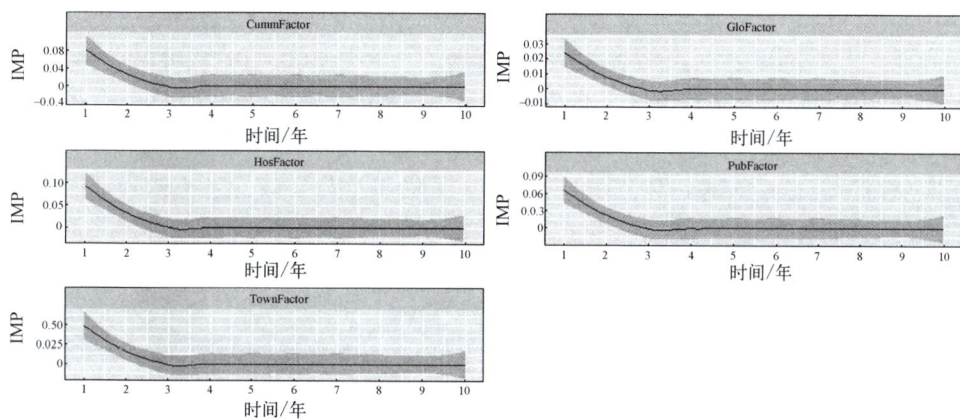

**图 5-48　专业公共卫生机构局部因子脉冲响应**

图 5-49 和图 5-50 显示，社区卫生服务中心（站）和乡镇卫生院对自身的单位正冲击存在非常显著的正反馈作用。这意味着，增强社区卫生服务中心（站）和乡镇卫生院的资源投入和人才引进具有很高的边际收益。因此，通过资源整合和人才帮扶政策，可以大幅提升基层医疗机构的建设水平，这是基层医疗机构获得民众信任、自愿支持分级诊疗制度的前提，也是"区域内群众基础保健"定位难题的解决路径。我国社区卫生服务中心（站）处于医疗卫生服务体系的低端，医务人员业务能力、药品储备、设备持有皆弱于医院，要解决患病居民风险与等待之间的博弈难题，必须握紧社区卫生服务中心（站）和乡镇卫生院对自身强正反馈这一杠杆点，推动医疗卫生和分级诊疗体系建设。

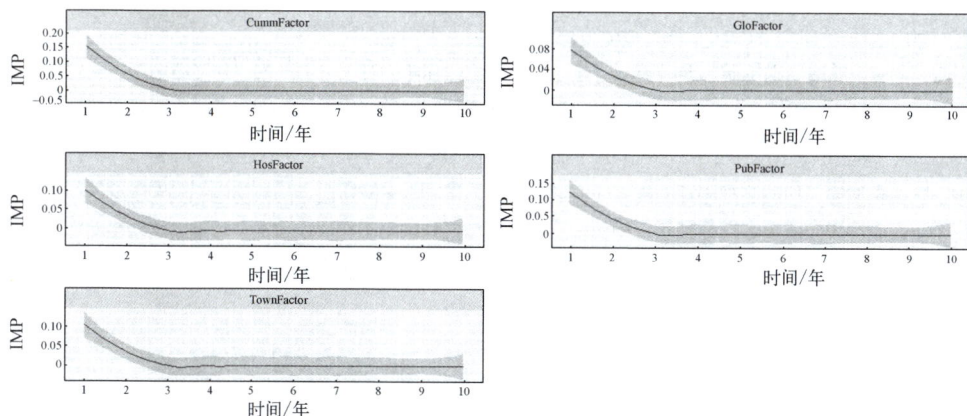

**图 5-49　社区卫生服务中心（站）局部因子脉冲响应**

285

另外，尽管社区卫生服务中心(站)和乡镇卫生院在诸多领域面临相似问题，但二者对全局因子、医院和专业公共卫生机构局部因子却存在不同的反馈作用。其中，社区卫生服务中心(站)对全局因子、医院和专业公共卫生机构局部因子存在正反馈作用。当社区卫生服务中心(站)受到单位正冲击时，比如，居民就医观念改变，社区卫生服务中心(站)就医人次增加，重大疾病或传染病能够得到及时发现和处理，同时极大缓解了医院医疗资源紧张的困境，分级诊疗体系获得一定完善，表现为图5-49和图5-50中全局因子、医院和专业公共卫生机构局部因子的正向反馈。但是，乡镇卫生院对全局因子、医院和专业公共卫生机构局部因子却表现为负反馈作用。可能的原因是，短期内乡镇卫生院与医院和专业公共卫生机构之间难以形成较为完善的协作机制，短期目标存在差异。

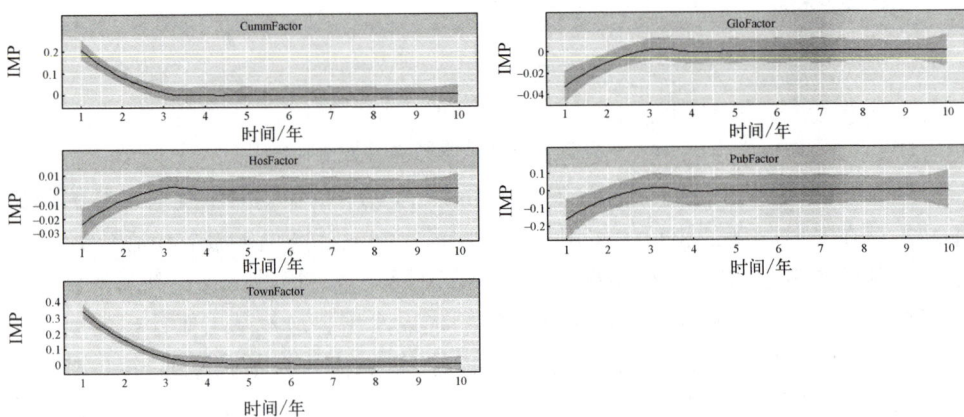

图 5-50　乡镇卫生院局部因子脉冲响应

### 5.6.5　小结

总体来看，医院、专业公共卫生机构和社区卫生服务中心(站)之间已形成正反馈回路，分级诊疗体系建设已初见成效。社区卫生服务中心(站)与医院和专业公共卫生机构的合作能够提升自身部门建设，增强部门信誉和影响力，促进整体医疗卫生服务体系的可持续发展。另外，尽管短期内发展乡镇卫生院将占用部分医疗资源，对医院和专业公共卫生机构的发展产生负向反馈作用，但应注意到，所有因子中，发展乡镇卫生院的边际效益远高于其他部门，补短板与分级诊疗势在必行。

## 5.7　线上就医行为分析

### 5.7.1　案例背景

近年突发的新冠肺炎疫情将线上医疗平台推向新的高度。通过网络信息技术，线上医疗突破了时空界限，使用户能够随时随地进行线上医疗咨询或诊疗，获取健康相关信息。一定程度上，线上医疗的出现能解决医疗供求结构失衡的问题，尤其在降低时间成本、个性化定制、信息透明等方面凸显出巨大优势（Li，2020）。线上就医行为是我国卫生政策及医疗改革成效的重要体现，对线上就医行为规律、影响因素的研究分析，能为强化居民线上就医行为提供重要的理论指导意义，为推进"健康中国"建设发挥积极作用。然而，已有研究主要侧重于线下就医行为或聚焦于线上就医行为的单一维度，且由于与其他行业的用户行为特征不同，线上医疗平台的用户是较为特殊的群体，很难有效借鉴其他线上平台的已有研究结论（姜劲等，2020）。因此，研究群众线上就医行为的影响因素具有重要的现实意义。本案例通过问卷调查数据，从群众对线上就医倾向性的视角，测度线上就医行为变量，并借鉴医疗服务利用和计划行为理论，由个人特征、线下质量和线上质量三个层次变量分析线上就医行为。

## 5.7.2 数据来源

本案例采用线上调查问卷数据，共收到有效问卷2488份。通过α系数法对问卷进行内部一致性信度检验，所有题目的克隆巴赫系数为0.619，信度较高。KMO统计量为0.759，在0.001的水平上具有统计学意义，说明该问卷具有良好的结构效度。数据样本结构丰富，具有较好的代表性。本案例所使用的变量如表5-27所示。

表5-27 变量说明

| 变量类型 | 变量名称 | | 变量赋值 |
|---|---|---|---|
| 因变量 | 线上就医行为 | | 使用手机APP或其他移动医疗平台进行咨询或诊疗活动的频率，"从不"为1，"极少"为2，"一般"为3，"比较频繁"为4，"非常频繁"为5 |
| 自变量 | 个人特征 | 性别 | "男性"为1，"女性"为0 |
| | | 年龄 | "20岁以下"为1，"20～35岁以下"为2，"35～45岁以下"为3，"45～60岁以下"为4，"60岁以上"为5 |
| | | 收入水平 | 家庭年均收入水平，"8万元以下"为1，"8～15万元以下"为2，"15～30万元以下"为3，"30～100万元以下"为4，"100万元以上"为5 |
| | | 健康状况 | 过去一年中身体感觉不舒服的天数，"30天以上"为1，"15～30天以下"为2，"5～15天以下"为3，"5天以下"为4，"0天"为5 |
| | 线下质量 | 医患关系 | 认为当前医患关系的紧张程度，"很紧张"为1，"一般紧张"为2，"不太紧张"为3，"不紧张"为4，"很和谐"为5 |
| | | 就医便捷性 | 对当前就医便捷性的满意程度，"很不满意"为1，"不太满意"为2，"一般"为3，"基本满意"为4，"很满意"为5 |
| | 线上质量 | 技术接受度 | 认为互联网、大数据、区块链领域技术的发展对健康的影响，"非常不重要"为1，"不重要"为2，"一般"为3，"重要"为4，"非常重要"为5 |
| | | 技术满意度 | 认为智慧医疗（为居民提供高效优质安全透明的卫生服务、连续的健康信息和全程健康管理的医疗服务模式）能够落地并惠及全民需要多长时间，"10年以上"为1，"8～10年以下"为2，"5～8年以下"为3，"3～5年以下"为4，"1～3年以下"为5 |

调查对象的男女比例比较均衡，年龄主要分布在 20 ~ 45 岁之间（1832 人，占 73.6%），以城镇人口为主（2234 人，占 89.8%），文化程度基本为大专或本科及以上（2346 人，占 94.3%），多数家庭年收入在 8 万元以上（1926 人，占 77.4%），如表 5-28 所示。

表 5-28  调查对象的基本情况

| 变　量 | 数量/人 | 百分比/% | 变　量 | 数量/人 | 百分比/% |
|---|---|---|---|---|---|
| 性别 | | | 文化程度 | | |
| 男 | 1100 | 44.2 | 初中及以下 | 57 | 2.3 |
| 女 | 1388 | 55.8 | 中专或高中 | 85 | 3.4 |
| 年龄 | | | 大专或本科 | 1077 | 44.3 |
| 20 岁以下 | 121 | 4.9 | 研究生及以上 | 1269 | 51.0 |
| 20 ~ 35 岁以下 | 1218 | 49.0 | 收入水平 | | |
| 35 ~ 45 岁以下 | 614 | 24.7 | 8 万元以下 | 563 | 22.6 |
| 45 ~ 60 岁以下 | 501 | 20.1 | 8 ~ 15 万元以下 | 625 | 25.1 |
| 65 岁以上 | 34 | 1.3 | 15 ~ 30 万元以下 | 725 | 29.1 |
| 生活地区 | | | 30 ~ 100 万元以下 | 508 | 20.5 |
| 城镇 | 2234 | 89.8 | 100 万元以上 | 68 | 2.7 |
| 农村 | 254 | 10.2 | | | |

## 5.7.3  技术方法

本案例的因变量采用李克特 5 分等级量表进行测度，属于有序分类变量。当因变量是有序分类变量时，常规的回归假设通常不满足且无法模拟数据中真实的非线性关系，很可能低估某些解释变量对因变量的相对影响（Ananth 和 Kleinbaum，1997）。Logit 模型也不能以适当的方式处理具有两个以上分类和有序的因变量，将导致因变量的重要信息损失（Pohlman 和 Leitner，2003）。因此，本案例运用有序 Logit 回归研究方法，通过有序响应模型分析群众线上就医的影响因素。具体模型描述如下：

假设 $Y_i$ 是第 $i$ 个受试者的 $C$ 类有序响应变量，自变量为 $x_i$，累积概率记为

$$g_{ci} = P_r(Y_i \leqslant y_c \mid x_i), \quad c = 1, 2, \cdots, C; \quad i = 1, 2, \cdots, N$$

由于最后的累积概率之和必然等于 1，因此模型只指定 $C - 1$ 个累积概率。含有 $C$ 类有序响应变量 $Y_i$ 的有序 Logit 模型由 $C - 1$ 个方程定义，其中，累积概率 $g_{ci}$ 通过 Logit 函数与线性预测因子 $\boldsymbol{\beta}^T x_i = \beta_0 + \beta_1 x_{1i} + \beta_2 x_{2i} + \cdots + \beta_N x_{Ni}$ 相关：

$$\text{logit}(g_{ci}) = \log\left(\frac{g_{ci}}{1 - g_{ci}}\right) = \alpha_c - \boldsymbol{\beta}^T x_i \tag{5.7.1}$$

式中，$c = 1,2,\cdots,C$，阈值参数 $\alpha_c$ 以递增顺序排列，$\alpha_1 < \alpha_2 < \cdots < \alpha_{C-1}$，$\boldsymbol{\beta} = (\beta_0, \beta_1, \cdots, \beta_N)^{\mathrm{T}}$，$\boldsymbol{x}_i = (1, x_{1i}, \cdots, x_{Ni})^{\mathrm{T}}$。

斜率向量没有被类别 $C$ 索引，因此自变量在响应类别中的影响是恒定的，称为平行回归假设。根据公式（5.7.1），类别 $c$ 的累积概率为

$$g_{ci} = \frac{\exp(\alpha_c - \boldsymbol{\beta}^{\mathrm{T}}\boldsymbol{x}_i)}{1 + \exp(\alpha_c - \boldsymbol{\beta}^{\mathrm{T}}\boldsymbol{x}_i)} = \frac{1}{1 + \exp(-\alpha_c + \boldsymbol{\beta}^{\mathrm{T}}\boldsymbol{x}_i)} \qquad (5.7.2)$$

式（5.7.2）称为有序 Logit 模型或比例优势模型，其中，类别 $c$ 的几率为

$$\mathrm{odds}_{ci} = \frac{g_{ci}}{1 - g_{ci}}$$

假设 $x_i$ 取 $c_1$ 和 $c_2$ 水平的几率分别为 $\mathrm{odds}_{c_1 i}$ 与 $\mathrm{odds}_{c_2 i}$，则两水平的几率比为

$$\mathrm{OR} = \frac{\mathrm{odds}_{c_1 i}}{\mathrm{odds}_{c_2 i}}$$

该指标可以衡量在自变量的影响下，因变量发生单位阶跃的概率变化。本案例通过对该值的转换，可以定义自变量对线上就医行为的边际贡献：

$$M = \mathrm{OR} - 1$$

该值刻画了每单位的自变量变化所引起线上就医倾向性发生单位阶跃的相对概率变化。正数表示概率增大，负数表示概率减小，其绝对值可以衡量概率变化的大小，即自变量的边际贡献大小。

为分析群众线上就医行为的影响因素，本案例通过有序 Logit 模型对问卷调查数据的 8 个变量进行验证，将其划分为 4 个个人特征因素、2 个线上质量因素和 2 个线下质量因素。在显著性水平 $p = 0.05$ 下应用方差膨胀因子（VIF）检验，即多重共线性对回归结果的影响较小。对本案例而言，因变量为"使用 APP 或其他移动医疗平台进行咨询或诊疗活动的频率"，故推导出的响应概率如下：

$$p(Y = k \mid x) = p(\alpha_{k-1} < Y_i \leqslant \alpha_k \mid x) = g_{ki} - g_{(k-1)i}$$

式中，$k = 1,2,\cdots,6$；$\alpha_0 = -\infty$；$\alpha_6 = +\infty$。

### 5.7.4　分析结果

表 5-29 给出了有序 Logit 模型的回归结果，模型 1 包含性别、年龄、收入水平和健康状况 4 个层次的个人特征变量，模型 2 在模型 1 的基础上加入医患关系、就医便捷性、技术接受度和技术满意度变量。模型在零假设为"自变量对线上就医行为的影响系数同时为 0"的情况下，对数似然比卡方统计量为 1336.77，$P < 0.05$，说明方程具有总体的显著性。模型 1 和模型 2 的各变量在 $\alpha = 0.01$，$\alpha = 0.05$，$\alpha = 0.1$ 水平上具有统计学意义，且模型 2 在加入线上质量和线下质量两个维度的变量后，变量的影响效果保持一致性。

表 5-29　有序 Logit 模型回归结果

| 变量名称 | 回归系数 | | 模型 1 | | | 模型 2 | | |
|---|---|---|---|---|---|---|---|---|
| | 模型 1 | 模型 2 | OR | 标准差 | $Z$ | OR | 标准差 | $Z$ |
| 性别 | −0.172** | −0.151* | 0.842 | 0.079 | −2.19** | 0.859 | 0.079 | −1.91* |
| 年龄 | −0.298*** | −0.263*** | 0.742 | 0.440 | −6.78*** | 0.768 | 0.446 | −5.90*** |
| 收入水平 | 0.117*** | 0.124*** | 1.123 | 0.035 | 3.37*** | 1.132 | 0.035 | 3.52*** |
| 健康状况 | −0.192*** | −0.222*** | 0.825 | 0.036 | −5.38*** | 0.801 | 0.036 | −6.13*** |
| 医患关系 | | −0.137*** | | | | 0.872 | 0.044 | −3.08*** |
| 就医便捷性 | | 0.144*** | | | | 1.155 | 0.044 | 3.25*** |
| 技术接受度 | | 0.133*** | | | | 1.142 | 0.041 | 3.24*** |
| 技术满意度 | | 0.113*** | | | | 1.119 | 0.033 | 3.44*** |
| $P$ > chi2 | 0.000 | 0.000 | 0.000 | | | 0.000 | | |
| 样本量 | 2488 | 2488 | 2488 | | | 2488 | | |

注：＊＊＊为 $p < 0.01$，＊＊为 $p < 0.05$，＊为 $p < 0.1$。

结果表明，在个人特征方面，在其他因素不变的情况下，女性的线上就医倾向性强于男性，男性的线上就医倾向性增强一个等级的概率比女性小 14.1%（1 − 0.859）。年龄对线上就医行为有显著负向影响，即年龄越大，线上就医倾向性越弱。在其他因素不变的情况下，年龄每增加一个等级，线上就医倾向性增强一个等级的概率减小 23.2%（1 − 0.768）。群众的健康状况水平负向影响线上医疗行为，即健康状况越好，线上就医倾向性越弱。在其他因素不变的情况下，健康状况水平每增加一个等级，线上就医倾向性增强一个等级的概率减小 19.9%（1 − 0.801）。收入水平则正向影响线上就医行为，收入水平越高，线上就医倾向性越强。在其他因素不变的情况下，收入水平每增加一个等级，线上就医倾向性增强一个等级的概率增大 13.2%。

在线下质量方面，医患关系对线上就医行为有显著负向影响，表明医患关系越好，即群众感知的医患关系越和谐，线上就医倾向性越弱。在其他因素不变的情况下，医患关系每提升一个等级，线上就医倾向性增强一个等级的概率减小 12.8%（1 − 0.872）。群众感知的就医便捷性正向影响线上就医行为，即就医便捷性越好，线上就医倾向性越强。在其他因素不变的情况下，就医便捷性每提高一个等级，线上就医倾向性增强一个等级的概率增大 15.5%。

在线上质量方面，技术接受度和技术满意度均正向影响线上就医行为，对互联网等新技术的接受度和满意度越高，线上就医倾向性越强。在其他因素不变的情况下，技术接受度和技术满意度每提升一个等级，线上就医倾向性增强一个等级的概率分别增大 14.2% 和 11.9%。

### 5.7.5 小结

线下就医依然是群众就医选择的主流方式，医患关系越差，即群众感知的医患关系越紧张，越倾向于线上就医。群众感知的就医便捷性越好，线上就医倾向性也越强，体现了线下就医与线上就医并不是对立的，有着相互促进的关系。此外，本案例从技术接受度和技术满意度的角度，衡量线上就医质量，从侧面体现了群众对线上医疗平台和技术可靠性的认知。线上就医质量的提高，能有效促进群众进行线上就医决策。

因此，在中国人口老龄化的背景下，线上医疗平台乃至医疗产业信息化的推动措施应重点关注低收入人群和老年人群体。此外，应进一步加强线上、线下医疗资源的互通和线上医疗平台建设，提高线上医疗平台的质量并积极宣传，让线上医疗平台发挥更大的作用。未来研究中可以从多维度测量线上和线下就医质量，并考虑更多的控制变量。

第 6 章

# 企业数字化转型应用研究

# 6.1 信贷风险分析

## 6.1.1 案例背景

在信用风险评估中，传统的评分方法主要基于统计二分类模型预测借款人是否会发生违约，但是无法预测贷后随着时间推移的动态信贷风险水平，也无法预测发生违约的具体时点。混合治愈模型是二分类和生存分析的混合模型，不仅可以预测个体是否会发生违约，同时还能预测个体贷后的违约时点，比传统基于统计二分类的信贷风险评估方法可提供更多的信息。但混合治愈模型中两部模型的系数经常出现符号不一致的情形，这给模型的解释带来困难。针对这一问题，本案例在混合治愈模型基础上，利用惩罚函数方法鼓励两部模型的系数一致，并同时考虑高维数据的变量选择，提升了模型的可解释性和预测效果。

## 6.1.2 数据来源

本案例分析的数据来自中国某城市商业银行零售条线的个人贷款线下业务数据经预处理后包含的 2014—2019 年 4796 条个人贷款数据，共 16 个自变量。具体变量说明详见表 6-1。

表 6-1 变量说明

| 变 量 | 说 明 |
| --- | --- |
| 业务类别 | 耐用品消费贷款、个人住房装修贷款、其他个人消费贷款 |
| 利率 | 取值范围：$[0.029, 0.095]$ |
| 放款金额 | 取值范围：$(0, +\infty)$ |
| 贷款期数 | 取值范围：$(0, +\infty)$ |
| 提前还款 | 是、否 |
| 受托支付 | 是、否 |
| 年龄 | 取值范围：$[18 \text{ 岁}, 70 \text{ 岁}]$ |
| 性别 | 男、女 |
| 学历 | 研究生及以上、本科、专科、高中及以下 |
| 居住状况 | 自置（有按揭余额）、自置（无按揭余额）、其他 |
| 雇佣状况 | 受雇、其他 |
| 单位类型 | 党政机关/事业单位、企业、其他 |
| 职业类型 | 机关/企事业单位人员、商业/服务性人员、其他 |
| 职务 | 高级领导、中级领导、初级领导、一般员工及其他 |

| 变　量 | 说　明 |
|---|---|
| 社保 | 有、无 |
| 家庭年收入 | 20 万元以下、20 万 ~40 万元(不含)、40 万 ~60 万元(不含)、60 万元以上、未知 |

该数据包含抵押贷款和无抵押的信用贷款,涵盖耐用品消费贷款、个人住房装修贷款、其他个人消费贷款三类贷款业务。将其中的离散型变量转化为虚拟变量处理后,模型的自变量数量为 27 个,包含贷款、个人基本情况、工作等信息。样本类别分为违约、不违约两种。数据删失时点 $T_c$ 为 2019 年 6 月 1 日,在此删失时点之前个体是否违约是可观测的,而在此删失时点之后个体是否违约无法观测。4796 个个人贷款样本中,在删失时点已有 47 个样本违约,4749 个样本还未发生违约。

由于部分个体贷款的到期日期晚于删失时点,个体在该删失时点还未违约并不代表在删失时点之后不违约,因此数据样本类别 $y$ 不可观测。可观测数据为 $\{(\Phi_i, \delta_i, x_i), i = 1, 2, \cdots, n\}$,其中 $\delta_i = \{0, 1\}$,$\Phi_i = \min(T_i, C_i)$,$t_i$ 为个体 $i$ 的守约时长,$c_i$ 为删失时长。由于各个体的起息日期不同,因此个体对应的删失时长 $c_i$ 不同,$c_i = T_c - s_i$,其中,$T_c$ 为删失时点,即观测时点,$s_i$ 为个体 $i$ 的起息日期。

### 6.1.3　技术方法

#### 1. 特征影响一致效应下的信贷风险评估模型

标准的生存分析假定个体最终都会经历事件,如在医疗领域,个体最终都会经历死亡。而在信用风险评估领域,有很大一部分个体在整个贷款期都不会发生违约。混合治愈模型在标准生存分析的基础上,将整体分为治愈者和非治愈者两个子群体,即将整体区分为不违约、违约两个子群体。模型分为两部分:第一部分判断个体归属于哪个子群体;第二部分估计归属于违约子群体的个体发生违约的时间,预测守约时长。

记 $T$ 为守约时长,表示从起息日期开始至违约所经历的时间;$T_c$ 为删失时点,在 $T_c$ 时点之前的数据可观测,在 $T_c$ 时点之后的数据不可观测;$C$ 为删失时长,表示从起息日期至删失时点 $T_c$ 所经历的时间。$y_i$ 表示个体的信用类别,分为违约和不违约两类。$y_i = 0$ 表示个体为不违约的好客户($t = \infty$),$y_i = 1$ 表示个体为违约的坏客户。由于部分个体贷款的到期日期晚于删失时点,故其在删失时点还未违约并不代表在删失时点之后不会违约,在删失时点之后个体是否违约不可观测,因此 $y_i$ 为不可观测的类别因子。

记 $\delta_i$ 为删失指标,$\delta_i = I(t_i \leqslant c_i)$,其中,$t_i$ 为个体 $i$ 的守约时长,$c_i$ 为个体 $i$ 的

删失时长，$i = 1,2,\cdots,n$，共有 $n$ 个个体。则 $\delta_i = 0$ 表示该个体在删失时长 $c_i$ 内未发生违约，数据删失；$\delta_i = 1$ 表示该个体在删失时长 $c_i$ 内已发生违约，数据未删失。因此个体数据共有 3 种可能，表 6-2 所示为个体数据可能的 3 种分类情况：① $\delta_i = 1$ 且 $y_i = 1$，数据未删失，个体在删失时长 $c_i$ 内已发生违约，为违约的坏客户；② $\delta_i = 0$ 且 $y_i = 1$，数据删失，个体在删失时长 $c_i$ 外发生违约，为违约的坏客户；③ $\delta_i = 0$ 且 $y_i = 0$，数据删失，个体为不违约的好客户。

**表 6-2　个体数据分类情况**

| $\delta_i$ | $y_i$ | 删 失 情 况 | 信 用 类 别 |
|:---:|:---:|:---:|:---:|
| 1 | 1 | 未删失 | 违约 |
| 0 | 1 | 删失 | 违约 |
| 0 | 0 | 删失 | 不违约 |

图 6-1 所示为删失情况示例。其中，A、B、C 分别表示 3 个个体，即信贷客户 A、B 和 C。开始观测时点为 0，在删失时点 $T_c$ 前的 A、B、C 违约情况可以观测到。图 6-1 中，客户 A 在删失时点 $T_c$ 前发生违约，数据未删失（$\delta_i = 1$），信用类别为违约（$y_i = 1$）；客户 B 和 C 在删失时点 $T_c$ 前未发生违约，数据删失（$\delta_i = 0$），$T_c$ 之后是否违约无法观测，即信用类别 $y_i$ 无法观测。

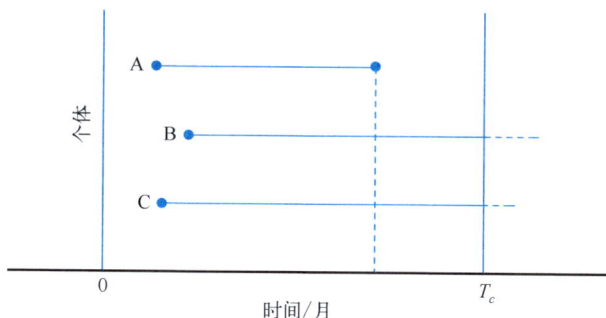

**图 6-1　删失情况示例**

记 $\Phi_i = \min(T_i, C_i)$，$\boldsymbol{x} = (\boldsymbol{x}_1^{\mathrm{T}}, \boldsymbol{x}_2^{\mathrm{T}}, \cdots, \boldsymbol{x}_J^{\mathrm{T}})^{\mathrm{T}}$ 为贷款特征，特征可分为 $J$ 组，$\boldsymbol{x}_j = (x_{j1}, x_{j2}, \cdots, x_{jp_j})^{\mathrm{T}}$ 为第 $j$ 组特征，共有 $p$ 个特征，$\sum_{j=1}^{J} p_j = p$。可观测数据为 $(\Phi_i, \delta_i, \boldsymbol{x}_i)$，$i = 1,2,\cdots,n$，$\boldsymbol{x}_i$ 为个体 $i$ 的特征向量。所以混合治愈模型可以表示为

$$S_i(t \mid \boldsymbol{x}_i) = \pi_i + (1 - \pi_i)S_i(t \mid y_i = 1, \boldsymbol{x}_i) \tag{6.1.1}$$

这是一个两部混合治愈模型，混合治愈模型是经典的处理治愈与非治愈的两类群体的模型，客户类别分为治愈（不违约）和非治愈（违约），且客户类别无法观测。模型的第一部分用来判断个体是否治愈（是否违约）的二分类模型，第二部分是针对未治愈者（违约客户）生存时间的生存分析模型。

式(6.1.1)中, $S_i(t \mid x_i)$ 为个体 $i$ 在时刻 $t$ 的生存概率, 即借款者 $i$ 在时刻 $t$ 未发生违约的概率。$\pi_i = \lim_{t \to \infty} S_i(t \mid x_i)$ 为治愈率, 即借款者不违约的概率, 需要根据模型进行预测。

针对是否违约, 采用逻辑回归模型刻画违约风险:

$$\pi_i = \Pr(y = 0 \mid x_i) = \frac{1}{1 + \exp(\alpha_0 + x_i^{\mathrm{T}} \alpha)} \tag{6.1.2}$$

式中, $\alpha_0$ 为截距项, $\alpha = (\alpha_1^{\mathrm{T}}, \alpha_2^{\mathrm{T}}, \cdots, \alpha_J^{\mathrm{T}})^{\mathrm{T}}$ 为未知回归系数。同样地, 根据特征分组情形, $\alpha$ 也分为 $J$ 组, 其中, 第 $j$ 组特征的第一部分模型回归系数为 $\alpha_j = (\alpha_{j1}, \alpha_{j2}, \cdots, \alpha_{jp_j})^{\mathrm{T}}$。

$S_i(t \mid y_i = 1, x_i)$ 为未治愈者 $i$ 在时刻 $t$ 的生存概率, 即违约的借款者在时刻 $t$ 未发生违约的概率:

$$S_i(t \mid y_i = 1, x_i) = \Pr(T_i > t \mid y_i = 1, x_i) \tag{6.1.3}$$

针对违约的借款者( $y_i = 1$ ), 本案例采用指数模型来描述其自贷款日起到违约发生时点的时间长度:

$$S_i(t \mid y_i = 1) = \exp(-\lambda_i t) \tag{6.1.4}$$

式中, $\lambda_i$ 为危险函数, 表示截至时间 $t$ 未发生违约的借款者 $i$ 在极短时间内发生违约的风险:

$$\lambda_i = \exp(\beta_0 + x_i^{\mathrm{T}} \beta) \tag{6.1.5}$$

式中, $\beta_0$ 为截距项, $\beta = (\beta_1^{\mathrm{T}}, \beta_2^{\mathrm{T}}, \cdots, \beta_J^{\mathrm{T}})^{\mathrm{T}}$ 为回归系数, 其中 $\beta_j = (\beta_{j1}, \beta_{j2}, \cdots, \beta_{jp_j})^{\mathrm{T}}$。值得注意的是, 指数模型是刻画生存时间的一种常用参数方式, 比如, Ghitany 等、Fan 等同样采用此方式来研究混合治愈模型, 当然也可以采用 Cox PH 模型等刻画生存时间。

假设 $x_i$ 是高维数据, 需要筛选变量, 本案例采用压缩估计方法来估计未知参数, 目标函数如下:

$$F(\alpha_0, \alpha, \beta_0, \beta) = -L(\alpha_0, \alpha, \beta_0, \beta) + P(\alpha, \beta) \tag{6.1.6}$$

式中, $L(\alpha_0, \alpha, \beta_0, \beta)$ 为对数似然函数, 具体形式如下:

$$L(\alpha_0, \alpha, \beta_0, \beta) = \sum_{i=1}^{n} \delta_i (\log(1 - \pi_i) + \log(\lambda_i) - \lambda_i \Phi_i) +$$
$$(1 - \delta_i) \log((1 - \pi_i) \exp(-\lambda_i \Phi_i) + \pi_i) \tag{6.1.7}$$

式中, $\pi_i = 1 / (1 + \exp(\alpha_0 + x_i^{\mathrm{T}} \alpha))$ , $\lambda_i = \exp(\beta_0 + x_i^{\mathrm{T}} \beta)$。$P(\alpha, \beta)$ 为惩罚函数, 令

$$P(\alpha, \beta) = \mu_1 \sum_{j=1}^{J} \sqrt{p_j} (\| \alpha_j \| + \| \beta_j \|) +$$
$$\frac{\mu_2}{2} \sum_{j=1}^{J} \sum_{k=1}^{p_j} (\operatorname{sign}(\alpha_{jk}) - \operatorname{sign}(\beta_{jk}))^2 \tag{6.1.8}$$

式中，$\mu_1 > 0$，$\mu_2 > 0$ 为调节参数，$\|\cdot\|$ 为 $l_1$ 范数，$\text{sign}(\cdot)$ 为符号函数。惩罚函数的第一项是 LASSO 惩罚项，用于将不显著的特征系数压缩为 0，进行特征选择；第二项是对特征系数的符号一致性惩罚，用于约束同一特征在两部模型中的符号尽可能一致。

由于 $\alpha_{jk} > 0$，$\beta_{jk} > 0$ 都表示变量 $x_{jk}$ 增大时短期内借款者违约风险增加（反之降低），因此，$\alpha_{jk}$，$\beta_{jk}$ 的符号应该具有一致性，而传统的混合治愈模型没法保证两部模型的系数 $\alpha_{jk}$，$\beta_{jk}$ 符号一致，本案例采用符号惩罚函数鼓励 $\alpha_{jk}$ 与 $\beta_{jk}$ 符号一致。用惩罚函数方法能够在模型参数估计的同时，实现特征选择，并使得同一特征对预测是否违约与守约时长的影响效应趋近一致。惩罚强度由 $\mu_2$ 调节，当 $\mu_2 = 0$ 时，$\alpha_j$，$\beta_j$ 符号互不影响；当 $\mu_2 = \infty$ 时，$\alpha_j$，$\beta_j$ 符号完全相同。需要注意的是，本案例假设两部模型中（式(6.1.2)和式(6.1.4)）的解释变量是完全相同的，如果两部模型中解释变量只是部分相同，则只对共有变量的系数进行符号惩罚即可。

### 2. 算法研究

本案例采用 ECD(Expectation Coordinate Descent，期望坐标下降)算法求解式 (6.1.6)。在 E 步，引入潜在违约因子得到全概率函数。在 CD 步，采用组坐标下降法优化 $(\alpha_0, \boldsymbol{\alpha}, \beta_0, \boldsymbol{\beta})$。由于 $\text{sign}(\cdot)$ 不连续且不可导，很难对其优化，所以本案例借鉴 Shi 等对符号函数的优化方法，提出如下近似：

$$(\text{sign}(\alpha_{jk}) - \text{sign}(\beta_{jk}))^2 \approx \left( \frac{\alpha_{jk}}{|\alpha_{jk}| + \tau} - \frac{\beta_{jk}}{|\beta_{jk}| + \tau} \right)^2 \qquad (6.1.9)$$

式中，$\tau > 0$ 为常数。

**E 步：**

记潜在的违约因子 $y_i$ 可观测时，全数据为 $\{(\Phi_i, \delta_i, y_i, \boldsymbol{x}_i), i = 1, 2, \cdots, n\}$，全对数似然函数为

$$\begin{aligned}
\widetilde{L} &= \sum_{i=1}^{n} (1 - y_i)\log(\pi_i) + y_i\log(1 - \pi_i) + \\
&\quad \sum_{i=1}^{n} \delta_i(\beta_0 + \boldsymbol{x}_i^{\mathrm{T}}\boldsymbol{\beta}) - y_i\Phi_i\exp(\beta_0 + \boldsymbol{x}_i^{\mathrm{T}}\boldsymbol{\beta}) \\
&= \widetilde{L}_1 + \widetilde{L}_2 \qquad (6.1.10)
\end{aligned}$$

E 步为当 $\widetilde{L}$ 给定 $\{(\Phi_i, \delta_i, \boldsymbol{x}_i), i = 1, 2, \cdots, n\}$ 时对 $y_i$ 求期望。又因为

$$E(y_i) = \begin{cases} 1, & \delta_i = 1 \\ \dfrac{(1 - \pi_i)\exp(-\lambda_i\Phi_i)}{\pi_i + (1 - \pi_i)\exp(-\lambda_i\Phi_i)}, & \delta_i = 0 \end{cases} \qquad (6.1.11)$$

式中，违约发生时，潜在违约因子的取值为 1；违约未发生时，潜在违约因子的期望和

治愈率与未治愈但样本删失的比例有关。将 $y_i$ 的条件期望带入 $E(\widetilde{L} \mid \boldsymbol{\Phi}_i, \delta_i, \boldsymbol{x}_i)$ 有

$$E(\widetilde{L}) = E(\widetilde{L}_1) + E(\widetilde{L}_2) \tag{6.1.12}$$

式中，

$$l_1 = E(\widetilde{L}_1) = \sum_{i=1}^{n} (1 - E(y_i)) \log(\pi_i) + E(y_i) \log(1 - \pi_i) \tag{6.1.13}$$

$$l_2 = E(\widetilde{L}_2) = \sum_{i=1}^{n} (\delta_i(\beta_0 + \boldsymbol{x}_i^{\mathrm{T}}\boldsymbol{\beta}) - E(y_i)\boldsymbol{\Phi}_i \exp(\beta_0 + \boldsymbol{x}_i^{\mathrm{T}}\boldsymbol{\beta}))$$

式(6.1.12)可分解为式(6.1.13)的两个部分，其中，$l_1$ 类似于二分类模型的对数似然函数，$l_2$ 类似于针对未治愈者生存时间的对数似然函数。

CD 步：

在 CD 步，本案例采用组坐标下降法分别迭代优化 $(\alpha_0, \boldsymbol{\alpha}, \beta_0, \boldsymbol{\beta})$。在迭代更新每组回归系数 $\boldsymbol{\alpha}_j = (\alpha_j, \alpha_j, \cdots, \alpha_j)^{\mathrm{T}}$，$\boldsymbol{\beta}_j = (\beta_j, \beta_j, \cdots, \beta_j)^{\mathrm{T}}$ 时，保持其他系数不变。记上一次系数迭代值分别为 $(\widetilde{\alpha}_0, \widetilde{\boldsymbol{\alpha}}, \widetilde{\beta}_0, \widetilde{\boldsymbol{\beta}})$，CD 步采用式(6.1.14)的方式更新截距项 $\alpha_0$：

$$\alpha_0 = \widetilde{\alpha}_0 - \frac{\partial l_1}{\partial \widetilde{\alpha}_0} \cdot \left( \frac{\partial^2 l_1}{\partial \widetilde{\alpha}_0^2} \right)^{-1} \tag{6.1.14}$$

式中，$\dfrac{\partial l_1}{\partial \widetilde{\alpha}_0}$ 和 $\dfrac{\partial^2 l_1}{\partial \widetilde{\alpha}_0^2}$ 分别为 $l_1$ 对 $\widetilde{\alpha}_0$ 的一阶偏导数和二阶偏导数。对于 $\boldsymbol{\alpha}_j \in \mathbb{R}^{p_j}$，考虑式(6.1.15)所示优化函数。该优化函数只针对 $\boldsymbol{\alpha}_j$，是原目标函数关于 $\boldsymbol{\alpha}_j$ 的二次泰勒展开的上界。

$$-(\boldsymbol{\alpha}_j - \widetilde{\boldsymbol{\alpha}}_j)^{\mathrm{T}}\left( \frac{\partial l_1}{\partial \widetilde{\boldsymbol{\alpha}}_j} + \mu_2 \boldsymbol{\Lambda}_{1j} \right) + \frac{M_{1j}}{2}(\boldsymbol{\alpha}_j - \widetilde{\boldsymbol{\alpha}}_j)^{\mathrm{T}}(\boldsymbol{\alpha}_j - \widetilde{\boldsymbol{\alpha}}_j) + \mu_1\sqrt{p_j}\|\boldsymbol{\alpha}_j\| \tag{6.1.15}$$

式中，$\dfrac{\partial l_1}{\partial \widetilde{\boldsymbol{\alpha}}_j} \in R^{p_j}$ 为 $l_1$ 对 $\widetilde{\boldsymbol{\alpha}}_j$ 的一阶偏导数，$\boldsymbol{\Lambda}_{1j}$ 为 $p_j$ 维向量，$\boldsymbol{\Gamma}_{1j}$ 为常数，$\boldsymbol{\Lambda}_{1j}$、$\boldsymbol{\Gamma}_{1j}$ 满足：

$$\boldsymbol{\Lambda}_{1j} = \left( \frac{1}{|\widetilde{\alpha}_{jk}| + \tau}\left( \frac{\widetilde{\beta}_{jk}}{|\widetilde{\beta}_{jk}| + \tau} - \frac{\widetilde{\alpha}_{jk}}{|\widetilde{\alpha}_{jk}| + \tau} \right) \right)_{1 \leq k \leq p_j}$$

$$\boldsymbol{\Gamma}_{1j} = \psi\left( -\left( \frac{\partial^2 l_1}{\partial \widetilde{\alpha}_{jk_1} \cdot \partial \widetilde{\alpha}_{jk_2}} \right)_{1 \leq k_1, k_2 \leq p_j} \right) + \max_k\left( \mu_2\left( \frac{1}{|\widetilde{\alpha}_{jk}| + \tau} \right)^2 \right) \tag{6.1.16}$$

式中，$\dfrac{\partial^2 l_1}{\partial \widetilde{\alpha}_{jk_1} \cdot \partial \widetilde{\alpha}_{jk_2}}$ 为 $l_1$ 对 $\partial \widetilde{\alpha}_{jk_1} \cdot \partial \widetilde{\alpha}_{jk_2}$ 的二阶偏导数。$\psi(\cdot)$ 为最大特征根函数，$\max$ 为最大值函数。

对于截距项 $\beta_0$，令

$$\beta_0 = \widetilde{\beta}_0 - \frac{\partial l_2}{\partial \widetilde{\beta}_0} \cdot \left( \frac{\partial^2 l_2}{\partial \widetilde{\beta}_0^2} \right)^{-1} \tag{6.1.17}$$

式中，$\dfrac{\partial l_2}{\partial \widetilde{\beta}_0}$ 和 $\dfrac{\partial^2 l_2}{\partial \widetilde{\beta}_0^2}$ 分别为 $l_2$ 对 $\widetilde{\beta}_0$ 的一阶偏导数和二阶偏导数。对于 $\boldsymbol{\beta}_j \in \mathbb{R}^{p_j}$，类似地，考虑式(6.1.18)所示优化函数。该优化函数只针对 $\boldsymbol{\beta}_j$，是原目标函数关于 $\boldsymbol{\beta}_j$ 的二次泰勒展开的上界。

$$- (\boldsymbol{\beta}_j - \widetilde{\boldsymbol{\beta}}_j)^{\mathrm{T}} \left( \frac{\partial l_2}{\partial \widetilde{\boldsymbol{\beta}}_j} + \mu_2 \boldsymbol{\Lambda}_{2j} \right) + \frac{\Gamma_{2j}}{2} (\boldsymbol{\beta}_j - \widetilde{\boldsymbol{\beta}}_j)^{\mathrm{T}} (\boldsymbol{\beta}_j - \widetilde{\boldsymbol{\beta}}_j) + \mu_1 \sqrt{p_j} \| \boldsymbol{\beta}_j \|$$

$$\tag{6.1.18}$$

式中，$\dfrac{\partial l_2}{\partial \widetilde{\boldsymbol{\beta}}_j}$ 为 $l_2$ 对 $\widetilde{\boldsymbol{\beta}}_j$ 的一阶偏导数，$\boldsymbol{\Lambda}_{2j}$ 为 $p_j$ 维向量，$\Gamma_{2j}$ 为常数，$\boldsymbol{\Lambda}_{2j}$、$\Gamma_{2j}$ 满足：

$$\boldsymbol{\Lambda}_{2j} = \left( \frac{1}{|\widetilde{\beta}_{jk}| + \tau} \left( \frac{\widetilde{\alpha}_{jk}}{|\widetilde{\alpha}_{jk}| + \tau} - \frac{\widetilde{\beta}_{jk}}{|\widetilde{\beta}_{jk}| + \tau} \right) \right)_{1 \le k \le p_j}$$

$$\Gamma_{2j} = \psi \left( -\left( \frac{\partial^2 l_2}{\partial \widetilde{\beta}_{jk_1} \cdot \partial \widetilde{\beta}_{jk_2}} \right)_{1 \le k_1, k_2 \le p_j} \right) + \max_k \left( \mu_2 \left( \frac{1}{|\widetilde{\beta}_{jk}| + \tau} \right)^2 \right) \tag{6.1.19}$$

式中，$\dfrac{\partial^2 l_2}{\partial \widetilde{\beta}_{jk_1} \cdot \partial \widetilde{\beta}_{jk_2}}$ 为 $l_2$ 对 $\partial \widetilde{\beta}_{jk_1} \cdot \partial \widetilde{\beta}_{jk_2}$ 的二阶偏导数。$\psi(\cdot)$ 为最大特征根函数。

ECD 算法详见表6-3。该算法中的两个调节参数为 $\mu_1$ 和 $\mu_2$，本案例通过交叉验证法确定其取值。

表6-3　ECD 算法

| ECD 算法 |
| --- |
| 1. 初始化，令 loop $= 0$，$\alpha_0^{\mathrm{loop}} = \beta_0^{\mathrm{loop}} = 0$，$\boldsymbol{\alpha}^{\mathrm{loop}} = \boldsymbol{\beta}^{\mathrm{loop}} = \boldsymbol{0}_{J \times p}$，计算 $\pi_i$，$\lambda_i$； |
| 2. E 步，通过式(6.1.11)更新 $E(y_i)^{\mathrm{loop}+1}$； |
| 3. CD 步：<br>（1）通过式(6.1.14) 更新 $\alpha_0^{\mathrm{loop}+1}$，更新 $\pi_i$；<br>（2）对于 $j = 1, 2, \cdots, J$，优化式(6.1.15)更新 $\boldsymbol{\alpha}_j^{\mathrm{loop}+1}$，更新 $\pi_i$；<br>（3）通过式(6.1.17)更新 $\beta_0^{\mathrm{loop}+1}$，更新 $\lambda_i$；<br>（4）对于 $j = 1, 2, \cdots, J$，优化式(6.1.18)更新 $\boldsymbol{\beta}_j^{\mathrm{loop}+1}$，更新 $\pi_i$。 |
| 4. 令 loop $=$ loop $+ 1$，重复步骤2、3直到收敛。 |

### 6.1.4　分析结果

表6-4所示为特征影响一致效应的混合治愈模型(MCGS)与对比模型(MCG)的系数结果。系数 $\alpha$ 为正，表示该特征与违约概率存在正相关关系；系数 $\beta$ 为正，

表示该特征与守约时长存在负相关关系。违约概率与守约时长都是贷款方守约程度的体现，违约概率越小、守约时长越长，其守约程度越高。比较两种模型与对比模型的系数结果，MCGS 模型的系数符号一致，而 MCG 模型中，贷款的业务类别特征对违约概率和守约时长的影响效应相反。

表 6-4　两种模型系数估计 100 次结果均值

| | MCGS 模型 | | MCG 模型 | |
|---|---|---|---|---|
| | $\alpha$ | $\beta$ | $\alpha$ | $\beta$ |
| $\alpha_0/\beta_0$ | − 1.43 | − 3.67 | − 1.17 | − 4.07 |
| 利率 | 0.34 | 0.28 | 0.54 | 0.17 |
| 放款金额 | − 0.03 | − 0.03 | − 0.06 | 0 |
| 贷款期数 | 0 | 0 | 0 | 0 |
| 社保(是) | 0 | 0 | 0 | 0.34 |
| 业务类别 | | | | |
| 　耐用品消费贷款 | 0.11 | 0.12 | 0.15 | 0.70 |
| 　个人住房装修贷款 | 0 | 0 | − 0.02 | 0.21 |
| 受托支付(是) | 0 | 0 | − 0.13 | 0 |
| 提前还款(是) | 0 | 0 | 0 | − 0.24 |
| 性别(男性) | 0.25 | 0.30 | 0 | 0.82 |
| 年龄 | 0 | 0 | 0 | 0 |
| 学历 | | | | |
| 　研究生及以上 | − 0.02 | − 0.02 | − 0.03 | − 0.32 |
| 　本科 | − 0.06 | − 0.06 | − 0.04 | − 0.22 |
| 　专科 | 0.05 | 0.05 | 0.02 | 0.32 |
| 家庭年收入 | | | | |
| 　20 万元以下 | 0 | 0 | 0 | 0.05 |
| 　20 万 – 40 万元(不含) | 0 | 0 | 0 | 0.38 |
| 　40 万 – 60 万元(不含) | 0 | 0 | 0 | − 0.29 |
| 　60 万元以上 | 0 | 0 | 0 | − 0.19 |
| 雇佣状况(受雇) | − 0.24 | − 0.21 | − 0.08 | − 0.31 |
| 单位类型 | | | | |
| 　党政机关/事业单位 | 0 | 0 | − 0.14 | − 1.53 |
| 　企业 | 0 | 0 | − 0.14 | − 0.40 |
| 居住状况 | | | | |
| 　自置(有按揭余额) | 0 | 0 | 0 | − 0.01 |
| 　自置(无按揭余额) | 0 | 0 | 0 | 0.04 |

续表

| | MCGS 模型 | | MCG 模型 | |
| --- | --- | --- | --- | --- |
| | $\alpha$ | $\beta$ | $\alpha$ | $\beta$ |
| 职业类型 | | | | |
| 机关/企事业单位人员 | 0.04 | 0.04 | 0.09 | 0.09 |
| 商业/服务性人员 | $-0.11$ | $-0.11$ | $-0.25$ | $-0.29$ |
| 职务 | | | | |
| 高级领导 | 0.04 | 0.04 | 0.04 | 0.41 |
| 中级领导 | $-0.04$ | $-0.04$ | $-0.02$ | $-0.25$ |
| 初级领导 | 0 | 0 | 0 | $-0.03$ |

MCGS 模型的系数结果表明，利率、放款金额、业务类别、性别、学历、雇佣状况是影响违约概率与守约时长的重要特征。贷款期数、年龄、是否社保、是否受托支付、是否提前还款、家庭年收入、单位类型、居住状况不影响贷款方的违约概率与守约时长。职业类型和职务对守约程度的影响效应模糊。

从贷款产品特征对守约程度影响的角度，利率对守约程度有负向影响，利率越高，还款成本越高，贷款方越倾向于违约，守约程度越低。放款金额对守约程度有正向影响，低风险的贷款方更容易获得更高的贷款额度，放款金额越高，守约程度越高。贷款期数、是否受托支付、是否提前还款对守约程度无影响。不同业务分类对守约程度的影响不同，耐用品消费贷款的贷款方更倾于违约。

从贷款方特征对守约程度影响的角度，男性对守约程度有负向影响，受雇对守约程度有正向影响，年龄、家庭年收入、居住状况、单位类型对守约程度无影响。相比于女性，男性守约程度较低，男性更倾向于违约，这与 Li 等的研究结果一致，也与男性风险偏好的性格特性相符。随着受教育程度的提高，贷款方的违约程度逐渐降低。本科及以上学历对守约程度有正面影响，高学历群体能够接受更高水平的教育，更容易获得稳定的收入，并更有意愿维护自己的良好信用，违约的倾向更低。受雇的群体更不易违约，相对于个体经营、自由职业、无业等其他雇佣状况，受雇的群体工作性质更稳定，更不倾向于违约。

## 6.1.5 小结

随着数字技术的快速发展，金融机构也加快了信贷业务的扩展，新兴业务，如线上贷款等业务推广，对信用风险管理也提出了越来越高的动态化、自动化、智能化的要求。本案例提出的模型，能够实现重要变量筛选、动态预测信用风险，为智能信用风险管控平台提供决策支持。该模型增加了特征影响一致效应的约束，通过模型能够获知重要变量及其影响，提高了模型的可解释性，有助于信用业务中理解变量对于风险管理的影响，利于模型结果在实际贷款风险管理中应用和推广。

## 6.2　先进制造业

### 6.2.1　案例背景

党的十八大明确指出,要推动战略性新兴产业、先进制造业健康发展。2017年,党的十九大报告再次明确指出,加快建设制造强国,加快发展先进制造业,培育若干世界级先进制造业集群。先进制造业是相对于传统制造业而言的,是制造业不断吸收电子信息、计算机、机械、材料及现代管理技术等方面的高新技术成果,并将这些先进制造技术综合应用于制造业的各个环节和全过程,实现优质、高效、低耗、清洁、灵活生产,从而取得良好经济效益和市场效果的制造业总称。

先进制造业是社会发展和产业升级的需要,是实现信息化、自动化、智能化、柔性化和生态化生产的一种产业类型,主要包括信息技术等催生的新兴产业和先进技术化的传统制造业两种产业层次类型。先进制造业包括高端电子信息制造业(集成电路及关键元器件、信息通信设备、新型显示设备)、先进装备制造业(智能制造装备、船舶与海洋工程装备、节能环保装备、轨道交通装备、航空装备、新能源装备、汽车制造装备、卫星应用装备、重要基础件)、石油化工产业(含有机原料和精细化工)、先进轻纺制造业(绿色食品饮料、高附加值纺织服装、环保多功能家具、智能节能型家电)、新材料制造业(高端精品钢材、高性能复合材料及特种功能材料、战略前沿材料)、生物医药及高性能医疗器械(生物制药、高性能医疗器械)。

先进制造业是制造业的重点发展方向,也是我国制造业转型升级的重要途径,将成为我国参与国际竞争的先导力量,极大支撑起我国国民经济发展和国防建设。目前,我国先进制造业的关键核心技术有待提高,要实现由制造大国向制造强国的转变,则了解先进制造业发展状况,把握技术创新和完善智能升级发展趋势,加快发展先进制造业势在必行。

### 6.2.2　数据来源

本案例使用的数据来源于深圳市宝安区统计局,时间跨度为2014年至2019年。其中,规上企业对应《国家统计局关于布置2010年统计年报和2011年定期统计报表制度的通知》的国家标准,是规模以上工业企业的简称,指的是年主营业务收入在2000万元及以上的工业法人企业。依据深圳市宝安区统计局给出的先进制造业三位数行业名称,共选取高端电子信息制造业、先进装备制造业、石油化工产业、先进轻纺制造业、新材料制造业和生物医药及高性能医疗器械6大类行业。结合三位数行业对应包含的四位数行业代码,对宝安区规上企业工业财务报表中各企业填报数据进行整合处理,并基于本案例所构建的先进制造业行业高质量发展指标体系，计算得到深圳市宝安区 6 个先进制造业三位数行业的各项指标数值，以进行先进制造业行业间的比较分析。这里几位数行业对应我国国民经济行业分类标准，二位数行业指在我国国民经济行业分类中位于大类的产业，三位数行业指在我国国民经济行业分类中位于中类的产业，四位数行业指在我国国民经济行业分类中位于小类的产业。

### 6.2.3　技术方法

#### 1. 基于多维尺度分析的行业聚类方法

多维尺度分析（Multi-Dimensional Scaling，MDS）是一种基于研究对象之间差异数据（距离）或相似数据，拟合得到包含所有研究对象低维（二维或三维）位置结构关系的分析方法。基于位置结构图（关系），可以进一步对研究对象进行聚类分析。该方法可由 R 语言中的 stats 包实现。

常见的 MDS 步骤如下：

第一步，计算各个研究对象多维变量间的距离矩阵，如欧式距离：

$$d_{ij} = \sqrt{\sum_{k-1}^{p} (x_{ik} - x_{jk})^2} \tag{6.2.1}$$

式中，$d_{ij}$ 为对象 $i$ 和对象 $j$ 间的欧式距离，$p$ 为研究对象的变量维度。

第二步，在此基础上，通过各个对象间的距离作二维图，将多维变量空间映射到二维平面上。

在得到二维图后，使用 $k$-means 聚类方法对各个研究对象，即细分行业，进行类别划分，发现细分行业三个分领域上的模式特征。$k$-means 聚类方法的目标是把 $n$ 个对象代表的点划分到 $k$ 个类别中，使得每个点都属于离它最近的均值（同一类别构成图形的几何中心）对应的类，以之作为分类的标准。

$k$-means 聚类方法的标准算法步骤如下：

第一步，分配，将每个样本对象代表的点作为一个类，生成 $n$ 个类；

第二步，更新，计算每个点到各个类中心的距离，将每个点归于到中心距离最近的类，合并生成新的类；

第三步，针对新生成的类，计算其内部对象点的均值，即该类所有样本的质心，作为该类的中心，重复第二步，直到得到的类数减少到符合判断为止。

#### 2. 融合产业聚集理论、多元化理论的指标体系构建

本案例在选取指标构建评价指标体系时，遵循以下几个方面的经验性标准：全面性、系统性、科学性、可比性和实用性。结合粤港澳大湾区发展大背景，在产业集群理论与高质量发展理念指导下，整合先进制造业内涵与发展趋势，构建先进制造业行业高质量发展指标体系，以期对深圳市宝安区先进制造业行业发展状况进行综合评价。所构建的指标体系包括 3 个一级指标和 10 个二级指标，具体如表6-5 所示。

表6-5　先进制造业高质量发展指标体系

| 一级指标 | 序　号 | 二级指标 |
|---|---|---|
| 经济效益 | 1 | 行业企业单位数 |
| | 2 | 行业利税总额 |
| | 3 | 行业总资产 |
| | 4 | 行业资产回报率 |
| 发展活力 | 5 | 行业从业人员数占比 |
| | 6 | 行业投资收益 |
| | 7 | 行业存货率指数 |
| | 8 | 行业负债率指数 |
| 协调水平 | 9 | 行业集聚度 |
| | 10 | 行业横向多元化水平 |

在"经济效益"一级指标下，通过"行业企业单位数"和"行业总资产"衡量先进制造业的整体规模；通过"行业利税总额"衡量先进制造业对经济发展的贡献量；通过"行业资产回报率"衡量先进制造业的资产盈利能力。这些指标共同反映了先进制造业的发展基础。

在"发展活力"一级指标下，通过"行业从业人员数占比"衡量先进制造业的人员规模，在一定程度上可反映先进制造业得以迅速发展的劳动力资源；通过"行业投资收益"衡量先进制造业的投资规模，在一定程度上可反映先进制造业得以迅速发展的投资力量；通过"行业存货率指数"，即先进制造业存货周转率，衡量先进制造业周转效率，反映先进制造业发展的流动性与变现能力；通过"行业负债率指数"衡量先进制造业负债程度，反映先进制造业发展的举债经营能力。这些指标共同反映了先进制造业促进发展的能力。

在"协调水平"一级指标下，通过"行业集聚度"衡量先进制造业的产业集聚程度；通过"行业横向多元化水平"衡量先进制造业的多元化程度。这些指标共同反映了先进制造业的协调发展状况。

在这些指标中，指标1~8可基于先进制造业企业财务报表直接得出，指标9和指标10需进行进一步的计算，其中，结合相关学术研究文献，针对用于反映先进制造业的产业集聚程度的"行业集聚度"指标，本案例使用赫芬达尔指数来刻画，具体计算公式为

$$C_k = \sum_{i=1}^{N_k} \left( \frac{s_{ki}}{S_k} \right)^2, \quad k = 1, 2, \cdots, K; \quad i = 1, 2, \cdots, N_k \qquad (6.2.2)$$

式中，$k$为三位数先进制造业，$K$为三位数先进制造业的总数量，$i$为四位数先进制造业，$N_k$为三位数先进制造业$k$中四位数先进制造业的数量，$s_{ki}$为四位数先进制

造业 $i$ 的总资产与三位数先进制造业 $k$ 的总资产的比值，$S_k = \sum_{i=1}^{N_k} s_{ki}$。$C_k$ 的取值范围在 $(0,1]$ 之间，值越大，说明三位数先进制造业 $k$ 的产业集聚程度越高，即拥有鲜明的主导产业。

针对用于反映先进制造业多元化程度的"行业横向多元化水平"指标，本案例借鉴 Frenken 等（2007）的做法进行计算。假设先进制造业同一行业大类下的细分行业属于相关行业，不同行业大类下的细分行业属于不相关行业，使用横向多元化（HV）度量产业分布状况，具体计算公式为

$$H_k = \sum_{i=1}^{N_k} \frac{s_{ki}}{S_k} \ln\left(\frac{S_k}{s_{ki}}\right), \quad k = 1,2,\cdots,K; \quad i = 1,2,\cdots,N_k \quad (6.2.3)$$

式中，$k$ 为三位数先进制造业，$K$ 为三位数先进制造业的总数量，$i$ 为四位数先进制造业，$N_k$ 为三位数先进制造业 $k$ 中对应的四位数先进制造业数量，$s_{ki}$ 为四位数先进制造业 $i$ 的总资产与三位数先进制造业 $k$ 的总资产的比值，$S_k = \sum_{i=1}^{N_k} s_{ki}$。进一步可以获得行业横向多元化水平，具体计算公式为

$$\mathrm{HRV}_k = \sum_{i=1}^{N_k} S_{ki} H_{ki}, \quad k = 1,2,\cdots,K; \quad i = 1,2,\cdots,N_k \quad (6.2.4)$$

### 3. 基于秩效应的赋权方法

在明确选取指标并建立先进制造业高质量发展指标体系后，为对先进制造业的发展现状进行综合评价，进行各项指标权重的确定是下一步的重要工作。本案例通过结合专家评分的主观赋权方法与以秩效应为基础的客观赋权方法，为先进制造业高质量发展指标体系进行赋权。具体方法如下：

考虑共有 $m$ 个指标的指标体系，假设让 $Q$ 位专家为这 $m$ 个指标进行评分，即类似于主观赋权法，将指标重要性以 $V = (a_1, a_2, \cdots, a_c)$ 按从小到大顺序排列的有序分数代表，专家对某个指标评的分数越高，证明该指标越重要。进一步，假设对各个指标评分为 $a_j$ 的专家人数为 $n_j^1, n_j^2, \cdots, n_j^m$，$j = 1,2,\cdots,c$，称其为秩取值等于 $a_j$ 的秩区间，第 $j$ 个秩区间的宽度为对各个指标评分为 $a_j$ 的专家人数的总和：$n_j = \sum_{i=1}^{m} n_j^i$。由这些假定可以简单地推导得知，第 $j$ 个秩区间的取值为 $\left[\sum_{l=1}^{j-1} n_l + 1, \sum_{l=1}^{j} n_l\right]$，其平均秩次记为 $R_j = \dfrac{\left(\sum_{l=1}^{j-1} n_l + 1\right) + \sum_{l=1}^{j} n_l}{2} = \sum_{l=1}^{j-1} n_l + \dfrac{n_j + 1}{2}$。$R_j$ 代表所有专家对于各个分数的平均偏爱程度，其对各个分数专家人数的加权和代表指标的权重：$w_i = \sum_{j=1}^{c} R_j n_j^i$。举例而言，如果所有专家均偏向于评高分，即认为所有指标均

较为重要，则较高分数（如 $a_c$ ）的评分人数 $n_c$ 相对较多， $a_c$ 的平均秩次也较大，那么只要有稍多一些的专家认为某个指标可以评 $a_c$ 分，这个指标便应该给予较大的权重。从这个角度来看，以平均秩次作为调整权重标准的方法类似于客观赋权法中的拉开档次法，即以不同分数间的差异作为加权依据。

### 6.2.4 分析结果

#### 1. 先进制造业发展评价指标权重

本案例针对设定指标重要性赋值为 9 分制的 32 份有效评分样本，采用秩效应权重赋值方法确定先进制造业发展评价二级指标的权重，结果如表 6-6 所示。

表 6-6　先进制造业高质量发展评价二级指标权重

| 二 级 指 标 | 权　　重 |
| --- | --- |
| 行业企业单位数 | 0.0675 |
| 行业利税总额 | 0.1244 |
| 行业总资产 | 0.0923 |
| 行业资产回报率 | 0.1243 |
| 行业从业人员数占比 | 0.0765 |
| 行业投资收益 | 0.1008 |
| 行业存货率指数 | 0.1025 |
| 行业负债率指数 | 0.0871 |
| 行业集聚度 | 0.1149 |
| 行业横向多元化水平 | 0.1097 |

同理，对三个一级指标的专家评分应用秩效应权重赋值方法，可得到各一级指标的权重，如表 6-7 所示。

表 6-7　先进制造业高质量发展评价一级指标权重

| 一 级 指 标 | 权　　重 |
| --- | --- |
| 经济效益 | 0.3866 |
| 发展活力 | 0.3417 |
| 协调水平 | 0.2717 |

#### 2. 基于多维尺度分析的行业聚类结果

本案例使用 MDS 和 $k$-means 方法对各大类产业内规上与规下企业组成的细分行业进行分类。限于篇幅，基于 MDS 的行业聚类图仅展示规上企业经济效益评价的结果。

对于高端电子信息制造业规上企业，其细分行业 MDS 分类图显示，高端电子信息制造业内部细分行业大致可以分为两类。其中电力电子元器件制造、其他电子元件制造、通信系统设备制造、通信终端设备制造和电子电器制造 5 个细分行业为一类，其他细分行业为一类；虽然两类间存在一定差异，但从数轴的绝对水平来看，两类间的绝对差异不太显著。如图 6-2 所示。

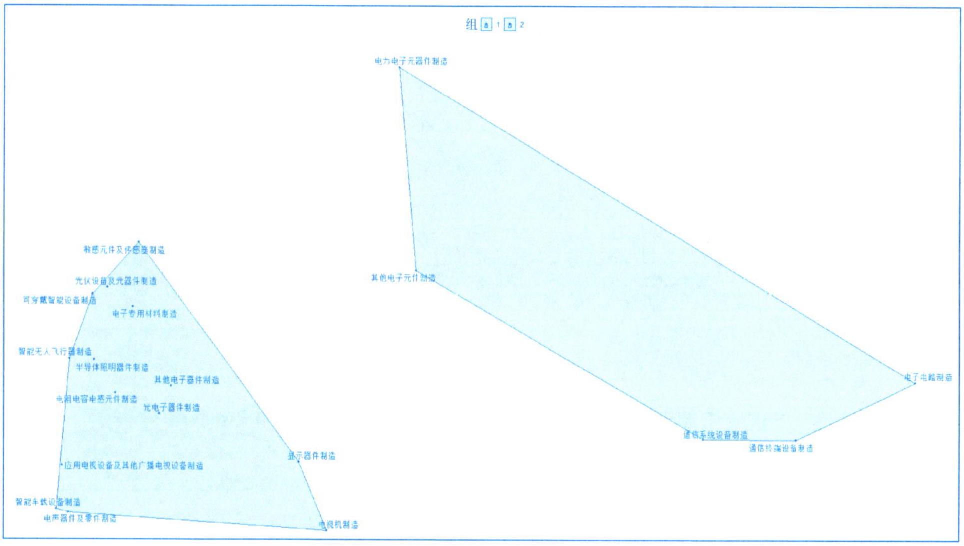

**图 6-2　高端电子信息制造业规上企业细分行业 MDS 分类图**

类似地，由先进装备制造业规上企业细分行业 MDS 和 $k$-means 分类图可见，大部分细分行业在经济效益上的指标非常相似，但存在少数明显偏离其他行业的细分行业，比如，以通信系统装备制造业和电力电子元器件制造业为代表的第三类中的各行业与其他行业在 $X$ 轴代表的横向距离上具有较为明显的差异。有趣的是，即使在差异相对较小的纵向距离上，先进装备制造业较为紧密的两类之间的差异也仍大于高端电子信息制造业中左下角的一类，展现出经济效益沿一轴分散的状态（不考虑第三类的情况下）。如图 6-3 所示。

对于石油化工产业，尽管产业内部规上企业细分行业间具有较为明显的异质性，三类间相对于三类内部的相对距离较先进装备制造业产业更长；但从绝对水平来看，三类间的绝对距离则与先进装备制造业产业没有显著差异。如图 6-4 所示。值得一提的是，仍然类似于前两个产业大类，有少数细分行业，即初级形态塑料及合成树脂制造业、化学农药制造业和涂料制造业，经济效益远远偏离细分行业总体。

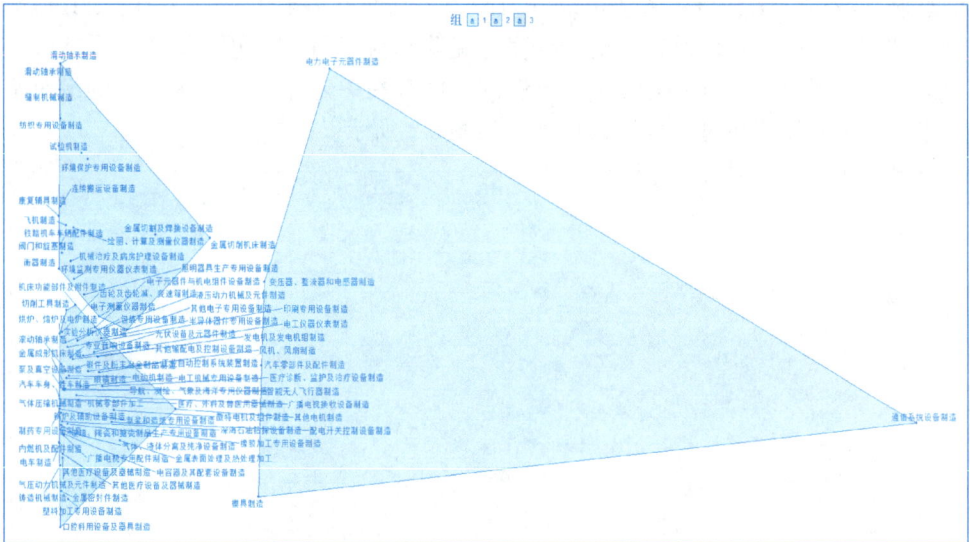

**图 6-3　先进装备制造业规上企业细分行业经济效益 MDS 和 $k$-means 分类图**

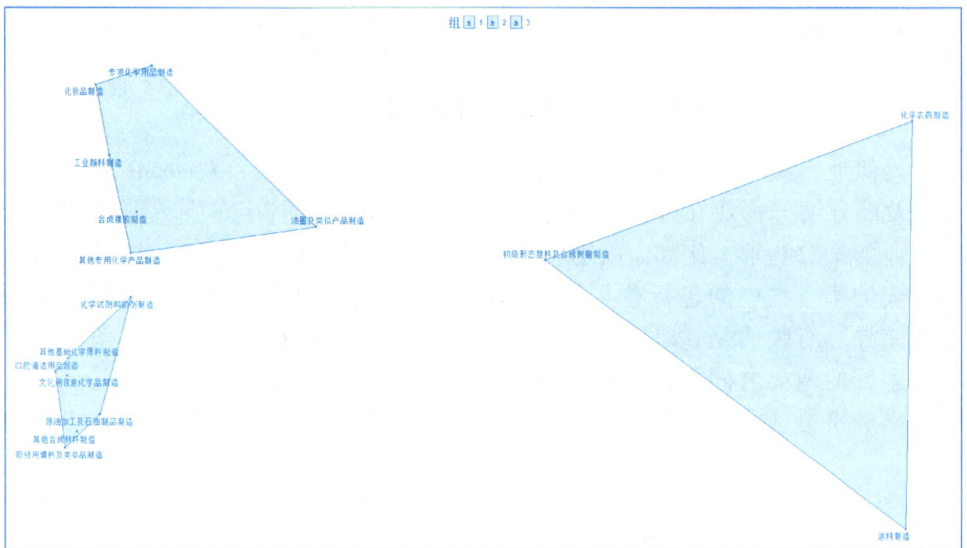

**图 6-4　石油化工产业规上企业细分行业经济效益 MDS 分类图**

相比较而言，先进轻纺制造业规上企业细分行业类别间的相对距离较短（除两个细分行业外），如图 6-5 所示；但从绝对水平来看，先进轻纺制造业细分行业间的绝对差异是前四大类产业中最大的，更遑论本大类中有两个异常偏离的细分行业：木制家具制造业和液体乳制造业。

**图 6-5 先进轻纺制造业规上企业细分行业经济效益 MDS 分类图**

新材料制造业规上企业细分行业的分类特征类似于先进装备制造业（一个偏离的细分行业除外）；除塑料零件及其他塑料制品制造业外，其他细分行业沿一轴呈分散式分布。但从绝对水平来看，新材料制造业两个轴线上的绝对离散程度均小于先进装备制造业（不包括偏离细分行业的情况）。如图 6-6 所示。

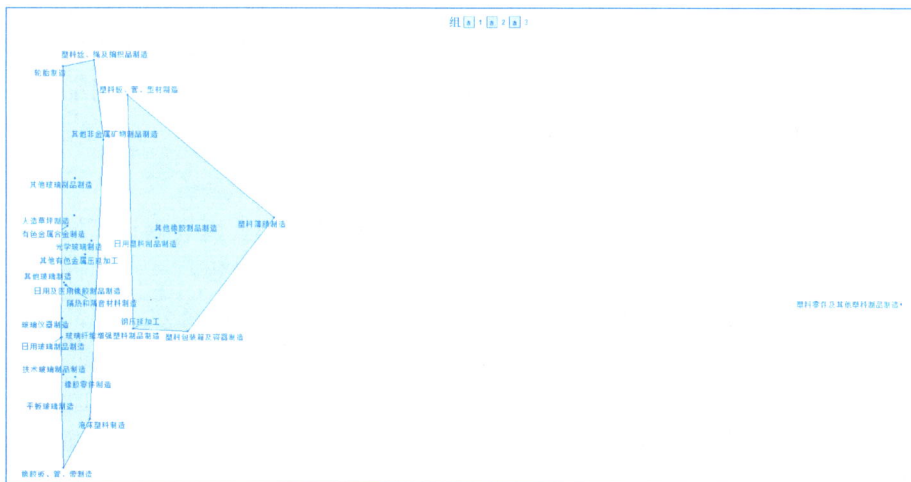

**图 6-6 新材料制造业规上企业细分行业经济效益 MDS 分类图**

最后，生物医药及高性能医疗器械产业规上企业细分行业的分类，类似于先进轻纺制造业的 MDS 分类特征：除两个细分行业（医疗诊断、监护及治疗设备制造业以及化学药品制剂制造业）明显偏离了总体类别外，大多数行业集聚在同一

309

个类别内，而且不论是从相对距离还是绝对距离来看，生物医药及高性能医疗器械产业类别内部距离都很小。如图 6-7 所示。

图 6-7    生物医药及高性能医疗器械产业规上企业细分行业经济效益 MDS 分类图

总体而言，各大类规上企业细分行业的经济效益特征较为相似。尽管各大类产业中均存在 1~5 个特征差异较大的细分行业，但大多数细分行业在大类产业中的特征差异均不大；与此同时，值得关注的是，大类产业(包含大多数细分行业的 1~2 个类别)常存在沿轴分散式分布的特征，即经济效益上虽然特征较为相似，但水平值上仍存在一定差异，这可能意味着同一个大类产业中不同细分行业的行业特征差异导致经济效益的绝对水平差异。

### 3. 宝安区先进制造业发展综合评价

经济效益综合反映了宝安区先进制造业的发展基础。由表 6-8 可知，规上企业中，高端电子信息制造业和先进装备制造业行业经济效益最高，而石油化工产业、先进轻纺制造业和新材料制造业经济效益偏低。经济效益越高，则产业基础越雄厚。在深圳市宝安区，高端电子信息制造业和先进装备制造业拥有更好的产业基础，这也体现在它们较高的规下企业行业经济效益上。值得注意的是，生物医药及高性能医疗器械产业规下企业行业经济效益较低，与其他行业差距较大，部分原因是生物医药及高性能医疗器械产业少数规下企业资产回报率为负，两极分化明显，故与领先企业的互帮互助势在必行。

表 6-9 所示为宝安区先进制造业企业行业发展活力指标权重。发展活力可衡量先进制造业增加投资、扩大生产的潜力，包括行业负债率指数、存货率指数等指标。评价结果显示，宝安区先进制造业规上和规下企业行业发展活力水平较为一致，高端电子信息制造业、先进装备制造业和新材料制造业规模进一步扩大的

可能性最大，而生物医药及高性能医疗器械产业增大规模的潜力最小，这也体现在该行业发展分化严重和较低的负债倾向上。宝安区政府应进一步调整该行业前景预期，调动企业发展积极性，注重引进高质量项目，提升行业发展的质量和水平。

表6-8　宝安区先进制造业行业经济效益指标权重

| 产 业 名 称 | 规上企业行业经济效益权重 | 规下企业行业经济效益权重 |
| --- | --- | --- |
| 高端电子信息制造业 | 0.305 | 0.345 |
| 先进装备制造业 | 0.250 | 0.403 |
| 石油化工产业 | 0.004 | 0.105 |
| 先进轻纺制造业 | 0.009 | 0.148 |
| 新材料制造业 | 0.041 | 0.234 |
| 生物医药及高性能医疗器械产业 | 0.136 | 0.002 |

表6-9　宝安区先进制造业行业发展活力指标权重

| 产 业 名 称 | 规上企业行业发展活力权重 | 规下企业行业发展活力权重 |
| --- | --- | --- |
| 高端电子信息制造业 | 0.331 | 0.275 |
| 先进装备制造业 | 0.248 | 0.215 |
| 石油化工产业 | 0.129 | 0.091 |
| 先进轻纺制造业 | 0.147 | 0.124 |
| 新材料制造业 | 0.205 | 0.233 |
| 生物医药及高性能医疗器械产业 | 0.004 | 0.079 |

表6-10所示为宝安区先进制造业企业行业协调水平指标权重。行业集聚程度较高时，龙头企业溢出效应明显，而此时行业多元化水平降低，行业协调水平则综合考虑了行业专业化和多元化水平。结果显示，生物医药及高性能医疗器械产业规上企业行业协调水平最高，而石油化工产业规上企业行业协调水平偏低。在规下企业中，新材料制造业则表现出最高的行业协调水平。综合来看，协调水平高的行业更易借助区域市场协调地区间专业化分工和多维度需求的矛盾，以产业合作为区域合作载体，发挥区域比较优势。由表中数据可知，生物医药及高性能医疗器械产业规上企业和新材料制造业规下企业发展潜力较大，而高端电子信息制造业应着重提升行业的专业化水平，从而实现行业的规模效应和溢出效应。

表 6-10    宝安区先进制造业行业协调水平指标权重

| 产 业 名 称 | 规上企业行业协调水平权重 | 规下企业行业协调水平权重 |
|---|---|---|
| 高端电子信息制造业 | 0.067 | 0.091 |
| 先进装备制造业 | 0.110 | 0.110 |
| 石油化工产业 | 0.048 | 0.062 |
| 先进轻纺制造业 | 0.104 | 0.098 |
| 新材料制造业 | 0.070 | 0.132 |
| 生物医药及高性能医疗器械产业 | 0.115 | 0.076 |

基于秩效应综合经济效益、发展活力和协调水平，可以获得宝安区先进制造业的高质量发展水平。

由表 6-11 可知，高端电子信息制造业和先进装备制造业高质量发展水平最高，生物医药及高性能医疗器械产业、石油化工产业和先进轻纺制造业高质量发展水平相对较低。在通过秩效应计算的权重中，经济效益、发展活力和协调水平的重要性（权重）分别为 0.387、0.342 和 0.272，这表明，在宝安区先进制造业发展理念中，最为看重行业的经济效益，对行业协调水平的重视程度较低。因此，尽管生物医药及高性能医疗器械产业规上企业单位资产回报率、单位利税总额和单位总资产较高，总体为知识密集型产业，然而高质量发展水平较低。另外，石油化工产业经济效益、发展活力和协调水平皆偏低，最终表现为较低的规上和规下企业行业高质量发展水平。

表 6-11    宝安区先进制造业高质量发展水平综合评价结果

| 产 业 名 称 | 规上企业行业高质量发展水平权重 | 规下企业行业高质量发展水平权重 |
|---|---|---|
| 高端电子信息制造业 | 0.249 | 0.252 |
| 先进装备制造业 | 0.211 | 0.259 |
| 石油化工产业 | 0.059 | 0.089 |
| 先进轻纺制造业 | 0.082 | 0.126 |
| 新材料制造业 | 0.105 | 0.206 |
| 生物医药及高性能医疗器械产业 | 0.085 | 0.049 |

# 6.3    南方经济及电力景气指数构建与分析

## 6.3.1    案例背景

电力需求分析预测是关系电网企业计划规划、市场营销、系统运行等决策的重要基础工作。准确研判电力需求情况对于提高电力公司在投资决策、运营规划、市场营销、生产运行管理等方面的能力水平，促进电力行业与国民经济协调发展均具有重要意义。

与此同时，电力需求的增长与经济发展状况密切相关。近年来，国内经济增长放缓，发展进入新常态，电力需求下滑。要加强对宏观经济运行的跟踪分析，提高电力需求分析预测水平，提早预警能源电力发展趋势。因此，有必要建立反映各省区特点的宏观经济分析预测模型，掌握各省区能源电力需求特性，建立电力需求分析预测模型。通过构建起准确有效的景气指数体系，实现对南方五省区宏观经济、重点行业和电力行业发展情况的准确把握和合理预测，并提供电力供需状态预警。在这样的动机驱动下，本案例囊括了景气指数理论及应用研究、宏观经济景气指数研究、重点行业景气指数研究、电力行业景气指数研究、电力供需状态评估方法研究以及南方五省区经济、电力景气指数系统的开发六个方面的内容。

### 6.3.2　数据来源

本案例数据主要来源于国家统计局、海关总署、中国电力企业联合会、南方电网公司以及中国人民银行，数据时间段为2000—2015年。

### 6.3.3　技术方法

本案例在景气指数理论及应用研究、宏观经济景气指数研究、重点行业景气指数研究、电力行业景气指数研究、电力供需状态评估方法研究以及南方五省区经济电力景气指数系统的开发六个方面，使用了如下创新性方法。

#### 1. 复合独立信息赋权法

复合独立信息赋权法的步骤如下：

① 依次以各个指标为因变量，以其他与之有理论上联系的指标为自变量进行回归，使用逐步回归的方法，取其中最大的拟合优度 $R_i^2$，计算指标的同时独立信息 $SD_i$：

$$SD_i = 1/R_i^2 \tag{6.3.1}$$

② 计算各个指标与基准指标的时差相关系数：

$$R_l = \frac{\sum_{t=1}^{n} (xt - l - \bar{x})(yt - \bar{y})}{\sqrt{\sum_{t=1}^{n} (xt - l - \bar{x})^2 \sum_{t=1}^{n} (yt - \bar{y})^2}}, \quad l = 0, \pm 1, \pm 2, \cdots \tag{6.3.2}$$

选出最大的时差相关系数 $R_{l'} = \max|R_l|$，当 $R_{l'} \leqslant 0$ 时，取 $R_{l'} = 0$。判断各指标为先行指标还是滞后指标，对于先行指标：

$$R_{mi} = \frac{R_{l'}}{|l'|} \tag{6.3.3}$$

对于滞后指标：

$$R_{mi} = l'R_{l'} \tag{6.3.4}$$

对于一致指标则不做处理，特别地，对于 $l = 0$ 的指标 $i$，由于 $SD_i$ 已经包含其信息，于是取 $R_{l'} = 0$。最后得到指标的时差独立信息：

$$DD_i = \frac{1}{R_{mi}} \tag{6.3.5}$$

当 $R_{mi} = 0$ 时，取 $DD_i = 0$

③ 计算各个指标的自相关系数：

$$R_{ls} = \frac{\sum_{t=1}^{n} (xt - l - \overline{x})(xt - \overline{x})}{\sqrt{\sum_{t=1}^{n}(xt - l - \overline{x})^2 \sum_{t=1}^{n}(xt - \overline{x})^2}}, \quad l = 0,1,2,\cdots \tag{6.3.6}$$

选出其中绝对值最大的：

$$R_{l's} = \max |R_{ls}| \tag{6.3.7}$$

使用时间差做权重：

$$R_{si} = lR_{l's} \tag{6.3.8}$$

这就是指标的预测独立信息：

$$PD_i = R_{si} \tag{6.3.9}$$

④ 将三种独立信息相加并归一化，得到各指标权重：

$$W_i = \frac{SD_i + DD_i + PD_i}{\sum_{i=1}^{n}(SD_i + DD_i + PD_i)} \tag{6.3.10}$$

### 2. 时-频域等窗域（Equal-Window-Area，EWA）小波变换方法

时-频域 EWA 小波变换方法的步骤如下：

① 从目标变量序列 $\{y_t\}_{t=1}^{T}$ 中减去最小二乘回归拟合值，得到 $\{y_t^*\}_{t=1}^{T}$；

② 计算 $\{y_t^*\}_{t=1}^{T}$ 的连续小波变换，得到 $\{y_t^*\}_{t=1}^{T}$ 对应的时-频域小波序列 $W(\tau,s)$；

③ 判断目标频段尺度内小波序列 $\{W(\tau,s)\}_{s=6}^{32}$ 中波峰平均能量与对应边际频段平均能量，依据结果，对两端的边际频段，使用时域-边际频段 EWA 或时域-波峰频段 EWA 对小波序列进行加权，并舍弃目标频段以外的部分，得到削减边界效应与波动缩减后的序列 $\{W^*(\tau,s)\}_{s=6}^{32}$；

④ 类似于窗函数滤波算法，根据公式：

$$v_t^* = \frac{dj \cdot dt^{1/2}}{0.776 \times \pi^{-1/4}} \sum_{s=6}^{32} \frac{\text{Re}(W^*(\tau,s))}{s^{1/2}} \tag{6.3.11}$$

计算 $\{W^*(\tau,s)\}_{s=6}^{32}$ 的逆小波变换，并根据目标频段与所有频段的能量比值进行缩放（Rescale），得到过滤后的时间序列 $\{v_t^*\}_{t=1}^{T}$，保证其波动幅度与目标频段内能量水平一致。

### 3. 构建经济周期计量模型

本部分构建了一种适用于考察分层数据因子特征的经济周期计量模型，即多层区制转移异质动态因子模型（Multi-Level Regime Switching Heterogenous Dynamic Factors Model，MLRS-HDFM）：

$$
\begin{bmatrix} y_t^1 \\ \vdots \\ y_t^N \end{bmatrix} = \begin{bmatrix} \boldsymbol{\alpha}_{k_1\times 1}^1 \boldsymbol{\beta}_{k_1\times 1}^1 & \mathbf{0}_{k_1\times(p-2)} & \mathbf{0}_{k_1\times 1} \\ \vdots \ \mathbf{0}_{(N-k_1-k_p)\times 1} & \ddots & \mathbf{0}_{(N-k_1-k_p)\times 1} \\ \boldsymbol{\alpha}_{k_p\times 1}^p \mathbf{0}_{k_p\times 1} & \mathbf{0}_{k_p\times(p-2)} & \boldsymbol{\beta}_{k_p\times 1}^p \end{bmatrix} \begin{bmatrix} g_t \\ f_t^1 \\ \vdots \\ f_t^p \end{bmatrix} + \begin{bmatrix} \boldsymbol{u}_t^1 \\ \vdots \\ \boldsymbol{u}_t^N \end{bmatrix} \begin{bmatrix} g_t \\ f_t^1 \\ \vdots \\ f_t^p \end{bmatrix}
$$

$$
= \begin{bmatrix} \phi_{11}(L) & \cdots & \phi_{1,p+1}(L) \\ \vdots & \ddots & \vdots \\ \phi_{p+1,1}(L) & \cdots & \phi_{p+1,p+1}(L) \end{bmatrix}_{S_t} \begin{bmatrix} g_t \\ f_t^1 \\ \vdots \\ f_t^p \end{bmatrix} + \begin{bmatrix} \boldsymbol{\eta}_t^g \\ \boldsymbol{\eta}_t^1 \\ \vdots \\ \boldsymbol{\eta}_t^p \end{bmatrix} \tag{6.3.12}
$$

$$
\begin{bmatrix} \boldsymbol{\eta}_t^g \\ \boldsymbol{\eta}_t^1 \\ \vdots \\ \boldsymbol{\eta}_t^p \end{bmatrix} \overset{\text{i.i.d.}}{\sim} N(0,\mathbf{I}_{p+1}) \tag{6.3.13}
$$

式中，$\{y_t^n\}_{n=1}^N$ 为时期 $t$ 的 $N$ 个观测变量；$g_t$ 与 $\{f_t^n\}_{n=1}^p$ 为时期 $t$ 的全局因子与区域因子。假定全局因子对所有观测变量均有影响，而区域因子仅对对应区域的观测变量有影响，那么观测方程式的系数矩阵分块后，除全局因子对应的系数向量 $\{\boldsymbol{\alpha}_{k_j\times 1}^j\}_{j=1}^p$ 外，其余区域因子对应区域外省区的系数均为零；进一步，由 Bai 和 Wang（2015）给出的多层相关动态因子模型识别条件：第一，因子自回归方程扰动项的协方差矩阵为单位矩阵；第二，$\{\boldsymbol{\beta}_{k_j\times 1}^j\}$，$j=1,2,\cdots,p$ 中每个系数向量的第一个元素，即观测方程系数矩阵的对角线元素，均为正数，观测方程系数矩阵为列满秩。

## 6.3.4　分析结果

### 1. 南方五省区宏观经济景气指数

广东省的一致扩散指数显示，2005—2015 年其宏观经济总体呈现扩张趋势，也就是，除 2006 年、2010 年与 2013 年某些季度出现运行的重大转折以外，其他时间段广东省宏观经济都处于较为繁荣的阶段，特别是在 2011 年与 2014 年初，广东省宏观经济有过热的倾向。所以后续分析时可以以 2010 年为界对广东省宏观经济进行比较分析，并为电力行业景气指数的分析提供参考。而广东省的一致合成指数则与一致扩散指数的结论不同，一致合成指数的第一个转折点出现得更早一些，为

2009 年左右。而第二个转折点出现的时间则基本一致。过热点出现的时间也基本一致,在 2011 年与 2014 年。差异在于,2007 年到 2008 年的过热状态扩散指数较不明显。景气信号灯则预示广东省在 2010 年以后宏观经济呈现更加繁荣的现象,而在 2013 年以后逐渐趋缓,并在 2009 年剧烈下降,2013 年后波动呈现规则化,2015 年后上升的幅度减小,且各指标表现变差,可能出现增长趋缓甚至下降的情况。

广西壮族自治区的一致扩散指数显示,其宏观经济波动程度远大于广东省,且没有显著的结构性差异,特征是,2010 年以后在高水平上持续的时间有所增长且指数水平也较往年高,从其一致合成指数则可以看出,与一致扩散指数预测的相似,并没有显著的增长或者下跌的转折点,可能仅在 2009 年有一个小幅度的下跌。而增高点较通过一致扩散指数得到的要晚,大约在 2013 年以后。2009 年前后先行指数滞后于一致指数,这可能是由于结构性断点出现在 2012 年,之前的指数描述容易出现误差。与广东省的一致合成指数相比,其 2009 年宏观经济的下跌滞后于广东省,可能说明其受到广东省的冲击。广西壮族自治区的景气信号灯同样预示 2009 年宏观经济有剧烈的向下波动,2013 年以后波动规律化,且上升周期变长,但各指标在 2015 年后开始有较好的表现,预计增长水平不变,但是增长循环周期加长。

云南省的一致扩散指数与广西壮族自治区的类似,均呈现较大幅度的波动,不同的是,并没有出现较高水平的增加,相反,低水平的程度反而增加了。这预示着云南省的宏观经济发展水平较为缓慢,而且受到冲击后并未恢复。与一致扩散指数的结论相似,云南省的一致合成指数除少数情况(2014 年和 2015 年的某些季度)外并未增长。而先行指数预示着未来宏观经济发展可能会遇到与 2011 年类似的低谷。同理,与广东省、广西壮族自治区的一致合成指数比较可以发现,云南省宏观经济 2010 年下跌的原因应该是受到二者的冲击。云南省的景气信号灯预示 2009 年宏观经济受冲击的程度最大,在 2015 年后向上波动的幅度减小且周期加长,但各指标的表现仍延续 2013 年以来的水平,预计可能出现增长幅度下降的情况。

贵州省的一致扩散指数向下波动的幅度降低,而处于高水平状态的时间增加,并且高水平的程度较 2010 年以前高。与广西壮族自治区、云南省相似的一致扩散指数预示其宏观经济受到的冲击也是相似的。而从相似程度来看,贵州省与广西壮族自治区的联系更为紧密。贵州省一致合成指数预示其宏观经济在受到 2009 年的冲击以后,波动幅度较之前小,与由一致扩散指数得到的结论相符,同时,下跌幅度小于 2009 年以前。而从时间点来看,其受到冲击的时间与广东省基本相同,说明与广西壮族自治区、云南省不同,贵州省宏观济济受到的冲击可能并非来自广东省,而有其他来源。并且与广西壮族自治区类似,其结构性断点决定了 2010 年前先行指数的预测效果会有所下降。贵州省的景气信号灯预示其宏观经济受 2009 年冲击影响的时间较其他省份长,预警指标显著下降。同样,2014 年以来宏观经济的上升周期加长，趋势放缓，且与 2009 年类似，某些指标下行至底端，预计宏观经济形势不容乐观，但是在较远的未来可能会有迅速恢复甚至上升的机会。

海南省的一致扩散指数波动幅度不大，与云南省情况类似，不同之处在于，其下跌幅度呈现先减少后增加的情况，这可能说明海南省宏观经济在发展过程中受到了比云南省更多的冲击。海南省一致合成指数受冲击的时间点与广西壮族自治区类似，而先于云南省与贵州省，说明海南省宏观经济受到的冲击应该来自广东。而海南省的一致合成指数在 2012 年后的波动幅度是所有省份中最小的，说明此时海南省宏观经济的发展进入较为平稳的状态，但同时高水平的状态时有出现，预示着未来海南省宏观经济发展前景较好。海南省景气信号灯预示的情况与其他省份相似的有 2009 年宏观经济的下滑、2014 年以来宏观经济上升程度的减少以及下降程度的增加。不同之处在于，海南省宏观经济的高速增长在 2005 年左右较为明显，而在 2014 年以后，虽然部分指标下降，但是表现优良的指标仍维持高水平，意味着未来宏观经济发展相对平稳。

### 2. 南方五省区重点行业景气指数

由扩散指数与合成指数可知，广东省计算机、通信和其他电力设备制造业两种指数的变动趋势相仿。从扩散指数看，自 2009 年至 2015 年大致可划分为 5 个周期，其中包含 4 个"波谷—波谷"完整周期，在每个完整的景气周期中，该行业都经历了"扩张—收缩"的交替。

广东省电气机械和器材制造业的先行扩散指数和一致扩散指数、滞后扩散指数耦合性较强。合成指数方面，先行合成指数和一致合成指数有较好的耦合性，但滞后合成指数解释性较差，可能是电气机械和器材制造业的滞后指数受其他行业影响的时间跟先行指数、一致指数的时间点不同导致的。样本期内，合成指数经历了"波谷—波峰—波谷—波峰"周期，先行合成指数大约领先一致合成指数 5 个月，并且 2015 年合成指数处于下降通道中，预计接下来一段时间会继续下降。

从扩散指数与合成指数可知，广东省汽车制造业的两种指数变动趋势相仿，自 2009 年至 2015 年大致可划分为 3 个周期，其中包含两个"波谷—波谷"完整周期，在每个完整的景气周期中，该行业都经历了"扩张—收缩"的交替变化，目前正处于第 3 个周期的收缩阶段。

从扩散指数与合成指数可知，广东省橡胶和塑料制品业的两种指数变动趋势相仿，自 2009 年至 2015 年大致可划分为 4 个周期，其中包含 3 个"波谷—波谷"完整周期，在每个完整的景气周期中，该行业都经历了"扩张—收缩"的交替变化，目前正处于第 74 个周期的扩张阶段。

从扩散指数与合成指数可知，广东省金属制品业的两种指数变动趋势相仿，自 2009 年至 2015 年大致可划分为 4 个周期，其中包含 3 个"波谷—波谷"完整周期，在每个完整的景气周期中，该行业都经历了"扩张—收缩"的交替变化。目前正处于第 4 个周期的波峰转折阶段。

从扩散指数与合成指数可知，广东省批发零售业的两种指数变动趋势相仿，自 2009 年至 2015 年大致可划分为 3 个周期，其中包含 3 个"波谷—波谷"完整周期，在每个完整的景气周期中，该行业都经历了"扩张—收缩"的交替变化，目前正处于第 3 个周期的收缩阶段。

限于篇幅，其他 4 个省区的重点行业分析此处省略，但其分析方法和分析角度与广东省重点行业有一定的共性。

### 3. 南方五省区电力行业景气指数

从图 6-8 可看出，广东省、广西壮族自治区、云南省与贵州省的电力行业景气指数波动较为相似，与现状分析中的部分预期较为一致；与预期不同的是，海南省电力行业呈现与其他省区不同的景气波动，考虑到海南省宏观经济景气指数与其他省区的情况也有所不同，可以认为这是合理的现象。

同样可以看出，与宏观经济景气指数相比，电力行业景气指数往往更早地出现对应的波动。

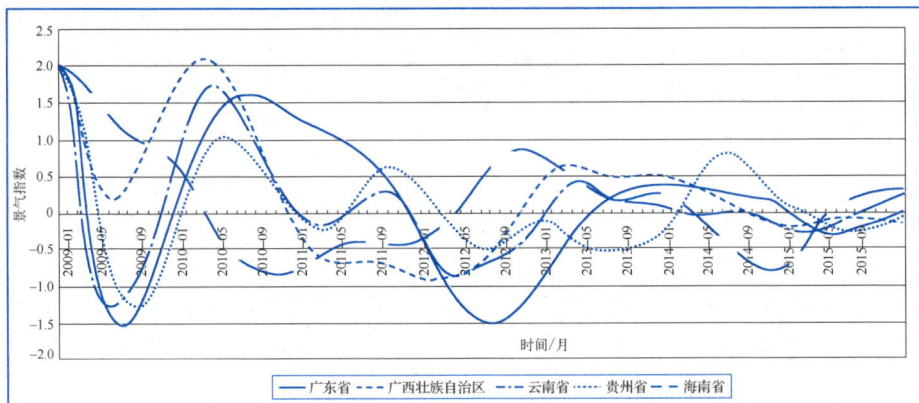

**图 6-8　五省区电力行业景气指数波动曲线**

对于广东省，从图 6-9 可以看出，在 2015 年以前，电力行业景气指数比宏观经济景气指数提前 1 到 2 个月，而 2015 年以后有滞后于宏观经济景气指数 1 到 2 个月的趋势。这可能预示着新一轮的经济周期受电力行业的影响有所减弱，同时也可能说明未来产业结构调整已经出现端倪。

从 2009 年到 2015 年，广东省大致经历了两个大的经济周期，即从 2009 年中到 2012 年初，以及从 2012 年中到 2015 年初。显然，不论从电力行业还是宏观经济的角度来看，第二个经济周期的波动幅度都小于第一个经济周期，并且预示未来的经济周期波动会逐渐趋缓。

对于广西壮族自治区，从图 6-10 可以看到，与广东省相比，电力行业景气指数第一个周期低谷时间较长，说明对于 2009 年的冲击，虽然政府通过一些手段进行了缓冲，但是后续的影响还是在 2011 年后逐渐体现出来。从宏观经济景气指数也可以看到类似的情况，缓冲带来的经济高峰期持续的时间较长，不过在 2012 年逐渐下滑。此时其他省份已经度过低谷期，于是可在较短时间内带动广西壮族自治区的经济回到正常水平。

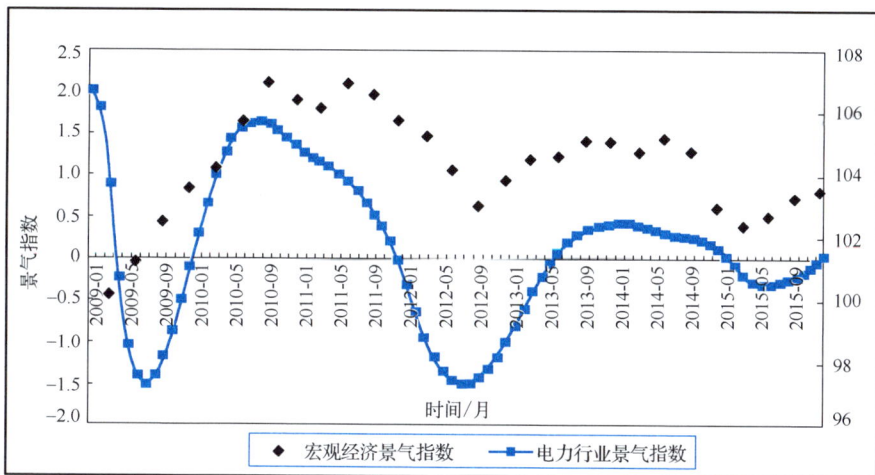

**图 6-9　广东省宏观经济景气指数与电力行业景气指数**

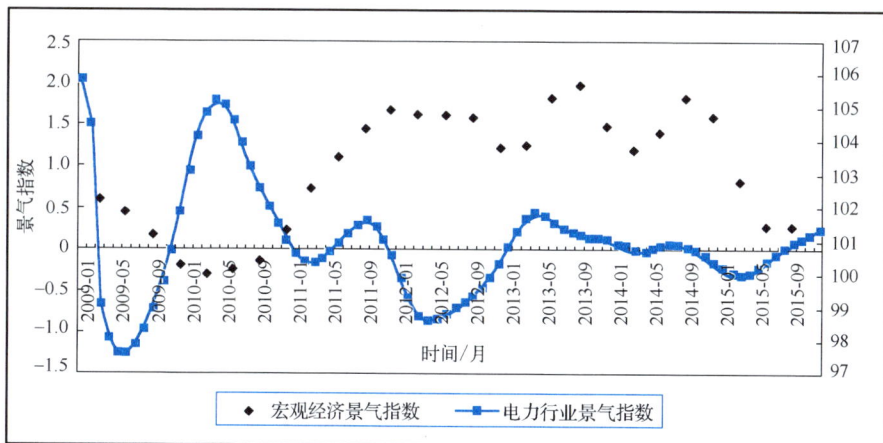

**图 6-10　广西壮族自治区宏观经济景气指数与电力行业景气指数**

可能由于广西壮族自治区、云南省与贵州省经济对工业和高耗能产业依赖程度较高，从而电力行业对于其宏观经济的影响也较为显著，因此电力行业景气指数总能较准确地预测到接下来宏观经济的波动趋势。如图 6-11 所示，云南省电力行业景气的先行程度高于广东省与广西壮族自治区，往往会在半年前就体现出未来宏观经济的波动趋势。

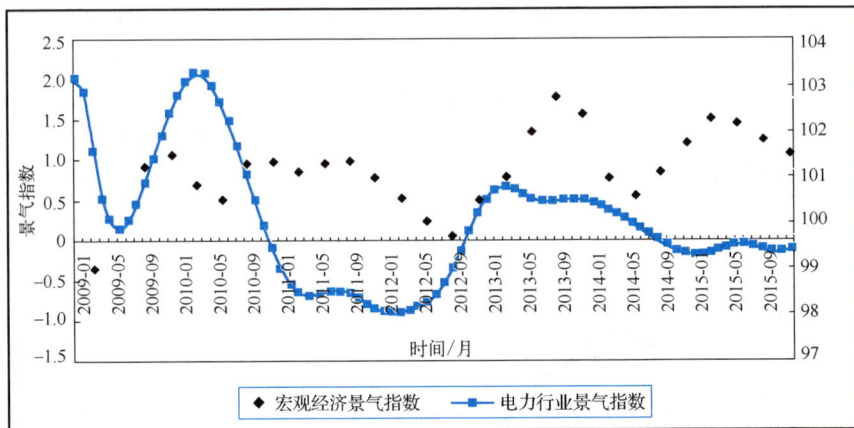

图 6-11　云南省宏观经济景气指数与电力行业景气指数

同时，与广西壮族自治区、广东省不同的还有，2011—2012 年间云南省电力行业景气还出现了一次小型的周期性波动，这个特征与贵州省的电力行业景气类似。这可能来自上游产业波动产生的影响。

与其他省份有所不同，图 6-12 显示，2009 年电力行业景气的剧烈下滑对贵州省宏观经济似乎没有带来太过剧烈的影响。与云南省相同，电力行业景气指数在 2011—2012 年间出现了一个小型波动周期。但与其他省份相比，2014—2015 年的宏观经济与电力行业景气高峰并未出现趋缓的情况，反而有愈发高昂的趋势，说明未来贵州省宏观经济应该会有较大的发展。当然，在周期性低谷中贵州省仍然摆脱不了宏观经济下滑与向上波动趋缓的倾向。

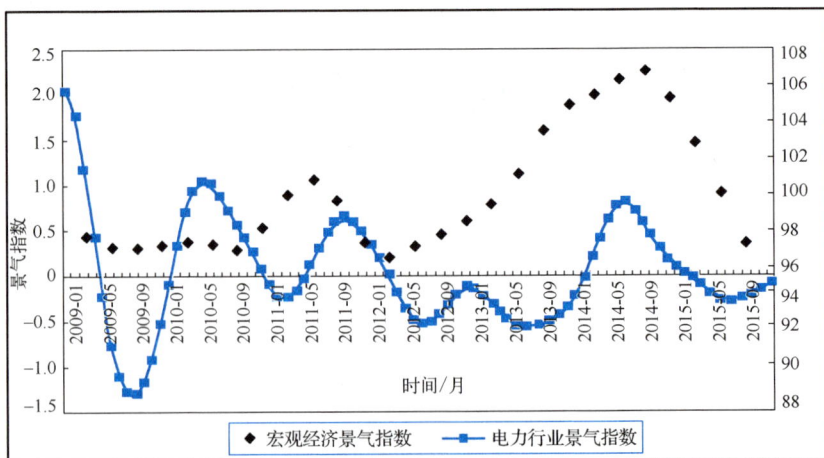

图 6-12　贵州省宏观经济景气指数与电力行业景气指数

与此同时可以发现，电力行业对于贵州省宏观经济发展的先行程度以及波动程度的预测能力较不显著，这可能说明贵州省对于高耗能行业的依赖不如前三个省区那么高。

显然，如图 6-13 所示，不论是电力行业景气还是宏观经济景气，海南省与其他四个省区的情况都完全不同，特别是 2009—2011 年间，大宏观经济周期的上升对于海南省似乎并没有影响。但是负面冲击仍然使得海南省经济（不论是电力行业还是宏观经济）有一定程度的下滑与持续的波动。虽然电力行业景气对于宏观经济的预测效果并不十分显著（与广东省、广西壮族自治区、云南省不同），但还是能够从大体的趋势上看出宏观经济景气与电力行业景气间的波动关联关系。

同时，海南省电力行业景气与其他四个省区往往呈现相反的趋势，可能说明海南省的电力行业发展滞后于其他四个省区。

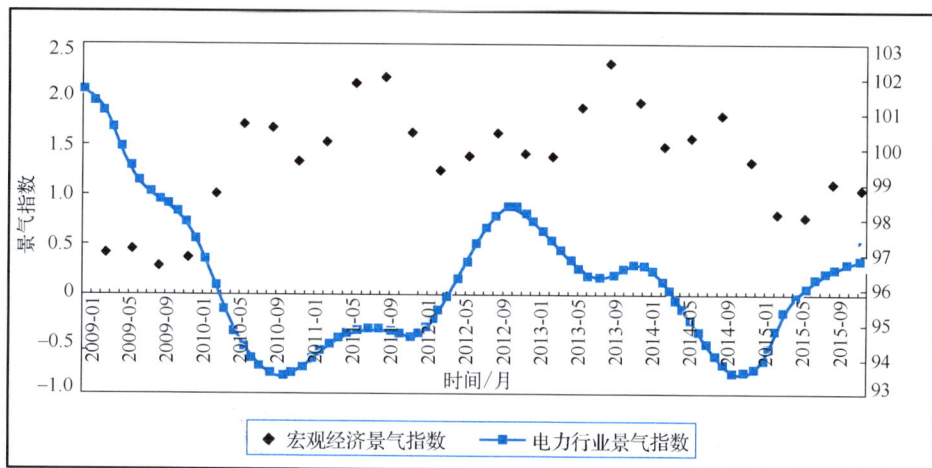

图 6-13 海南省宏观经济景气指数与电力行业景气指数

## 4. 南方五省区电力供需平衡状态预测

以广东省为例说明电力供需平衡模型的构建流程。首先，需要对广东省的电力供需平衡状态数据进行扩展。由于电力供需平衡仅有 $-1$，$0$，$1$ 三种状态，同时认为短时间内电力供需平衡状态不会发生突变，因此通过复制 3 次每月的数据得到 328 期供需平衡数据（将一月分为 4 期，每期状态一致），此时数据长度大于根据经验法则得到的最小数据长度 270。图 6-14 所示为广东省扩展后电力供需平衡状态的情况。

同理，对于输入的其他指标也需要进行扩展，我们使用基于最小二乘法逼近原理的 3 次 B 样条数据插值法对数据进行扩展。

以工业增加值增长率为例，数据扩展前后的平滑程度检验如图 6-15 所示。使用快速傅里叶变换得到扩展前后的频域分布图（点为扩展前，线为扩展后）。可以发现，高频点显著减少，于是认为，扩展使得数据更为平滑，是合理的。

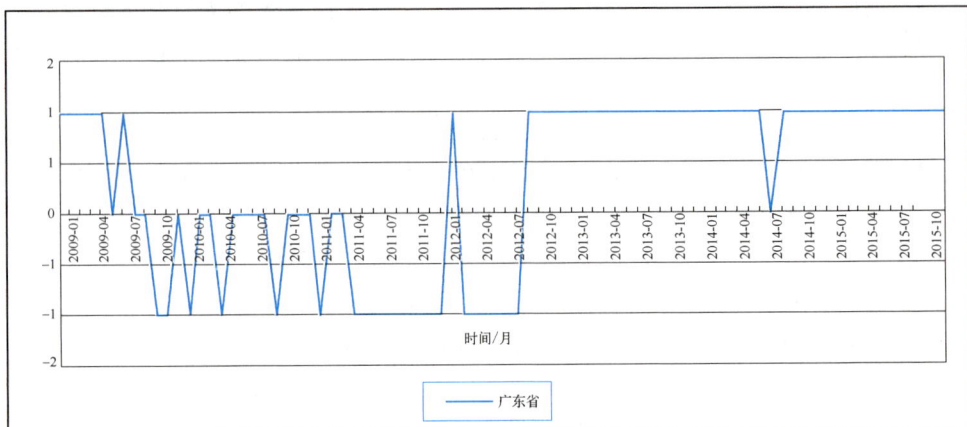

图 6-14　广东省扩展后电力供需平衡状态

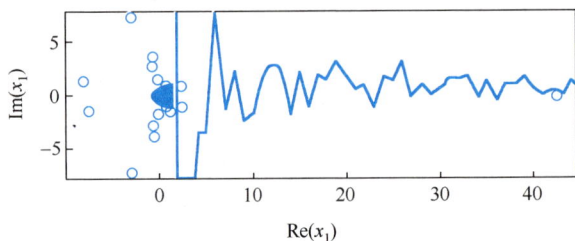

图 6-15　数据扩展前后的平滑程度检验

　　划分 10% 的数据（33 个时期）作为测试集，在将训练集和测试集打乱顺序后，对神经网络进行训练。神经网络隐藏层节点为 3，学习速率设为 0.1，实际与预测状态最大差异设为 0。查看测试集中预测状态与实际状态，如表 6-12 所示，表中左侧数据为三种状态（-1,0,1）的实际值（0 为不发生，1 为发生），右侧数据为三种状态（-1,0,1）的预测概率值。

表 6-12　状态实际值与预测概率值

| 实际值（0 为不发生，1 为发生） | | | 预测概率值 | | |
|---|---|---|---|---|---|
| -1 状态 | 0 状态 | 1 状态 | -1 状态 | 0 状态 | 1 状态 |
| 0 | 0 | 1 | 0.0070 | 0.0002 | 0.9906 |
| 0 | 0 | 1 | 0.3624 | 0.0004 | 0.7136 |
| 0 | 0 | 1 | 0.0002 | 0.0011 | 0.9980 |
| 0 | 0 | 1 | 0.0000 | 0.0072 | 0.9982 |
| 1 | 0 | 0 | 0.9750 | 0.0268 | 0.0102 |
| 0 | 0 | 1 | 0.0000 | 0.0060 | 0.9985 |

| 实际值（0 为不发生，1 为发生） | | | 预测概率值 | | |
|---|---|---|---|---|---|
| −1 状态 | 0 状态 | 1 状态 | −1 状态 | 0 状态 | 1 状态 |
| 1 | 0 | 0 | 0.0630 | 0.9303 | 0.0330 |
| 1 | 0 | 0 | 0.9745 | 0.0209 | 0.0120 |
| 0 | 0 | 1 | 0.0000 | 0.0064 | 0.9984 |
| 0 | 0 | 1 | 0.0007 | 0.0013 | 0.9937 |
| 0 | 0 | 1 | 0.0000 | 0.0060 | 0.9985 |
| 0 | 1 | 0 | 0.0632 | 0.9366 | 0.0311 |
| 0 | 0 | 1 | 0.0022 | 0.3109 | 0.6672 |
| 0 | 1 | 0 | 0.0670 | 0.9330 | 0.0308 |
| 0 | 0 | 1 | 0.0000 | 0.0061 | 0.9985 |
| 0 | 0 | 1 | 0.0000 | 0.0060 | 0.9985 |
| 0 | 0 | 1 | 0.1679 | 0.0001 | 0.9244 |
| 0 | 0 | 1 | 0.0000 | 0.0064 | 0.9984 |
| 1 | 0 | 0 | 0.9743 | 0.0277 | 0.0102 |
| 0 | 0 | 1 | 0.0000 | 0.0056 | 0.9985 |
| 1 | 0 | 0 | 0.9780 | 0.0237 | 0.0100 |
| 0 | 0 | 1 | 0.0168 | 0.0000 | 0.9954 |
| 0 | 1 | 0 | 0.0619 | 0.9374 | 0.0314 |
| 0 | 0 | 1 | 0.8102 | 0.0021 | 0.1572 |
| 0 | 0 | 1 | 0.0000 | 0.0060 | 0.9985 |
| 1 | 0 | 0 | 0.9781 | 0.0237 | 0.0099 |
| 0 | 0 | 1 | 0.0072 | 0.0001 | 0.9912 |
| 0 | 0 | 1 | 0.0005 | 0.0004 | 0.9976 |
| 1 | 0 | 0 | 0.9520 | 0.0515 | 0.0114 |
| 1 | 0 | 0 | 0.9657 | 0.0369 | 0.0108 |
| 0 | 1 | 0 | 0.0613 | 0.9375 | 0.0316 |
| 0 | 1 | 0 | 0.0618 | 0.9381 | 0.0312 |
| 0 | 1 | 0 | 0.0624 | 0.9376 | 0.0312 |

可以看到，33 个时期中仅有两个时期预测概率值最大的状态与实际值不符，模型预测准确率较高。

对其余 4 个省区也进行类似的操作，可以得到电力供需平衡预测精度较高的人工神经网络。

### 6.3.5 小结

本案例共有四部分内容：南方五省区宏观经济景气指数、南方五省区重点行业景气指数、南方五省区电力行业景气指数与南方五省区电力供需平衡状态预测。

主要方法：传统扩散及合成指数、经过改进的状态空间模型、时-频域 EWA 小波变换以及 BP(Back Propagation，前馈)神经网络。其中创新点如下：使用内生结构性断点作为判断基准日期的标准；借用灰色关联度概念，对指标先行滞后性使用时差灰色关联度方法进行判断；使用复合独立信息赋权法对传统合成指数计算中的权重进行计算；使用 MPF(Model Predict Filter，模型预测滤波)方法对非线性状态空间模型进行估计；使用 BP 神经网络对三元变量进行拟合与预测。

主要结论如下：

① 宏观经济景气指数方面，自 2010 年以来各省区发展都有所放缓，海南省和广东省发展前景较为优良，广西壮族自治区、云南省与贵州省的发展则趋于平缓。

② 重点行业景气指数方面，可以看到，高新技术行业的发展前景优于重工业，但当受到冲击时，高新技术行业往往更快地出现波动，而且波动幅度往往较大。

③ 电力行业景气指数方面，可以发现，经济越发达的省区，其电力行业与宏观经济景气间的关系就越密切，而工业等用电较高的行业不发达的海南省则显示出电力行业与宏观经济景气间关系不密切的特征。并且，电力行业景气指数往往能够提前较长时间预测到未来宏观经济景气变化的趋势和幅度。

④ 电力供需平衡状态预测方面，BP 神经网络的预测准确性建立在样本数据量足够大的基础上，当使用原始数据样本时，BP 神经网络预测准确率并不比使用传统方法高。

## 6.4 基于深度迁移学习的食材图像识别算法研究

### 6.4.1 案例背景

在食品计算领域，各应用都需要大规模的食品数据集。当前的数据集主要分为以下几种类型：食谱数据集、菜肴图像数据集、烹饪视频数据集、食物属性数据集和与餐厅相关的食物图像数据集。对于与餐厅相关的食物图像数据集，目前的工作主要包含食物图像、菜肴标签和餐厅级别信息，如菜单和地理位置的数据集，利用地理位置和有关餐厅的外部信息来解决餐厅特定的食物识别问题。但是，此类数据集的类别和大小受到限制，不能满足系统应用。因此，我们从几十家大型餐厅中收集食材图像，构造了 Meal-300 数据集，该数据集包含 300 个类别的食材，约 53374 张图像，但各类别图像数量严重不平衡，处于 10 ~ 453 之间。于是在我们的应用中出现了第二个挑战——食材数据不平衡问题，即由于食材规模较大，不同类别的训练数据严重不平衡。也就是，在常用的食材类别中有足够的训练数据，但在稀有类别中只有少数样本，这会导致训练数据较少的类别产生过拟合问题。

针对上述严峻挑战，Tzeng 等在传统的 CNN 模型中结合迁移学习技术，提出了一种领域适配技术，该技术尝试学习跨源域（实验室数据）和目标域（真实环境数据）的不变特征以应对领域不同的图像识别问题。特别是，在最小化分类的损失函数的同时，还试图最大程度混淆源域和目标域，以寻找代表类的不变特征。但是，这项工作的缺陷在于，领域适配仅在 CNN 的单个层（最后一层）进行。这将使领域适配技术无法适应不同的环境或不同类型的食材，例如，"花椰菜"图像对环境干扰的敏感性不如"辣椒"图像，因为花椰菜的图案相对较大。同时面对食材图像数据规模较大、不平衡等特征（例如，"辣椒"类别的训练集较小），则可能会出现过拟合问题，传统的 CNN 模型无法有效解决该问题。因此，如何应对不同环境、不同食材类别、数据不平衡的识别任务，是急需解决的问题。针对该问题，本案例着重研究从食材大数据到餐厅智能收货电子秤的深度迁移学习方案。

### 6.4.2　数据来源

目前，在食材图像识别的研究中，只有 Meal-41 数据集，包含 7635 张 41 个类别的食材图片，该数据集不能满足餐厅食材收购时的要求（对食材准确拍照识别）。因此为了满足电子秤系统应用所需，本案例构建了食材图像数据集，包含 Meal-300 食材数据集（包含 53374 张 300 个类别的食材图片），以及 Order-300 数据集（包含订单信息特征的 Meal-300 食材数据集）。所采集的食材图片来自几十家大型餐厅，这些餐厅均属于中国某大型食材供应链平台，在该平台的数据库中，存储着上百万张食材图片以及相关的收购业务信息。

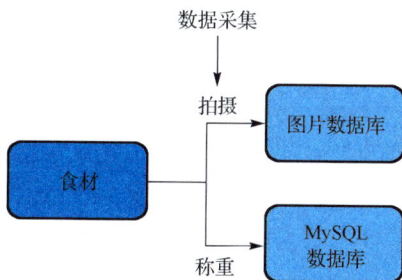

**图 6-16　数据采集过程**

### 6.4.3 技术方法

#### 1. 树适应网络模型

该部分详细阐述基于深度迁移学习的 CNN 模型设计过程,即树适应网络模型(TAN),其结构如图 6-17 所示。与传统的 CNN 模型相比,TAN 模型具有两项特殊的创新:①跨越完全连接层的领域混淆;②分类的先验树。一旦源域训练数据(实验室数据)和目标域训练数据(真实环境数据)被传递到深度学习模型,CNN 模型网络层如同传统方式一样处理数据,然后通过完全连接层进行领域混淆,提取交叉域的不变特征,最后,强制执行先验知识树对数据进行分类,以克服不平衡训练数据带来的过拟合问题。

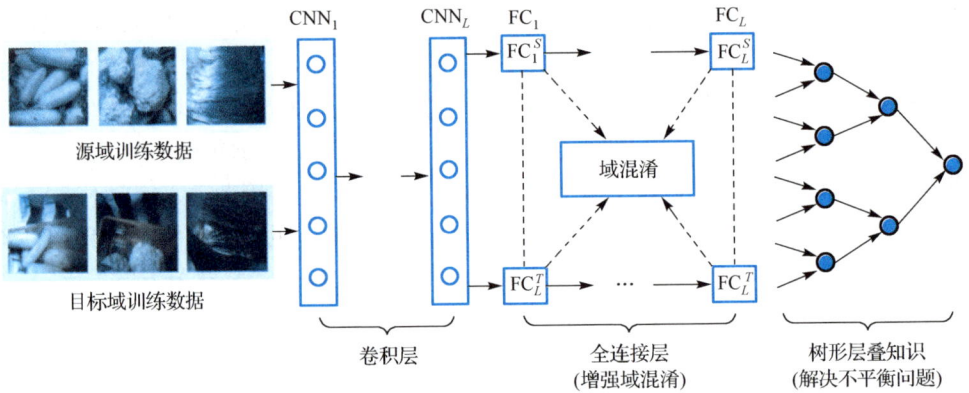

图 6-17 树适应网络模型结构

第一项创新,即跨越完全连接层的领域混淆,其技术原理如图 6-18 所示,其中实验室的训练数据质量较高,而真实环境的训练数据通常会受到环境干扰,例如,食材在篮子内,袋子未完全打开,光线较暗,拍摄时出现人手。混淆的目标在于将实验室样本与相应的真实样本混淆在一起,以便寻找表示相同类别的不变特征,而不是将它们分成不同的类别。在我们的餐厅食材收购系统应用中,实验室训练数据均在三年内收集,并由一些受邀的专家标注。与干净的源数据集相比,我们只有有限数量的标记目标数据。

第二项创新,即分类的先验树(见图 6-19),用于解决训练数据的不平衡问题。图 6-19 描述了不同类别训练数据的分布,由此可看出数据分布的严重偏差。为此,利用先验树来允许稀有类别从其兄弟类别中"借用"知识。尽管训练集中有罕见的"杭椒"图像,但学习模型可以从其兄弟类别的"小青椒"和"尖青椒"中传递知识,以防止产生过拟合问题。实际上,该算法将提取"杭椒"的特征,可以很容易地将"杭椒"与其两个兄弟类别区分开来。

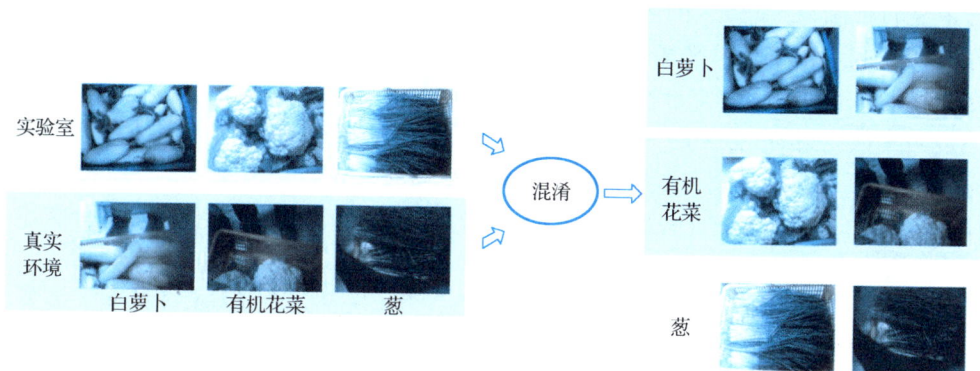

图 6-18　领域混淆技术原理

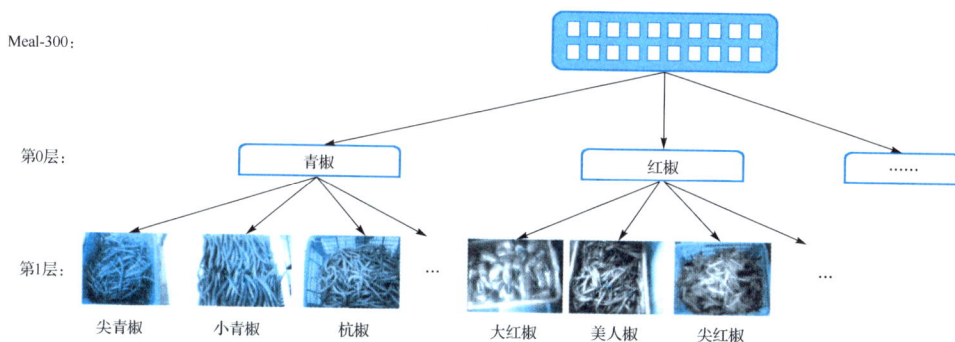

图 6-19　分类的先验树

在餐厅食材收购系统的应用场景中，与目标域相比，源域涵盖了更多的类别，每个类别中都有更多的训练数据。分别以 $C^K$ 和 $C^{K'}$ 表示源域和目标域的类别集合，于是通常有 $C^{K'} \subseteq C^K$ 以及 $K' \ll K$。以源域的标签空间 $C^{K'}$ 表示共享类，标签空间 $C^K - C^{K'}$ 为非共享类。对于端对端学习，将 $m \in \mathbb{R}^{K'}$ 表示为来自整个源类 $C^K$ 的共享类 $C^{K'}$ 的独热编码，那么 $m == 0$ 是非共享类的独热编码表示。假设 $D_s^K = \{x^s, y^s\}$ 和 $D_s^{K'} = \{x^s, y^s\}$ 分别表示源域中相对于 $C^K$ 和 $C^{K'}$ 的训练数据集，$D_t^{K'} = \{x^t\}$ 表示目标域中相对于 $C^{K'}$ 的训练数据集，其中 $x^s$ 和 $x^t$ 表示训练数据，而标签 $y^s$ 表示 $x^s$ 的对应类别，于是也有 $D_s^{K'} \subseteq D_s^K$。

首先，假设实验室数据集和真实环境数据集分别具有分布 $P(D_s^{K'})$ 和 $Q(D_t^{K'})$。$D_s^{K'}$ 和 $D_t^{K'}$ 之间不匹配，表明在该情况下 $P \neq Q$。然后假设 $D_s^K$ 是长尾分布，$D_s^{K'}$ 可能包含稀有类（不平衡）。对于这种情况，需要建立一个健壮的深度学习解决方案，通过中间数据集 $D_s^{K'}$，将知识从 $D_s^K$ 迁移到 $D_t^{K'}$，即 $D_s^K \rightarrow D_s^{K'} \rightarrow D_t^{K'}$，其中 $D_s^K \rightarrow D_s^{K'}$ 称为部分迁移，$D_s^{K'} \rightarrow D_t^{K'}$ 称为共享类迁移。本案例中，需要建立一个基

于不变特征函数 $f(x;\theta_r)$ 的多类别分类器 $\boldsymbol{\theta}_K$，其中 $\theta_r$ 是特征参数，旨在通过隐藏层将减少域差异和类不平衡（$P$ 和 $Q$ 之间的不匹配以及长尾分布 $D_s^K$）联合在一起，并正确地对目标样本进行分类。

对于数据集 $D_s^K$ 分类的 $K$ 类别的设置，目标的标准 softmax 损失定义为

$$J(x^s,y^s;\boldsymbol{\theta}_K,\theta_r) = -\log p_{y^s} \tag{6.4.1}$$

式中，$p = \text{softmax}(\boldsymbol{\theta}_K' \cdot f(x;\theta_r))$，$\theta_r$ 和 $\boldsymbol{\theta}_K$ 分别是高层级特征表示和多类别分类器的可训练参数。

实际上，目标域只需要 $K'$ 类的分类任务。为了关注这个子集标签空间，需要一种机制来过滤非共享类学习效果，可通过掩码（设置为 $-\infty$）非共享类对应的向量来实现，我们提出一个掩码层：

$$V_K = \text{masked\_out}(V_K,m) \tag{6.4.2}$$

式中，$m$ 是来自整个源类 $C^K$ 的共享类 $C^{K'}$ 的独热编码表示，并且 $V_K \in \mathbb{R}^K$ 和 $m \in \mathbb{R}^K$ 都是 $K$ 维向量。对应于非共享类的向量 $V_K$ 的值设置为 $-\infty$。

为了增强共享类学习效果，共享源类 $D_s^{K'}$ 的掩码分类损失定义为

$$J'(x^s,y^s;\boldsymbol{\theta}_K,\theta_r) = -\log p'_{y^s} \tag{6.4.3}$$

式中，$p' = \text{softmax}((\text{masked\_out}(\boldsymbol{\theta}_K' \cdot f(x;\theta_r),m))$。$p'$ 可通过过滤非共享类直接用于目标域预测。

可以分别用式（6.4.2）和式（6.4.3）直接训练 $D_s^K$，$D_s^{K'}$ 的 $\boldsymbol{\theta}_K$，$\theta_r$，但是，如前所述，由于领域迁移的原因，真实环境数据集 $D_t^K$ 中的分类可能会产生较大误差。为此，Ciocca 等提出了传统 CNN 模型中的领域混淆技术，试图学习跨越领域的不变特征。然而，领域迁移学习仅在深度学习的单个层（最后特征层）进行，这将使领域混淆技术不适应不同环境或不同类型的食材。为了使领域迁移学习技术能够适应不同的分类任务，应该通过所有完全连接的隐藏层来学习跨越实验室和真实环境领域的不变特征。

为解决这个问题，我们将所有的完全连接层（除卷积层外）用于领域混淆。许多现有方法通过最小化分类损失和 $P(D_s^{K'})$ 与 $P(D_t^{K'})$ 之间的分布距离来实现迁移学习。最大平均差异（MMD）法是一种基于内核的方法，是测量分布距离的有效解决方案。本案例提出了联合掩码适应损失（Joint Mask Adaptation Loss, JMAL）$D_{\text{JMAL}} = (P,Q,m;\theta_r,\boldsymbol{\theta}_K)$，以适应共享类 $C^{K^{T'}}$ 的两个数据集，使得源域的 $P(F^{s1},F^{s2},\cdots,F^{sL})$ 和目标域的 $Q(F^{t1},F^{t2},\cdots,F^{tL})$ 可以最大程度混淆全部的完全连接层，其中 $F^i$ 表示第 $i^{th}$ 个完全连接层。例如，给定实验室数据集 $D_s^{K'}$ 和真实环境数据集 $D_t^{K'}$，分别具有分布 $P$ 和 $Q$，CNN 模型将为所有完全连接层构建代表性神经元 $\{F_i^{s1},F_i^{s2},\cdots,F_i^{sL}\}_{i=1}^{n_s}$ 和 $\{F_j^{t1},F_j^{t2},\cdots,F_j^{tL}\}_{j=1}^{n_t}$，使得 $P(F^{s1},F^{s2},\cdots,F^{sL})$ 和 $Q(F^{t1},F^{t2},\cdots,F^{tL})$ 匹配良好，即显示相似的分布。

虽然 JMAL 可用于将实验室和真实环境领域进行"平铺"分类，但是，本案例

的实验室数据存在显著的不平衡，从而导致分类中产生过拟合问题。当只有少数源样本可用于 $C^{K'}$ 中的稀有类时，学习良好的泛化分类器是一个非常困难的问题。例如，如果"辣椒"类别的训练数据非常少，则从模型中学习的特征可能无法代表该类别。事实上，了解类别的层级树结构 $\pi$ 有助于从父任务 $\theta_G$ 和兄弟任务 $\theta_K$ 继承"知识"以学习新任务 $\theta_{\mathrm{NEW}}$。为了解决这种罕见的类别过拟合问题，我们提出使用基于树的先验损失 $T(\pi, \theta_G; \theta_K)$ 来增强基于深度神经网络的解决方案，其中 $\theta_K$，$\theta_G$ 分别是平铺类别和超类的可训练参数。

本案例的总体目标是交替地最小化 TAN 模型的联合损失函数：

$$\mathcal{L}_K = \frac{1}{n^s} \sum_{i=1}^{n^s} J(D_s^K; \theta_K, \theta_r) + T(\pi, \theta_G; \theta_K) \tag{6.4.4}$$

$$\mathcal{L}_{K'} = \frac{1}{n^{s'}} \sum_{i=1}^{n^{s'}} J'(D_s^{K'}; \theta_K, \theta_r) + \lambda \cdot D_{\mathrm{JMAL}}(P, Q, m; \theta_r; \theta_K) \tag{6.4.5}$$

式中，$\lambda$ 为平衡 $D_{\mathrm{JMAL}}$ 的规律性和 $L_{K'}$ 中对应共享类 $K'$ 的目标分类器，总损失等于 $(\mathcal{L}_{K'} + v \cdot \mathcal{L}_K)$，$v$ 用以平衡共享类损失 $\mathcal{L}_{K'}$ 和所有类别损失 $\mathcal{L}_K$。具有更多数据的共享 CNN 模型的多任务学习，交替地最小化公式(6.4.4)和(6.4.5)的性能优于仅最小化公式(6.4.5)，我们将在实验部分分析其性能。通过 TAN 模型的交替学习，可以获得从不平衡实验室领域到真实环境领域的端到端健壮迁移学习解决方案。

我们的想法为将域自适应和知识先验树结合在一起，提供一个将迁移学习技术嵌入标准 CNN 模型中的框架，为基于 ResNet 或 Inception 的模型设置域特定的 L 全连接层 $\{\mathrm{pool}_{\mathrm{last}}, \mathrm{bottleneck}, \mathrm{fc}\}$，为域适应端添加一个隐藏的全连接层 bottleneck。接下来介绍 JMAL 和先验树损失目标的细节。

### 2. 联合掩码适应损失

对于 JMAL，通过测量内核嵌入的平均经验风险来扩展联合最大平均差异（JMMD）：

$$
\begin{aligned}
D_{\mathrm{JMAL}}(P, Q, m) = {} & \frac{2}{n_s'} \sum_{i=1}^{\frac{n_s'}{2}} \left( \prod_{l=1}^L d^l(F_{2i-1}^{sL}, F_{2i}^{sL}) + \prod_{l=1}^L d^l(F_{2i-1}^{tL}, F_{2i}^{tL}) \right) \\
& - \frac{2}{n_s'} \sum_{i=1}^{\frac{n_s'}{2}} \left( \prod_{l=1}^L d^l(F_{2i-1}^{sL}, F_{2i}^{tL}) + \prod_{l=1}^L d^l(F_{2i-1}^{tL}, F_{2i}^{sL}) \right)
\end{aligned} \tag{6.4.6}
$$

式中，

$$
d^l(v_1, v_2) = \begin{cases} k^l(v_1, v_2), & l < L \\ k^l(\mathrm{masked\_out}(v_1, m), \mathrm{masked\_out}(v_2, m)), & l = L \end{cases}
$$

式中，$n_s'$ 是 $D_t^{K'}$ 中源训练数据的数量，$k^l(\mathbf{v}_1, \mathbf{v}_2)$ 是 JMMD 中定义的核函数，masked_out($\cdot$) 如公式（6.4.2）中所定义。这种简化的线性时间方程非常适合标准 SGD 算法。为了消除公式（6.4.6）中领域大小的影响，我们随机抽取相同数量的目标类别 $C^K$ 的实验室训练数据和真实环境训练数据作为公式（6.4.6）的输入。

### 3. 先验树损失

对于先验树损失，假设类别已被组织成一棵固定的三层树结构。存在与叶类别 $K$ 相对应的 $K$ 个叶节点，它们被分组为 $G$ 个超类，其中 $K \gg G$。直观地，如果有很高的置信度将输入图像分类为蔬菜，那么可以将其他标签过滤。我们在学习模型的目标中实现了这个想法。为此，每个叶类别 $K$ 与权重向量 $\boldsymbol{\theta}_K \in \mathbb{R}^D$ 相关联，并且每个超类节点 $G$ 与向量 $\boldsymbol{\theta}_G \in \mathbb{R}^D$ 相关联。我们定义以下泛化模型：

$$\boldsymbol{\theta}_G \sim N(0, \delta \cdot \mathbf{I}_D), \ \boldsymbol{\theta}_K \sim N(\boldsymbol{\theta}_{\pi(k)}, \delta \cdot \mathbf{I}_D) \tag{6.4.7}$$

式中，$N(\cdot)$ 是具有对角协方差的高斯分布，$\pi$ 是 $K$ 个叶类别的父类，$\boldsymbol{\theta}_G$ 是超类类别的可训练参数，$\boldsymbol{\theta}_K$ 是目标预测类别的可训练参数，我们在实验中将超参数 $\delta$ 设置为 0.01。该先验层次结构函数 $\pi$ 强制执行了类之间的关系。例如，它表明 $\theta_{\text{cabbage}}$ 和 $\theta_{\text{carrot}}$ 都是与父项 $\theta_{\text{vegetable}}$ 的偏差。类似地，$\theta_{\text{beef}}$ 和 $\theta_{\text{pork}}$ 是与父项 $\theta_{\text{meat}}$ 的偏差。就损失函数而言，我们希望最小化先验树损失函数：

$$T(\pi, \boldsymbol{\theta}_G; \boldsymbol{\theta}_K) = \frac{\sum_{k=1}^{K} \| \theta_k - \theta_{\pi(k)} \|}{2} \tag{6.4.8}$$

式中，子项 $\theta_k \in \boldsymbol{\theta}_K$ 是可训练的，但父项 $\theta_{\pi(k)} \in \boldsymbol{\theta}_G$ 是固定的。设 $C_g = \{k \mid \pi(k) = g\}$，则可以通过以下方式估算超类的参数：

$$\theta_G^* = \frac{1}{|C_g|} \sum_{k \in C_g} \theta_k \tag{6.4.9}$$

因此，优化公式（6.4.8）中的先验树损失函数 $T(\pi, \boldsymbol{\theta}_G; \boldsymbol{\theta}_K)$，可以通过迭代执行以下两个步骤来实现：

① 使 $\theta_r$ 和 $\theta_k$ 上的损失（公式（6.4.3））最小化，保持 $\boldsymbol{\theta}_G$ 在先验树损失函数（公式（6.4.8））中用标准随机梯度下降（SGD）固定；

② 通过使用公式（6.4.9）估计 $\theta_G^*$ 来保持 $\boldsymbol{\theta}_K$ 固定。

### 6.4.4 结果分析

#### 1. 实验结果

数据集 Office-31 和 Meal-300 上迁移学习任务的分类准确度分别如表6-13 和表6-14 所示。TAN 模型在所有任务上都优于其他算法，尤其是，在不平衡源域的任务中，相较于其他模型大幅提高了准确度，如 M300（10）→R50（60）和 M300（20）→R50（60）；在具有近平衡源域的一个任务中也如此，如 A31→D10。并且 TAN 模型在具有接近不平衡的源域的所有任务上提高了相当大的准确度，例如 M300（70）→R50（60）和 M300（100）→R50（60）。结果表明，在目标标签空间是源域空间的子空间以及源域不平衡的情况下，TAN 模型可以在所有任务中学习部分不平衡迁移学习的可迁移特征。

表 6-13　数据集 Office-31 上迁移学习任务的分类准确度（%）（基于 ResNet-50）

| 方法 | | $A31 \rightarrow W10$ | $D31 \rightarrow W10$ | $W31 \rightarrow D10$ | $A31 \rightarrow D10$ | $D31 \rightarrow A10$ | $W31 \rightarrow A10$ | 平均值 |
|---|---|---|---|---|---|---|---|---|
| 部分 | ResNet($S31 \rightarrow T10$) | 54.52 | 94.57 | 94.27 | 65.61 | 73.17 | 71.71 | 75.64 |
| | DAN($S31 \rightarrow T10$) | 46.44 | 53.56 | 58.60 | 42.68 | 65.66 | 65.34 | 55.38 |
| | DANN($S31 \rightarrow T10$) | 41.35 | 46.78 | 38.85 | 41.36 | 41.34 | 44.68 | 42.39 |
| | ADDA($S31 \rightarrow T10$) | 43.65 | 46.48 | 40.12 | 43.66 | 42.76 | 45.95 | 43.77 |
| | RTN($S31 \rightarrow T10$) | 75.25 | 97.12 | 98.32 | 66.88 | 85.59 | 85.7 | 84.81 |
| | JAN($S31 \rightarrow T10$) | 43.39 | 53.56 | 41.4 | 35.67 | 51.04 | 51.57 | 46.11 |
| | LEL($S31 \rightarrow T10$) | 73.22 | 93.90 | 96.82 | 76.43 | 83.62 | 84.76 | 84.79 |
| | PADA($S31 \rightarrow T10$) | 86.54 | 99.32 | 100 | 82.17 | 92.69 | 95.41 | 92.69 |
| 共享 | DAN($S10 \rightarrow T10$) | 95.59 | 100 | 100 | 94.81 | 93.13 | 94.16 | 96.28 |
| | JAN($S10 \rightarrow T10$) | 97.6 | 99.66 | 100 | 95.54 | 93.91 | 94.25 | 96.73 |
| 两阶段 | TAN($S31 \rightarrow S10 \rightarrow T10$) | 98.64 | 100 | 100 | 98.81 | 93.91 | 94.88 | 97.71 |

表 6-14　数据集 Meal-300 上迁移学习任务的分类准确度（%）（基于 ResNet-50）

| 方法 | | M300（10）→R50（60） | M300（20）→R50（60） | M300（50）→R50（60） | M300（70）→R50（60） | M300（100）→R50（60） | 平均值 |
|---|---|---|---|---|---|---|---|
| 部分 | ResNet（M300→R50） | 45.07 | 47.91 | 55.37 | 53.72 | 57.5 | 50.35 |
| 共享 | DAN（M50→R50） | 47.02 | 51.37 | 56.78 | 57.94 | 58.99 | 55.57 |
| | JAN（M50→R50） | 47.97 | 52.8 | 57.63 | 58.62 | 59.23 | 56.56 |
| 两阶段 | TAN（M300→M50→R50） | 52.67 | 55.29 | 58.76 | 59.64 | 61.27 | 58.75 |

从实验结果中可以得出：

① 对于共享类迁移学习，以前的部分迁移学习方法，包括基于 GAN 的 PADA，比基于 MMD 的 DAN 和 JAN 都差，这表明非共享类的样本具有负迁移影响。这可以在数据集 Office-31 上部分近平衡的迁移学习中得到证明。先前的部分迁移学习假定目标域的标签空间未知，我们假定它作为先验信息直接给出。源域中的图像越多，共享类迁移学习的分类准确度就越高，例如，当每个类别的图像

平均尺寸较大时，DAN(S50→T50)和 JAN(S50→T50)表现较好。

② 可以借用非共享类知识，以改进部分不平衡迁移学习算法。这可以通过近平衡的传输任务和所有不平衡的传输任务看出。共享类的不平衡性越强，越可以通过借鉴 TAN 方法中的同级非共享类知识来实现更高的分类精度，如 TAN(M300→M50→R50)的性能(见表 6-14)。

### 2. 实验分析

#### (1)不同比例不平衡的精度

通过改变源域中目标类别 $C^K$ 的每个类别的平均图片数量，我们研究了部分不平衡迁移学习算法的更广泛范围。如图 6-20 所示，当不平衡比例增加时，源域中每个目标类别的平均图片数量会减少，JAN 的性能会迅速下降，这意味着当领域间差距较大时，不平衡迁移学习算法的性能会很快变得更差。TAN 的性能明显优于 JAN 和 DAN。特别是，当每个目标的平均图像数量增加时，TAN 优于 JAN 和 DAN 的幅度变得更大。TAN 在数据集 Office-31 的标准部分迁移学习设置中也胜过 JAN，因为它与数据集 Meal-300 相比更加平衡。

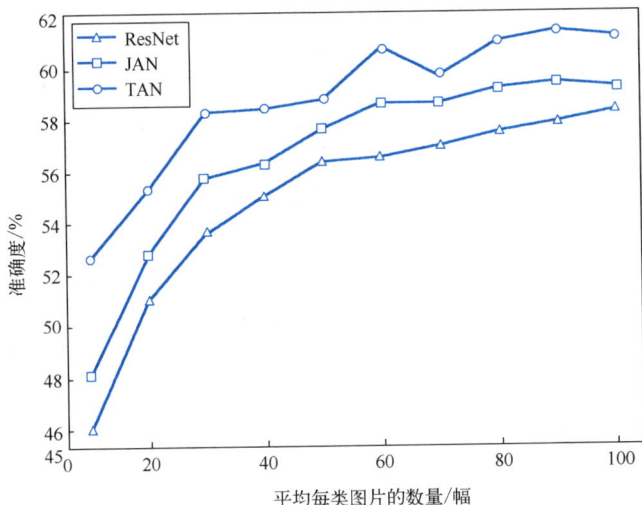

**图 6-20** 不平衡比例下 ResNet、JAN 和 TAN 的准确度

#### (2)收敛性能

我们分别验证了 JAN 和先验树的参数 $\lambda$ 和 $\nu$ 的最优值。通过调整这些参数的值来得到最优模型 TAN，在模型最优的情况下，$\lambda,\nu$ 和 $\delta$ 的最优值分别为 1，5 和 0.01，前两者如图 6-21 所示。

同时，通过训练过程中的准确性来证明 TAN 的收敛性。图 6-22 显示了任务 M300(10)→R50(60)上 JAN 和 TAN 的误差，这表明 TAN 具有与用 MMD 的 JAN

相似的收敛速度。但是，在每一次迭代中，TAN的准确度都明显高于JAN。

（3）特征可视化

在图6-23（带有类信息）和图6-24（带有超类信息）中，将迁移任务 A31→W10 上 JAN 和 TAN 的 bottleneck 特征的 t-SNE 嵌入可视化，在源域与目标域共享的 5 个类中随机选择 5 个与目标域不共享的兄弟类。由图6-23（a）可以看出，bottle-neck 特征混合在一起，这意味着 JAN（$S10 \rightarrow T10$）不能很好地区分源类和目标类；图6-24（a）显示，非共享类中的兄弟类是混合的，这意味着 JAN（$S10 \rightarrow T10$）无法区分兄弟类和其他非共享类。图6-23（b）和图6-24（b）表明，当目标域数据接近正确的源域类别时，TAN 可以在两个域中区分不同的类别，并且 TAN 可以将"知识"迁移到目标类别，并对其兄弟类进行完全区分。

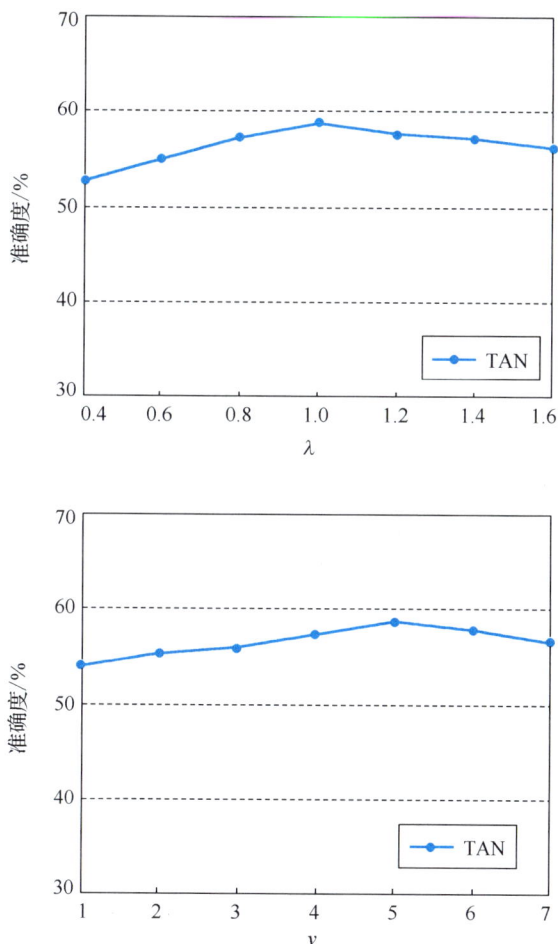

图6-21　TAN 模型中 $\lambda, \nu$ 的最优值

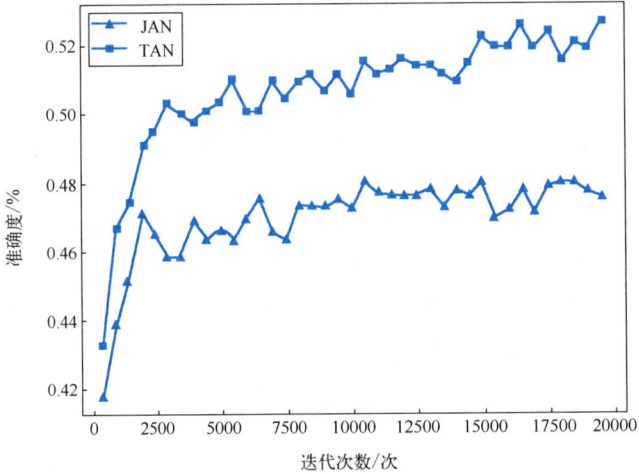

图 6-22　JAN 和 TAN 的收敛性

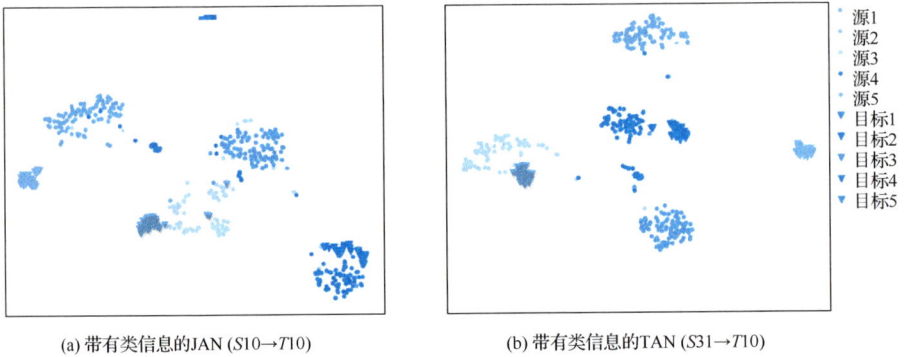

(a) 带有类信息的JAN ($S10{\rightarrow}T10$)　　　　(b) 带有类信息的TAN ($S31{\rightarrow}T10$)

图 6-23　带有类信息的 JAN 和 TAN 的 t-SNE 可视化

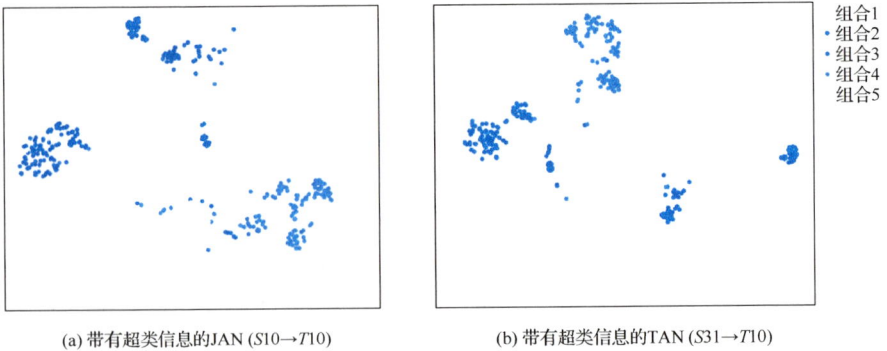

(a) 带有超类信息的JAN ($S10{\rightarrow}T10$)　　　　(b) 带有超类信息的TAN ($S31{\rightarrow}T10$)

图 6-24　带有超类信息的 JAN 和 TAN 的 t-SNE 可视化

### 6.4.5　小结

针对餐厅食材收购系统中存在的实验室数据到真实环境数据的迁移问题和源域中食材数据严重不平衡的问题，本案例提出了一种基于深度迁移学习的CNN模型（TAN）以解决以上两个问题。首先，对TAN的网络结构进行了简单的介绍；其次，对TAN模型中的数学公式进行了详细的论证，详细介绍了TAN模型中所用到的联合掩码适应损失函数以及先验树损失函数，并且对TAN算法的训练细节进行了详细的阐述；最后对TAN模型的性能进行了实验验证，与目前已有的领域混淆模型进行了比较，通过实验结果分析，得出TAN模型准确度高于其他模型的结论，验证了TAN模型的可行性。

# 6.5　租赁房资源禀赋研究

### 6.5.1　案例背景

生活圈理论指出（柴彦威等，2015），根据居民日常生活中的各类活动可以将其活动范围划分为多个不同等级层次的生活圈。生活圈可能由于多种原因而出现倾斜与收缩，即未能在房屋所在小区周边一定范围内满足居民的特定生活需求，偏离了生活圈的理想模式。配套设施是生活圈的重要组成部分，评价生活圈是否理想绕不开对配套设施的评价。因此，可以通过构建房屋配套资源指数，分析比较不同房屋生活圈中配套设施的分布特征，考察小区周边生活圈中配套设施分布的理想程度，从而为评价生活圈理想程度提供重要的数据信息与分析模式。

在城市规划定量研究中，多使用POI数据对"生活圈"的现状进行价值评价（张波等，2019）。POI数据具有对考察总体全覆盖的能力，即无须考虑抽样等因素对于评价分析带来的影响，并且来源途径相对丰富，获取难度也较小。所以，本案例从统计学角度，以贝叶斯推断思想和POI数据为基础，构建了基于空间分布的房屋配套资源指数，并以厦门市租赁房屋为例，评价其配套设施的供给丰富程度，为"租售同权"的可行性分析提供一个新的分析视角。

### 6.5.2　数据来源

本案例利用定向资料搜集技术，对安居客、链家、厦门房地产联合网、小鱼房产和丹厦房产共5家大型房地产网站进行住宅租赁数据搜集，之后通过将搜集到的互联网住宅租赁数据，按照专业估价师确定的比较方案，与数据库中已有的楼盘字典、租赁案例等数据进行比较验证，选定2018年6月1日至2019年3月18日期间的有效租赁信息共20293条，作为房屋配套资源指数的分析数据。搜集的有效信息中，有 9319 条来自安居客，占比 45.92%；4859 条来自链家，占比 23.94%；414 条来自厦门房地产联合网，占比 2.04%；3091 条来自小鱼房产，占比 15.24%；2610 条来自丹厦房产，占比 12.86%。统计结果如表 6-15 所示。

不同时间段各个小区到各个配套设施间的最短可达路径距离则运用互联网技术通过定向资料搜集获取。

**表6-15　厦门市租赁房屋配套资源指数数据来源分布**

| 房地产网站 | 数据数量(条) | 占　　比 |
|---|---|---|
| 安居客 | 9319 | 45.92% |
| 链家 | 4859 | 23.94% |
| 厦门房地产联合网 | 414 | 2.04% |
| 小鱼房产 | 3091 | 15.24% |
| 丹厦房产 | 2610 | 12.86% |

### 6.5.3　技术方法

#### 1. 房屋配套资源指数编制步骤

当前对房屋配套设施的评价中，离散化、固定范围式、先验性的评价分析思路并不能体现现实中距离数据的连续性变化特征，无法把握居民对不同等级和类型配套设施的需求频率和需求偏好的差异，也缺乏实际数据特征的支撑。因此，针对这三个灵活性与现实性不足的问题，本案例提出了针对单一城市的房屋配套资源指数编制方法，包含如下四个步骤：

第一，确定有效距离。以往先验的固定范围式的有效距离缺乏灵活性和现实数据支撑。因此，在各个二级指标先验最小有效距离的基础上，应用贝叶斯推断，依照现实距离数据的空间分布特征，通过假设检验方法，得到各个二级指标的后验有效距离。如此，不仅借助先验最小有效距离充分利用了专家的专业知识，还通过统计学方法结合了实际数据特征，保证了有效距离的合理性与灵活性。

第二，计算二级指数。生活圈将小区周边划分为多个不同层次的圈层，有利于直观的配套设施规划分析。但离散化的划分方式不能体现实际距离数据的连续变化特征，不利于具有微小差异的不同小区间的比较分析。同时，先验的配套设施数量设定也难以对满足要求的不同小区进行进一步的区分。因此，使用有效距离内小区与配套设施间距离的分位数均值作为基础，结合对应的配套设施数量的标准化加权，得到各个小区二级指标对应的二级指数。距离及其分位数均是连续的，而标准化的数量加权则将距离得分相近的小区进行了进一步的区分。

第三，确定合成一级指数和综合指数的权重。在生活圈评价研究中，使用调查问卷求得的需求度等指标作为计算合成指数权重的基础。类似地，先验的权重可以充分利用专业知识，但忽略了被调查者对数字实际偏好的差异。例如，某些被调查者可能更习惯评高分，对其而言中等分数可能已经代表了其对目标配套设施很低的需求度；反之，另一些被调查者则更喜欢评低分，中等分数代表了其对目标配套设施较高的需求度。所以，我们通过秩效应方法调整，保证被调查者的实际偏好相对一致，得到更为客观合理的一级指数和综合指数合成权重。

第四，使用合成权重与二级指数得到一级指数和综合指数，方便各个小区分领域与综合特征的比较分析。

### 2. 确定有效距离

本案例构造了如下对指标有效距离的确定步骤：

第一步：利用 POI 数据，确定城市内各个目标房屋所在小区与各个指标对应的各个配套设施资源点间的最短可达路径距离，即通过交通手段可达的最短距离 $d_{jk}^i$，代表从第 $i$ 个小区到第 $j$ 个指标的第 $k$ 个资源点的最短可达路径距离，$i = 1,2,\cdots,N_i$，$j = 1,2,\cdots,N_j$，$k = 1,2,\cdots,N_k$。

第二步：通过对该城市配套设施分布较为熟悉的专家评分，确定不同指标的最小先验有效距离 $d_j^{\text{prior}}$。

第三步：计算先验有效距离 $d_j^{\text{prior}}$ 内 $d_{jk}^i$ 的累积分布 $F_{d^{\text{prior}}}(d_{jk}^i)$。

第四步：以先验有效距离 $d_j^{\text{prior}}$ 内最小的实际距离的百位数向上取整 $\lceil \min_{i,k}(d_{jk}^i)/100 \rceil \times 100$ 为一个单位（简写为 $\min(d_{jk}^i)$），逐渐增加指标 $j$ 的有效距离，计算每次增加有效距离后 $d_{jk}^i$ 的累积分布 $F_{d^{\text{prior}}+n\cdot\min(d_{jk}^i)}(d_{jk}^i)$，$n = 1,2,\cdots$，并使用 Kolmogorov-Smirnov 检验方法来检验增加一单位距离前后的分布是否存在显著差异。

第五步：有效距离增加的终止条件为① 当增加一个单位后，有效距离大于行政区划半径，且在有效距离增加的过程中，分布均无显著差异；② 当增加一个单位后，$d_{jk}^i$ 的分布出现显著差异。

第六步：当满足有效距离增加的终止条件① 时，第 $j$ 个指标的有效距离为 $d_j^{\text{prior}}$，当满足有效距离增加的终止条件② 时，第 $j$ 个指标的有效距离为 $d_j^{\text{prior}} + (m+1) \cdot \min(d_{jk}^i)$，$m$ 为 $d_{jk}^i$ 分布出现显著差异前有效距离增加的单位数。依照上述步骤，便可以得到各个指标的有效距离。

### 3. 基于秩效应调整的指标权重计算

类似于有效距离，为了保证各级指标权重既有相对满意的理论特征，又能够符合实际数据特征，使用基于专家问卷调查和秩效应调整（朱建平等，2002）的方法进行权重分配。步骤如下：

第一步：使用 9 分制问卷调查表格，得到专家对各个二级指标相对重要程度的量化评价得分，并统计每个二级指标各个得分上的专家总数 $N_w^j$，即评价第 $j$ 个二级指标相对重要性得分为 $w$ 的专家人数，$w = \{1, 2, \cdots, 9\}$，$w$ 越大，则该二级指标越重要。

第二步：计算第 $q$ 个分领域，即第 $q$ 个一级指标内各个得分上的专家总数 $N_w^q = \sum_{j=1}^{q_j} N_w^j$，其中，$q_j$ 为第 $q$ 个一级指标中包含的二级指标数量。$N_w^q$ 称作得分 $w$ 的宽度，则得分 $w$ 的秩区间为 $[\sum_{l=0}^{w-1} N_l^q + 1, \sum_{l=0}^{w} N_l^q]$，$N_0^q = 0$。对应的该得分的平均秩次为

$$\overline{R}_w^q = (2\sum_{l=0}^{w-1} N_l^q + N_w^q + 1)/2$$

则第 $q$ 个一级指标内第 $j$ 个二级指标的秩和（秩效应）为

$$R_j^q = \sum_{l=1}^{9} N_{lj}^q \overline{R}_l$$

第三步：归一化二级指标秩效应，得到第 $q$ 个一级指标内各个二级指标的权重：

$$w_j^q = R_j^q \Big/ \sum_{j=1}^{q_j} R_j$$

上述步骤得到的权重通过秩效应调整，抹平了各专家对于评分的偏好差异，保证了各个指标相对重要性不受专家评分偏好的影响，在保证指标权重的理论合意性的基础上，更加具备客观合理性。

### 6.5.4 分析结果

#### 1. 二级指数结果示例

本案例对厦门市所有的小区均计算了 22 个二级指标对应的二级指数。由于数据量较大，为更好地展示结果，本案例使用了地图可视化，以数据平台的形式呈现。

#### 2. 一级指数结果示例

与前述二级指数结果示例类似，本案例计算了全部 7 个一级指标对应的一级指数，同样呈现在数据平台上。表 6-16 给出了购物、教育、医疗健康、体育活动、交通、社会保障和丧葬 7 个分领域的一级指数分布。

总体而言，岛内 2 个行政区划差异较大，思明区在 4 个统计量维度上表现较为优秀，而湖里区的表现则常常劣于岛外的海沧区或者集美区。岛外同样分为 2 个不同表现的区域，海沧区与集美区的表现一般优于同安区与翔安区。上述岛内和岛外的指数分布特征与实际情况较为符合，即思明区的配套设施建设是全厦门最优的，而岛外同安区与翔安区的高速发展时间较短，相关的配套设施建设还有待提高。与一般印象相悖的是，湖里区在各个一级指标上并未显著优于岛外的 4 个行政区划，甚至某些一级指标全面落于下风。

表 6-16 厦门市各行政区租赁房屋配套资源一级指数分布

| 一级指数 | 数据特征 | 思明区 | 湖里区 | 海沧区 | 集美区 | 同安区 | 翔安区 |
|---|---|---|---|---|---|---|---|
| 购物 | 均值 | 26.758 | 22.868 | 22.370 | 25.554 | 20.426 | 13.270 |
| | 标准差 | 16.907 | 20.444 | 9.9222 | 11.029 | 10.059 | 6.6237 |
| | 偏度 | 0.1373 | 0.4230 | −0.2113 | 0.1641 | −0.5625 | −0.4158 |
| | 峰度 | −0.8171 | −1.1258 | −0.7972 | −0.5324 | −0.7966 | −0.9548 |
| 教育 | 均值 | 32.730 | 22.015 | 23.767 | 21.863 | 23.302 | 25.254 |
| | 标准差 | 18.301 | 18.279 | 10.134 | 9.1752 | 7.3729 | 11.512 |
| | 偏度 | −0.2633 | 0.3144 | −0.4643 | −0.0773 | −1.1275 | 0.0116 |
| | 峰度 | −0.9356 | −1.2787 | −0.7812 | −0.4513 | 1.1188 | −0.3077 |
| 医疗健康 | 均值 | 33.532 | 15.888 | 22.279 | 24.624 | 33.579 | 9.7276 |
| | 标准差 | 24.311 | 12.261 | 10.381 | 13.075 | 16.913 | 6.7798 |
| | 偏度 | 0.1621 | 0.2553 | −0.1566 | 0.3024 | −0.3169 | 2.2174 |
| | 峰度 | −1.2107 | −1.2406 | −0.9909 | −0.5374 | −0.7691 | 7.3669 |
| 体育活动 | 均值 | 34.834 | 20.0257 | 24.085 | 19.789 | 21.354 | 18.661 |
| | 标准差 | 19.797 | 13.025 | 13.741 | 9.2035 | 12.127 | 12.149 |
| | 偏度 | −0.0612 | 0.3206 | −0.2542 | −0.1396 | 0.0942 | 0.0645 |
| | 峰度 | −0.6632 | −0.5842 | −1.2005 | −0.8875 | −0.8647 | −1.4276 |
| 交通 | 均值 | 27.071 | 15.363 | 23.232 | 16.165 | 12.525 | 6.9026 |
| | 标准差 | 14.500 | 9.940 | 10.050 | 6.3800 | 5.8317 | 2.5806 |
| | 偏度 | −0.0371 | 0.3541 | −0.2653 | −0.1871 | 0.1052 | −0.1797 |
| | 峰度 | −0.9416 | −0.6976 | −0.9882 | −0.3801 | −0.5458 | −1.2011 |
| 社会保障 | 均值 | 21.862 | 12.858 | 10.164 | 9.3369 | 10.158 | 4.5570 |
| | 标准差 | 13.640 | 9.3488 | 4.9436 | 5.1086 | 5.3163 | 2.8836 |
| | 偏度 | 0.3421 | 0.1529 | −0.4512 | 0.2760 | −0.2719 | 0.2500 |
| | 峰度 | −0.6426 | −1.0711 | −0.8181 | −0.4104 | −1.0961 | −1.4834 |
| 丧葬 | 均值 | 19.953 | 13.115 | 14.788 | 29.725 | 3.4029 | 24.416 |
| | 标准差 | 12.791 | 5.1773 | 1.1270 | 18.955 | 6.5709 | 15.009 |
| | 偏度 | 0.3812 | 0.4695 | −0.5877 | 0.9655 | 5.2801 | −0.0320 |
| | 峰度 | −0.8559 | −0.4037 | −1.2638 | −0.1668 | 31.705 | −1.2080 |

## 3. 综合指数结果示例

观察到较多行政区划的一级指数标准差相对均值而言均较大，且峰度与偏度偶尔也存在异常现象（如同安区的丧葬指数峰度值），因此使用更为稳健的统计量来考察综合指数的分布特征，包括中位数、四分位距、对应偏度的中位对（Med-

Couple，MC）（Brys，2003，2004）和对应峰度的左中位对（Left Med Couple，LMC）与右中位对（Right Med Couple，RMC）（Brys，2006）。综合指数的分布稳健统计量如表6-17所示。

表6-17　厦门市各行政区租赁房屋配套资源综合指数分布稳健统计量

| 数据特征 | 思明区 | 湖里区 | 海沧区 | 集美区 | 同安区 | 翔安区 |
|---|---|---|---|---|---|---|
| 中位数 | 40.249 | 34.061 | 27.053 | 21.987 | 25.509 | 18.977 |
| 四分位距 | 15.881 | 10.316 | 13.431 | 7.5889 | 11.313 | 6.522 |
| 中位对 | −0.2231 | −0.1017 | −0.0747 | 0.1811 | −0.3408 | 0.1285 |
| 左中位对 | 0.0198 | 0.2917 | 0.1328 | 0.2882 | −0.0406 | −0.0431 |
| 右中位对 | 0.1171 | 0.4436 | 0.0172 | 0.2466 | −0.0821 | −0.2189 |

　　削弱异常值的影响后，从稳健的统计量来看，岛内两个行政区划的租赁房屋配套资源的平均水平明显高于岛外，这与一贯的认知以及各类配套设施的资源点与小区数量的比例一致；从离散情况来看，去除异常值后，从四分位距来看，尽管岛内配套资源平均水平较高，但内部差异也较大，特别是思明区，可以认为其小区配套资源的空间分布错位现象高于其他5个行政区划，对它的改善有赖于对未来配套资源选址的进一步规划；从中位对来看，除集美区与翔安区存在一定程度的右偏外，其他4个行政区划均为左偏，分布倾向集中于高得分的部分，低得分的相对较少，因此在规划上可以重点关注这些处于低得分部分的小区，从而高效地增加配套资源；从左中位对和右中位对两个统计量来看，与正态分布的0.2相比，湖里区与集美区的分布集中于中位数附近，思明区与海沧区分别有左侧和右侧的肥尾（Fat Tail），同安区与翔安区则具有双边肥尾，即双峰分布的特征。因此，可以认为，除湖里区与集美区的配套资源均等化程度相对较高以外，其他4个行政区划的配套资源均有待进一步的空间分布配置优化。特别是同安区与翔安区，高分值与低分值的小区均较多，即使刨除异常值，均等化水平仍较低。

### 6.5.5　小结

　　本案例在生活圈的理论基础上，经过专家评分，围绕房屋居住者日常生活需求构建了房屋配套资源指数指标体系框架，包括日常生活需求的7个分领域一级指标，共22个二级指标。然后，针对过往研究中对房屋配套资源评价的不足，根据不同需求等级和类型配套设施的实际空间分布特征，使用专家先验判断与贝叶斯推断思想确定对应的配套设施有效距离（缓冲区）。在此基础上，使用POI数据、分位数方法以及基于秩效应调整的指标权重构建三个层次的房屋配套资源指数，反映各个层面房屋周边配套设施的资源丰富程度，并以厦门市租赁房屋为例进行了实证分析，为"租售同权"的可行性分析提供了一个新的分析视角。本案例给出的有效距离确定方法兼顾了专家的专业知识与 POI 数据的客观信息，保证了指标有效距离的合理性。同时，分位数方法以及基于秩效应调整的指标权重也同样在保证主客观统一的基础上，给出了可以同时评价资源距离和数量的三层级房屋配套资源指数。从实证结果来看，各个行政区划的分布特征与专家给出的判断较为一致，但也出现了一些意料之外而又在情理之中的数据特征，如岛外配套资源规划的"后发优势"。实证结果验证了指数构建方法的有效性与实用性。

# 参 考 资 料

[ 1 ] Ajzen I. "The Theory of Planned Behavior."*Organizational Behavior and Human Decision Processes*, 1991, 50(2): 179-211.

[ 2 ] Akaike H. "A New Look at the Statistical Model Identification."*IEEE Transactions on Automatic Control*, 1974, 19(6): 716-723.

[ 3 ] Alves BC, Dias JG. "Survival Mixture Models in Behavioral Scoring."*Expert Systems with Applications*, 2015, 42(8): 3902-3910.

[ 4 ] Ananth CV, Kleinbaum DG. "Regression Models for Ordinal Responses: A Review of Methods and Applications."*International Journal of Epidemiology*, 1997, 26(6): 1323-1333.

[ 5 ] Andersen R. "A Behavioral Model of Families' Use of Health Services."*A Behavioral Model of Families' Use of Health Services*, 1968 (25).

[ 6 ] Asuncion A, Welling M, Smyth P, et al. "On Smoothing and Inference for Topic Models." *AUAI Press*, 2012.

[ 7 ] Atkinson RD, Correa DK. 2007 *State New Economy Index: Benchmarking Economic Transformation in the States.* Social Science Electronic Publishing, 2007.

[ 8 ] Bai J, Wang P. "Identification and Bayesian Estimation of Dynamic Factor Models." *Journal of Business & Economic Statistics*, 2015, 33(2): 221-40.

[ 9 ] Baker S R, Bloom N, Davis S J, et al. The Unprecedented Stock Market Impact of COVID-19 [R]. *National Bureau of Economic Research*, 2020.

[10] Banasik J, Crook J, Thomas L. "Not If But When will Borrowers Default."*Journal of the Operational Research Society*, 1999, 50 (12): 1185-1190.

[11] Bange M M. "Do the Portfolios of Small Investors Reflect Positive Feedback Trading?."*Journal of Financial and Quantitative Analysis*, 2000, 35(2): 239-255.

[12] Bash A, Alsaifi K. "Fear from Uncertainty: An Event Study of Khashoggi and Stock Market Returns."*Journal of Behavioral and Experimental Finance*, 2019, 23: 54-58.

[13] Bautista M A C, Nurjono M, Lim Y W, et al. "Instruments Measuring Integrated Care: A Systematic Review of Measurement Properties."*The Milbank Quarterly*, 2016, 94(4): 862-917.

[14] Bellotti T, Crook J. "Credit Scoring with Macroeconomic Variables Using Survival Analysis." *Journal of the Operational Research Society*, 2009, 60(12): 1699-1707.

[15] Bischoff J, Alexander T. *Data Warehouse: Practical Advice Form the Experts.* Prentice Hall, Upper Saddle River, 1997.

[16] Blendon R J, Benson J M, DesRoches C M, et al. "The Public's Response to Severe Acute Respiratory Syndrome in Toronto and the United States."*Clinical Infectious Diseases*, 2004, 38

（7）：925-931.

［17］ Blitz D, Huisman R, Swinkels L, et al. "Media Attention and the Volatility Effect." *Finance Research Letters*, 2020, 36: 101317.

［18］ Breiman L. "Bagging Predictors." *Machine Learning*, 1996, 24(2): 123-140.

［19］ Breiman L. "Random Forests." *Machine Learning*, 2001, 45(1): 5-32.

［20］ Burez J, Van den Poel D. "Handling Class Imbalance in Customer Churn Prediction." *Expert Systems with Applications*, 2009, 36(3): 4626-4636.

［21］ Caballero-Julia D, Campillo P. "Epistemological Considerations of Text Mining: Implications for Systematic Literature Review." *Mathematics*, 2021, 9(16): 1865.

［22］ Celaya E, Agostini A. "Online EM with Weight-Based Forgetting." *Neural Computation*, 2015, 27(5): 1142-1157.

［23］ Cepoi C O. "Asymmetric Dependence Between Stock Market Returns and News During COVID-19 Financial Turmoil." *Finance Research Letters*, 2020, 36: 101658.

［24］ Chawla N V, Bowyer K W, Hall L O, et al. "SMOTE: Synthetic Minority Over-Sampling Technique." *Journal of Artificial Intelligence Research*, 2002, 16: 321-357.

［25］ Chawla N V, Japkowicz N, Kotcz A. "Special Issue on Learning from Imbalanced Data Sets." *ACM SIGKDD Explorations Newsletter*, 2004, 6(1): 1-6.

［26］ Chen H, Xu J, Xiao G, et al. "Fast Auto-Clean CNN Model for Online Prediction of Food Materials." *Journal of Parallel and Distributed Computing*, 2018, 117: 218-227.

［27］ Chen J, Ngo CW, Chua TS. "Cross-modal Recipe Retrieval with Rich Food Attributes," in *Proceedings of the 25th ACM International Conference on Multimedia. ACM*, 2017: 1771-1779.

［28］ Chen T, Guestrin C. "Xgboost: A Scalable Tree Boosting System[A]." *Proceedings of the 22nd Acm Sigkdd International Conference on Knowledge Discovery and Data Mining*［C］, 2016: 785-794.

［29］ Ciocca G, Napoletano P, Schettini R. "Food Recognition: A New Dataset, Experiments, and Results." *IEEE Journal of Biomedical and Health Informatics*, 2016, 21(3): 588-598.

［30］ Conner M. "Theory of Planned Behavior." *Handbook of Sport Psychology*, 2020: 3.

［31］ Damen D, Doughty H, Maria Farinella G, et al. "Scaling Egocentric Vision: The Epic-Kitchens Dataset," in *Proceedings of the European Conference on Computer Vision (ECCV)*. 2018: 720-736.

［32］ Dasarathy BV, Sheela BV. "A Composite Classifier System Design: Concepts and Methodology." *Proceedings of the IEEE*, 1979, 67(5): 708-713.

［33］ Dietterich TG. "Ensemble Learning." *The Handbook of Brain Theory and Neural Networks*, 2002, 2(1): 110-125.

［34］ Dirick L, Bellotti T, Claeskens G, et al. "Macro-Economic Factors in Credit Risk Calculations: Including Time—Varying Covariates in Mixture Cure Models." *Journal of Business & Economic Statistics*, 2019, 37(1): 40-53.

［35］ Dirick L, Claeskens G, Baesens B. "Time to Default in Credit Scoring Using Survival Analysis: A Benchmark Study." *Journal of the Operational Research Society*, 2017, 68(6): 652-665.

[ 36 ] Elbasiony RM, Sallam EA, Eltobely TE, et al. "A Hybrid Network Intrusion Detection Framework Based on Random Forests and Weighted K-Means." *Ain Shams Engineering Journal*, 2013, 4(4): 753-762.

[ 37 ] Elkan C. "The Foundations of Cost-Sensitive Learning[ A ]." *International Joint Conference on Artificial Intelligence[ C ]. Lawrence Erlbaum Associates Ltd*, 2001, 17(1): 973-978.

[ 38 ] Fan W, Stolfo S J, Zhang J, et al. "Adacost: Misclassification Cost-Sensitive Boosting[ A ]". *LCML[ C ]. Citeseer*, 1999, 99: 97-105.

[ 39 ] Fan X, Liu M, Fang K, et al. "Promoting Structural Effects of Covariates in the Cure Rate Model with Penalization ." *Statistical Methods in Medical Research*, 2017, 26: 2078-2092.

[ 40 ] Farid DM, Nowé A, Manderick B. "A New Data Balancing Method for Classifying Multi-Class Imbalanced Genomic Data[ A ]." *25th Belgian-Dutch Conference on Machine Learning ( Benelearn )[ C ]*. 2016: 1-2.

[ 41 ] Farin G. "Curves and Surfaces for Computer Aided Geometric Design ." *Printed in the United-states of America*, 1990: 37-109.

[ 42 ] Ferraty F, Vieu P. Nonparametric Functional Data Analysis: Theory and Practice. *Springer Science & Business Media*, 2006.

[ 43 ] Ferreira L, Hitchcock DB. "A Comparison of Hierarchical Methods for Clustering Functional Data." *Communications in Statistics-Simulation and Computation*, 2009, 38(9): 1925-1949.

[ 44 ] Galar M, Fernández A, Barrenechea E, et al. "Eusboost: Enhancing Ensembles for Highly Imbalanced Data-Sets by Evolutionary Undersampling." *Pattern Recognition*, 2013, 46(12): 3460-3471.

[ 45 ] Ganin Y, Lempitsky V. "Unsupervised Domain Adaptation by Backpropagation[ C ]"//*International Conference on Machine Learning. PMLR*, 2015: 1180-1189.

[ 46 ] Ganin Y, Ustinova E, Ajakan H, et al. "Domain-Adversarial Training of Neural Networks." *The Journal of Machine Learning Research*, 2016, 17(1): 2096-2030.

[ 47 ] Gao Z, Zhang L, Chen M, et al. "Enhanced and Hierarchical Structure Algorithm for Data Imbalance Problem in Semantic Extraction under Massive Video Dataset." *Multimedia Tools and Applications, Springer*, 2014, 68(3): 641-657.

[ 48 ] Ghitany M, Maller R, and Zhou S. "Exponential Mixture Models with Long-Term Survivors and Covariates." *Journal of Multivariate Analysis*, 1994, 49: 218-241.

[ 49 ] Granovetter M. "Problems of Explanation in Economic Sociology." *Networks and Organizations: Structure, Form, and Action*, 1992: 25-56.

[ 50 ] Graves A, Mohamed A, Hinton G. "Speech Recognition with Deep Recurrent Neural Networks" [ C ]. 2013 *IEEE International Conference on Acoustics, Speech and Signal Processing. IEEE*, 2013: 6645-6649.

[ 51 ] Griffiths T, "Steyvers M. Finding Scientific Topics." *Proceedings of the National Academy of Sciences of the United States of America*, 2004, 101: 5228-5235.

[ 52 ] Gro-Klumann A, Hautsch N. "When Machines Read the News: Using Automated Text Analytics to Quantify High Frequency News-Implied Market Reactions." *Journal of Empirical Finance*,

2011, 18(2): 321-340.

[53] Xiao G, Wu Q, Chen H, et al. "A Deep Transfer Learning Solution for Food Material Recognition Using Electronic Scales."*IEEE Transactions on Industrial Informatics*, 2019, 16(4): 2290-2300.

[54] Guo H, Viktor H L. "Learning from Imbalanced Data Sets with Boosting and Data Generation: the Databoost-Im Approach."*ACM Sigkdd Explorations Newsletter*, 2004, 6(1): 30-39.

[55] Guo Y. "Erratum to the 'Chinese Mode' of Organ Donation and Transplantation: Moving Towards the Center Stage of the World."*Hepatobiliary Surgery and Nutrition*, 2019, 8(1): 87.

[56] Guo W, Xu T, Tang K, et al. "Online Sequential Extreme Learning Machine with Generalized Regularization and Adaptive Forgetting Factor for Time-Varying System Prediction."*Mathematical Problems in Engineering*, 2018.

[57] Han H, Wang WY, Mao BH. Borderline-SMOTE: A New Over-Sampling Method in Imbalanced Data Sets Learning[A]. *International Conference on Intelligent Computing*[C]. *Springer*, 2005: 878-887.

[58] Han JW and Kamber M. *Data Mining: Concepts and Techniques*. Higher Education Press, 2001.

[59] Hansen LK, Salamon P. "Neural Network Ensembles."*IEEE Transactions on Pattern Analysis and Machine Intelligence*, 1990, 12(10): 993-1001.

[60] Haroon O, Rizvi SAR. "COVID-19: Media Coverage and Financial Markets Behavior—A Sectoral Inquiry."*Journal of Behavioral and Experimental Finance*, 2020, 27: 100343.

[61] Hasselgren A, Kralevska K, Gligoroski D, et al. "Blockchain in Healthcare and Health Sciences—A Scoping Review."*International Journal of Medical Informatics*, 2020, 134: 104040.

[62] Hastie T, Rosset S, Zhu J, et al. "Multi-Class Adaboost."*Statistics and Its Interface*, *International Press of Boston*, 2009, 2(3): 349-360.

[63] He H, Bai Y, Garcia EA, et al. "ADASYN: Adaptive Synthetic Sampling Approach for Imbalanced Learning[C]"//2008 *IEEE International Joint Conference on Neural Networks (IEEE World Congress on Computational Intelligence)*. *IEEE*, 2008: 1322-1328.

[64] He H, Garcia E A. "Learning from Imbalanced Data."*IEEE Transactions on Knowledge and Data Engineering*, 2009, 21(9): 1263-1284.

[65] He J, Baxter S L, Xu J, et al. "The Practical Implementation of Artificial Intelligence Technologies in Medicine."*Nature Medicine*, 2019, 25(1): 30-36.

[66] Huang G, Huang GB, Song S, et al. "Trends in Extreme Learning Machines: a Review."*Neural Network*, 2015, 61, 32-48.

[67] Huang JF, Millis JM, Mao YL, et al. "Voluntary Organ Donation System Adapted to Chinese Cultural Values and Social Reality."*Liver Transplantation*, 2015, 21(4): 419-22.

[68] Huynh HT, Won Y. "Regularized Online Sequential Learning Algorithm for Single-Hidden Layer Feedforward Neural Networks."*Pattern Recognition Letters*, 2011, 32(14): 1930-1935.

[69] Jiang C, Wang Z, Zhao H. "A Prediction-Driven Mixture Cure Model and Its Application in Credit Scoring."*European Journal of Operational Research*, 2019, 277: 20-31.

[70] Kantardzic M. *Data Mining Concept, Models, Methods and Algorithms*. IEEE Press, 2002.

［71］ Kar AK, Dwivedi YK. "Theory Building with Big Data-Driven Research—Moving Away from the 'What' Towards the 'Why'." *International Journal of Information Management*, 2020, 54, 102205.

［72］ Ke G, Meng Q, Finley T, et al. "Lightgbm: A Highly Efficient Gradient Boosting Decision Tree." *Advances in Neural Information Processing Systems*, 2017, 30: 3146-3154.

［73］ Kennedy RL. *Solving Data Mining Problems through Pattern Recognition*. Prentice Hall, Upper Saddle River: NJ, 1998.

［74］ Kowalewski O, Spiewanowski P. "Stock Market Response to Potash Mine Disasters." *Journal of Commodity Markets*, 2020, 20: 100124.

［75］ Krieger AM, Green PE. "A Generalized Rand-Index Method for Consensus Clustering of Separate Partition of the Same Data Base." *Journal of Classification*, 1999: 63-89.

［76］ Krizhevsky A, Sutskever I, Hinton GE. "Imagenet Classification with Deep Convolutional Neural Networks." *Advances in Neural Information Processing Systems*, 2012, 25: 1097-1105.

［77］ Kubat M, Matwin S. "Addressing the Curse of Imbalanced Training Sets: One-Sided Selection [A]." *ICML[C]. Citeseer*, 1997, 97: 179-186.

［78］ LeCun Y, Bottou L, Bengio Y, et al. "Gradient-Based Learning Applied to Document Recognition." *Proceedings of the IEEE*, 1998, 86(11): 2278-2324.

［79］ Li H, Sun J. "Forecasting Business Failure: The Use of Nearest-Neighbour Support Vectors and Correcting Imbalanced Samples-Evidence From The Chinese Hotel Industry." *Tourism Management*, 2012, 33(3): 622-634.

［80］ Li H, Yu L. "Chinese Ecocity Indictor Construction." *Urban Studies*, 2011, 18(7): 81-86.

［81］ Li Q. "Healthcare at Your Fingertips: The Acceptance and Adoption of Mobile Medical Treatment Services Among Chinese Users." *International Journal of Environmental Research and Public Health*, 2020, 17(18): 6895.

［82］ YL A, Ying LA, Yan LB. "What Factors Are Influencing Credit Card Customer'S Default Behavior In China? A Study Based on Survival Analysis." *Physica A: Statistical Mechanics and Its Applications*, 526: 120861-120861.

［83］ Liang, Nan-Ying, et al. " A Fast and Accurate Online Sequential Learning Algorithm for Feedforward Networks." *IEEE Transactions on Neural Networks* 17. 6 (2006): 1411-1423.

［84］ Liu, Tian-Yu. "Easyensemble and Feature Selection for Imbalance Data Sets." 2009 *International Joint Conference On Bioinformatics, Systems Biology and Intelligent Computing. IEEE*, 2009.

［85］ Liu, Xu-Ying, Jianxin Wu, and Zhi-Hua Zhou. "Exploratory Undersampling for Class-imbalance Learning." *IEEE Transactions on Systems, Man, and Cybernetics, Part B (Cybernetics)* 39. 2 (2008): 539-550.

［86］ Lomax, Susan, and Sunil Vadera. "A Survey of Cost-Sensitive Decision Tree Induction Algorithms." *ACM Computing Surveys (CSUR)* 45. 2 (2013): 1-35.

［87］ Long M, Cao Y, Wang J, et al. "Learning Transferable Features with Deep Adaptation Networks." *International Conference on Machine Learning*. PMLR, 2015.

［88］ Lopatta K, Alexander EK, Gastone LM, et al. "To Report or Not to Report About Coronavirus? The Role of Periodic Reporting in Explaining Capital Market Reactions During the COVID-19 Pandemic." *The Role of Periodic Reporting in Explaining Capital Market Reactions During the COVID-19 Pandemic（April* 3, 2020）（2020）.

［89］ Mairal G. "The History and the Narrative of Risk in the Media." *Health, Risk & Society* 13. 1 （2011）: 65-79.

［90］ McKelvey RD, Zavoina W. "A Statistical Model for the Analysis of Ordinal Level Dependent Variables." *Journal of Mathematical Sociology* 4. 1 （1975）: 103-120.

［91］ Mena LJ, Gonzalez JA. *Machine Learning for Imbalanced Datasets: Application in Medical Diagnostic.* Flairs Conference. 2006.

［92］ Min W, Jiang S, Liu L, et al. "A Survey on Food Computing." *ACM Computing Surveys （CSUR）* 52. 5 （2019）: 1-36.

［93］ Muller E, Dominguez-Gil B, Martin D. "The Declaration of Istanbul on Organ Trafficking and Transplant Tourism （2018 Edition） Introduction." *Transplantation* 103. 2 （2019）: 217.

［94］ Myles AJ, Feudale RN, Liu Y, et al. "An Introduction to Decision Tree Modeling." *Journal of Chemometrics: A Journal of the Chemometrics Society* 18. 6 （2004）: 275-285.

［95］ Narain B. "Survival Analysis and the Credit Granting Decision." *Credit Scoring and Credit Control* 109 （1992）: 121.

［96］ Nelson DE. *High Range Resolution Radar Target Classification: A Rough Set Approach.* Diss. Ohio University, 2001.

［97］ Nofsinger JR, Sias RW. "Herding and Feedback Trading by Institutional and Individual Investors." *The Journal of Finance* 54. 6 （1999）: 2263-2295.

［98］ O'Brien RM. "Using Rank-Order Measures to Represent Continuous Variables." *Social Forces* 61. 1 （1982）: 144-155.

［99］ OECD. *Towards Sustainable Development: Environmental Indicators* ［R］. OECD Publishing, 1998.

［100］ Olszewski D. "A Probabilistic Approach to Fraud Detection in Telecommunications." *Knowledge-Based Systems* 26 （2012）: 246-258.

［101］ Owen AB. "Tubular Neighbors for Regression and Classification." *Technical Report, Stanford University*, 1999.

［102］ Pawlak Z. "Rough Set Theory and Its Applications to Data Analysis." *Cybernetics & Systems* 29. 7 （1998）: 661-688

［103］ Pearson R, Goney G, Shwaber J. "Imbalanced Clustering for Microarray Time-Series." *Proceedings of the ICML.* Vol. 3. 2003.

［104］ Piccolo D. "A Distance Measure for Classifying ARIMA Models." *Journal of Time Series Analysis* 11. 2 （1990）: 153-164.

［105］ Pohlman JT, Leitner DW. "A Comparison of Ordinary Least Squares and Logistic Regression （1）." *The Ohio Journal Of Science* 103. 5 （2003）: 118-126.

［106］ Poku-Boansi M, Amoako C, Owusu-Ansah JK, et al. "The Geography of Urban Poverty in Ku-

347

masi, Ghana." *Habitat International* 103 (2020): 102220.

[107] Prati RC, Batista GE, "Class Imbalances Versus Class Overlapping: An Analysis of a Learning System Behavior." *Mexican International Conference on Artificial Intelligence* Springer, Berlin, Heidelberg, 2004: 312-321.

[108] Provost F, Fawcett T. "Robust Classification for Imprecise Environments." *Machine Learning* 42. 3 (2001): 203-231.

[109] Qian Y, Liang X, Wang Q, et al. "Local Rough Set: a Solution to Rough Data Analysis in Big Data." *International Journal of Approximate Reasoning* 97 (2018): 38-63.

[110] Ramsay JO, Dalzell CJ. "Some Tools for Functional Data Analysis." *Journal of the Royal Statistical Society: Series B (Methodological)* 53. 3 (1991): 539-561.

[111] Rao RB, Krishnan S, Niculescu RS. "Data Mining for Improved Cardiac Care." *Acm Sigkdd Explorations Newsletter* 8. 1 (2006): 3-10.

[112] Rayhan F, Ahmed S, Mahbub A, et al. "Cusboost: Cluster-Based Under-Sampling with Boosting for Imbalanced Classification." 2017 *2nd International Conference on Computational Systems and Information Technology for Sustainable Solution (CSITSS)*. IEEE, 2017: 1-5.

[113] Rosenberg MW, Hanlon NT. "Access and Utilization: a Continuum of Health Service Environments." *Social Science & Medicine* 43. 6 (1996): 975-983.

[114] Rud OP. *Data Mining Cookbook: Modeling Data for Marketing, Risk, and Customer Relationship Management.* John Wiley & Sons, 2001.

[115] Santos MS, Abreu PH, García-Laencina PJ, et al. "A New Cluster-Based Oversampling Method for Improving Survival Prediction of Hepatocellular Carcinoma Patients." *Journal of Biomedical Informatics* 58 (2015): 49-59.

[116] Sarker A, Gonzalez G. "Portable Automatic Text Classification for Adverse Drug Reaction Detection Via Multi-Corpus Training." *Journal of Biomedical Informatics* 53 (2015): 196-207.

[117] Schapire RE. "The Boosting Approach to Machine Learning: An Overview." *Nonlinear Estimation and Classification* (2003): 149-171.

[118] Schapire RE. "The Strength of Weak Learnability." *Machine learning* 5. 2 (1990): 197-227.

[119] Schoen C, Doty MM. "Inequities in Access to Medical Care in Five Countries: Findings From the 2001 Commonwealth Fund International Health Policy Survey." *Health Policy* 67. 3 (2004): 309-322.

[120] Seiffert C, Khoshgoftaar TM, Van Hulse J, et al. "Rusboost: A Hybrid Approach to Alleviating Class Imbalance." *IEEE Transactions on Systems, Man, and Cybernetics—Part A: Systems and Humans* 40. 1 (2009): 185-197.

[121] Shanaev S, Ghimire B, "Is All Politics Local? Regional Political Risk in Russia and The Panel of Stock Returns." *Journal of Behavioral and Experimental Finance* 21 (2019): 70-82.

[122] Shi B, Wang J, Qi J, et al. "A Novel Imbalanced Data Classification Approach Based on Logistic Regression and Fisher Discriminant." *Mathematical Problems in Engineering* 2015 (2015): 1-12.

[123] Shi BY, Liu ZJ, Yu T. "Development of the Organ Donation and Transplantation System in

China. " *Chinese Medical Journal* 133. 07 (2020): 760-765.

[124] Shi X, , Ma S, Huang Y. "Promoting Sign Consistency in the Cure Model Estimation and Selection. " *Statistical Methods in Medical Research* 29. 1 (2020): 15-28.

[125] Sifa R, Hadiji F, Runge J, et al. "Predicting Purchase Decisions in Mobile Free-to-Play Games. " *Proceedings of the AAAI Conference on Artificial Intelligence and Interactive Digital Entertainment*. Vol. 11. No. 1. 2015.

[126] Silver RA, Subramaniam C, Stylianou A. "The Impact of Portal Satisfaction on Portal Use and Health-Seeking Behavior: Structural Equation Analysis. " *Journal of Medical Internet Research* 22. 3 (2020): e16260.

[127] Song YY, Ying LU. "Decision Tree Methods: Applications for Classification and Prediction. " *Shanghai Archives of Psychiatry* 27. 2 (2015): 130.

[128] Stepanova M, Thomas L. "Survival Analysis Methods for Personal Loan Data. " *Operations Research* 50. 2 (2002): 277-289.

[129] Sun Z, Song Q, Zhu X, et al. "A Novel Ensemble Method for Classifying Imbalanced Data. " *Pattern Recognition* 48. 5 (2015): 1623-1637.

[130] Takeda F, Wakao T, "Google Search Intensity and Its Relationship with Returns and Trading Volume of Japanese Stocks. " *Pacific-Basin Finance Journal* 27 (2014): 1-18.

[131] Tetlock PC. "Giving Content to Investor Sentiment: The Role of Media in the Stock Market. " *The Journal of finance* 62. 3 (2007): 1139-1168.

[132] Tomek I. "Two Modifications of CNN. " (1976).

[133] Tong ENC, Mues C, Thomas LC. "Mixture Cure Models in Credit Scoring: If and When Borrowers Default. " *European Journal of Operational Research* 218. 1 (2012): 132-139.

[134] Trespv V. "Scaling Kernel-Based Systems to Large Data Sets. " *Data Mining and Knowledge Discovery* 5. 3 (2001): 197-211.

[135] Tzeng E, Hoffman J, Darrell T, et al. "Simultaneous Deep Transfer Across Domains and Tasks. " *Proceedings of the IEEE International Conference on Computer Vision*. 2015: 4068-4076.

[136] VanDerArk LA, VanDer Heijden PGM and Sikkel D. "On the Identifiability in the Latent Budget Model. " *Journal of Classification* 16 (1999): 117-137.

[137] Wang BX, Japkowicz N. "Imbalanced Data Set Learning with Synthetic Samples. " *Proc. IRIS Machine Learning Workshop*. Vol. 19. 2004.

[138] Wang CY, Hu L, Guo MZ, et al. "Imdc: An Ensemble Learning Method for Imbalanced Classification with Mirna Data. " *Genetics and Molecular Research* 14. 1 (2015): 123-133.

[139] Wang G, Hao J, Ma J, et al. "A Comparative Assessment of Ensemble Learning for Credit Scoring. " *Expert Systems with Applications* 38. 1 (2011): 223-230.

[140] Wang JL, Chiou JM, Müller HG. "Functional Data Analysis. " *Annual Review of Statistics and Its Application* 3 (2016): 257-295.

[141] Wei W, Li J, Cao L, et al. "Effective Detection of Sophisticated Online Banking Fraud on Extremely Imbalanced Data. " *World Wide Web* 16. 4 (2013): 449-475.

［142］ Weiss GM, Provost F. *The Effect of Class Distribution on Classifier Learning*: an Empirical Study. Rutgers University, 2001.

［143］ Weiss SM, Ndurkhya N. *Predictive Data Mining*: a Practical Guide. Morgan Kaufmann, 1998.

［144］ Wolpert DH, Macready WG. "An Efficient Method to Estimate Bagging's Generalization Error." *Machine Learning* 35. 1 (1999): 41-55.

［145］ Wolpert DH. "Stacked Generalization." *Neural Networks* 5. 2 (1992): 241-259.

［146］ Woods KS, Solka JL, Priebe CE, et al. "Comparative Evaluation of Pattern Recognition Techniques for Detection of Microcalcifications in Mammography." *International Journal of Pattern Recognition and Artificial Intelligence* 7. 06 (1993): 1417-1436.

［147］ Xu R, Herranz L, Jiang S, et al. "Geolocalized Modeling for Dish Recognition." *IEEE Transactions on Multimedia* 17. 8 (2015): 1187-1199.

［148］ Yang J, Siri J, Remais J, et al. "The Tsinghua—Lancet Commission on Healthy Cities in China: Unlocking the Power of Cities for a Healthy China." *The Lancet* 391. 10135 (2018): 2140-2184.

［149］ Yao Y, Zhang X. "Class-Specific Attribute Reducts in Rough Set Theory." *Information Sciences* 418 (2017): 601-618.

［150］ Yap BW, Abd Rani K, Abd Rahman HA, et al. "An Application of Oversampling, Undersampling, Bagging and Boosting in Handling Imbalanced Datasets." *Proceedings of the First International Conference on Advanced Data and Information Engineering (DaEng-2013).* Springer, Singapore, 2014.

［151］ Yen SJ, Lee YS. "Cluster-Based Under-Sampling Approaches for Imbalanced Data Distributions." *Expert Systems with Applications* 36. 3 (2009): 5718-5727.

［152］ Ying D. "Topic—Based Pagerank on Author Cocitation Networks." *Journal of the American Society for Information Science and Technology* 62. 3 (2011): 449-466.

［153］ Young T, Hazarika D, Poria S, et al. "Recent Trends in Deep Learning Based Natural Language Processing." *IEEE Computational Intelligence Magazine* 13. 3 (2018): 55-75.

［154］ Young ME, King N, Harper S, et al. 2013. "The Influence of Popular Media on Perceptions of Personal and Population Risk in Possible Disease Outbreaks." *Health, Risk & Society* 15. 1 (2013): 103-114.

［155］ Yun CH, Chuang KT, Chen MS. "An Efficient Clustering Algorithm for Market Basket Data Based on Small Large Ratios." *25th Annual International Computer Software and Applications Conference. COMPSAC* 2001. IEEE, 2001.

［156］ Zhang N, Yang Q, Kelleher A, et al. "A New Mixture Cure Model Under Competing Risks to Score Online Consumer Loans." *Quantitative Finance* 19. 7 (2019): 1243-1253.

［157］ Zhou ZH, Zhang ML, Huang S J, et al. "Multi-Instance Multi-Label Learning." *Artificial Intelligence* 176. 1 (2012): 2291-2320.

［158］ Zhou ZH, Liu XY. "Training Cost-Sensitive Neural Networks with Methods Addressing the Class Imbalance Problem." *IEEE Transactions on Knowledge and Data Engineering* 18. 1 (2005): 63-77.

[159] 安体富，任强. 中国公共服务均等化水平指标体系的构建——基于地区差别视角的量化分析[J]. 财贸经济，2008(6)：79-82.

[160] 北京市统计局《大都市统计指标体系研究》课题组. 大都市统计指标体系探索研究[J]. 统计研究，2005(11)：3-7.

[161] 蔡皖东. 网络舆情分析技术[M]. 北京：电子工业出版社，2018：161-165.

[162] 蔡晓珊，陈旭佳，陈和. 发达地区实现基本公共服务均等化了吗——以广东为样本的实证分析[J]. 华东经济管理，2015(9)：74-78.

[163] 谌志群，张国煊. 文本挖掘与中文文本挖掘模型研究[J]. 情报科学，2007(07)：1046-1051.

[164] 陈卫. 社交网络影响力传播研究[J]. 大数据，2015(3)：82-98.

[165] 戴双兴. 数据要素：主要特征、推动效应及发展路径[J]. 马克思主义与现实，2020(06)：171-177.

[166] 董志勇，赵晨晓. "新医改"十年：我国医疗卫生事业发展成就、困境与路径选择[J]. 改革，2020(9).

[167] 范传辉. Python 爬虫开发与项目实践[M]. 北京：机械工业出版社，2017.

[168] 范金，张强，落成. 长三角城市群经济发展质量的演化趋势与对策建议[J]. 工业技术经济，2018(12)：70-77.

[169] 方匡南，吴见彬，朱建平，谢邦昌. 信贷信息不对称下的信用卡信用风险研究[J]. 经济研究，2010，45(S1)：97-107.

[170] 方匡南，章贵军，张惠颖. 基于 LASSO-logistic 模型的个人信用风险预警方法[J]. 数量经济技术经济研究，2014，31(02)：125-136.

[171] 国务院发展研究中心管理世界杂志社，中国社会科学院社会学研究所、未来学研究所. 1991 年 188 个地级以上城市经济社会发展水平评价[J]. 管理世界，1992(6)：143-149.

[172] 韩璐，韩立岩. 正交支持向量机及其在信用评分中的应用[J]. 管理工程学报，2017，31(2)：128-136.

[173] 霍枫，齐海智. 中国公民逝世后器官捐献流程和规范(2019 版)[J]. 器官移植，2019，10(02)：122-127.

[174] 姜劲，白闪闪，王云婷，赵伟，刘宇平. 线上和线下医疗服务质量对患者线下就医决策的影响[J]. 管理科学，2020，33(01)：46-53.

[175] 蒋翠清，王睿雅，丁勇. 融入软信息的 P2P 网络借贷违约预测方法[J]. 中国管理科学，2017，25(11)：12-21.

[176] 黄洁夫. 中国器官移植发展报告(2015-2018)[M]. 北京：清华大学出版社，2020：1-10.

[177] 黄洁夫. 中国器官移植发展报告(2019)[M]. 北京：清华大学出版社，2020：1-10.

[178] 黄洁夫. 器官捐献与移植事业的"中国模式"[J]. 中华医学信息导报，2017(9)：6.

[179] 金碚. 关于"高质量发展"的经济学研究[J]. 中国工业经济，2018(4)：5-18.

[180] 李光龙，范贤贤. 财政支出、科技创新与经济高质量发展——基于长江经济带 108 个城市的实证检验[J]. 上海经济研究，2019(10)：46-60.

[181] 李海舰，赵丽. 数据成为生产要素：特征、机制与价值形态演进[J]. 上海经济研究，2021(08)：48-59.

[182] 李辉. 大数据推动我国经济高质量发展的理论机理、实践基础与政策选择[J]. 经济学家, 2019(03): 52-59.

[183] 李金昌, 史龙梅, 徐蔼婷. 高质量发展评价指标体系探讨[J]. 统计研究, 2019(1): 6-16.

[184] 李羽抒, 杨顺良. 基于成本核算的公民捐献器官临床使用价格的制定与管理[J]. 器官移植, 2021, 12(02): 123-128.

[185] 李旭辉, 朱启贵, 夏万军, 等. 基于五大发展理念的经济社会发展评价体系研究——基于二次加权因子分析法[J]. 数理统计与管理, 2019(3): 506-518.

[186] 李勋来, 张梦琦. 健康中国背景下我国健康城市建设水平的比较研究——基于副省级城市中 7 个示范城市的分析[J]. 山东社会科学, 2019(7): 133-136.

[187] 李勇, 邢影影. 分级诊疗背景下患者门诊就医选择行为实证研究[J]. 中国医院管理, 2020, 40(06): 50-54.

[188] 李正发. 区域可持续发展评价指标体系[J]. 数量经济技术经济研究, 2000(4): 48-51.

[189] 梁吉业, 钱宇华, 李德玉, 胡清华. 大数据挖掘的粒计算理论与方法[J]. 中国科学: 信息科学, 2015, 45(11): 1355-1369.

[190] 刘军. 社会网络分析导论[M]. 北京: 社会科学文献出版社, 2004.

[191] 刘求实, 沈红. 区域可持续发展指标体系与评价方法研究[J]. 中国人口·资源与环境, 1997, 7(4): 5.

[192] 刘淑春, 闫津臣, 张思雪, 林汉川. 企业管理数字化变革能提升投入产出效率吗[J]. 管理世界, 2021, 37(05): 170-190 + 13.

[193] 齐心, 梅松. 大城市和谐社会评价指标体系的构建与应用[J]. 统计研究, 2007(7): 17-21.

[194] 钱雪亚, 宋文娟. 城市基本公共服务面向农民工开放度测量研究[J]. 统计研究, 2020(3): 33-47.

[195] 全国哲学社会科学工作办公室编. 中国特色哲学社会科学发展报告("十三五"回顾与"十四五"展望)[M]. 北京: 中国社会科学出版社, 2021.

[196] 石炳毅. 继往开来, 中国器官移植的发展现状——在 2018 年中华医学会器官移植学年会上的报告[J]. 器官移植, 2019 (1): 37-40.

[197] 施法中. 计算机辅助几何设计与非均匀有理 B 样条[M]. 北京: 北京航空航天出版社, 1994.

[198] 石庆焱. 一个基于神经网络——Logistic 回归的混合两阶段个人信用评分模型研究[J]. 统计研究, 2005, (5): 45-49.

[199] 舒扬, 杨秋怡. 基于大样本数据模型的汽车贷款违约预测研究[J]. 管理评论, 2017, 29(9): 59-71.

[200] 斯科特. 社会网络分析法[J]. 刘军译. 重庆: 重庆大学出版社, 2007.

[201] 宋维静, 刘鹏, 王力哲, 吕科. 遥感大数据的智能处理: 现状与挑战[J]. 工程研究-跨学科视野中的工程, 2014, 6(03): 259-265.

[202] 王春峰, 万海晖, 张维. 基于神经网络技术的商业银行信用风险评估[J]. 系统工程理论与实践, 1999, 19(9): 24-33.

[203] 王聪聪, 党超, 徐峰, 钟立新, 杜炜. 互联网金融背景下的金融创新和财富管理研究 [J]. 管理世界, 2018 (12): 168-170.

[204] 王俊, 昌忠泽, 刘宏. 中国居民卫生医疗需求行为研究[J]. 经济研究, 2008 (07): 105-117.

[205] 王开科, 吴国兵, 章贵军. 数字经济发展改善了生产效率吗[J]. 经济学家, 2020(10): 24-34.

[206] 王谦, 付晓东. 数据要素赋能经济增长机制探究[J]. 上海经济研究, 2021(04): 55-66.

[207] 王小燕, 方匡南, 谢邦昌. Logistic 回归的双层变量选择研究[J]. 统计研究, 2014, 31 (9): 107-112.

[208] 王欣, 吴殿廷, 王红强. 城市间经济联系的定量计算[J]. 城市发展研究, 2006(3): 55-59.

[209] 王一鸣. 更好推动经济转向高质量发展轨道[N]. 经济日报, 2019-12-09(001).

[210] 王正位, 周从意, 廖理, 张伟强. 消费行为在个人信用风险识别中的信息含量研究[J]. 经济研究, 2020, 55(01): 149-163.

[211] 魏福成, 胡洪曙. 我国基本公共服务均等化: 评价指标与实证研究[J]. 中南财经政法大学学报, 2015(5): 26-36.

[212] 魏敏, 李书昊. 新时代中国经济高质量发展水平的测度研究[J]. 数量经济技术经济研究, 2018(11): 3-20.

[213] 沃瑟曼, 福斯特. 社会网络分析: 方法与应用[M]. 陈禹, 孙彩虹译. 北京: 中国人民大学出版社, 2012.

[214] 邬阳阳, 汤建国. 大数据背景下粗糙集属性约简研究进展[J]. 计算机工程与应用, 2019, 55(06): 31-38 + 177.

[215] 武力超, 林子辰, 关悦. 我国地区公共服务均等化的测度及影响因素研究[J]. 数量经济技术经济研究, 2014(8): 72-86.

[216] 熊兴, 余兴厚, 蒲坤明. 长江经济带基本公共服务综合评价及其空间分析[J]. 华东经济管理, 2019(1): 51-61.

[217] 徐计, 王国胤, 于洪. 基于粒计算的大数据处理[J]. 计算机学报, 2015, 38(08): 1497-1517.

[218] 杨立新, 陈小江. 衍生数据是数据专有权的客体[N]. 中国社会科学报, 2016-07-13 (005).

[219] 杨顺良, 谭建明. 器官捐献可持续发展策略探讨[J]. 中华移植杂志(电子版), 2014, 8 (01): 1-3.

[220] 杨文川, 黄涛. 数据挖掘中衍生过程的研究[J] 广西师范大学学报, 2003: 128-130.

[221] 杨新洪. "五大发展理念"统计评价指标体系构建——以深圳市为例[J]. 调研世界, 2017(07): 3-7.

[222] 余乐安. 基于最小二乘近似支持向量回归模型的电子商务信用风险预警[J]. 系统工程理论与实践, 2012, 32(3): 508-514.

[223] 曾雁冰, 袁志鹏, 方亚. 中国老年人就医行为及其影响因素研究[J]. 中国卫生统计, 2020, 037(002): 199-205.

［224］张爱珠，苏明君. 中国城市现代化指标体系及理论模型探析［J］. 数量经济技术经济研究，1998(10)：42-45.

［225］郑恒. 国外器官捐献的经济激励、市场制度及改革启示［J］. 南方经济，2016(04)：99-115.

［226］郑嘉琳，徐文华. 数字经济助推我国经济高质量发展的作用机制研究——基于区域异质性视角的分析［J］. 价格理论与实践，2020(08)：148-151.

［227］郑魁浩，张红营. 区域经济综合评价及评价指标体系的设置［J］. 当代经济科学，1990(6)：71-76.

［228］郑晓瑛. 交叉学科的重要性及其发展［J］. 北京大学学报(哲学社会科学版)，2007(03)：141-147.

［229］中共中央 国务院关于构建更加完善的要素市场化配置体制机制的意见［J］. 中华人民共和国国务院公报，2020(11)：5-8.

［230］中共中央 国务院关于新时代加快完善社会主义市场经济体制的意见［J］. 中华人民共和国国务院公报，2020(15)：14-22.

［231］周涛. 浅析计算社会经济学的理念和方法论［J/OL］. 2021-10-20.

［232］朱建平，谢邦昌，马双鸽，张德富，方匡南，潘璠. 大数据--统计理论、方法与应用［M］. 北京：北京大学出版社，2019.

［233］朱建平，杨贵军，张润楚. 列联资料的有向聚类分析及其应用［J］. 数理统计与管理，2002(4)：28-33.

［234］朱建平，张润楚. 数据挖掘中事务性数据库的压缩及其应用［J］. 统计研究，2004(01)：38-44.

［235］朱建平，张悦涵. 大数据时代对传统统计学变革的思考［J］，统计研究，2016. 33(2)：03-09.

［236］朱建平，章贵军，刘晓葳. 大数据时代下数据分析理念的辨析——基于统计思维的研究［J］，统计研究，2014. 31(2)：10-19

［237］朱建平. 数据挖掘的统计方法及实践［M］. 北京：中国统计出版社，2005.

［238］朱建平. 谈谈大数据的那点事［M］. 北京：北京大学出版社，2019.

［239］朱建平. "人工智能其实就是统计学"这个命题并不重要［M］. 中国统计，2019(03)：23-25.

［240］宗成庆，夏睿，张家俊. 文本数据挖掘［M］. 北京：清华大学出版社，2019.

# 反侵权盗版声明

电子工业出版社依法对本作品享有专有出版权。任何未经权利人书面许可，复制、销售或通过信息网络传播本作品的行为；歪曲、篡改、剽窃本作品的行为，均违反《中华人民共和国著作权法》，其行为人应承担相应的民事责任和行政责任，构成犯罪的，将被依法追究刑事责任。

为了维护市场秩序，保护权利人的合法权益，我社将依法查处和打击侵权盗版的单位和个人。欢迎社会各界人士积极举报侵权盗版行为，本社将奖励举报有功人员，并保证举报人的信息不被泄露。

举报电话：（010）88254396；（010）88258888

传　　真：（010）88254397

E-mail：　　dbqq@phei.com.cn

通信地址：北京市海淀区万寿路 173 信箱

　　　　　　电子工业出版社总编办公室

邮　　编：100036